Studienskripten zur Soziologie

Herausgegeben von
H. Sahner, Halle (Saale), Deutschland
M. Bayer, Nürnberg, Deutschland
R. Sackmann, Halle (Saale), Deutschland

Die Bände „Studienskripten zur Soziologie" sind als in sich abgeschlossene Bausteine für das Bachelor- und Masterstudium konzipiert. Sie umfassen sowohl Bände zu den Methoden der empirischen Sozialforschung, Darstellung der Grundlagen der Soziologie als auch Arbeiten zu so genannten Bindestrich-Soziologien, in denen verschiedene theoretische Ansätze, die Entwicklung eines Themas und wichtige empirische Studien und Ergebnisse dargestellt und diskutiert werden. Diese Studienskripten sind in erster Linie für Anfangssemester gedacht, sollen aber auch dem Examenskandidaten und dem Praktiker eine rasch zugängliche Informationsquelle sein.

Herausgegeben von
Prof. Dr. Heinz Sahner
Halle (Saale), Deutschland

Prof. Dr. Reinhold Sackmann
Halle (Saale), Deutschland

Dr. Michael Bayer
Nürnberg, Deutschland

Begründet von
Prof. Dr. Erwin K. Scheuch †

Reinhold Sackmann

Lebenslaufanalyse und Biografieforschung

Eine Einführung

2. Auflage

Prof. Dr. Reinhold Sackmann
Martin-Luther-Universität Halle-Wittenberg
Deutschland

ISBN 978-3-531-19633-6   ISBN 978-3-531-19634-3 (eBook)
DOI 10.1007/978-3-531-19634-3

Die Deutsche Nationalbibliothek verzeichnet diese Publikation in der Deutschen Nationalbibliografie; detaillierte bibliografische Daten sind im Internet über http://dnb.d-nb.de abrufbar.

Springer VS
© Springer Fachmedien Wiesbaden 2007, 2013
Das Werk einschließlich aller seiner Teile ist urheberrechtlich geschützt. Jede Verwertung, die nicht ausdrücklich vom Urheberrechtsgesetz zugelassen ist, bedarf der vorherigen Zustimmung des Verlags. Das gilt insbesondere für Vervielfältigungen, Bearbeitungen, Übersetzungen, Mikroverfilmungen und die Einspeicherung und Verarbeitung in elektronischen Systemen.

Die Wiedergabe von Gebrauchsnamen, Handelsnamen, Warenbezeichnungen usw. in diesem Werk berechtigt auch ohne besondere Kennzeichnung nicht zu der Annahme, dass solche Namen im Sinne der Warenzeichen- und Markenschutz-Gesetzgebung als frei zu betrachten wären und daher von jedermann benutzt werden dürften.

Gedruckt auf säurefreiem und chlorfrei gebleichtem Papier

Springer VS ist eine Marke von Springer DE. Springer DE ist Teil der Fachverlagsgruppe Springer Science+Business Media.
www.springer-vs.de

Inhaltsverzeichnis

1	Einleitung	9
2	**Für und Wider der Dreiteilung des Lebenslaufs**	**19**
2.1	Institutionalisierung des Lebenslaufs	19
2.2	Varianten des Institutionalisierungstheorems	23
2.3	Praktische Kritik am Konzept des institutionalisierten Lebenslaufs	25
3	**Theoretische Konzepte der Lebenslaufanalyse und Biografieforschung**	**33**
3.1	Alter und Altersnorm	34
3.2	Generation und Kohorte	44
3.3	Biografie und biografische Kompetenz	53
3.4	Lebenslaufübergang und Wendepunkt	58
4	**Methoden der Lebenslaufanalyse und Biografieforschung**	**67**
4.1	Narratives Interview	67
4.2	Objektive Hermeneutik	72
4.3	Ereignisdatenanalyse	76
4.4	Sequenzmusteranalyse	83
4.5	Kombination von qualitativen und quantitativen Methoden	86

5	**Kindheit, Jugend, mittleres Alter, Alter**		**89**
5.1	Kindheit		89
5.2	Jugend		94
5.3	Mittleres Alter		97
5.4	Alter		100
6	**Bildung**		**107**
6.1	Herkunft und Bildungserfolg		108
6.2	Vorschulische Erziehung		115
6.3	Schulwahl		117
6.4	Übergang vom Bildungs- ins Berufsleben		124
6.5	Lebenslanges Lernen		129
7	**Arbeit**		**137**
7.1	Berufswahl		138
7.2	Berufseintritt		141
7.3	Berufsverläufe		146
7.4	Geschlecht und Berufsverlauf		154
7.5	Renteneintritt		159
7.6	Verrentung als institutioneller Aushandlungsprozess		163
8	**Familie und Paarbildung**		**171**
8.1	Paarbildung		172
8.2	Partnerschaftsauflösung		179

8.3	Veränderungen der Geburtlichkeit	181
8.4	Arbeitsteilung im Haushalt	188
8.5	Familie als Solidarverband	192
9	**Gesundheit und Vermögen**	**195**
9.1	Gesundheit, Krankheit und Mortalität	196
9.2	Vermögen	202
9.2.1	Erben und Mentalitäten	203
9.2.2	Erben heute	204
9.2.3	Immobilien im Lebenslauf	207
10	**Ausblick**	**213**

1. Einleitung

Jeder Mensch hat einen Lebenslauf. Das Individuum verändert sich und setzt sich Ziele, die es erreichen möchte. In der Soziologie beschäftigten sich zwei Forschungsstränge mit diesem Gegenstand: Biografieforschung und Lebenslaufsoziologie.

Schon seit Jahrhunderten beschreiben Menschen in Biografien ihren eigenen Weg oder den Lebensweg anderer, meist bekannter Persönlichkeiten. Als sich die Soziologie im beginnenden 20. Jahrhundert darauf besinnt, dass nur über eine wissenschaftlich kontrollierte Erhebung von empirischen Daten Gesellschaft in all ihrer Vielfalt und Widersprüchlichkeit erfassbar ist, wird die Methode der Biografieforschung entdeckt (Schmeiser 2004). Im Mittelpunkt des Interesses stehen dabei nicht nur die Lebensgeschichten bedeutender Persönlichkeiten, sondern auch die Erfahrungsgeschichten alltäglicher Menschen. Thomas und Znaniecki (1918ff.) finden bei ihrer Untersuchung der Lebenswege von polnischen Immigranten in den USA heraus, dass persönliche Dokumente wie Tagebücher und Briefe einen tiefen Einblick in die subjektive Erfahrung sozialen Wandels ermöglichen. Als in den 1930er Jahren die Erkenntnismöglichkeiten der quantitativen Umfrageforschung entwickelt und erweitert werden, geraten allerdings diese biografischen Methoden wieder in den Hintergrund. Sie gelten für einige Jahrzehnte als „subjektiv verzerrt". Wie ist es dennoch mit soziologischen Methoden möglich, einen so höchst subjektiven Prozess wie eine Biografie wissenschaftlich zu erheben und nachvollziehbar auf seine gesellschaftliche Aussagekraft hin zu analysieren? Erst in den 1960er Jahren setzt erneut ein verstärktes Interesse an der subjektiven Sicht sozialen Wandels ein. Seit den 1970er Jahren findet man in fast allen Ländern eine Renaissance qualitativer Methoden. Insbesondere die Methoden der Biografieforschung werden häufig angewendet. Ein Indiz für diesen Aufmerksamkeitsgewinn ist, dass inzwischen innerhalb der Fachgesellschaft für Soziologie in Deutschland die Sektion Biografieforschung eine der mitgliederstärksten Sektionen ist. Ein Ziel dieses Buches ist es, die Methode der Biografieforschung darzustellen und exemplarisch Ergebnisse dieser Forschungsrichtung zu diskutieren.

Ein zweiter Strang der soziologischen Forschung, der in diesem Buch dargestellt wird, beschäftigt sich mit Lebensläufen. Die in den 1960er Jahren aufkommende Lebenslaufsoziologie untersucht, wie Gesellschaft individuelle Lebensläufe beeinflusst. Am Beginn der Lebenslaufsoziologie stand eine theoretische Innovation. Soziologen, Kulturwissenschaftler, Anthropologen und Ethnologen beschäftigen sich schon sehr lange mit Altersgruppen. Einige sind Experten für Jugend, andere sind Experten für das (hohe) Alter, seltener sind Experten für das mittlere Lebensalter. In der Lebenslaufsoziologie werden diese Spezialisierungen zusammengefasst, um die Bedeutung von Alter und Altersgruppen für die Sozialstruktur einer Gesellschaft hinreichend genau analysieren zu können und um die Logik der gesellschaftlichen Verknüpfung von Altersgruppen und individuellen Statusverläufen theoretisch erkennen zu können. Was ist diese Kohärenz erzeugende Logik von Lebensläufen, die gesellschaftlich erwartet wird?

Der Begriff „Lebenslauf" gibt im Deutschen einen Eindruck von der Doppeldeutigkeit der Kategorie Lebenslauf. Zum einen handelt es sich um den je individuellen Verlauf einer Person. Zum anderen benennt „Lebenslauf" auch ein hoch standardisiertes Dokument, im Englischen als curriculum vitae oder c.v. bezeichnet, mit dem man potentiellen Arbeitgebern zeigt, wie sich der individuelle Kompetenzerwerb vollzogen hat. Man listet die Bildungs- und Arbeitsstationen des bisherigen Lebens auf und versieht sie mit zeitlichen Angaben. Die Individuen denken sich dabei nicht individuell aus, was in ihrem Leben wichtig war. Sie folgen in ihrer Lebenslaufdarstellung gesellschaftlichen Konventionen und Erwartungen und wissen, dass unzureichende Bildung, Lücken im Erwerbsverlauf oder auch ein zu langer Verbleib im Studium ein schlechtes Licht auf Bewerber werfen könnten. In Bewerbungsratgebern kann man nachlesen, wie man versuchen kann, diese Mängel zu kaschieren und die Stärken zu verdeutlichen (Hesse/Schrader 2009). An Verhaltensweisen wie der Erstellung eines Lebenslaufs bei Bewerbungen kann man erkennen, dass es einen gesellschaftlichen Strukturzusammenhang in Lebensläufen gibt. Individuen orientieren ihre Lebensplanung daran und versuchen, den für sie optimalen Weg zu gestalten. Ein Ziel der Lebenslaufsoziologie ist es, derartige gesellschaftliche Erwartungs- und Handlungsstrukturen zu verstehen und zu analysieren.

Seit den 1980er Jahren gibt es in den Sozialwissenschaften ein Aufblühen der empirischen Lebenslaufanalyse, die im Mittelpunkt dieses Buches steht. Lebenslaufanalyse steht hier für eine spezifische Betrachtungsart von Gesellschaft: Gesellschaft wird dabei nicht als etwas Statisches angesehen, dessen Struktur immer gleich bleibt. Stattdessen geht man davon aus, dass sich Gesellschaft in einem beständigen Wandel befindet. Nur eine dynamische Analyse kann diesen Wandlungsprozess, diese Gesellschaft im Prozess, adäquat erfassen.

Dynamische Betrachtungen ergänzen und ersetzen dabei Querschnittsbetrachtungen, die nur einen Zeitpunkt erfassen, diesen aber überzeitlich verallgemeinern. Neue Erhebungstechniken und Auswertungsverfahren stellen demgegenüber eine längsschnittliche Sicht in den Vordergrund: Der Zeitpunkt des Querschnittes ist nur Teil eines Prozesses, der ein Vorher, ein Nachher und einen Verlauf kennt. Um Verläufe und Prozesse zu analysieren, werden Personen mehrmals innerhalb von bestimmten Zeitintervallen befragt (Panelerhebung) oder es wird zeitgenau ihr bisheriger Verlauf (Retrospektiverhebung) erhoben. Immer mehr Länder erheben seit den späten 1970er Jahren derartige Daten. In Deutschland wird beispielsweise das Sozio-Ökonomische Panel (SOEP) durchgeführt. Quantitative Datenanalyseverfahren wie z.B. Panel-, Ereignisdaten- oder Kohortenanalyse ermöglichen eine Verarbeitung dieser komplexen Informationen über soziale Prozesse.

Bei einer lebenslaufanalytischen Betrachtung und einer dynamischen Modellierung von Gesellschaftsprozessen handelt es sich nicht nur um eine „methodische Spielerei". Mit diesem Wechsel der Perspektive von einer statischen zu einer dynamischen Betrachtung ergibt sich eine neue Sicht auf gesellschaftliche Realität und ihre Gestaltung. Beispielhaft sei hier das Feld der Armutsforschung benannt (Leibfried/Leisering 1995). Es gehörte zum klassischen Bestand von Alltagswissen und sozialwissenschaftlichem Wissen, dass Armut ein gesellschaftliches Problem sei, das Arme betrifft. Man kann z.B. den Zusammenhang zwischen der Gesellschaftsstruktur und der Größe der Armutspopulation untersuchen. In den USA gibt es beispielsweise einen sehr viel höheren Anteil an Armen an der Bevölkerung als in Schweden. Auch über eine spezifische Kultur der Armen, insbesondere der „underclass" oder „Unterschicht" wurde und wird geforscht. In einer dynamischen Sicht von Armut bleiben diese Fragen interessant, es tritt aber ein bedeutender Befund neben diese statische Sicht auf Armut: Armut kann eine vorübergehende Episode im Lebenslauf sein. Armut kann ein mehr oder weniger lange dauernder Abschnitt des Lebens sein, den man nach einiger Zeit hinter sich lässt. In ihrer Untersuchung von Sozialhilfeverläufen in einer bundesdeutschen Großstadt stießen Leibfried/Leisering z.B. auf das Phänomen, dass eine große Anzahl der Sozialhilfeempfänger nur sehr kurzfristig Sozialhilfe bezieht, da Sozialhilfe als Überbrückung zwischen verschiedenen wohlfahrtsstaatlichen Ansprüchen verwendet werden muss (z.B. wenn der Arbeitsamts- oder der Rentenbescheid in der Bewilligungszusage säumig ist). Diese neuen empirischen Daten zu einer dynamischen Sicht von Armut haben auch praktische Konsequenzen. Mit einer breiteren Kenntnis dieser Ergebnisse verschiebt sich das Interesse der Armutspolitik vom „war on poverty" zum gezielten Versuch, die Verweildauer in Armut zu verkürzen. Der in einer bundesrepublikanischen Großstadt umgesetzte Versuch der Effektivierung der Behördenzusammenarbeit, eine stärkere Kundenzentrierung der Sozialhilfeverwaltung und Ansätze einer aktivierenden Sozialpolitik sind nur einige der praktisch relevanten Innovationen aus einem dynamischen Armutsverständnis heraus.

Nicht immer leiten sich aus einer „neuen" dynamischen Sicht von Phänomenen klügere Umgangsweisen mit sozialen Problemen ab. Einer der Pioniere der lebenslaufsoziologischen dynamischen Armutsforschung, Ellwood (1998), berichtet z.B. von seinen Erfahrungen als amerikanischer Regierungsberater: Politiker, welche die Logik dynamischer Forschung erkannt haben, und von der Wichtigkeit der Betrachtung der Länge von Verweildauern in Zuständen wie z.B. „Sozialhilfe" überzeugt worden sind, verlieren – anders als Sozialforscher – nach einiger Zeit das Interesse an der Heterogenität des Gegenstandes (die insbesondere bei Armutsursachen und Armutssubgruppen sehr groß ist). Sie wollen nur mehr die Länge der Verweildauer durch gesetzliche Maßnahmen begrenzen. Der Sozialhilfebereich wurde in den USA mit dem „Personal Responsibility and Work Opportunity Reconciliation Act" von 1996 neu geregelt. Der Sozialhilfebezug wurde generell befristet auf fünf Jahre, danach gibt es lebenslang keine Unterstützung mehr.[1] Da es Notlagen geben kann, die im Einzelfall unverschuldet längere Verweildauern in Sozialhilfe erforderlich machen, ist eine Reduzierung aller Problematiken auf Verweildauern ungerecht. So dürfte ein Sozialhilfebezug einer allein erziehenden Mutter mit behinderten Zwillingen im Kleinkindalter auch nach einer fünfjährigen Dauer keinen Missbrauch darstellen.

Ziel der Soziologie des Lebenslaufs ist es, das Zusammenspiel von Arbeit, Familie und Wohlfahrtsstaat in seinen zeitlichen und auf das Individuum bezogenen Dimensionen zu untersuchen. In diesem Buch wird ein Überblick über die Leitbegriffe der Lebenslaufanalyse und Biografieforschung gegeben. Darüber hinaus werden exemplarische Forschungsfelder dargestellt. Lebenslaufanalyse und Biografieforschung werden hier als *Beobachtungsperspektiven* gesehen. Viele vertraute Gegenstände wie Bildung, Arbeit, Familie oder Gesundheit können in dieser Perspektive in ihrer Dynamik analysiert werden.

Zu den grundlegenden menschlichen Handlungsbedingungen gehört die Prozesshaftigkeit des Alterns. Dieser Naturprozess wird unterschiedlich gesellschaftlich gestaltet: über Altersnormen, über Generationsbildungen, über biografische Gestaltungen und Kontinuitäten, sowie über institutionelle Formationen von Übergängen und Lebensläufen. Die Leitfrage des Buches lautet: Wie beeinflusst die Gesellschaft individuelle Lebensläufe? Antworten auf diese Frage

---

1 Da es sich bei diesem Gesetz um ein Rahmengesetzes des Bundes handelt, dass die Detailbestimmungen den Einzelstaaten überlässt, sind sowohl kürzere Höchstbezugsdauern, als auch Überschreitungen der Höchstbezugsdauer von bis zu 20% der LeistungsempfängerInnen möglich.

geben die Möglichkeit, entsprechende gesellschaftliche Phänomene zu beobachten, zu beschreiben, zu erklären und zu beeinflussen. Im Laufe des Buches sollen Antworten auf diese Leitfrage gefunden und gesammelt werden.

Das Buch enthält vier systematische Kapitel, in denen der abstrakte Stand des Wissens über Theoriekonzepte zu Lebensläufen und Biografien, über Methoden zu ihrer Erforschung und über verschiedene Altersgruppen erläutert werden. Dieser fundierende Teil wird eingeleitet durch einen Aufriss, der anhand von zwei kontrastierenden lebenslaufsoziologischen Konzepten zeigen soll, dass es unterschiedliche gesellschaftliche Sichtweisen und Begrenzungen des Lebenslaufs und seiner Gestaltung gibt. Nach den systematischen Kapiteln wird eine bereichsspezifische Darstellung gewählt. An den klassischen Untersuchungsfeldern Bildung, Arbeit und Familie werden Forschungsergebnisse der Biografie- und Lebenslaufforschung aufgezeigt. Mit den seltener lebenslaufsoziologisch untersuchten Bereichen Gesundheit und Vermögen sollen Grenzen und Möglichkeiten einer lebenslaufsoziologischen Herangehensweise erkundet werden. Das letzte Kapitel fasst die Ergebnisse zusammen und gibt einen Ausblick auf zukünftige Forschungs- und Interventionsperspektiven.

Neben diesen generellen Ansätzen und der Leitfrage sollen in den verschiedenen Kapiteln aber auch sehr konkrete Fragen beantwortet werden: Gibt es zu viele Altersgrenzen? Ist der Führerscheinentzug älterer Menschen regulierbar? Welcher Generation gehören Sie an? Wie kann eine biografische Untersuchung durchgeführt werden? Wie vollziehen sich Berufseintritte? In welchen Lebensphasen werden Lebensläufe historisch am stärksten geprägt? Sind weibliche Lebensläufe anders? Wie vollziehen sich Berufsaustritte? Warum unterscheiden sich deutsche von amerikanischen Lebensläufen? Gibt es Lebenslaufregime?

Dieses Buch versucht den Forschungsstand eines Bereiches der Gesellschaftsforschung aufbereitet und einleitend darzustellen. Insofern kann man es einfach lesen, in bester deutscher Tradition wünscht es sich dabei eine kritische, reflektierte Lektüre. Der gegebene Forschungsstand ist allerdings immer vorläufig, dieses Buch soll deshalb auch anregen, sich aktiv Gegenstände zu erarbeiten. Hierzu werden am Ende einiger Kapitel jeweils Vorschläge vorgelegt und einige mögliche Lösungswege aufgezeigt. Der modernen Modulstruktur folgend werden hier Kompetenz generierende Aufgaben gestellt. Das Buch wünscht sich hier forschende Leser, die eigenständig Untersuchungspläne entwerfen wollen. Eine empirische Soziologie, theoretisch fundiert und empirisch genau, sollte auch kreativ Möglichkeiten der Veränderung gesellschaftlicher Bedingungen prüfen. Zu diesem praktischen Zweck ist für dieses Buch in Beispielen ein fiktives Institut für angewandte Lebenslauf- und Biografieforschung gegründet worden, das ebenfalls praktische Aufgaben zu lösen hat. Diese Teile des Buches wünschen sich pragmatische, kreative Leser, die verantwortungsvoll die Welt in Teilbereichen lebenswerter machen wollen.

Das Buch resultiert aus Interaktionen in Seminaren zu lebenslaufsoziologischen Fragestellungen an der Universität Bremen, der Universität des Saarlandes, der Freien Universität Berlin und der Martin-Luther-Universität Halle. Ich widme es den Studierenden, die mir viel beigebracht haben: Alexandra Heine, Cornelia Bauer, Ulrike Brzóska, Anja Grabmann, Stephan Höpfner, Matthias Winzer, Tim Lilienweiß, Caroline Vernau, Lisa Hauke, Irén Péter, Lucy Reinke, Tanja Brinkmann, Kaethe Osmers, Benjamin Meier, Peter Weber, Krzysztof Cichowski, Celia Enders, Christian Schaefer, Amelie Gust, Thomas Hölzle, Ute Allkämper, Stefan Klusemann, Sebastian Schnettler, Livia Ryl, Christine Hauschild, Michael Grotheer, Michel Reiter, Jens Höfer, Torsten Schröder und Simone Wiedenhöft. Ich bedanke mich bei den Helfern bei der Erstellung des Manuskriptes: Anika Pohl, Katrin Harm, Cornelia Bauer, Tobias Jaeck, Clara Breyer und Sybill Uhlir. Jörg Eulenberger, Oliver Winkler, Rosemarie Sackmann, Sophie Pfaff, Katarzyna Kopycka und Matthias Wingens verdanke ich inhaltliche Verbesserungen des Manuskriptes, verbliebene Unzulänglichkeiten sind Folgen meines Handelns und unzureichenden Wissens. Mein Dank gilt auch Heinz Sahner, dem Herausgeber der „Studienskripten zur Soziologie", der mir die Anregung zu diesem Buch gab.

Forschungsteil: Bilder des Lebenslaufs

Für die eigene Forschung im Feld der Biografie- und Lebenslauforschung benötigt man ein Bild, das man sich vom Gegenstand macht. Weiterhin sind Forschungsfragen erforderlich. Sowohl die Modelle als auch die Fragen schließen dabei an das Alltagswissen an. Jedes Forschungsvorhaben benötigt Fragen, die das Forschungsinteresse fokussieren, und theoretische Modelle, die Sachverhalte erklären und einordnen sollen. Die einfachste Form eines alltagstheoretischen Modells ist ein Bild oder eine Metapher des Gegenstandes. Für den Gegenstand Lebenslauf haben sich in den letzten Jahrhunderten drei Metaphern als besonders eingängig erwiesen: eine sachliche Auflistung der Bereiche, eine zyklische Prozessdarstellung und eine Deutung als linearer Reifungsvorgang.

Abbildung 1 zeigt das Bild eines Lebenslaufs, wie es sich in einem Bewerbungsratgeber befindet. Der Lebenslauf ist danach sachlich gegliedert: Grunddaten, Bildung, Beruf, Hobbys und Referenzen. Der Bildungs- und der Berufsbereich sind dabei zeitlich in Abschnitte unterteilt. Das Modell dieses Lebenslaufs ist ein arbeitsmarktzentrierter Verlauf, der episodisch untergliedert ist.

```
CURRICULUM VITAE

PERSONAL DETAILS
---------------------------------------------------------------------------------------------------

Name:            Petra Kreimeier
Address:         Fegestrasse 12
                 84321 Wendlingen
                 Germany
Telephone:       0049 882 8912345
Email:           Kreimi@debitel.net
Date of birth:   22/12/77
Place of birth:  Iserlohn
Nationality:     German
Marital status:  Single

EDUCATION AND QUALIFICATIONS
---------------------------------------------------------------------------------------------------

Humboldt Gymnasium, Arnsberg                                     Sept 1987 – June 1996
GERMAN ABITUR
(equivalent to English A-levels)
Biology (C), English (B), History (C), Art (C)

Rochus Hospital School of Nursing, Arnsberg                      Sept 1996 – Aug 1999
STATE CERTIFIED NURSE
Three year full-time training with theoretical and practical course modules

NURSING EXPERIENCE
---------------------------------------------------------------------------------------------------

Wendlingen Hospital                                              1999 to present
STAFF NURSE (GERIATRIC REHABILITATION WARD)
Duties include: dispensing medicine, pressure sore prevention, supervising rehabilitation
exercises, liaising with other staff e.g. speech of therapists and physiotherapists, reviewing
care plans, dealing with the special needs of Alzheimer, stroke and terminally ill patients.

Rochus Hospital, Arnsberg                                        Sep 1996 – Aug 1999
STUDENT NURSE
Ward-based learning with placements on the following wards: Surgical, Geriatric, Community,
Acute General, Obstetric, Maternity, Paediatric, Neurology, Accident and Emergency, and
Psychiatric.

INTERESTS
---------------------------------------------------------------------------------------------------

Reading, live music, camping, visiting the theatre, and playing the guitar.

REFERENCES
---------------------------------------------------------------------------------------------------

Available on request.
```

Abb. 1: C.v. (Schürmann/Mullins 2001: 101)

Eine zweite Darstellungsform präsentiert das Leben als zyklischen Prozess, den Abbildung 2 darstellt:

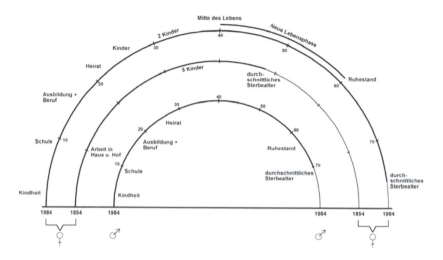

Abb. 2: Lebensphasen (Niehuis/Hasselhorn 1986: 270)

Die Abbildung 2 zeigt das Bild eines Lebenslaufs von drei Personen, die eine Stufenabfolge durchschreiten. Mit der Geburt beginnt der Lebenskreis, mit dem Tod endet er, dazwischen gibt es die Wegmarken des Alters, die mit Lebenslaufphasen verbunden sind. Für die 1854 geborenen Frauen wird hier eine einfache Struktur des Lebenslaufs in Form von Haus- und Hofarbeit, 5 Kindern und einem frühen Tod unterstellt. Für die 1984 geborenen Frauen wird eine Phase zwischen Kindern und Ruhestand hervorgehoben. Das Modell dieses Lebenslaufes ist ein zyklischer Prozess: für alle Menschen gibt es einen gestuften Ablauf, der sich aus einer Vermehrung von Handlungsmöglichkeiten bis zum mittleren Lebensalter und einer Reduktion von Handlungsmöglichkeiten in der zweiten Lebenshälfte bezieht. Der Kreislauf des Lebens wiederholt sich dabei bei allen Menschen. Seit der frühen Neuzeit finden sich populäre Druckgrafiken, die den Lebenslauf als Treppe darstellen, die symmetrisch auf- und absteigt. Als Höhepunkt der Treppe gilt dabei das mittlere Alter. Bei der Lebenstreppe handelt es sich um die dominierende Darstellungsform des Alterns zwischen dem 16. bis zum 19. Jahrhundert in Europa (Ehmer 2002; Joerissen/Will 1984).

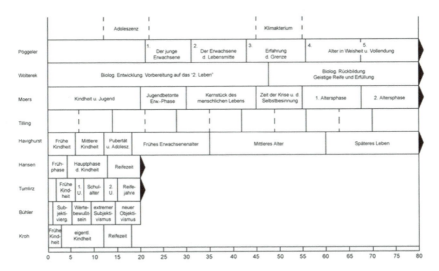

Abb. 3: Stufen- und Phasenlehre der menschlichen Entwicklung (Zdarzil/Olechowski 1976: 115)

Abbildung 3 veranschaulicht eine dritte Metaphorik der Biografie, des Lebenslaufes. Es listet verschiedene Pädagogen, Soziologen und Entwicklungspsychologen zeilenweise auf und beschreibt ihre Phaseneinteilung von Altersgruppen. In einigen dieser Phaseneinteilungen sind den Altersstufen Entwicklungsaufgaben zugeordnet. Die Lebensläufe sind dabei linear angeordnet, der Prozess des Lebens besteht aus einer linearen Steigerung. Menschen werden im Lebenslauf reifer und komplexer. Das Modell des Lebenslaufes ist hier das eines individuellen linearen Prozesses einer vom Individuum erzeugten Steigerung.

Forschungsaufgabe: Diese drei Modelle (Abb. 1 bis Abb. 3) des Lebenslaufs haben je spezifische Vor- und Nachteile. Listen Sie diese auf. Wählen Sie intuitiv ein Modell aus, das ihren Vorstellungen am meisten entspricht, und begründen Sie Ihre Entscheidung.

Neben Modellen braucht man als Lebenslauf- und Biografieforscher eine Fragestellung. Fragestellungen kann man aus Forschungslücken der vorhandenen wissenschaftlichen Literatur gewinnen, man kann sie aus der Kenntnis gesellschaftlicher Probleme ableiten, zu deren Lösung man einen Beitrag leisten möchte, und man kann sie aus der eigenen Alltagswelt ableiten, die offene Fragen aufwirft. Für die Festlegung einer guten Forschungsfrage gibt es keine objektive Regel. Diese Setzung enthält eine subjektive Komponente, die durchaus nützlich ist, da eine gute Forschungsfrage das eigene Forschungsinteresse über längere Zeit mit Motivation speisen sollte.

Forschungsaufgabe: Was ist Ihr Forschungsinteresse als potentieller Lebenslauf- und Biografieforscher? Notieren Sie eine Fragestellung und begründen Sie Ihre Auswahl mit wenigen Sätzen. Versuchen Sie im Lauf der folgenden Kapitel Antworten auf Ihre Frage zu finden (und notieren Sie auch, welche Aspekte Ihrer Frage nicht beantwortet wurden).

Praktischer Teil

Das Institut für angewandte Biografie- und Lebenslaufforschung (IABL) befindet sich momentan noch in der Gründungsphase, da sich die künftigen Mitarbeiter und Mitarbeiterinnen noch in der Ausbildung befinden. Das Institut soll aus den Mitgliedern Ihres Kurses, Ihrer Seminargruppe, Ihrer Übung bestehen. Für Übungszwecke werden diese Großgruppen wiederholt in Kleingruppen aufgeteilt. Bei einer Verwendung dieses Buches in internetgestützten Seminaren wird eine feste Gruppeneinteilung während der Kursphase angeraten. Einzelleser und Einzelleserinnen dieses Buches können natürlich diese Passagen des Buches ohne Verlust überspringen, bzw. die für Sie interessant klingenden Aufgaben alleine lösen. Damit Sie Ihre künftigen Kollegen und Kolleginnen des IABL besser kennen lernen, werden Sie gebeten in Gruppen von drei bis vier Personen, folgende Aufgabe zu lösen:

Institutsaufgabe für Kleingruppen: Notieren Sie einzeln für sich Ihren Lebenslauf. Vergleichen Sie Ihren Lebenslauf mit den Lebensläufen der anderen Gruppenmitglieder. Welche Regelmäßigkeiten lassen sich bei den Lebensläufen erkennen? Welche Unterschiede zwischen den Lebensläufen sind festzustellen? Stellen Sie Vermutungen dazu an, welche gesellschaftlichen Ursachen für die Regelmäßigkeiten und Unterschiede Ihrer Lebensläufe verantwortlich sind.

2. Für und Wider der Dreiteilung des Lebenslaufs

Martin Kohli hat Mitte der 1980er Jahre eine mittlerweile klassische Antwort auf die Frage gefunden, wie Gesellschaft individuelle Lebensläufe beeinflusst: Der moderne institutionalisierte Lebenslauf schafft über eine Dreiteilung einen inneren Strukturzusammenhang des individuellen Lebenslaufs. Nach wie vor steht diese Theorie im Zentrum der Lebenslaufsoziologie und hat dabei auch die Biografieforschung stark beeinflusst. Es lohnt sich deshalb, etwas genauer auf diese Theorie einzugehen. Dabei ist sie nicht unbestritten geblieben, es gibt mehrere Varianten dieser Theorie, die genauer beschrieben werden sollen. In den Kern des kontroversen Verständnisses von gesellschaftlich strukturierten Lebensläufen führt m.E. der Beitrag von Riley/Riley (1994), die den viel beachteten Vorschlag unterbreitet haben, den dreigeteilten Lebenslauf aufzuheben und die gesellschaftliche Struktur des Lebenslaufes grundlegend zu verändern, sodass beispielsweise Phänomene der Altersdiskriminierung nicht mehr auftreten.

2.1 Institutionalisierung des Lebenslaufs

Kohli hat in einer Reihe von Aufsätzen (Kohli 1985, 1986, 1988, 1989, 2000) seine Theorie des institutionalisierten Lebenslaufs entfaltet. Er selbst spricht von einer theoretischen Skizze, genauer wäre es von einem Essay zu sprechen, bei dem versucht wird, verschiedene Theorieelemente und empirische Beobachtungen zu einer innovativen Deutung des Verhältnisses von Individuum und Gesellschaft in der Moderne zu verbinden. Die Vorläufer dieser Theorie werden im nächsten Kapitel genauer beschrieben, hier geht es zuerst um ein Grundverständnis der zentralen Aussagen der Kohlischen Theorie.

Kohli sieht den Lebenslauf als Institution an, der in der Moderne stärker geregelt und standardisiert ist als in vormodernen Zeiten. Der Lebenslauf ist deshalb ein spezifisches Produkt moderner Gesellschaften. Als im Lebenslauf eingelagerte Momente von modernen Makrostrukturen werden dabei drei Elemente angesehen: Der Lebenslauf reagiert auf die Arbeitsmarktvergesellschaftung, auf bürokratische Zentralstaaten und er ist am Individuum orientiert. Dementsprechend ist ein Leitkriterium moderner Lebensläufe, dass sie um die Erwerbsbeteiligung herum organisiert sind. Rechtliche bürokratische Regelungen wie z.B. staatliche Alterssicherungssysteme oder Bildungssysteme beeinflussen den Lebenslauf. Kulturell wird mit einer Lebenslauforientierung in der Moderne auch davon ausgegangen, dass Individuen selbst ihr Leben zu gestalten haben, dass sie also nicht bloß dem Schicksal ihrer sozialen Gruppe zu folgen haben. Weiterhin, sozusagen als spezifisches Element der Zeitstruktur einer Gesellschaft, setzt eine Institutionalisierung von Lebensläufen eine Chronologisierung voraus. Zeit wird in gesellschaftlicher Kalenderzeit gemessen, der Takt der gemessenen Jahre von Individuen (Alter) und Gesellschaften (Kalenderzeit) ist so selbstverständlich geworden, dass uns Gesellschaften ohne eine klare Vorstellung dieser Zeitmessungen exotisch und fremd vorkommen (Elwert/Kohli/Müller 1990). (Dabei dauerte es auch in unserer Gesellschaft mehrere Jahrhunderte bis eine Chronologisierung des eigenen Lebens verinnerlicht wurde: von altersgruppierten Schulklassen bis zum Feiern von Geburtstagen (Schmeiser 2006; Sackmann 1998).)

Dem modernen Lebenslauf ist eine Dreiteilung eingeschrieben. Drei gesellschaftliche Kerninstitutionen prägen meist aufeinander folgende Phasen des Lebenslaufs. Das Bildungssystem nimmt einen wichtigen Platz in der Kindheit und Jugend von modernen Menschen ein. Es bereitet auch den Zugang zum Arbeitsmarkt vor. Die Institution des Arbeitsmarktes übt einen starken Einfluss auf die mittlere Lebensphase aus. Er ist zugleich der zentrale Referenzpunkt des gesamten Lebenslaufs. Das höhere Alter wiederum wird von der dritten Kerninstitution moderner Lebensläufe definiert, dem Ruhestand, der durch Rentenversicherungen abgesichert ist. Eine derartige Dreiteilung des Lebenslaufs setzt sich, historisch gesehen, recht spät für die Masse der Bevölkerung in den Wohlfahrtsgesellschaften des Nordens durch: Eine Schulpflicht gibt es erst seit Ende des 18. und dem 19. Jahrhundert in den meisten okzidentalen Gesellschaften (zur konflikthaften Einführung der Schulpflicht: de Swan 1993). Eine vorwiegend auf Arbeitsmärkten gehandelte abhängige Erwerbstätigkeit gibt es für die Masse der Bevölkerung erst ab dem Ende des 19. Jahrhunderts, davor waren sowohl bäuerliche Familienbetriebe als auch unfreie Arbeitsbeziehungen häufig anzutreffen (Tilly/Tilly 1998; Zimmermann 2006). Die jüngste Institution des Lebenslaufs ist der Ruhestand, der in Deutschland formal schon Ende des 19. Jahrhunderts universell eingeführt wurde, als auskömmliche Lebensphase aber erst nach dem Zweiten Weltkrieg in den meisten Industriegesellschaften Realität wurde. In vielen Entwicklungs- und Schwellenländern – so z.B. auch in China – stellt auch heute noch der institutionalisierte, dreigeteilte Lebenslauf nicht das Lebensmuster der Mehrheit der Bevölkerung dar, meistens weil der Ruhestand nicht institutionell abgesichert ist.

Der Lebenslauf gilt Kohli als institutionalisiert. Der Begriff der Institution wird dabei in zwei verschiedenen Bedeutungen gebraucht, was zu einer Kontroverse in der Sekundärliteratur geführt hat (Mayer/Schoepflin 1989; Levy 1996). Weitgehend unumstritten ist, dass gesellschaftliche Institutionen wie das Bildungssystem, der Arbeitsmarkt und die Rentenversicherungen einen Einfluss auf den Lebenslauf, insbesondere auf bestimmte Lebenslaufphasen ausüben. Sie tun dies u.a. dadurch, dass eine Teilhabe an diesen Institutionen Belohnungen sichert, während eine Nicht-Teilhabe zu negativen Sanktionen führt. Kinder und Jugendliche, die nie zur Schule gehen, sind deshalb selten in modernen Gesellschaften anzutreffen. Häufig sorgen hier rechtliche Bestimmungen für eine Wirksamkeit der Lebenslaufinstitutionen. Kohli verwendet den Begriff der Institutionalisierung allerdings auch in einer zweiten Bedeutung: „Die Bedeutung des Lebenslaufs als soziale Institution hat stark zugenommen. Der historische Wandel hat von einer Lebensform, in der Alter nur als kategorieller Status relevant war, zu einer Lebensform geführt, zu deren zentralen Strukturprinzipien der Ablauf der Lebenszeit gehört (Verzeitlichung)" (Kohli 1985: 2). Kohli geht hier davon aus, dass der Lebenslauf für das Individuum selbst eine „Institution" ist, da er orientierend wirkt, normale Erwartungen weckt und Abweichungen wieder in Bahnen lenkt. Obwohl das Phänomen selbst nicht umstritten ist, dass Individuen durchaus planen, ihre Bildungsentscheidungen mit Erwerbsaussichten verbinden oder den Ruhestandstermin in ihre Lebensplanung einbeziehen, kann doch bezweifelt werden, ob es sich bei diesen kulturellen Vorstellungen um eine Institution im klassischen Sinn (Lepsius 1990) handelt. Hierzu fehlen bei wichtigen Teilelementen eine rechtliche Verankerung, eine feste Verbindung von Handlungen und Sanktionen, sowie eine Rückbindung an eine Leitidee.

Andere Elemente der Theorie des institutionalisierten Lebenslaufes sind Konsens: In modernen Gesellschaften gibt es auch eine Orientierung an Altersgrenzen, die z.B. das Schuleintritts- oder Renteneintrittsalter regulieren (Chronologisierung). Das Individuum gilt als Träger des Lebenslaufs (Individualisierung), es bildet zugleich lebensweltliche Horizonte zur Gestaltung des Lebenslaufs in seiner Reihenfolge aus (Biografisierung). Und der moderne Lebenslauf ist um das Erwerbssystem herum gruppiert: Bildung erfolgt auch mit der Intention, bestimmte Erwerbspositionen einzunehmen. Die Erträge des Rentenversicherungssystems wiederum werden von der Dauer und der Position im Erwerbssystem mitbestimmt.

Kohli geht weiterhin davon aus, dass der institutionalisierte Lebenslauf gesellschaftliche Funktionen erfüllt, indem er Antworten auf gesellschaftliche Problemlagen formuliert. Er sei Teil einer Rationalisierungsbewegung, welche die Spontaneität des Lebens der Orientierung an langfristigen Zielen unterordnet und das Handeln der Individuen dadurch berechenbarer und erwartbarer macht (auch für die Individuen selbst). Der institutionalisierte Lebenslauf trage zur sozialen Kontrolle bei, so sei die Einführung der Rentenversicherung als ein Mittel zur sozialen Kontrolle der Arbeiterbewegung gedacht gewesen. Der chronologische Lebenslauf erleichtere die Lösung von Nachfolgeproblemen, da das Abtreten von alten Generationen im Erwerbssystem und das Neueintreten von neuen Generationen entindividualisiert werde, wenn Altersmarken diesen Prozess regulieren. Konflikte werden dadurch abgemildert.

Auf der Ebene der Vermittlung von Individuum und Gesellschaft sei der Lebenslauf an einer Schnittstelle angesiedelt, da er Mechanismen zeige, wie sich Systemimperative in Handlungsprogramme übersetzen. Systemische Erfordernisse der langfristigen Ausrichtung an Leistungsrollen des Erwerbssystems werden hierbei in Handlungspläne übersetzt, durchaus auch in biografische Orientierungen umgemünzt. So sorgt etwa die institutionelle Verknüpfung von mehreren Bildungsinstitutionen und Arbeitsmarkteintritten dafür, dass Personen sich von Stufe zu Stufe weiterqualifizieren, um ihre biografischen Ziele zu realisieren. Beispielsweise wird das gesellschaftliche Ziel, über gut ausgebildete und motivierte Ärzte zu verfügen, dadurch realisiert, dass Lebenslaufelemente wie Abitur, Studium, Arzt im Praktikum und vakante Praxen in einer vorhersehbaren Reihenfolge bewältigt werden müssen, deren Durchlauf umfangreiche biografische Energie erfordern macht. Bei institutionalisierten Lebensläufen ist dies in der Regel realisierbar, wobei Spannungen zwischen den Erfordernissen „lückenloser" Lebensläufe und „eigenwilliger" Biografie nicht selten sind.

Von seinen ersten Veröffentlichungen zum Thema an, diskutiert Kohli, dass der moderne standardisierte Lebenslauf, der sich an Normalbiografien (Osterland 1990) orientiert, in jüngster Zeit eine Veränderung erfährt, indem Teilelemente entstandardisiert werden. Insbesondere die Schnittstellen zwischen Jugend- und Erwerbsphase bzw. beim Übertritt in den Ruhestand werden unübersichtlicher. Frühverrentungen, Bildungsexpansion, Jugendarbeitslosigkeit sind einige dieser entstandardisierenden Elemente. Auch die Vorhersehbarkeit von Erwerbsverläufen nehme ab. Trotz der Zunahme der Heterogenität in diesen Bereichen, sei aber allgemein in der Gesellschaft – trotz gegenteiliger Rhetorik – eine stärkere Standardisierung von Lebensläufen zu verzeichnen. So habe durch die Zunahme der Frauenerwerbstätigkeit die Differenz zwischen Frauen- und Männerlebensläufen abgenommen (vgl. Kohli 2000).

Zur empirischen Prüfung der „Entstandardisierungsthese" hat es sich als sinnvoll erwiesen, zwischen einer institutionellen und einer chronologischen Standardisierung zu unterscheiden. Eine institutionelle Standardisierung bezeichnet eine erwartbare Reihenfolge von Abläufen (z.B. erst Bildungsphase, dann Erwerbsphase; nicht Bildung – Erwerb – Bildung – Erwerb). Eine chronologische Standardisierung bezeichnet eine Verringerung der Streuung des Alters bei einem bestimmten Übergang (Brückner/Mayer 2006; Sackmann 1998). Auf die empirische Frage, ob es wirklich in den letzten Jahrzehnten zu einer Entstandardisierung von Lebensläufen gekommen ist, wird exemplarisch in Kapitel 7 eingegangen werden.

2.2 Varianten des Institutionalisierungstheorems

Die These von der Institutionalisierung des Lebenslaufs und von der Bedeutung gesellschaftlicher Institutionen für die Gestaltung des individuellen Lebenslaufs ist in der nordamerikanischen Lebenslaufsoziologie nie so heimisch geworden wie in der europäischen (Hagestad 1997; Marshall/Mueller 2003). Zu sehr widerspricht sie dem „American Dream", der Vorstellung, dass das Individuum sein Schicksal autonom in die Hand nehmen kann. Auch die Bedeutung des Wohlfahrtsstaates für die Strukturierung des Lebenslaufs, die Kohli sieht, liegt quer zur anti-etatistischen Grundhaltung in den nordamerikanischen Sozialwissenschaften. Die dort wichtigen Grundkonzepte werden im nächsten Kapitel ausführlich beschrieben. Es sei zuerst auf zwei Varianten der Theorie des institutionalisierten Lebenslaufs eingegangen, von Mayer/Müller und von Meyer. Sie teilen mit Kohli eine eher makrosoziologische Herangehensweise, indem aus Grundtatbeständen der Gesellschaftsordnung Bahnungen des Lebenslaufs abgeleitet werden. Während Kohli eher von der Logik des Rentenversicherungssystems argumentiert, der er mehrere Aufsätze widmet, liegt ein dominantes Arbeitsfeld von Mayer, Müller und Meyer in der Bildungsforschung.

Karl Ulrich Mayer und Walter Müller waren an mehreren Orten wichtig für die Etablierung der quantitativen Lebenslaufforschung in Deutschland (Sonderforschungsbereich 3, Max-Planck-Institut für Bildungsforschung, Mannheimer Zentrum für Sozialforschung). In einem gemeinsamen Aufsatz (Mayer/Müller 1989) legen sie eine Variante der Theorie des institutionalisierten Lebenslaufs vor, wonach der Lebenslauf weniger durch die Rückbindung an den Arbeitsmarkt verändert worden sei, als durch die zunehmenden Interventionen des Wohlfahrtsstaates. „Der Wohlfahrtsstaat integriert den Lebensverlauf, indem er hoch organisierte Bildungsgänge und berufliche Ausbildungsgänge anbietet, stabile Beschäftigungen und bürokratische Karrieren. Wir haben aber auch gesehen, dass auf diese Weise Übergangsereignisse schärfer akzentuiert werden, die Alterssegmentation verschärft wird und damit Lebensstadien ihre eigene Definition, ihre eigenen Zugänge und Ausgänge erhalten. In dieser Weise trägt der Staat zur Differenzierung und Segmentierung des Lebensverlaufes bei" (ebd.: 58). Die Autoren sehen diese starke Staatstätigkeit durchaus ambivalent. Müller (1994) kann in einer historischen Untersuchung zeigen, dass die Enge der Verbindung zwischen Bildungsposition und Erwerbsposition in den scheinbar so ähnlichen Ländern Deutschland, Frankreich, USA und Großbritannien unterschiedlich stark ist. Staatliche Regelungen und Traditionen sorgen für eine engere Verknüpfung von Bildung und Erwerb in Deutschland und Frankreich im Vergleich zu den angelsächsischen Ländern.

Der Neo-Institutionalist John W. Meyer (1992, 2005, vgl. auch Kohli/Meyer 1986) sieht den Lebenslauf primär als kulturelles Konstrukt. Beim Lebenslauf handle es sich um eine kulturelle Institution. „Modern societies treat the development of the individual as itself an immediate collective good, in cultural themes descending directly from every version of the Western religious tradition. Society is invented and sacralized: so is the individual, who once had a soul and now has personality, citizenship, human individual rights, and the entitlement of a developed and just (and in some measure equal) life course" (Meyer 1992: 85). Im Bildungswesen, das in weiten Teilen der Dritten Welt nach dem Zweiten Weltkrieg verbreitet wird, wird dieses neue individualistische Verständnis des Lebens kulturell verankert. Meyer und seine Mitarbeiter können z.B. anhand der Analyse von Bildungsdeklarationen (Fialla/Lanford 1987) und Lehrplänen (Meyer u.a. 1992) zeigen, dass immer häufiger positiv auf das Individuum als Träger von Entscheidungen und Rechten Bezug genommen wird, andere Instanzen verschwinden dagegen aus dem kulturellen Universum. Die schnelle Verbreitung derartig gleichförmiger (isomorpher) Kulturmuster ist umso bemerkenswerter als sie sich in vielen Entwicklungsländern durchsetzen, obwohl sie alltagspraktisch nicht funktional sind.

In den letzten Jahrzehnten der Zunahme hochschulischer Bildung findet in den OECD-Ländern eine Radikalisierung dieser Identitätskonzepte statt (Meyer 2010): In den neuen kulturellen Bildern wird statt Schutzrechten für Individuen ein „handelnder Akteur" (agentic actor) als zentrales Leitbild gesehen. Sich lösend aus familialen und gemeinschaftlichen Bindungen wird mit universalistischen rationalen kulturellen Regeln Mitwirkung (empowerment) verlangt, immer mehr durch Organisationen, die an die Stelle von sozialen Gruppen treten. Es wird sich zeigen müssen, wie realitätstauglich diese neuen Akteursvorstellungen sind.

Trotz der Unterschiede in der konkreten Argumentation ähneln sich die Ansätze zur Institutionalisierung von Lebensläufen bei Kohli, Mayer/Müller und Meyer insofern als sie davon ausgehen, dass es sich bei der Institutionalisierung von Lebensläufen um relativ zeitstabile Strukturen moderner Gesellschaften handelt. Demgegenüber gehen Riley/Riley (1994) davon aus, dass die vorhandenen Lebenslaufstrukturen nur einen strukturellen Ballast darstellen, der durch eine radikale Reform den Handlungswünschen der Individuen angepasst werden sollte.

2.3 Praktische Kritik am Konzept des institutionalisierten Lebenslaufs

Mathilda Riley gehörte 1994, als sie zusammen mit ihrem Mann John das Buch „Structural lag" veröffentlichte, bereits zu den Grand Old Dames der Alters- und Lebenslaufssoziologie.

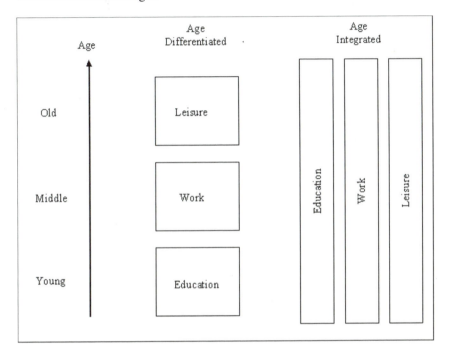

Abb. 4: Lebenslauf in altersdifferenzierter und altersintegrierter Sozialstruktur (Riley/Riley 1994: 26)

Abbildung 4 zeigt die grundlegende Überlegung von Riley/Riley. Der dreigeteilte Lebenslauf, wie er in der Moderne entstanden ist, konzentriert bestimmte Tätigkeiten auf bestimmte Lebenslaufphasen. Die Jungen würden nur gebildet, Menschen im mittleren Alter müssten sich auf die Erwerbsarbeit konzentrieren und die angesammelte Freizeit gäbe es für ältere Menschen im Ruhestand. Dies sei das Resultat einer altersdifferenzierten Gesellschaft, die über Altersgrenzen und Sphärentrennungen eine Trennung der Gesellschaft in Lebensphasen erzwinge. Die Menschen, die in dieser überkommenen Struktur leben müssten, seien unzufrieden mit diesen Beschränkungen der Handlungsmöglichkeiten: Die

Jugendlichen langweilen sich, weil sie mit ihren Gestaltungswünschen immer auf das spätere Leben vertröstet würden. Das erlernte Wissen sei – getrennt von Anwendungen – dadurch steril. Die Menschen der mittleren Lebensphase seien demgegenüber überlastet, insbesondere wenn Familienverpflichtungen hinzukommen. Das Erwerbsleben sauge ihre Zeit und Energie auf, die gewünschte Zeit für die eigenen Kinder sei zu kurz, zumal die Pflege für gebrechliche Eltern manchmal noch die letzten freien Lebensminuten rauben würde.

Die wertvolle Freizeit, über die Menschen mittleren Lebensalters zu wenig verfügen, werde dagegen gesellschaftlich im höheren Alter konzentriert. Freizeit solle im Ruhestand der einzige Lebensinhalt sein. Auch diese „Überdosis" einer Tätigkeitsform sei für ältere Menschen unbefriedigend. Die inzwischen sehr viel gesünderen alten Menschen wollen Tätigkeiten, sonst langweilen sie sich und verkümmern geistig, sozial und körperlich. Aus diesen Indizien schlussfolgern Riley/Riley, dass die Struktur der Altersdifferenzierung noch bestehe, obwohl sie von den Menschen in ihrer Alltagspraxis bereits abgelehnt werde (structural lag).

Mit einer altersintegrierten Struktur (rechte Hälfte von Abb. 4) könne dagegen die Sozialstruktur den Handlungsintentionen der Individuen wieder angeglichen werden. Lebenslanges Lernen sorge dafür, dass immer wieder neue Wissensbestände die Handlungspraxis der Individuen bereichern können. Die Verteilung von Arbeit auf eine längere Lebensspanne sorge dafür, dass sie in keiner Lebensphase so gehäuft auftrete, dass sich das gesamte Leben ihr unterordnen müsse. Die Verteilung der Freizeit über den Lebenslauf kann bewirken, dass Familienpflichten mit größerer Ruhe und Freude genossen werden können. Dies sei nicht nur für die Individuen und die Familien ein Gewinn, sondern könne auch fruchtbar für die Sozialisationsaufgaben der Gesellschaft sein.

Forschungsteil: Sinngehalt von Lebenslaufstrukturen

Das Plädoyer von Riley/Riley (1994) leuchtet ein. Allerdings schwankt ihre Analyse zwischen normativen Wünschen und empirischer Beschreibung der Realität. Nicht immer ist klar, an welchen Punkten die wissenschaftliche Analyse aufhört und normative Wünsche der Autoren den Blick auf Realitäten zu trüben beginnen (Amrhein 2004; Sackmann 2008). Obwohl die normative und auch forschungsorientierende Bedeutung von idealtypischen Gegenüberstellungen wie der von altersdifferenzierten und altersintegrierten Lebensläufen nicht zu leugnen ist, sind analytische Lücken des Konzeptes nicht zu übersehen: Warum konnten altersdifferenzierte Strukturen gesellschaftlich so lange überleben?

Warum finden nicht überall Demonstrationen für eine altersintegrierte Gesellschaft statt? Daraus ergeben sich zwei Forschungsfragen:

Forschungsaufgabe: Welche Vor- und Nachteile ergeben sich aus der Aufhebung der Dreiteilung des Lebenslaufes, die Riley/Riley „altersintegrierte Struktur" nennen? Was ist der gesellschaftliche Sinngehalt der Dreiteilung des Lebenslaufs, die Riley/Riley als „altersdifferenziert" bezeichnen?

Einige der Nachteile des dreigeteilten Lebenslaufs sind von Riley/Riley (1994) angesprochen. In Ihrer Forschergruppe werden sicher weitere Vor- und Nachteile gefunden worden sein, einige dürften auch umstritten sein in Ihrer Forschergruppe oder zwischen den Forschergruppen. Bei allen genannten Punkten wäre zu prüfen, ob die bewertenden Aussagen durch empirische Untersuchungen überprüft werden können. Es ist also zu überlegen, mit welchen Indikatoren die genannten Vor- und Nachteile empirisch zu prüfen sind.

Forschungsaufgabe: Was ist der gesellschaftliche Sinngehalt der Dreiteilung des Lebenslaufs, die Riley/Riley als „altersdifferenziert" bezeichnen?

Für den gesellschaftlichen Sinngehalt des dreigeteilten Lebenslaufs, gibt es in der Literatur eine im Folgenden zu beschreibende Argumentation, deren Stichhaltigkeit geprüft werden kann:

Danach handelt es sich bei der Bildungsphase um eine Investition in das eigene Humankapital. Investitionen erfolgen normalerweise vor Produktionsprozessen. Bei Investitionen handelt es sich um riskante Entscheidungen, da in der Gegenwart nicht klar ist, ob der gegenwärtige Konsumverzicht durch spätere zusätzliche Erträge ausgeglichen wird. Ein Regulativ für den Umfang von Investitionen stellt die „Diskontierungsrate" dar, mit der bestimmt wird, in welchem Ausmaß ein für die Zukunft in Aussicht gestellter Ertrag mit einem gegenwärtigen Konsum zu verrechnen ist. Lebenslauftheoretisch wichtig ist, dass eine frühe Platzierung von Bildungsphasen die Ertragsdauer von Bildung verlängert, d.h. lukrativer macht als eine spät im Lebenslauf erfolgte Bildungsphase. Wenn das Individuum selbst für die Risiken seines Investitionsverhaltens verantwortlich ist, dann wird durch die individuelle Abwägung zwischen Bildungsaufwand und Bildungserträgen gesellschaftlich sowohl eine Überinvestition als auch eine Unterinvestition in Bildung verhindert. So weit in sehr knappen Worten die Darstellung der Grundannahme der Humankapitaltheorie, die in der Ökonomie entwickelt wurde (vgl. Becker 1975). Im Detail sind hier, wie noch in Kapitel 6 ausgeführt werden wird, viele Ergänzungen anzubringen. Für die Theorie des altersintegrierten Lebenslaufs stellt sich allerdings schon bei diesen knappen Argumenten die Frage nach funktionalen Äquivalenten zur Steuerung des Umfangs von Bildungsinvestitionen im Lebenslauf.

Im dreigeteilten Lebenslauf dient der Ruhestand der Belohnung für in der Erwerbsphase geleistete Arbeit. Kohli (1987, 1989) hat darauf hingewiesen, dass es sich bei diesem Ausgleich über den Lebenslauf hinweg um ein wesentliches Moment moderner Moralökonomie handelt, die eine breite Legitimation der Gesellschaft sichert.

Lernpsychologisch wichtig ist in der Regel, dass eine Belohnung nach einer Leistung erfolgt. Dann wirkt sie verstärkend für die Handlung. Handlungen, die nicht durch Belohnungen verstärkt werden, verlieren an Reiz und werden seltener. Würde eine Belohnung bereits vor der erwünschten Handlung erfolgen, dann bestünde das Risiko, dass opportunistische Handelnde die Belohnung für sich behalten würden, ohne dafür eine Gegenleistung zu erbringen. Empirisch vorhandene Rentenversicherungssysteme haben den Zusammenhang zwischen Arbeits- oder Einzahlungsleistung und Belohnung durch Ruhestandszeit und Rentenzahlungen unterschiedlich eng gestaltet. Das deutsche Rentenversicherungssystem kennt über das „Äquivalenzprinzip" eine relativ enge Kopplung zwischen dem Erwerbsaufwand in Form von Dauer und Umfang von Einzahlungen und der Höhe der später zu erfolgenden Auszahlungen. Für die Theorie des altersintegrierten Lebenslaufs stellt sich das Problem, welche funktionalen Äquivalente zur Steuerung des Umfangs der Freizeitbelohnungen im Lebenslauf zur Verfügung stehen.

Warum werden in modernen Gesellschaften nur die mittleren Lebensjahre zur Erwerbstätigkeit genutzt und nicht die jüngeren Jahre und kaum die späteren? Bei dieser Frage ist eine historisch empirische von einer sozialwissenschaftlich analytischen Antwort zu unterscheiden. Historisch kann man sagen, dass im 19. Jahrhundert eine breite politische Bewegung das gesetzliche Verbot von Kinderarbeit erzwingt – historisch vorbereitet durch ein neues Verständnis von Kindheit, das die Besonderheit von Kindern im Unterschied zu Erwachsenen betont. Bei der normativen Etablierung einer Weltgesellschaft im Rahmen der Menschenrechte der Vereinten Nationen wurde dieses Prinzip aufgenommen. Eine Rückkehr zu Kinderarbeit, wie es das Lebenslaufschema der altersintegrierten Gesellschaft nahe legt, erscheint deshalb als gesellschaftlicher Rückschritt, auch Riley/Riley würden dies wahrscheinlich so sehen. Im 20. Jahrhundert erkämpfte die Arbeiterbewegung, unterstützt von Politikern und Großunternehmen, einen gesetzlichen Ruhestand mit Altersgrenzen, über denen eine Erwerbsarbeit nicht vorgesehen ist. Dieses „Disengagement" (Cumming/Henry 1979) ist bis heute umstritten (vgl. Barkholdt 2001; Phillipson 2002), da eine Instrumentalisierung durch Interessengruppen nicht immer ausgeschlossen werden kann. In Kapitel 7 wird hierauf näher eingegangen werden.

Für die Abwägung zwischen den Konzeptionen von einer altersdifferenzierten und einem altersintegrierten Lebenslauf für die mittlere Lebensphase ist die analytische Antwort, die von historischen Zufälligkeiten zu abstrahieren versucht, entscheidender. Danach gilt die mittlere Lebenslaufphase als produktiver als die Randbereiche des Lebenslaufs (vgl. Lazear 1981).

Tab. 1: Individuelle und gesellschaftliche Logik der Dreiteilung des Lebenslaufs

Lebenslaufphase	Verknüpfungsform	Institutionelle/ individuelle Berechnung
Bildungsphase	Investition: Humankapitalinvestition erfolgt vor der Verwertung von Bildungserträgen. Die Länge der Restlaufzeit kann den Investitionsumfang mitregulieren. Zeitpräferenzen der Individuen (z.b. wenig Investition, schnelle Erträge vs. mehr Investition, spätere Erträge) fließen in das Kalkül ein.	Restlaufzeit für Realisierung einer Investition. z.b. eine Weiterbildung in höherem Alter ist weniger lukrativ interessant als in jüngerem Alter. Darlehensrückzahlung nach Studium.
Erwerbsphase	Investitionsrealisierung + Ansparen für Ruhestand. Bezugsgröße für Bewertung des Umfangs der Lebenslaufphasen.	Produktivitätslogik: die produktivsten Phasen des Lebenslaufs werden genutzt. In Hochproduktivitätsregimen werden tendenziell niedrig produktive Personen vom Erwerbsmarkt ausgeschlossen (Kennzeichen von regulierten Arbeitsmärkten, nicht notwendigerweise von kapitalistischen Arbeitsmärkten).
Ruhestand	Belohnung für das Ansparen in der Erwerbsphase.	Äquivalenzprinzip in der Rentenversicherung: Je länger eingezahlt wird, desto mehr Rente erhält man.

In Kindheit und Jugend sind aufgrund geringerer Erfahrung und geringerer Humankapitalbestände die Arbeitsleistungen geringer, in höherem Alter sinkt die körperliche Leistungsfähigkeit von Menschen. Inwieweit auch bei geistiger Arbeit aufgrund einer Zunahme von Inflexibilität ein Rückgang der Produktivität festzustellen ist, ist in der Literatur umstritten (Sporket 2011; Henseke/Tivig 2009). Wenn in einer Gesellschaft hochproduktive Arbeit normal wird, dann wird sie die Arbeitsteilung so organisieren, dass nur die Lebenslaufphasen mit der höchsten Produktivität genutzt werden, während Freizeitblöcke in die Lebenslaufphasen mit geringerer Produktivität verlagert werden. Bei dieser Argumentation ist allerdings zu berücksichtigen, dass der Arbeitsertrag einer Lebenslaufphase immer nur in Relation zu seinem Preis in Form von Lohn bestimmt werden kann. Ein Arbeitsangebot niedriger Produktivität ist nur dann nicht konkurrenzfähig mit einem Arbeitsangebot hoher Produktivität, wenn beide gezwungen werden einen gleichen Preis zu verlangen. In modernen Gesellschaften gibt es eine Konkurrenz zwischen Betrieben und Arbeitnehmern, die in einer Konkurrenzordnung ausgetragen wird. In Hochproduktivitätsregimen wird versucht, niedrigproduktive Konkurrenz aus dem Markt auszuschließen. In Regimen mit einer breiteren Streuung der Produktions- und Arbeitsformen wird ein stärkeres Nebeneinander zugelassen. Welcher dieser beiden Regimetypen sich langfristig durchsetzen wird, ist momentan in der sozialwissenschaftlichen Forschung noch umstritten (vgl. Hall/Soskice 2004).

Zusammengefasst könnte man also sagen, dass eine „Ökonomie des Lebenslaufs" (Weymann 1995) zu der Gestalt eines dreigeteilten Lebenslaufs führt: Bildungsphasen liegen vor der Erwerbsphase, weil in ihnen Investitionen getätigt werden. Ruhestandsphasen liegen nach der Erwerbsphase, weil es sich bei ihnen um Belohnungen handelt. Abhängige Erwerbstätigkeit konzentriert sich auf die mittlere Lebenslaufphase, weil es sich um die Lebenslaufphase handelt, von der angenommen wird, dass es sich um die produktivste handelt.

Praktischer Teil: Alternativen?

Gesellschaftliche Verhältnisse, wie sie beim dreigeteilten Lebenslauf vorliegen, tendieren dazu, von Ideologien und Utopien begleitet zu sein (vgl. Mannheim 1929). Bei Ideologien im Sinne von Mannheim finden sich Gründe dafür, warum das Bestehende nur so und nicht anders sein kann. Bei der weiter oben entwickelten gesellschaftlichen Logik der Dreiteilung des Lebenslaufs handelt es sich um Ansätze zu einer wohlbegründeten Ideologie. Die vorhandene Welt sei die „beste aller möglichen Welten", so die Formulierung von Leibniz, die Voltaire in seinem Roman „Candide" ad absurdum führen wollte. Für viele, auch gesellschaftlich suboptimale Zustände lassen sich Begründungen finden.

Bei Utopien im Sinne von Mannheim handelt es sich dagegen um Vorstellungen darüber, wie die vorhandene soziale Welt durch eine vorgestellte Zukünftige ersetzt werden könne, sie dadurch besser werden könne. Utopien neigen dazu, die vorhandene Welt abzuwerten und die vorgestellte zukünftige Welt als überlegen darzustellen. Die Theorie von Riley/Riley (1994) weist z.T. Züge einer derartigen Utopie auf.

Das Ziel einer wissenschaftlichen Beschäftigung mit gesellschaftlichen Verhältnissen ist weder ihre ideologische Überhöhung, noch ihre utopische Kritik. Das Ziel einer wissenschaftlichen Beschäftigung ist es, empirische Sachverhalte festzustellen, sie in Theorien zu erfassen, alternative Möglichkeiten zu entwickeln und zu erörtern.

Gemäß dieser Aufgabenstellung hat die Zukunftswerkstatt des Landes Sachsen dem Institut für angewandte Biografie- und Lebenslaufforschung (I-

ABL) einen Auftrag zur Entwicklung und Erörterung alternativer Möglichkeiten gegeben:

Institutsaufgabe für Kleingruppen: Entwickeln Sie alternative Organisationsprinzipien für die Verteilung von Bildungs-, Ruhestands- und Erwerbsphasen über den Lebenslauf. Stellen Sie Vor- und Nachteile Ihrer Organisationsprinzipien im Vergleich zur gesellschaftlichen Logik des dreigeteilten Lebenslaufs dar.

Die Arbeiten von Rehn (1974), Wotschack (2007), Klammer (2010) und Marshall/McMullin (2010) geben hier mögliche Anhaltspunkte, die genauer untersucht werden können.

3. Theoretische Konzepte der Lebenslaufanalyse und Biografieforschung

Erste Überlegungen zu einer systematischen Untersuchung der zeitlichen Abfolge und gesellschaftlichen Organisation von Lebensereignissen finden sich in der Ethnologie des frühen 20. Jahrhunderts, die sich – dabei durchaus gesellschaftlichen Veränderungen in Europa folgend – für Rituale zum Ende der Jugend und zum Beginn der Erwachsenenzeit interessiert. Van Gennep (1909) entwickelt dabei das Konzept der Übergangsriten, also die Vorstellung, dass Gesellschaften besonders wichtige Übergänge des Lebenslaufs mit Ritualen begleiten. Als zwischen 1930 und 1950 im Umkreis des amerikanischen Strukturfunktionalismus die erste Kanonisierung der Disziplin Soziologie nach ihrem heterogenen Beginn in Europa vorgenommen wird, gab es ein sehr enges Austauschverhältnis zwischen der Soziologie und der Ethnologie, was die wechselseitige Befruchtung der theoretischen Annahmen begünstigte. Vereinzelt finden sich hierbei auch Arbeiten, etwa von Parsons (1942) oder Eisenstadt (1956), die man im Nachhinein als lebenslaufsoziologisch ansehen könnte. Das Feld der Lebenslaufsoziologie wird zum ersten Mal systematisch in einem noch heute lesenswerten Artikel von Cain (1964) abgesteckt. Im Zentrum der strukturfunktionalistischen Lebenslauftheorie steht die Suche nach in allen Gesellschaften vorfindbaren Regelmäßigkeiten der sozialen Strukturierung. Konzepte des „sozialen Alters" und der „Altersnormen", die weiter unten ausführlicher diskutiert werden, stehen dabei im Mittelpunkt.

In den bewegten 1960er Jahren werden Annahmen über die Konstanz gesellschaftlicher Strukturen brüchig, entsprechende Modelle gelten als zu statisch. Große Aufmerksamkeit fand in diesem Kontext das lebenslaufsoziologische Konzept der „Kohorte", das von Ryder (1965) in Fortführung der Generationstheorie von Mannheim als dynamisches Analyseinstrument entwickelt wurde. Da auch heute noch Generations- und Kohortenkonzepte in der Biografieforschung und der Lebenslaufsoziologie von großer Bedeutung sind, werden sie weiter unten vertieft erörtert.

Die eigentliche Blütezeit der Biografieforschung und Lebenslaufanalyse beginnt in den 1970er und 1980er Jahren als Resultat von methodischen und theoretischen Innovationen. Mit dem Konzept der „biografischen Kompetenz" wird, wie noch genauer zu erläutern sein wird, die Selbststeuerungsfähigkeit von Individuen beschrieben. Es stellt eine Mikrofundierung von lebenslaufsoziologischen Analysen dar.

Während die Biografieforschung überwiegend qualitativ betrieben wird, hatte die Lebenslaufforschung früh eine quantitative Schwerpunktsetzung. Neben dem bereits geschilderten materialen Lebenslaufkonzept von Kohli, das auf eine makrosoziologische Verortung einer Theorie des Lebenslaufs abzielt, dominiert im amerikanischen Raum die formale Lebenslaufsoziologie, die von Elder (1985) entscheidend vorangetrieben wurde, und dessen Leitkonzept der „Lebenslaufübergang" ist. Diese Lebenslauftheorie wird im letzten Abschnitt dieses Kapitels eingehend diskutiert. Anhand unterschiedlicher Interpretationen des Verständnisses von „Wendepunkten" werden neuere Kontroversen innerhalb dieser Forschungsrichtung erörtert.

3.1 Alter und Altersnorm

Der Begriff des Alters scheint aus der Alltagswelt wohlvertraut, jeder kennt sein Alter. Wissenschaftlich ist es sinnvoll drei verschiedene Aspekte des Alters zu trennen: chronologisches, biologisches und soziales Alter. Als chronologisches Alter bezeichnet man die Möglichkeit, Alter exakt messen zu können in Jahresschritten und Untereinheiten davon. Ein massenhaftes Wissen um chronologisches Alter ist gesellschaftsevolutionär keine Selbstverständlichkeit, da es die Entwicklung eines Kalenders voraussetzt, sowie die Registrierung von Geburtsdaten (Schmeiser 2006). Historische Untersuchungen zeigen, dass es im Mittelalter durchaus üblich war, dass man nur ungefähr wusste, wie alt man ist, was bei den ersten Volkszählungen dazu führte, dass überproportional häufig runde Altersangaben gemacht wurden (30, 40, 50, 60 Jahre), während Zwischenkategorien deutlich niedriger besetzt waren (Sackmann 1998: 23). Dieses Phänomen findet man auch heute noch in einigen Entwicklungsländern.

Unter einem biologischen Alter versteht man den körperlichen Prozess des Alterns. So gibt es biologische Regelmäßigkeiten der Leistungsfähigkeit von Menschen: ab wann man spezifische Kompetenzen besitzt, in welchen Altersspannen man die höchste Leistungsfähigkeit erreicht und ab welchen Altersbereichen bestimmte Fertigkeiten nachlassen. Mit biologischen Aspekten des Alterns beschäftigen sich u.a. die wissenschaftlichen Disziplinen der Medizin, der Gerontologie und der Entwicklungspsychologie. In der Gerontologie wurden Konzepte erarbeitet, die eine Leistungsverschiebung im Alter nachweisen, z.B. ein Nachlassen in der Geschwindigkeit, Wissen erwerben zu können, bei einer gleichzeitigen Steigerung der Fähigkeit über Erfahrungswissen Wissen adäquat einsetzen zu können. In der Entwicklungspsychologie sind Regelmäßigkeiten der Art gefunden worden, dass bestimmte Kompetenzen wie beispielsweise das Erlernen von Sprache in bestimmten Altersbereichen gehäuft auftreten. Biologische Alterungsprozesse zeichnen sich dadurch aus, dass sie neben Regelmäßigkeiten auch eine große interindividuelle Varianz enthalten. Alle Menschen altern, aber jeder Alterungsprozess weist spezifische Komponenten auf.

Das für Soziologen wichtigste Alterskonzept bezieht sich auf soziales Alter. Soziales Alter lässt sich definieren als ein durch gesellschaftliche Kategorien und Normen bestimmtes Bündel an Erwartungen von Altersstatus und Altersrollen, die an ein Individuum herangetragen werden, von diesem verinnerlicht werden und im Handeln transformiert werden. Das Konzept wurde in den 1930er Jahren von Linton (1936) entwickelt und ist als Rollentheorie berühmt geworden. Diese Theorie geht von einer Ergänzung von Natur und Kultur, von Status und Rolle aus. Dabei wird behauptet, dass biologische Zustände nicht eindeutig sind, sie werden deshalb durch kulturelle Kategorien überformt. Selbst die scheinbar leicht direkt wahrnehmbaren biologischen Zustände (z.B. die Unterscheidung lebend/tot als Beginn und Ende eines Alterungsprozesses) sind bis in die Gegenwart hinein kulturell überformt: Der Beginn des Lebens ist in der Abtreibungsdebatte umstritten, das Ende des Lebens in Diskussionen über den Status des Hirntodes. Die Variabilität der Zuordnung zwischen chronologischem Alter und kulturellen Alterskategorien ist in den Lebensjahren zwischen Geburt und Tod noch größer. Linton kannte als Ethnologe z.B. viele, in Gesellschaften verschiedene kulturelle Grenzziehungen zwischen Jugend- und Erwachsenenstatus. Alter ist in dieser Konzeption ein Status, der innerhalb eines Statussystems der Altersschichtung kulturell definiert ist. Bei Alter handelt es sich dabei um einen von der Gesellschaft zugewiesenen Status (askriptiven Status), im Unterschied zu einem erworbenen Status wie etwa Bildung oder Beruf. Der kulturell definierte Handlungsaspekt eines Status ist eine Rolle. Rollen eignen sich Menschen dabei in einem Sozialisationsprozess an, die Ausfüllung einer Rolle erfordert Handlungskompetenzen, eine spezifische Performanz. Bezüglich der Inhalte von Altersrollen gibt es gesellschaftliche Normen. Während dieses strukturfunktionalistische Konzept sozialen Alters bereits in den 1930er und 1940er Jahren im Kontext einer allgemeinen Entwicklung einer Rollentheorie entstanden ist, setzt die empirische Forschung zum Phänomen der Altersnormen mit einem noch heute anregenden Aufsatz von Neugarten u.a. in den 1960er Jahren ein (deutsch: Neugarten/Moore/Lowe 1978).

Die Gesellschaft beeinflusst danach individuelle Lebensläufe durch die Vorgabe von Altersnormen. Altersnormen sind Erwartungen, die individuelle Lebensentscheidungen und Handlungen altersspezifisch leiten, sozial kontrollieren und in einen gesellschaftlichen Kontext setzen. Diese internalisierten, d.h.

mit der Sozialisation vermittelten, normativen Muster schreiben dem Einzelnen vor, wie er sich in konkreten sozialen Situationen altersgerecht zu verhalten hat und wie er seinen individuellen Lebenslauf (Ausbildung, Berufseinstieg, Heirat, Geburt der Kinder, Ruhestand) planen sollte. Diese normativen Vorgaben werden von den meisten Menschen als legitim angesehen, sodass sie fast intuitiv ihr eigenes Timing auf den gesellschaftlich vorgegebenen Zeitplan („soziale Uhr") abstimmen. Der Zeitplan legt fest, in welchem Lebensabschnitt vom Individuum erwartet wird, einen „Lebensabschnitt" zu vollziehen, d.h. beispielsweise wann es mit der Ausbildung fertig sein soll, wann geheiratet wird oder einfach (nur), ab welchem Alter es sich für eine Frau nicht mehr ziemt, kurze Röcke zu tragen. Von Altersnormen abweichendes Verhalten zieht negative Sanktionen nach sich, was diesen Erwartungen den Charakter von Alterszwängen verleiht.

Das sehr anschauliche Konzept der Altersnorm, das durch einfache Operationalisierungen in Befragungen erfasst werden konnte (z.B. „In welchem Alter, denken Sie, sollte eine Frau ihr erstes Kind bekommen"), erwies sich in der empirischen Forschung als nicht immer unproblematisch. So wird etwa kritisiert, dass Befragte meist nur sehr ungenaue Angaben machen können, die bereichsspezifisch variieren (Settersten/Mayer 1997; Settersten 1998; 1999). Ein weiterer Einwand bezieht sich auf den Status von Altersnormen im Vergleich zu anderen Normen (Fuchs 1998; Marini 1984): Handelt es sich hierbei um Kann-, Soll- oder Muss-Normen? Wie verbindlich sind diese Normen für die Individuen? Und – damit korrespondierend – wer sanktioniert eigentlich das Verhalten von Personen, die gegen Altersnormen verstoßen?

Bevor mit einem Kapitel über die Generationstheorie die systematische Vorstellung von Lebenslauftheorien fortgesetzt wird, soll anhand eines Forschungsteils zur Frage von Altersnormen und einem praktischen Teil zu Fragen der Altersdiskriminierung die Tragfähigkeit des Konzeptes soziales Alter in der Lebenslaufsoziologie geprüft werden.

Forschungsteil: Altersnormen und Sanktionsträger

Die Handlungsrelevanz von Altersnormen wird wesentlich von ihrer Verbindlichkeit bestimmt. Im Alltag würde man sagen, dass die Verbindlichkeit von Normen von der individuellen Einstellung abhängt: manche Personen lassen sich gerne von Verhaltensvorgaben beeinflussen, während sich dagegen andere wenig um das Urteil ihrer Mitmenschen kümmern. In der soziologischen Forschung kann man Regelmäßigkeiten dieser Varianz der Befolgung von Altersnormen genauer bestimmen, wenn man Situationen danach aufschlüsselt, welche Personengruppen individuelles Handeln nach ihrer Altersnormkonformität

Theoretische Konzepte der Lebenslaufanalyse und Biografieforschung 37

sanktionieren und in welcher Machtposition diese Personen zu den Handelnden stehen. Eine Jugendstudie aus den 1980er Jahren kann einen Einblick in den Prozess der Aushandlung und Durchsetzung von Altersnormen geben (Fuchs 1998). Darin wurden 1472 Jugendliche im Alter von 15-24 Jahren gefragt, in welchem Alter man bestimmte Handlungen machen sollte bzw. über bestimmte Zuständigkeiten verfügen sollte. Gefragt wurde nach: „als Junge zum ersten Mal sexuelle Erfahrungen mit einem Mädchen machen", „als Mädchen zum ersten Mal sexuelle Erfahrungen mit einem Jungen machen", „mit eigenem Geld umgehen können", „das eigene Zimmer/die eigene Wohnung in Ordnung halten können", „weggehen und heimkommen dürfen, wann man will", „größere Anschaffungen selbst bestimmen und aussuchen können", „genug Geld verdienen können, um für sich selbst zu sorgen", „selbst bestimmen dürfen, wie man aussehen will". Die gleichen Fragen wurden auch 729 Erwachsenen im Alter von 45-54 Jahren gestellt.

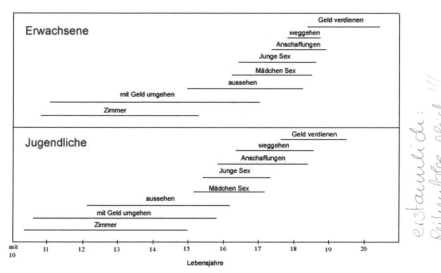

Abb. 5: Interquartilbereich der Sollalter-Datierungen von Jugendlichen (15-24 Jahre) und Erwachsenen (45-54 Jahre) (Fuchs 1998: 37)

Forschungsaufgabe: Wie interpretieren Sie diese Grafik? Was sagt sie über die Verbindlichkeit von Altersnormen im Jugendbereich aus?

Die Grafik stellt den Prozess des Übergangs von der Kindheit zum Erwachsenenstatus als einen Prozess der zunehmenden Übertragung von einzelnen Komponenten der Erwachsenenrolle dar. Dabei fällt auf, dass es eine weitgehende Identität der Vorstellungen bezüglich der Reihenfolge dieses Prozesses gibt: Kinder sollen zuerst lernen ihr Zimmer aufzuräumen und mit eigenem Geld umzugehen. Sie dürfen dann ihr eigenes Aussehen gestalten, sexuelle Erfahrungen machen, eigene Anschaffungen machen und weggehen, solange sie wollen. In einem letzten Schritt sollen sie über eigenverdientes Geld selbstständig werden. Dieser Prozess sollte sich in etwa zwischen dem 10. und dem 20. Lebensjahr vollziehen (bei einem Studium dürfte sich der letzte Schritt um einige Jahre verzögern).

Es ist plausibel bei diesen Daten von Altersnormen zu sprechen, da es eine Bezugnahme auf Alter gibt, hierbei Verhaltenserwartungen an Individuen formuliert werden und bei einer Einhaltung positive Sanktionen erfolgen und bei einer Nicht-Einhaltung negative Sanktionen drohen. Das spezifische dieser Art von Altersnormen ist, dass man sehr genau den Träger der meisten Altersnormen ermitteln kann: Es handelt sich um Normen von Familiensystemen. In fast allen Familien gibt es Regeln zu diesen Handlungsnormen, häufig sind sie umstritten und nicht selten werden sie mit Altersmarkierungen versehen („Wenn du mal 15 Jahre alt bist, darfst du bis 22 Uhr ausgehen, vorher kommst du spätestens um 20 Uhr nach Hause."). Sie werden meist explizit formuliert. Und es gibt ganz klar bestimmbare Sanktionsträger: Eltern. Eltern bestimmen in Aushandlung mit ihren Kindern Regeln, überwachen sie und sanktionieren sie in Bezug auf Erfüllung bzw. Nicht-Erfüllung. Sie verfügen über Macht, um diesen Regeln Nachdruck zu verleihen. Der Prozess selbst beschreibt eine sukzessive Autonomiegewährung der Jugendlichen, es handelt sich also um Ermächtigungsnormen, bestimmte Handlungsrechte werden sukzessive an die Jugendlichen übertragen, die gleichzeitig zunehmend Autonomie erlangen.

Altersnormen, die die Jugendphase betreffen, unterscheiden sich dabei in ihrem Verbindlichkeitsgrad von Altersnormen, die die mittlere Lebensphase oder das hohe Alter betreffen. Viele Altersnormen, die die mittlere Lebensphase betreffen (z.B. zum Heiratsalter oder zum Alter bei der Erstgeburt), weisen nicht diesen klar umrissenen Charakter auf. Selbst wenn Personen geteilte Erwartungen über ein „ideales" Alter für ein bestimmtes Ereignis haben, wird dieses selten zu spürbaren Sanktionen führen. Eine siebenunddreißigjährige unverheiratete Frau mag im Familienkreis oder auch von Bekannten unangenehme Bemerkungen zu ihrem Status hören, allen Beteiligten ist allerdings klar, dass nur sie kompetent die Entscheidung zum Ob der Heirat und zu ihrem Zeitpunkt treffen kann, weswegen die Kommentatoren befürchten müssen, selbst sanktioniert zu werden. Aufgrund der geringen Verbindlichkeit dieser Sorte von Verhaltenserwartungen sollte man hier, statt von Altersnormen, besser von sozial geteilten Altersvorstellungen sprechen.

Altersnormen, die den Bereich des höheren Erwachsenenalters betreffen, wie z.B. Ruhestandseintritt, Heirat im Alter und Führerscheinabgabe, ändern noch einmal ihren spezifischen Charakter. Auf gesetzliche Altersnormen, wie das gesetzliche Rentenalter, wird im Rahmen des praktischen Teils noch genauer eingegangen werden, sie werden hier vorerst nicht erörtert. Bezüglich des Heiratsverhaltens von Personen im hohen Alter, z.B. nach einer Verwitwung, gibt es einerseits eine sehr ähnliche Konstellation wie bei entsprechenden Altersvorstellungen, die die mittlere Lebensphase betreffen: Es gibt sozial geteilte Vorstellungen dazu, ab welchem Alter eine Wiederverheiratung eher unschicklich ist, die sich in unangenehmen Bemerkungen von Familienangehörigen, Nachbarn und Bekannten ausdrücken können. Letztlich wissen allerdings alle Beteiligten, dass nur die heiratende Person selbst entscheiden kann. Allerdings kommt hier hinzu, dass Familienangehörige ein starkes Interesse am Heiratsverhalten der älteren Person haben können, da sich z.B. Erbanrechte durch den Heiratsakt verändern können. Es ist sehr viel wahrscheinlicher, dass es diesbezüglich Konflikte in der Familie gibt, bei denen auch mit grundlegenden Änderungen des Interaktionssystems Familie gedroht werden kann (und wird): „Wenn du diese Person heiraten wirst, dann wirst du mich und meine Kinder nicht wieder sehen." Bei der empirisch feststellbaren geringen Wiederverheiratungsrate älterer Frauen, einem interessanten empirischen Forschungsfeld, wäre zu prüfen, ob Altersnormen, die von sanktionierenden Familien getragen werden, dieses Nicht-Handeln beeinflussen.

Ein spannendes Forschungsfeld stellen auch altersbezogene Normen zur Abgabe des Führerscheins dar, die immer wieder auch öffentlich diskutiert werden. Gegenwärtig entscheidet der Führerscheinhalter selbst, wann er ein Alter erreicht hat, das ihm nicht mehr ein sicheres Führen eines Autos ermöglicht. Da in der Familie Fahrkünste unmittelbar beobachtet werden, ist zu überlegen, ob Familienmitglieder hier als Sanktionsträger in Frage kommen. Bei älteren Ehepaaren ist die Sanktionsmacht am höchsten, da ein sich durch die Fahrkünste des Partners oder der Partnerin bedroht fühlender Partner direkt Interaktionsabbrüche androhen kann: „Du siehst kaum mehr, das ist mir zu riskant, deshalb werde ich nicht mehr mit dir mitfahren." Bei den mittelalten Kindern der älteren Fahrperson ist die Situation komplizierter, da sie schon mit dem Ansprechen dieses heiklen Themas riskieren, von der älteren Person negativ sanktioniert zu werden.

Da das Fahren im hohen Alter nicht nur für den Fahrer, sondern auch für andere Verkehrsteilnehmer gefährlich sein kann, gibt es immer wieder öffentliche Vorschläge, ab einem bestimmten Alter Fahrtüchtigkeitsprüfungen verbindlich festzulegen, die bei einem Nichtbestehen eines diesbezüglichen Tests zu einem Entzug des Führerscheins führen sollten. (Empirisch ist der Zusammenhang zwischen Alter und Unfallhäufigkeit schwach: die meisten Unfälle begehen Fahranfänger, in höherem Alter nimmt die Fahrhäufigkeit ab, die auf die Fahrleistung (nicht den Fahrer) bezogene Unfallwahrscheinlichkeit nimmt allerdings zu. Es gibt also durchaus einen empirischen Kern dieser Forderungen.) Die zu prüfende Messgröße wäre in diesem Fall biologisches Alter (also reale körperliche Fahrleistung), die mit chronologischem Alter zwar korreliert, aber eine hohe individuelle Varianz aufweist. Politisch wären der hohe Prüfungsaufwand und die Unbeliebtheit dieser Maßnahme bei Älteren mit dem Interesse der Unfallopfer (und dem indirekten Interesse der Familienmitglieder von Älteren) gegeneinander aufzuwiegen. Bisher haben sich die Einwände als politisch stärker erwiesen.

Die Problematik von Altersnormen im höheren Alter liegt an der Struktur des Gegenstandes, da es sich häufig um Aberkennungsnormen handelt, das heißt den Älteren werden bestimmte Kompetenzen aberkannt, die Handlungsautonomie wird eingeschränkt. Sie liegen deshalb meist nicht im egoistischen Interesse der älteren Person. Aufgrund des Regelungsgegenstandes werden hier explizite Regelungen eher gemieden, ihre Bezugnahme auf Alter bleibt meist vage. Alle Regelungen dieser Art beziehen sich im Kern auf biologisches Alter, was mit Mess- und Aushandlungsaufwand verbunden ist. Für einige Handlungsbereiche gibt es dabei starke Interessenten am Zustandekommen von Normen, die aber häufig nicht über die Macht verfügen, diese Normen durchzusetzen.

Praktischer Teil: Altersnormen bei Flugpersonal

Altersnormen gelten in modernen Gesellschaften als tendenziell illegitim, was in der Unterscheidung von askriptiven (zugewiesenen) Status und Rollen (z.B. Geschlecht, Alter, Rasse) und durch Leistung erworbenen Status und Rollen (z.B. Bildung, Beruf) zum Ausdruck kommt. Ausgehend von den Vereinigten Staaten in den 1950er Jahren, und durchaus auch angeregt durch diese soziologischen Unterscheidungen (Bytheway 2005), entwickelte sich eine Antidiskriminierungsgesetzgebung, die inzwischen in der angloamerikanischen Rechtskultur, aber auch in der Rechtssprechung des Europäischen Gerichtshofes, einen hohen Stellenwert einnimmt (Macnicol 2006; Fredman/Spencer 2003). Auch Deutschland hat sich im neuen Jahrtausend zur Verabschiedung eines Antidiskriminierungsgesetzes verpflichtet, ein erster Entwurf vom Dezember 2004 scheiterte allerdings im Vorfeld des Gesetzgebungsverfahrens. Im Juni 2006 verabschiedete dann der Bundestag das Allgemeine Gleichbehandlungsgesetz (AGG).

Durch das Gesetz wurde eine Verbreitung des vorher in Deutschland nicht geläufigen Wortes „Altersdiskriminierung" erreicht (Sackmann/Kopycka 2010). In quantitativen und qualitativen Studien zeigt sich, dass Altersdiskriminierung durchaus differenziert gesehen wird (Antidiskriminierungsstelle des Bundes 2009). Aus der amerikanischen Rechtstradition heraus wird eher die subtile Diskriminierung von älteren Arbeitnehmern in Organisationen analysiert (Brauer/Clemens 2010). Umfragen zu selbstberichteten Diskriminierungserfahrungen belegen allerdings, dass in europäischen Gesellschaften weit überwiegend Jüngere (unter 30jährige) von Altersdiskriminierung betroffen sind (Rehberg/Moser 2012), insbesondere durch Altersgrenzen bei der Einstellung. Allgemein zeigt die amerikanische Erfahrung, dass der Kampf gegen Altersdiskriminierung v.a. in Organisationen geführt wird, da Personalabteilungen dieses Thema aufgegriffen haben (Dobbin 2009).

Der praktische Teil soll deshalb auf Probleme von Organisationen eingehen, die durch Altersnormen gelöst werden, bzw. durch sie verursacht werden. Eine Beschäftigung mit diesen praktischen Fragen erscheint nützlich, da eine zu erwartende Umstellung der Rechtskultur auch eine Verschiebung von praktischen Problemlagen beinhaltet, die lösungsbedürftig sind.

Institutsaufgabe für Kleingruppen: Die deutsche Lufthansa AG hat dem Institut für angewandte Biografie- und Lebenslaufsoziologie zwei Aufträge erteilt: Erstellen Sie für den im Artikel „Piloten wollen Altersgrenze überfliegen" beschriebenen Konflikt ein lebenslaufsoziologisches Gutachten (z.B. biologisches, soziales Alter, Aberkennungsnorm) und machen Sie einen praktikablen Lösungsvorschlag. Der in dem Artikel „Langstreckenfalten" beschriebene latente Konflikt um Altersnormen weist eine andere Struktur auf (Altersdiskriminierung). Erarbeiten Sie auch für diese Interaktionskonstellation einen Vorschlag.

Artikel Frankfurter Allgemeine Zeitung 18.4. 2000: „Piloten wollen Altersgrenze überfliegen"
© Alle Rechte vorbehalten. Frankfurter Allgemeine Zeitung GmbH, Frankfurt. Zur Verfügung gestellt vom Frankfurter Allgemeine Archiv
PILOTEN WOLLEN ALTERSGRENZE ÜBERFLIEGEN
Mit 60 Jahren ein Sicherheitsrisiko?/ Leistung lässt unmerklich nach/ Streit um Ruhestandsregelung

Die Gewerkschaften tun zwar so, als sei ein früher Ruhestand die wahre Erfüllung des Berufslebens, aber sie sprechen zum Glück nicht für alle. Viele Piloten kleben an ihrem Arbeitsplatz. Man muss sie schließlich mit sanfter Gewalt aus dem Flugzeug entfernen. „Unser Beruf hat die angenehme Eigenschaft, gern ausgeübt zu werden", sagt Flugkapitän Jürgen Lachmann, Präsident der Vereinigung Cockpit (VC). Spätestens am Ende des 60. Lebensjahrs machen Verkehrsflugzeugführer ihre letzte Landung – auch wenn sie sich noch im Vollbesitz ihrer geistigen und körperlichen Kräfte fühlen, Das ist die vorherrschende, durch Gesetz und Vertrag festgeschriebene Praxis. Berechtigte Angst vor dem Versagen eines überforderten Großvaters oder überzogenes

Sicherheitsdenken? Dass die Rente mit 60 auch unter Fachleuten höchst umstritten ist, zeigte ein Streitgespräch, zu dem der Luftfahrt-Presse-Club (LPC) jüngere und ältere Piloten eingeladen hatte. In Deutschland fehlt es an qualifizierten Linienpiloten. Wegen dieses Mangels (der von Zeit zu Zeit offenbar schicksalhaft eintritt und die Luftfahrtbranche jedes Mal völlig überrascht) wird neuerdings die Altersgrenze fürs Cockpit wieder in Frage gestellt. Warum auf die Könnerschaft älterer Flugzeugführer verzichten? Die Ferienfluggesellschaft FlyFTI (Frosch Touristik) ist der erste Arbeitgeber, der pensionsreifen Verkehrsflugzeugführern noch eine Chance gibt. Von ihren 88 Piloten sind 15 älter als 60 Jahre. In München beruft man sich auf eine demnächst in Kraft tretende Verordnung der europäischen Luftfahrtsbehörden JAA, die von der jetzt gültigen strengen Ruhestands-Sollvorschrift abweicht. Stärkstes Argument für ein Fliegerleben über 60: Piloten mit einschlägiger Lizenz (ATPL) werden dreimal im Jahr fachlich überprüft, zum Beispiel im Simulator, und zweimal jährlich fliegerärztlich untersucht. „Es will mir nicht in den Kopf", sagte ein FTI-Kapitän, „dass man mit 59 noch fit und mit 61 plötzlich nicht mehr tauglich sein soll."
Dagegen bleibt die VC unbeirrt bei 60 Jahren. Für den Berufsverband, der 6000 Piloten und Flugingenieure vertritt (Durchschnittsalter 40,5 Jahre), erläuterte Eckardt Bergmann, warum man im Cockpit keine Altherrenflieger wünscht. Sie könnten zum Sicherheitsrisiko werden. Erfahrung und Wissenschaft bezeugen übereinstimmend einen Leistungsabfall alternder Menschen. Er beginnt früher oder später, schreitet langsamer oder schneller voran und ist individuell sehr verschieden. Gefürchtet werden nicht so sehr Schlaganfälle oder Herzinfarkte während des Fluges, vielmehr Zerstreutheit, Unaufmerksamkeit oder andere scheinbar geringfügige Ausfallerscheinungen. Routine vermag physiologische Schwächen zu verdecken – aber die Umschulung auf einen anderen Flugzeugtypen offenbart dann ein reduziertes Aufnahmevermögen. Der Fliegerarzt Claus Wissfeld verwies auf die Leitfunktion der amerikanischen Luftfahrtbehörte FAA, die sich in den sechziger Jahren nach umfangreichen Untersuchungen auf die 60-Jahr-Grenze festlegte. Nur Kopiloten dürfen älter sein, vorausgesetzt, der Kapitän ist jünger.
Es geht nicht nur um Flugsicherheit. Die Ruhestandsregelung hat finanzielle, auch sozialpolitische Aspekte. Gemeinsam müssen Arbeitgeber und Arbeitnehmer die Übergangsversorgung bis zum Einsetzen der Rente sicherstellen. Das ist kompliziert, zumal viele Gesellschaften ihre Piloten schon mit 53 bis 55 Jahren aufs Altenteil setzen; danach wird oft Teilzeitarbeit angeboten.
Nur in den Augen der Passagiere sind die Herren mit den grauen Schläfen der Inbegriff des Vertrauen erweckenden Flugkapitäns. Deutschlands ältester übrigens schippert mit 72 Jahren noch ein Frachtflugzeug durch Europa. Guten Flug, Alter!

Dieter Vogt

Artikel Frankfurter Allgemeine Sonntagszeitung 24.8.2003, Nr. 34: „Langstreckenfalten"

© Alle Rechte vorbehalten. Frankfurter Allgemeine Zeitung GmbH, Frankfurt. Zur Verfügung gestellt vom Frankfurter Allgemeine Archiv

LANGSTRECKENFALTEN
Flugbegleiter wissen: Wer fliegt, altert schneller

Cindy, ist das, was man eine Matrone nennt. Ausladende Formen, die auch die hochgeschlossene Uniform nicht verbergen kann, dazu eine feste Stimme und faltige Gesichtszüge, in denen unzählige Langstrecken- und Nachtflüge Spuren hinterlassen haben. Cindy macht niemand etwas vor, auch nicht die jungen Dotcomler, die sich heute im First-Class-Abteil des Fluges United Airlines UA901 von Frankfurt nach San Francisco verlieren. Cindy ist die Mutter der Kabine, daran lässt sie keinen Zweifel. Ein Reisender, der ihr jüngster Sohn sein könnte, macht eine dezent abfällige Bemerkung über das perlende Getränk, das Cindy vor dem Start reicht. „We don't like it ourselves, honey", gurrt darauf die Kabinenchefin und verweist auf die begrenzten Vorräte echten Champagners, die sie nach dem Abflug zu servieren gedenkt. Mit derselben Nonchalance trägt sie Stunden später als zweite Mahlzeit allen Ernstes Hamburger auf, was manche First-Class-Kunden – anderswo Kaviar und Hummer gewohnt – als Zumutung empfinden. Doch schon Cindys Gestik erstickt möglichen Widerspruch und drückt vermutlich die bittere Wahrheit aus: „Die Zeiten sind schlecht, unsere Airline ist beinahe pleite, was anderes gibt es nicht." Aber auch zu fast kindlicher Freude ist die Kabinenveteranin noch fähig: Der Ausblick auf Grönland ist heute ungewöhnlich klar, und als Cindy die Eisscholle und Gletscher erblickt, nötigt sie einen Passagier, der ein paar Fotos macht: „Bitte, bitte schicken Sie mir und meiner Kollegin einen Abzug, wir werden bald pensioniert, da ist das eine schöne Erinnerung."

Krampfadergeschwader
Ein hochrangiger Lufthansa-Manager kommentiert solche Berichte über die Partnergesellschaft in der Star Alliance mit der Gegenfrage: „Ach, waren sie mit dem Krampfadergeschwader unterwegs?". Ganz anders die Lage bei Singapore Airline (SIA), zufällig auch Mitglied der größten Airline-Allianz der Welt. Es beginnt schon damit, dass die weiblichen Flugbegleiter, und das sind über 60 Prozent aller Kabinenmitarbeiter der Gesellschaft, den Markennamen „Singapore Girl" und ein seidenes Kleid, den Sarong Kebaya, tragen. Das Singapore Girl hat sich zur Markenikone entwickelt, bereits seit 1993 steht ihr Ebenbild aus Wachs bei Madame Tussaud's in London, und für 22 Dollar kann jeder Passagier an Bord auch eine idealtypische Barbie-Puppe des Singapore Girl erwerben. Obwohl es keine Alters- oder Gewichtsvorschriften gibt, versteht es sich bei der asiatischen Renommierfirma von selbst, dass die Damen jung und attraktiv zu sein haben. Bewerbungstermine in Singapur gleichen einem Hollywood-Casting, und genommen werden üblicherweise nur etwa zehn Prozent der Angetretenen, die dann für 17 000 bis 20 000 US-Dollar Jahreslohn um die Welt geschickt werden. Und das erst mal nur bei einem Fünfjahresvertrag, dessen Erneuerung sie sich durch gute Beurteilung und Bewahrung ihres Aussehens hart erarbeiten müssen. Für männliche Flugbegleiter gibt es bei SIA keine dieser Bestimmungen, während man bei den Damen davon ausgeht, dass sie nach fünf oder maximal zehn Jahren an Bord die Fliegerei wieder verlassen. Ein Weitermachen bis zur Pensionierung wie bei United ist undenkbar, nach dem fünften Fünfjahresvertrag ist spätestens Schluss.

Zeit für Zungenbrecher
Klar ist das SIA-Personal so auf den ersten Blick hübsch anzusehen, die Praxistauglichkeit der jungen und manchmal unerfahrenen Asiatinnen im Umgang mit westlichen Kunden lässt allerdings mitunter zu wünschen übrig. Das liegt vor allem an der angeborenen Schüchternheit mancher Novizinnen, die mit ihren Gästen nur im Flüsterton kommunizieren und sich fast die Zunge abbrechen, wenn sie, wie vorgeschrieben, in First und Business Class, Kunden mit Namen ansprechen müssen und dann auf linguistische Herausforderungen wie Mr. Kotschenreuther stoßen. „Kein Passagier wird sich wegen des Alters der Flugbegleiter für oder gegen eine Airline entscheiden", sagt Peter Jacobus, Sprecher der deutschen Branchengewerkschaft Ufo. Gleichzeitig erklärt er das Phänomen des hohen Alters amerikanischer Kabinenbesatzungen auf internationalen Flügen: „Dort müssen die Kollegen erst mal jahrelang Inlandsdienst schieben, ehe sie als Senioritätsältester auch Langstrecke fliegen dürfen." Auch die in den Vereinigten Staaten kaum bestehende

Altersvorsorge trägt dazu bei, dass das Durchschnittsalter der Besatzung deutlich höher liegt als in Europa oder Asien. „Dauernde Klima- und Zeitumstellung sowie Schichtdienst führen dazu, dass viele Flugbegleiter hier schon früher als mit den etwa bei Lufthansa vorgesehenen 55 Jahren ihren harten Job aufgeben", weiß Jacobus. Gerade bei Ferienfluggesellschaften sind Jobs in der Kabine typische Saisonarbeiten, die oft von jungen Leuten zwischen Schule und Studium oder als Übergangsjob für ein paar Jahre gemacht werden. Die über 10 000 Ufo-Mitglieder sind denn auch im Durchschnitt gerade am Ende Zwanzig, während der Altersdurchschnitt bei den 14 000 Lufthansa-Kabinenmitarbeitern bei 25 Jahren liegt. Nur knapp sechs Prozent der Belegschaft ist über 50, auf Antrag dürfen auch bei Lufthansa die Kabinen-Crews bis zum 60. Geburtstag an Bord arbeiten, unabhängig vom Alter werden sie beim Kranich auf allen Strecken eingesetzt.

Fliegende Rentner
Auch die deutschen Fluggesellschaften merken allerdings, dass bei schlechter Arbeitsmarktlage ihre Mitarbeiter länger als früher an dem Job festhalten, den sie haben. „Wichtig ist die Professionalität, solange man gepflegt ist, spielt das Alter keine Rolle", sagt Peter Jacobus. Fliegende Rentner allerdings sind hierzulande kein Thema, während in den Vereinigten Staaten ältere Semester geradezu ermutigt werden, in die Luft zu gehen. „Die Airlines schauen nicht mehr nur nach jugendlichen Flugbegleitern, die entdecken zunehmend, dass gereifte Menschen besonders flexibel und zuverlässig sind", sagt Wendy Stafford von der Vermittlungsfirma Airline Inflight Resources, die speziell fliegendes Personal vermittelt. „Erst im vergangenen Jahr hat eine Fluggesellschaft eine 76jährige zur Flugbegleiterin ausgebildet", so Stafford, „entscheidend ist, dass die ihren Job sicher und effizient ausführen können – das Erreichen des 50. Lebensjahrs ist kein Hindernis mehr für eine neue Karriere in der Luft".

Andreas Spaet

Ein Teil der Überlegungen deckt sich mit der Rechtsprechung in diesem Feld, andere Aspekte dagegen tauchen kaum auf. Es erscheint deshalb sinnvoll, wenn das IABL auch die Rechtsprechung in diesem Feld recherchiert (Hepple 2003; Friedman 2003; Schrader/Schubert 2009; Wendeling-Schröder/Stein 2008), nachdem eine lebenslaufsoziologische Analyse vorgenommen wurde.

3.2 Generation und Kohorte

Bei der Betrachtung von Alter und Altersnormen wurde ursprünglich unterstellt, dass diese Regeln universell und relativ zeitkonstant Geltung für sich in Anspruch nehmen. Die in den letzten Beispielen herangezogenen Fälle haben allerdings gezeigt, dass es Konflikte um Normen gibt, die manchmal auch zum Wandel dieser Normen führen. Nicht nur Individuen bewegen sich (ihre Ziele und Gestalt wechselnd) durch die Zeit, auch die Gesellschaft wandelt sich in ihren Leitvorstellungen und in der Zusammensetzung ihrer Mitglieder. Dieser

Wandel wird in Generations- und Kohortentheorien analysiert, die im Folgenden genauer beschrieben werden sollen.

Im Alltag und in den verschiedenen Sozialwissenschaften gibt es unterschiedliche Generationsbegriffe (für einen Überblick Höpflinger 1999; Szydlik 2004): man spricht von 1968er Generation, von junger Generation oder von Kindergeneration ohne immer klar zu trennen, ob diese Konzepte sich zu einem Sinngehalt verdichten oder nicht. In der wissenschaftlichen Literatur unterscheidet man u.a. Familiengenerationen, pädagogische Generationen, Altersgenerationen und historisch-gesellschaftliche Generationen. Zwei Beispiele für die Untersuchung von Familiengenerationen: In der Mobilitätsforschung werden die Möglichkeiten untersucht, inwieweit Elterngenerationen ihren sozialen Status an ihre Kindergenerationen übertragen können. In der Psychologie interessiert man sich u.a. dafür, wie Kinder das Erziehungsverhalten ihrer Elterngeneration übernehmen und in einem späteren Alter in eine eigene Erziehungspraxis transformieren. Die pädagogische Generationsforschung interessiert sich für den Austauschprozess zwischen der lehrenden und der lernenden Generation (Ecarius 2008; Helsper u.a. 2009). Explizite Untersuchungen zu Altersgenerationen sind eher selten, sie spielen allerdings eine Rolle bei der Erörterung von Fragen der Generationsgerechtigkeit, etwa im Rentenversicherungssystem. In allen diesen Bereichen findet sich auch soziologische Biografie- und Lebenslaufforschung. Das für die Soziologie theoretisch wichtigste und komplexeste Generationskonzept ist allerdings die Theorie historisch-gesellschaftlicher Generationen, die von Mannheim entwickelt und von Ryder variiert wurde, weswegen auf diese Theorie hier ausführlicher eingegangen wird.

Unter einer gesellschaftlichen Generation wird eine Gruppe von Menschen verstanden, die einen Abschnitt der Gesellschaftszeit teilt und dadurch spezifische Ähnlichkeiten in ihrer sozialen Lage (z.B. Ressourcenausstattung, Gelegenheiten) und ihren Denk- und Praxisformen (z.B. Weltbild, Werte, Handlungspräferenzen) aufweisen. Der in dieser Definition verwendete Begriff Gesellschaftszeit entspricht der historischen Zeit in einer bestimmten Gesellschaft. Inwieweit es sich bei dieser Gesellschaft um die Weltgesellschaft, eine Nationalgesellschaft oder um eine lokale Dorfgemeinschaft handelt, ist abhängig vom Themenbereich des sozialen Gegenstandes und der historischen Zeit der Beobachtung.

Eine soziologische Generationstheorie wurde erstmals 1929 von Mannheim (1964) vorgelegt, die noch heute viel gelesen wird. Mannheim geht dabei davon aus, dass die über den Geburtszeitpunkt festgelegte Verortung in einer bestimmten Gesellschaftszeit menschlichen Individuen objektiv vorgegeben ist (Generationslage). Wenn sich Gesellschaften über die Zeit wandeln, was in der Moderne der Normalzustand wird, dann entwickelt sich in der Jugendzeit der Menschen, der Zeit der ersten aktiven Auseinandersetzung mit dem Phänomen Gesellschaft, ein natürliches Weltbild. Die Themen und die Auseinandersetzungen dieser Zeit wirken fort, da junge Menschen versuchen, eine Position ihrer Zeit gegenüber einzunehmen. Insbesondere wenn hier besondere Ereignisse, wie Umbrüche, Revolutionen oder ähnliches auftreten, entwickeln sich konfligierende Haltungen und Gruppen innerhalb einer Generation (Generationseinheiten).

Beobachter können bei diesen Diskursen und Lebensstilhaltungen der Generationseinheiten einen gemeinsamen Bezugspunkt feststellen, ein Generationsbewusstsein erkennen (Generationszusammenhang). Mannheim konnte z.B. zeigen, dass die Französische Revolution von 1789 in Deutschland in der damals jungen Generation nicht nur die Generationseinheit der aufklärerischen Revolutionsfreunde wie z.B. Forster oder Hölderlin in ihrem Denken beeindruckte, sondern auch die Generationseinheit der konservativen Revolutionsgegner, die erst in Auseinandersetzung mit Revolutionen eine Theorie des Konservativismus ausarbeiteten. Trotz unterschiedlicher Stellungnahme teilt diese Generation um 1800 Themen und Fragen, sodass man analytisch von einem Generationszusammenhang sprechen kann.

Eine einflussreiche Variante der Mannheimschen Generationstheorie hat Ryder (1965) vorgelegt, von der manche sogar behaupten, es handle sich um eine Alternative. Er zeigt, dass Generationsphänomene in verschiedensten Kontexten auftreten, da nicht nur ein gemeinsamer Geburtszeitraum, sondern auch ein gemeinsamer Eintrittszeitraum in eine Firma, oder ein gemeinsamer Heiratszeitraum Auswirkungen auf Ähnlichkeiten der sozialen Lage oder der Denk- und Praxisformen von Menschen haben könne. Ryder nennt Gruppen, die ähnliche Eintrittszeitpunkte aufweisen, Kohorten und unterscheidet Geburtskohorten, Heiratskohorten, Betriebseintrittskohorten, usw. Als Demograph interessiert er sich insbesondere auch für die Auswirkungen der Größe von Eintrittskohorten auf spätere Gelegenheitsstrukturen. Bei großen Geburtskohorten seien beispielsweise Verknappungen bei Lehrstellen und Wohnungen wahrscheinlicher als bei kleinen Geburtskohorten (jeweils im Vergleich zu den Vorgängerkohorten betrachtet). Ryder geht ähnlich wie Mannheim davon aus, dass der Einfluss gesellschaftlicher Zeitumstände auf soziale Lagen und Bewusstseinsformen in der Jugendzeit am größten sei, danach gäbe es eine gewisse Konstanz über den Lebenslauf hinweg. Inglehart (1989) hat diese Annahme in seiner Wertwandelstheorie zu Beginn der 1970er Jahre aufgegriffen: Menschen würden je nach ihrer materiellen Lage in ihrer Kindheit und Jugend Werthaltungen entwickeln, die sie in ihrem späteren Leben beibehalten. In Gesellschaften, die durch materielle Knappheiten gekennzeichnet seien, würden für die Jungen materielle Werte, wie Sicherheit und Wohlstand im Vordergrund des Interesses stehen. Diese

Personen würden im Erwachsenenleben materialistische Werte bevorzugen. In Wohlstandsgesellschaften steige dagegen die Wahrscheinlichkeit, dass junge Menschen aufgrund der materiellen Sättigung eine Präferenz für postmaterielle Werte, wie Teilhabe oder Selbstverwirklichung, entwickeln. Bei Wachstumsschwächen, die Inglehart ursprünglich nicht konzeptionalisierte, ist mit einer erneuten Hinwendung zu materialistischen Werten zu rechnen. Bei dieser Wertwandelstheorie führt der Austausch der Kohorten jeweils im Lauf der Jahre zu einem Wertewandel der Gesellschaft in die eine oder in die andere Richtung.

Eine Datenanalyse von Klein (2003) zeigt, dass bei den deutschen Geburtskohorten der 1921 bis 1964 geborenen Personen im Zeitraum von 1980 bis 2000 von Kohorte zu Kohorte eine Zunahme postmaterialistischer Werte zu verzeichnen ist, die in den jeweiligen Kohorten relativ konstant beibehalten werden. Bei der von Klein als „Generation Golf" bezeichneten Geburtskohorte 1965-1975 sei dagegen eine steigende Materialismus-Orientierung festzustellen. Die seit der zweiten Hälfte der 1980er Jahre anzutreffende Wachstumskrise habe zu einer Umkehrung der Richtung des Wertewandels geführt (vgl. Welzel 2009).

Kritisch an diesen Theorien wurde angemerkt, dass Ingleharts Theorie zu eindimensional und zu mechanistisch sei (Thome 2005). Nicht immer ließen sich Belege für die Rydersche Größeneffektannahme finden, da die Effekte stark von der institutionellen Verarbeitung der Größenverschiebungen abhängen. Der Clou, aber auch die Schwierigkeit, der Mannheimschen Generationstheorie liegt darin, dass es sich bei jeder gesellschaftlichen Generation um ein historisches Individuum handelt, das in Interpretationsakten erschlossen werden muss (Szydlik 2004). Ein Erkenntnisfortschritt ist bei diesen Interpretationsakten nur schwer zu erreichen. Einfache Globaldeutungen (die 89er Generation, die 68er, die Generation Golf, etc.), die in der Publizistik nachgefragt sind, fallen häufig hinter die Mannheimschen Postulate einer multiperspektivischen Deutung zurück: Die Widersprüche innerhalb einer Generation werden ebenso vernachlässigt, wie die genaue lebensbereichsspezifische Analyse. Wenn auch das Wissen über individuelle Generationen nur begrenzt kumulativ ist, so wächst doch das Wissen über Wirkprozesse, die Generationsphänomene anstoßen, aber auch reduzieren. Bei derartigen Untersuchungen ist eine feldspezifische Betrachtung nützlich, die sich z.B. nur auf Generationsbildungen bezogen auf technische Entwicklungen fokussiert (Sackmann/Winkler 2013; Sackmann/Weymann 1994).

Forschungsteil: Heiratsgenerationen

Für die wissenschaftliche Forschung hat es sich als sehr hilfreich erwiesen, nicht nur eine Generationslogik für die gesamte Gesellschaft zu suchen, sondern bereichsspezifisch Generationslagen zu betrachten: z.b. neben politischen Generationen, auch Arbeitsmarktgenerationen, Wohlfahrtsstaatsgenerationen, Technikgenerationen, etc. Das Vorgehen ist dabei recht ähnlich: man entwickelt eine Zeitachse des gesellschaftlichen Bereiches, man achtet dabei insbesondere auf einschneidende Veränderungen, die zu einer Generationsdifferenzierung geführt haben könnten. Dann fügt man individuelle Verläufe hinzu und prüft, in welchem Zeitraum eine Interaktion zwischen individuellem Verlauf und Gesellschaftszeit stattgefunden haben könnte. Die so aufgestellten Hypothesen können dann geprüft werden: Generationen, die sich in ihrer sozialen Lage oder in ihren Werthaltungen unterscheiden, können dann ausgemacht werden.
Beispielhaft für eine derartige Analyse, die eine Vorarbeit zur Entwicklung einer Studie zu Heiratsgenerationen sein könnte, werden im Folgenden Daten zu Scheidungen analysiert.

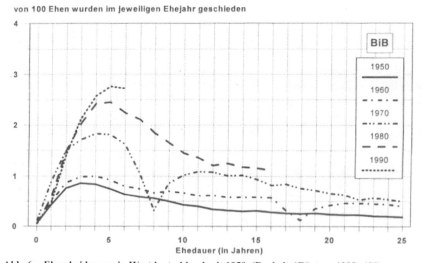

Abb. 6a: Ehescheidungen in Westdeutschland seit 1950, (Dorbritz/Gärtner 1998: 427)

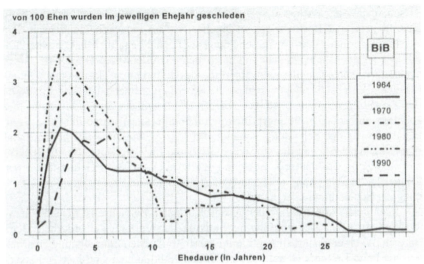

Abb. 6b: Ehescheidungen in Ostdeutschland seit 1950, (Dorbritz/Gärtner 1998: 428)

Forschungsaufgabe: Wie interpretieren Sie diese Grafiken? Lassen sich „Scheidungsgenerationen" ausmachen?

Lesehilfe der Grafik: Die Abbildungen verzeichnen auf der x-Achse die Ehedauer in Jahren (Differenz zwischen Eheschließungstermin und Scheidungstermin). Auf der y-Achse ist die Häufigkeit von Scheidungen abgetragen (Prozentzahl der geschiedenen Ehen). Die Linien zeigen diese Werte gesondert für die Heiratskohorten 1950, 1960 bzw. 1964, 1970, 1980 und 1990. Beispiel: Im vierten Ehejahr der Heiratskohorte 1960 (Strichlinie mit einem Punkt) wurden in Westdeutschland 1% der Ehen dieser Kohorte geschieden, bei der Heiratskohorte 1980 (lange Strichlinie) waren es dagegen 2,4% der Ehen dieser Kohorte.

Generationsanalyse: Die Zeitachse des Bereichs „Scheidung", des gesellschaftlichen Bereiches, der bei diesen Daten interessiert, erstreckt sich hier von 1950-1998. Markante gesellschaftliche Veränderungen in diesem Bereich, die einen Einfluss auf Generationen haben könnten, waren die Scheidungsreformen 1977 und die Vereinigung 1990. Bei der Scheidungsreform 1977 kehrte man in Westdeutschland – ähnlich wie in vielen Gesellschaften in dieser Zeit – vom diskriminierenden System des „Schuldprinzips" ab, das einen gerichtlichen Nachweis der Schuld eines Ehepartners am Scheitern der Ehe zur Voraussetzung ihrer Auflösung machte, und ging über zum noch heute geltenden „Zerrüttungsprinzip", bei dem die Einreichung einer Scheidung bei Gericht allein als Anzeichen einer Zerrüttung der Ehe angesehen wird, allerdings ein einjähriges

Trennungsjahr als Voraussetzung für eine richterliche Scheidung verlangt wird. Kommentare und Berichte gehen davon aus, dass eine Scheidung nach dem Zerrüttungsprinzip von einem scheidungswilligen Ehepartner als „leichter" zu erreichen gilt als eine Scheidung nach dem Schuldprinzip (Rational Choice Theoretiker sprechen hier von einer für das Individuum „kostengünstigeren" Scheidung). Es ist anzunehmen, dass die Scheidungszahlen nach der Einführung des Zerrüttungsprinzips ansteigen. In der DDR galt ein Scheidungsrecht, das ebenfalls auf dem Zerrüttungsprinzip beruhte, allerdings wurde hier kein Trennungsjahr vor der Scheidung verlangt. Mit der Vereinigung der beiden deutschen Staaten 1990 galt das (für das Individuum im Vergleich zum DDR-Recht aufwändigere) westdeutsche Scheidungsrecht auch auf dem Gebiet der neuen Bundesländer. Man kann also annehmen, dass nach der Vereinigung eine Senkung der Scheidungszahlen auftritt.

Nach der Rekonstruktion der gesellschaftlichen Zeitachse ist für eine Generationsanalyse eine Verknüpfung mit individuellen Verläufen erforderlich: Beim Bereich Scheidung ist es sinnvoll, mit einer individuellen Zeitrechnung zu arbeiten, die beim Ereignis Heirat beginnt. In den Abbildungen sind hier Heiratskohorten zusammengefasst, also Personen, die 1950, 1960, 1970, usw. geheiratet haben. Scheidungen treten in Westdeutschland im ersten Ehejahr selten auf, dann steigt ihre Zahl steil an, um danach mit steigender Ehedauer stark zurückzugehen. Man kann also vermuten, dass massive Einflüsse von Scheidungsrechtsänderungen bei den Kohorten auftreten sollten, deren maximale Scheidungswahrscheinlichkeit zeitlich nahe an der Rechtsänderung liegt. Heiratskohorten, deren Ehedauer bei einer Rechtsänderung schon weit fortgeschritten ist, dürften kaum von der Rechtsänderung beeinflusst sein. Heiratskohorten, deren Eheschließung nach der Rechtsänderung erfolgt, könnten ein neues Muster des Scheidungsprozesses ausbilden.

Die Abbildungen tragen auf der y-Achse die Wahrscheinlichkeit einer Ehescheidung ab (in Prozent der Ehen), auf der x-Achse die Dauer der Ehen nach der Heirat. Die Linienformate zeigen die Häufigkeitsverteilung von Scheidungen einzelner Heiratskohorten an. Auf der Abbildung zu den Scheidungen in Ostdeutschland sieht man, dass das „bequeme" Scheidungsrecht der DDR zu raschen und zahlreichen Scheidungen geführt hat, die meisten Eheauflösungen (bei den Heiratskohorten 1964, 1970 und 1980) fanden bereits nach 2-3 Ehejahren statt und sie waren häufiger als in Westdeutschland. Von der Rechtsänderung 1990 war insbesondere die Heiratskohorte 1990 betroffen, die deutlich niedrigere Scheidungsraten aufweist als ältere Heiratskohorten. Zudem führt die Einführung des Trennungsjahres zu einer deutlichen Verzögerung des Trennungsprozesses, der (bisherige) Scheidungsgipfel dieser Kohorte wird erst nach sechs Ehejahren erreicht. Bei den älteren Heiratskohorten ist die Änderung des

Scheidungsrechtes mit der Einführung eines Trennungsjahres in Form eines Einschnitts der Scheidungszahlen jeweils im Jahr 1990-1991 erkennbar, der bei der Heiratskohorte 1980 am stärksten, bei der Kohorte 1964 am geringsten ausgeprägt ist. Wie vermutet, wirkte sich die Einführung des Zerrüttungsprinzips 1977 erhöhend auf das Scheidungsniveau in Westdeutschland aus, wie man im Vergleich der Höhe der Kurven der Heiratskohorten 1950 und 1960 (vorher) im Vergleich zu den Heiratskohorten 1980 und 1990 (nachher) sieht. Nach Einführung des Trennungsjahres liegt der Scheidungsgipfel nach 4-5 Ehejahren. Auch in Westdeutschland führt die Einführung des Trennungsjahres zu einem Einschnitt der Verläufe, hier jeweils zum Jahr 1976-1979. Die Wirkung setzt hier bereits vor der Rechtsänderung ein, da scheidungsinteressierte Ehepaare bereits 1976 von der geplanten Rechtsänderung wussten, dass sie das Verfahren erleichtern würde, was zu einem Aufschub der Scheidung führte.

Bereits die visuelle Inspektion der Grafiken zeigt, dass es sehr unterschiedliche Interaktionen zwischen Gesellschaftszeit, ihren Änderungen und individuellen Verläufen gibt. In der Kohortenanalyse (Renn 1987, Klein 2005, Smith 2008; Winship/Harding 2008) haben sich die Begriffe „Alterseffekt", „Kohorteneffekt" und „Periodeneffekt" als die wichtigsten Idealtypen etabliert. Ein Alterseffekt bezeichnet eine Regelmäßigkeit des Handelns von Menschengruppen unabhängig von der Gesellschaftszeit, aber in Abhängigkeit von der individuellen Verweildauer. In den obigen Abbildungen ist z.B. bei allen Heiratskohorten in Westdeutschland eine gegenüber folgenden Ehejahren niedrigere Scheidungsrate im ersten Ehejahr genauso erkennbar, wie eine sinkende Scheidungsrate nach mehr als 10 Ehejahren. Als einen Periodeneffekt charakterisiert man eine Regelmäßigkeit des Handelns von Menschengruppen unabhängig vom Alter, aber in Abhängigkeit von der Gesellschaftszeit. Der Knick der Scheidungsraten 1990 (Ostdeutschland) und um 1977 (Westdeutschland) wäre ein derartiger Periodeneffekt in dem Sinne, dass die Rechtsänderung bei scheidungswilligen Paaren jeglicher Heiratskohorte (so die Heirat vor der Rechtsänderung erfolgte) zu einer Verzögerung der vollzogenen Scheidung führte. Als Kohorteneffekt gilt eine Ausprägung der Handlungsneigung einer Kohorte, die ihr spezifisch ist. Die in Westdeutschland nach der Rechtsänderung höhere Scheidungsrate über den gesamten Lebenslauf hinweg der Heiratskohorten 1980 und 1990 können ebenso wie die (zu erwartende) niedrigere Scheidungsrate der Heiratskohorte 1990 in Ostdeutschland hier als Folge eines Kohorteneffektes interpretiert werden.

An dieser Stelle wird das Zusammenspiel der tendenziell mechanistisch denkenden Kohortentheorie von Ryder, Inglehart u.a. und der interpretativeren Generationstheorie von Mannheim als reale Forschungsaufgabe erkennbar. Das

Beispiel der Änderung des Scheidungsrechtes 1977 und 1990 zeigt, dass Änderungen der gesellschaftlichen Gelegenheitsstruktur schnell und vorhersehbar, quasi mechanisch, Änderungen des individuellen Verhaltens bewirken. Rechtsänderungen führen allerdings in der Gesellschaft auch zu einer generationsspezifischen Auseinandersetzung mit konfligierenden Lebensentwürfen und mit Werten, die nicht immer vorhersehbar sind. Die aktive, frühe Bejahung/Praktizierung von „wilden Ehen", wie nichteheliche Lebensgemeinschaften in den 1960er und 1970er Jahren noch hießen, vor der Scheidungsrechtsänderung 1977 kann als Teil einer opponierenden Generationseinheit der „Vor-1977er Generation" angesehen werden. Für die westdeutschen Heiratsgenerationen, die ihre Ehe vor 1977 geschlossen haben, war es relativ selbstverständlich, dass eine Eheschließung verbindlich ist und eine Scheidung moralisch problematisch ist. Dagegen konnte man mit „wilden Ehen", die leicht auflösbar sind, opponieren. Für die Heiratsgenerationen nach 1977 ist eine Scheidung nicht ungewöhnlich, es gehört zum natürlichen Weltbild dieser „Nach-1977er Generation", dass jede dritte Ehe geschieden wird. Paare, die heute vor der Ehe nicht eine „Probeehe" in Form einer nichtehelichen Lebensgemeinschaft eingehen, können als opponierende Generationseinheiten angesehen werden, denen auf der anderen Seite dauerhaft nichteheliche Lebensgemeinschaften mit Kindern als andere Generationseinheit gegenübergestellt werden können. Konflikte in und zwischen gesellschaftlichen Generationen um Ideen und Praktiken begleiten hier also den gesellschaftlichen Wandel. Wie genau die Gestalt dieser Scheidungs- und Partnerschaftsgenerationen aussieht, wäre ein interessantes Thema für ein empirisches Forschungsvorhaben.

Praktischer Teil

Aufgrund des langen Forschungsbeispiels zur generations- und kohortenspezifischen Analyse von Scheidungszahlen beschränkt sich die Arbeit des Institutes für angewandte Biografie- und Lebenslaufforschung in diesem Unterkapitel auf die gruppenbezogene Entwicklung von Forschungskonzepten.

Institutsaufgabe für Kleingruppen: Während einer Klausurtagung des Institutes für angewandte Biografie- und Lebenslaufforschung (IABL) taucht die zu lösende Frage auf: Welche Generationen gibt es in unserer Institutsgruppe? (Beachten Sie bitte folgende Elemente bei der Generationsbestimmung: Auf welchen thematischen Bereich soll sich die Generationskonstruktion beziehen? Wie sieht die gesellschaftliche Zeitachse (Geschichte, Einschnitte) bei diesem Themengebiet aus? Wie sieht die individuelle Zeitachse (Sozialisation, Prägung) bei diesem Themengebiet aus? Welche Generationslagerungen stellen Sie fest? Welche Bewusstseinsformen? Welche generationsspezifischen Generationseinheiten gibt es bei diesem Themengebiet?)

3.3 Biografie und biografische Kompetenz

Als Teile von Generationen partizipieren wir am historischen Prozess, gestalten ihn mit und werden von ihm verwendet, um eine winzige Verschiebung der Weltgeschichte zu bewirken, auf der folgende Generationen aufbauen können. Neben dieser Teilhabe am historischen Prozess weist jeder Einzelne auch eine individuelle Geschichte auf, die nur ihm zueigen ist, die einer eigenen Logik folgt und die mit seinem Leben endet. Diesen Sachverhalt versucht der Begriff der Biografie zu fassen.

Unter einer Biografie verstehen wir hier das sinnhafte Handeln eines Subjektes in einer durch einen Lebensprozess vorgegebenen Zeitstruktur (vgl. Fuchs-Heinritz 2005). Das sinnhafte biografische Handeln umfasst dabei auch antizipierende Entscheidungen und Selbstreflexionen (Hahn 2000). Mit biografischer Kompetenz wird die praktische, meist nur halbbewusste Steuerung des Prozesses biografischen Handelns bezeichnet.

Die soziologische Biografieforschung entwickelt sich im Rahmen der Chicago-Schule in einer Untersuchung von Thomas und Znaniecki zu polnischen Migranten in den 1920er Jahren. Sie knüpft an die Vorstellung an, dass scheinbar unbedeutende Personen wichtig sind für die Gestalt gesellschaftlicher Prozesse. Diese Idee ist nicht in allen Gesellschaften dominant. Schmeiser (2004) kann z.B. zeigen, dass die theoretische Orientierung und die Praxis bei frühen deutschen Sozialenqueten, bei Arbeiteruntersuchungen Arbeitgeber und Priester nach dem Denken und Handeln von Arbeitern zu fragen (und nicht die Arbeiter selbst!), in Deutschland eine Entwicklung der Biografieforschung um viele Jahrzehnte verzögert hat. Erst am Ende der 1970er und in den 1980er Jahren kommt es in Deutschland wie auch international zu einem Wiedererstarken biografischer Untersuchungen, die mit einem Bedeutungszuwachs mikrosoziologischer Theorien und qualitativer Verfahren einhergehen. Für den deutschen Kontext waren dabei in der Anfangszeit Bertaux (1981), Fuchs-Heinritz, Kohli, Schütze und Oevermann wichtig. Deren Referenztheorien waren v.a. das „interpretative Paradigma", insbesondere der symbolische Interaktionismus im Gefolge von Mead, die Phänomenologie von Schütz und die Ethnomethodologie Garfinkels. Auf die bei der Biografieforschung eingesetzten methodischen Instrumente zur Erfassung subjektiver Sinnstrukturen, wie das narrative Interview, die objektive Hermeneutik oder Idealtypen, wird in einem späteren Kapitel noch genauer eingegangen.

Exemplarisch sei anhand eines Aufsatzes von Hermanns (1988) das Konzept Biografie erläutert. Zentral für ihn ist biografische Kompetenz. Bei der Untersuchung von Berufsverläufen von Ingenieuren fand er, dass vier Phasen zu unterscheiden seien: Der Übergang von der Hochschule in den Beruf, der Aufbau professioneller Substanz, Phasen der Bewährung und Erntephasen. Wichtig sei dabei die Entwicklung einer biografischen Linie, die sich aus einem Zusammenspiel von subjektiven und objektiven Bedingungen ergebe. Der einzelne Akteur zeige dabei unterschiedliche Flexibilität gegenüber der eigenen biografischen Linie, die in Balance gehalten wird zu äußeren Anforderungen. Hierzu gehöre auch die Reflexion der eigenen Geschichte, die Findung und Bindung an subjektive Sinnquellen, die Fähigkeit auf externe Veränderungen reagieren zu können und eventuell alternative biografische Linien vorzuhalten. Unter biografischer Kompetenz wird hier also eine Handlungsweise und Fertigkeit verstanden, von der Personen erzählen, wenn sie ihr Leben schildern.

Bei biografischer Kompetenz handelt es sich um eine gesellschaftliche Zuschreibung, d.h. die Gesellschaft erwartet, dass man sein eigenes Leben in die Hand nimmt. Sehr plastisch hat Beck (1986) die Art der gesellschaftlichen Zuschreibung von Biografien mit dem Bild des individuellen Planungsbüros gekennzeichnet: „In der individualisierten Gesellschaft muß der einzelne entsprechend bei Strafe seiner permanenten Benachteiligung lernen, sich selbst als Handlungszentrum, als Planungsbüro in bezug auf seinen eigenen Lebenslauf, seine Fähigkeiten, Orientierungen, Partnerschaften usw. zu begreifen" (ebd.: 217). Inwieweit der einzelne dabei wirklich planend sein Leben vollzieht oder nur meint, dass er planen könnte, ist in der sozialwissenschaftlichen Literatur eher kritisch betrachtet worden. Oevermann (1991: 311) und Giddens (1988) gehen etwas realistischer davon aus, dass Menschen häufig zuerst handeln und dann erst darüber nachdenken, was sie später machen könnten; Gewohnheiten und Routinen beherrschen den Alltag neben rationalen Handlungen.

Gesellschaften unterscheiden sich danach, in welchem Umfang sie Eigeninitiative zur Erlangung individueller Ziele voraussetzen und abverlangen (Herlyn 2007). In der DDR wurde dem Individuum z.B. eine geringere biografische Kompetenz zur Erlangung einer Erwerbstätigkeit gesellschaftlich abverlangt als in der gegenwärtigen Arbeitsmarktgesellschaft in Deutschland (Wingens 2000). Während man in der DDR einen großen biografischen Aufwand treiben musste, wenn man nicht erwerbstätig sein wollte, ist dagegen in der bundesdeutschen Gegenwartsgesellschaft die Erlangung bereits einer gewöhnlichen Erwerbsarbeit mit spürbaren biografischen Anstrengungen verbunden (Schiek 2012). Unabhängig vom Grad der gesellschaftlich erwarteten Individualisierung setzt sich

Bestandteile biographischer Kompetenz

biografische Kompetenz jeweils aus zwei miteinander zu verbindenden Polen zusammen: den gesellschaftlichen Erwartungen, die an das Individuum herangetragen und verinnerlicht werden, und den individuellen Handlungsweisen und Fertigkeiten, die das Individuum im Laufe seines Lebens entwickelt.

Im Alltag wird biografische Kompetenz im Sprichwort „Jeder ist seines Glückes Schmied" fälschlicherweise naturalisiert, obwohl diese in sozialen Prozessen erworben wird. Biografische Kompetenzen werden in Sozialisationsprozessen erlernt, wobei in den neueren Sozialisationstheorien davon ausgegangen wird, dass auch Sozialisation zu diesen biografischen Kompetenzen gehört, da Selbstsozialisation ein wichtiger Teilaspekt jedes Sozialisationsprozesses ist (Heinz 2000). Schon kleine Babys werden nicht nur erzogen, sie suchen sich selbst neugierig Umwelten, in denen sie sich erproben können. Jedes Individuum weist, auch durch Charakterstrukturen, eigene Sozialisationsformen auf, die z.T. auch dem Individuum durch Vererbung vorgegeben sind. Weiterhin sind Individuen durch ihre familiäre Sozialisation geprägt, die eingeht in ihre biografische Kompetenz. Biografische Kompetenz, auch wenn sie selten so benannt wird, ist weiterhin ein wichtiger Sozialisationsinhalt in Bildungseinrichtungen. Während eines Studiums lernt man z.B. die Fertigkeit, wie man sich selbst Wissen zu einem beliebigen Thema der Fachdisziplin aneignen kann.

Biografische Kompetenz umfasst mit Gelegenheiten (wahrnehmen/suchen), Fertigkeiten und Marktsignale (senden) ein Bündel individueller Eigenschaften. Sie besteht aus unterschiedlichen Teilelementen, die individuell stark variieren können. Mit den Stichworten Gelegenheiten, Fertigkeiten und Marktsignale sind einige dieser Komponenten benannt, die allerdings nur zum Teil dem Individuum zugerechnet werden können. Gelegenheiten im Sinne von Angeboten sind ungleich verteilt über Personen, Gesellschaften und Zeiten (Petersen 2009). Das vorhandene Arbeitsangebot als eine Form von Gelegenheiten kann nicht der biografischen Kompetenz zugerechnet werden, da es für das Individuum vorgegeben ist, wohl ist aber die Wahrnehmung (und das Suchen) von Gelegenheiten als Teil von biografischer Kompetenz zu verstehen. Fertigkeiten bezeichnen zentrale Handlungsaspekte biografischer Kompetenz. Beispielsweise sind die Kompetenz der Erstellung von Bewerbungen, das Verhalten in Vorstellungsgesprächen oder das Verhalten am Arbeitsplatz bei der Einarbeitung wichtige Teile von biografischen Erwerbskompetenzen. In Marktgesellschaften besteht ein wichtiges Vermittlungsglied zwischen Gelegenheiten und Fertigkeiten aus Marktsignalen, die Anbieter und Nachfrager von Arbeitskraft „lesen" können. Bestimmte Marktsignale wie das Geschlecht oder das Alter, so genannte askriptive Merkmale, können vom Individuum nicht beeinflusst werden, sie zählen deshalb nicht zur biografischen Kompetenz. Wohl aber zählt das Wissen um die eigenen Fähigkeiten, die Marktnachfrager interessieren könnten, und die gezielte Darstellung dieser Fähigkeiten, das Gestalten von Eindrücken und damit das „Aussenden" von Marktsignalen, zu den biografischen Kompetenzen (vgl. Goffman 1959).

Ulrich Beck geht davon aus, dass in individualisierten Gesellschaften, die gesellschaftliche Zumutung biografischer Kompetenz zunimmt. In einem viel beachteten Aufsatz haben Voß/Pongratz (1998; vgl. Pongratz/Voß 2003; 2004) anhand der Untersuchung des Umbaus von Erwerbsorganisationen den Nachweis zu erbringen versucht, dass immer mehr Unternehmen von ihren Mitarbeitern eine Art der Arbeitsorganisation und -motivation erwarten (und durchsetzen), die eher den Ansprüchen an die Führung von selbstständigen Unternehmungen entsprechen als Erwartungen an organisationseingebundene Arbeiter und Angestellte. Sie nennen diese neue Sozialgestalt „Arbeitskraftunternehmer". Die Arbeit dehnt sich dadurch auf das gesamte Leben aus, die Trennlinie zwischen Arbeits- und Freizeit wird diffus. Auch das unternehmerische Risiko wird an die Mitarbeiter delegiert. Unternehmen zerfließen in Outsourcing: Abteilungsverantwortlichkeiten gehen in Projektstrukturen mit flexiblen Mitarbeitern über. All dies verlangt Mitarbeitern mehr biografische Kompetenz ab. In vielen sozialen Prozessen wird das Erlernen eines „unternehmerischen Selbst" eingeübt (Bröckling 2007). Ähnliche Umbauten können im Bereich der Arbeitsmarktpolitik festgestellt werden. Mit „Beschäftigungsfähigkeit" (employability) wird als ein zentrales Ziel der EU-Arbeitspolitik seit der zweiten Hälfte der 1990er Jahre eine biografische Kompetenz benannt (Dingeldey 2011; Sackmann 2001a). Da der Staat Beschäftigung nicht schaffen kann, die Anforderungen der Wirtschaft zu variabel sind, um sie durch feste Ausbildungsstrukturen zu stützen, verlagert sich das Ziel auf die Bereitstellung der Fertigkeit der Arbeitssuchenden, in verschiedenen Bereichen beschäftigbar zu sein (und sich zu diesen Bereichen hinbewegen zu können). Gesellschaftlich wird also, zumindest im Erwerbsbereich, zunehmend biografische Kompetenz eingefordert.

An dieser Stelle sei allerdings der Hinweis erlaubt, dass der Verweis auf die Gesellschaftsform der „Individualisierung" oder auf das qualitativ „Neue" einer Gesellschaft nicht ausreichend genau sozialstrukturelle Veränderungen abbildet (vgl. Mayer 1996). Die Verlagerung der Verantwortung einer Gesellschaft auf ihre Individuen kann einerseits die Folge gestiegener Komplexität und Resultat zunehmender Fähigkeiten der Individuen sein. Wenn dies der Fall ist, dann wird es sich um einen dauerhaften Zuwachs biografischer Kompetenz handeln, die Tendenz der Beschreibung von Beck wäre dann zutreffend. Die Verantwortungsverlagerung auf das Individuum kann allerdings auch Ergebnis einer schlechten Koordination gesellschaftlicher Prozesse und einer suboptimalen Institutionalisierung von Austauschprozessen sein. In einer vergleichenden Untersuchung zeigt sich z.B., dass Projekte in der Film- und Fernsehindustrie intransparenter abgewickelt werden als in Architekturbüros, weswegen Lebensläufe dort weniger planbar sind (Apitzsch 2010). Wenn dies der Fall ist, dann wird die verstärkte Zumutung biografischer Kompetenz in einigen Teilbereichen nur vorübergehend erzwungen und würde nach besseren Organisationsgestaltungen und einer besseren Gesellschaftskoordination wieder abnehmen. Theoretisch können z.b. mit Transaktionskostentheorien ökonomische Grenzen einer Outsourcing-Unternehmensführung bestimmt werden. Unterschiede in der kausalen Zurechnung von gesellschaftlichen Prozessen der Attribution biografischer Kompetenz als Folge von Komplexitätserhöhung, Fertigkeitszunahme oder Koordinationsmangel können empirisch festgestellt werden und sind dabei zu untersuchen.

Praktischer Teil: Ausbildungsprogramm

In den Romanen von Helen Fielding (1999; 2002) liest die sympathische Heldin Bridget Jones Ratgeberbücher über Ratgeberbücher: Wie werde ich schlank in zehn Tagen? Wie werde ich glücklich ohne Mann? Wie werde ich glücklich mit einem Mann? usw. Sie schildert diese „Sachliteratur" als Religion der Gegenwart. Der Humor dieser Romane gründet auch darauf, dass Bridget Jones immer wieder anarchisch biografisch kompetent handelt, während die (karikierten) Ratgeber schablonenhaft Ideologie verbreiten: Sei positiv, du schaffst es schon, und wenn du x tust, wird alles gut. (X steht dann häufig für eine manchmal sinnvolle Handlung, die in Ratgebern durch ihre permanente Dominantsetzung Wirkung entfalten soll. Beispiel: X = Fleischkonsum. Gelegentlicher Fleischkonsum kann gewichtsreduzierend wirken. Permanenter Fleischkonsum zum Ziel der Gewichtsreduktion ist dagegen eine verkaufsfördernde Ratgeberstrategie (Atkinson-Diät).)

Wenn man soziale Prozesse des Erwerbs von biografischer Kompetenz nicht ideologisch setzen will, wie dies in Ratgebern gemacht wird, so ist es nützlich, die Anwendung biografischer Kompetenz in der Empirie zu untersuchen. Auf dieser Grundlage können dann Vorstellungen zu einem systematischen Erwerb von biografischer Kompetenz entwickelt werden. In einer Gesellschaft, die zunehmend ihren Individuen die Beherrschung komplexer Formen von biografischer Kompetenz zumutet, ist es sinnvoll, systematisch Formen des biografischen Kompetenzerwerbs zu lehren. Zu diesem Komplex hat das Institut für angewandte Biografie- und Lebenslaufforschung einen Auftrag erhalten.

Institutsaufgabe für Kleingruppen: Das Bundesinstitut für berufliche Bildung will ein neues Ausbildungsprogramm für ChemielaborantInnen entwickeln. Vorbereitend hierzu beauftragt es das IABL, die biografische Kompetenz von ChemielaborantInnen zu erheben. Wie gehen Sie bei Ihrer Untersuchung vor? Beachten Sie Gelegenheiten, Fertigkeiten und Marktsignale, Hermanns und Voß/Pongratz.

Nach Bearbeitung der Aufgabe kann die Untersuchung von Corsten/Lempert (1997) einen vertiefenden Eindruck der biografischen Lebenswelt von ChemielaborantInnen vermitteln.

3.4 Lebenslaufübergang und Wendepunkt

In den 1970er und 1980er Jahren nahm in etwa zeitgleich mit der Wiederbelebung der Biografieforschung auch das Interesse an Lebenslaufforschung zu. Im zweiten Kapitel wurde anhand der Lebenslauftheorien von Kohli und Riley/Riley der makrosoziologische Kontext von modernen Lebensläufen skizziert. Die empirische, auch mikrosoziologische Lebenslaufforschung, insbesondere in Nordamerika, wurde weiterhin stark von den Schriften von Glen Elder beeinflusst, dessen Hauptkonzepte Übergang und Trajekt in diesem Unterkapitel vorgestellt werden. Überlegungen zu kumulativen Vorteilen und Wendepunkten runden dieses Unterkapitel ab.

Glen Elder wurde bekannt durch seine Untersuchung „Children of the Great Depression" (Elder 1974). Er verfolgt dabei die Fragestellung, welche Folgen eine Kindheit in der Wirtschaftskrise der 1930er Jahre für den späteren Lebenslauf hatte. Hierfür kann er Längsschnittdaten verwenden, die besonders gut den Zusammenhang von Lebens- und Gesellschaftsgeschichte rekonstruieren lassen. Sein generelles Modell ist dabei folgendes:

Theoretische Konzepte der Lebenslaufanalyse und Biografieforschung

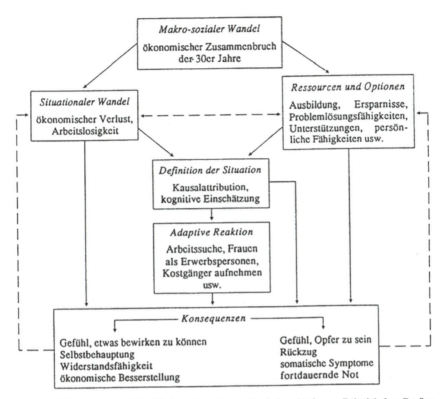

Abb. 7: **Folgen von gesellschaftlichen Ereignissen für Lebensläufe am Beispiel der Großen Depression (Elder/Caspi 1990: 26)**

Das Modell geht davon aus, dass gesellschaftlicher Wandel nicht mechanisch Folgen zeitigt. Er wirkt über eine Situationsveränderung, die aktiv verarbeitet wird. Dem Modell zufolge verändert ein ökonomischer Wandel, hier eine Wirtschaftskrise, zuerst die materielle Lage von Haushalten, denen durch Arbeitslosigkeit und geringere Einkommen weniger Ressourcen und Optionen zur Verfügung stehen. Nach einer interpretierenden Wahrnehmung der neuen Situation reagieren die Haushalte auf diese neue Situation, der sie sich anzupassen versuchen. Die Konsequenzen dieses sozialen Wandels, wie sie sich in den Lebensläufen zeigen, sind das Resultat des Zusammenspiels von Ressourcenveränderung, Situationsdefinition und adaptiver Reaktion.

Ein Beispiel aus dem erwähnten Buch soll dieses Modell erläutern: Die wirtschaftliche Not führte bei deprivierten Familien (so bezeichnet Elder Familien mit besonders hohen Einkommensverlusten) während der Krise dazu, dass Kinder und Mütter häufiger eine Erwerbstätigkeit aufnahmen. Dies hatte im Lebenslauf der Kinder geschlechtsdifferente Folgen: Die Mädchen aus deprivierten Familien wurden häufiger als andere Frauen Hausfrauen. Die Knaben aus deprivierten Familien nahmen früher als andere Männer einen festen Beruf an und gaben häufiger die Werte Fleiß und Verantwortungsbewusstsein an ihre Kinder weiter. Man könnte also schlussfolgern, dass diese Erwachsenen in ihrem späteren Leben versuchten, Familienteile in ihrem eigenen Erwachsenenleben wiederzubeleben, die ihnen während der Kindheit ungewollt und unerwartet weggenommen wurden (bei den Mädchen die Mutter als Hausfrau, bei den Jungen der Vater als arbeitender Breadwinner). Ein weiteres Beispiel für die Schichtspezifik der Langfristfolgen: Deprivation führte bei den Familien der Arbeiterklasse zu stärkeren Ressourcenverlusten. Dadurch gab es mehr Spannungen in der Familie, die Kinder wiesen selbst im Erwachsenenalter noch einen schlechteren Gesundheitszustand auf als vergleichbare Personen ihrer Altersgruppe.

Elder zeigte in seiner Untersuchung, dass Veränderungen der sozialen Lage in der Kindheit langfristige Folgen in der Erwachsenenzeit dieser Kinder zeitigen. Er konnte auch nachweisen, dass einige dieser Personen in der Erwachsenenzeit „Wendepunkte" durchlebten, bei denen der vorhersehbare Verlauf durchbrochen werden konnte. Insbesondere die erste Ehe, der Beginn eines Studiums oder auch der Militärdienst konnten hier Wirkung zeitigen. Ein Teil dieser Kinderkohorte musste nach einer schweren Kindheit in den Zweiten Weltkrieg bzw. in den Koreakrieg ziehen und konnte davon profitieren: das angeschlagene Selbstwertgefühl wurde im neuen Handlungskontext verbessert, darüber hinaus gab es nach dem Zweiten Weltkrieg spezielle Hochschulprogramme für Ex-Soldaten, die ein vorher nicht angestrebtes Studium ermöglichten (GI-Bill). Deprivierte Kinder, die auf diesem Weg ein College besucht haben, zeigen danach einen höheren Berufserfolg als vergleichbare Männer. Deprivierte Kinder, die nicht das College besucht haben, weisen dagegen einen niedrigeren Berufserfolg als vergleichbare Männer auf. Zu welcher Gruppe Teile dieser Kindergeneration gehörten, war auch vom Alter beim Beginn des Krieges abhängig, da die Art der Kriegsteilnahme, die hier ein Gelegenheitsfenster darstellt, mit dem Alter variierte.

Mit dieser Untersuchung konnte Elder zeigen, dass für die Gestalt von Lebensläufen die genaue zeitliche Position in einem historischen Kontinuum, ebenso wie das Bewältigungsverhalten der Akteure, der Umfang der Ressourcen bei Eintritt des historischen Ereignisses und das Vorhandensein möglicher Gelegenheiten für Wendepunkte wichtig sind.

Nach dieser Pionieruntersuchung hat Elder in einer Reihe von Aufsätzen ein um die Begriffe Übergang, Verlauf und Wendepunkt zentriertes analytisches

Instrumentarium vorgelegt (Elder 1985, 1995, 1998; vgl. Sackmann/Wingens 2001, Marshall/Mueller 2003). Danach kann der Lebenslauf in die Verläufe verschiedener Lebensbereiche gegliedert werden (z.B. Erwerb, Familie, Wohnen, Gesundheit etc.). Diese Verläufe bestehen aus einer Abfolge von Ereignissen/Übergängen und Verweildauern in Zuständen. Übergänge können Verläufe modifizieren, einige können als Wendepunkte sogar die Richtung des Verlaufs ändern. Im Methodenkapitel wird später die Nähe dieser Konzepte zu den Verfahren der Ereignisdatenanalyse gezeigt werden. Bei der theoretischen Analyse von Verläufen ist es wichtig, die Interdependenz zwischen Verlauf und Ereignis zu untersuchen, sowie die Abhängigkeit der Wirkungen von Ereignissen aufgrund von Ressourcen, Situationsdefinitionen und Adaptionen. Dieser analytische Werkzeugkasten kann sehr vielfältig in der empirischen Forschung verwendet werden.

Will man etwa die Wirkung von Arbeitslosigkeitsepisoden für den Erwerbsverlauf untersuchen, so könnte man beispielsweise damit beginnen, vorhandene Lebensläufe in Erwerbsverläufe zu gliedern (vgl. Sackmann/Windzio/Wingens 2001). Innerhalb der Erwerbsverläufe könnte man anhand der Ereignisse „Eintritt einer Arbeitslosigkeit", „Ende einer Arbeitslosigkeit", sowie dem Berufsstatus von Erwerbsepisoden vor und nach der Arbeitslosigkeit eine Kette von Episoden und Statusübergängen bilden. Man könnte messen, ob der Berufsstatus nach der Arbeitslosigkeit niedriger oder höher ist als vorher. Man könnte prüfen, ob die Dauer der Arbeitslosigkeit einen Einfluss auf die Folgen der Arbeitslosigkeit für den späteren Erwerbsverlauf hat. Eine Interdependenz zwischen Verlauf und Ereignis ergibt sich z.B. aus der Frage, ob eine Arbeitslosigkeit in jungen Jahren schwerwiegendere Auswirkungen auf den Verlauf hat als eine Arbeitslosigkeit in höherem Alter. Die Wirkung der Arbeitslosigkeit auf den Verlauf steht auch in Abhängigkeit von den Ressourcen, die dem Betroffenen zur Verfügung stehen (z.B. wie viel Bildungsvermögen er einsetzen kann); der Situationsdefinition, die er verwendet (ob er z.B. die Arbeitslosigkeit als normal empfindet oder als persönliche Kränkung). Die Lebenslaufanalyse trifft sich mit der biografischen Forschung bei Fragen der biografischen Kompetenz im Prozess der Adaption an die neue Situation: Wird eine Umschulung angestrebt? Wird eine Erwartungssenkung vorgenommen? Wo und wie wird nach Arbeit gesucht?

Wie kann das Ertragswachstum eines Lebensverlaufs erklärt werden? Ein interessantes theoretisches Konzept beschreibt „kumulative Vorteile" (DiPrete/Eirich 2006), manchmal auch nach dem Bibel-Wort „Wer hat, dem wird gegeben…" als Matthäus-Effekt bezeichnet. Der Wissenschaftssoziologe Merton (1985) stellte fest, dass bei gleich guten WissenschaftlerInnen, bzw. bei minimalen Leistungsunterschieden zwischen zwei WissenschaftlerInnen, die mehr oder weniger zufällige größere Zitationshäufigkeit der einen AutorIn am Beginn der Karriere zu einem Prozess führt, der die Abstände des Ertrags zwischen den beiden WissenschaftlerInnen kontinuierlich wachsen lässt. Merton zeigte, dass die steigende Reputation der häufiger zitierten WissenschaftlerIn dieser auch höhere Forschungsaufträge zukommen lässt, was wiederum die Zitationshäufigkeit steigert. Jenseits von Wissenschaftlerkarrieren belegt die Forschung, dass weitere Mechanismen die Ungleichheit der Erträge in Lebensläufen steigern und zu kumulativen Vorteilen führen (DiPrete/Eirich 2006): Neben Reputation und Belohnungen sind auch die psychologischen Erfolgserlebnisse ertragssteigernd. Die Reputation führt auch dazu, dass man bei besseren Organisationen arbeiten kann, deren Kooperation hilft. Mit zunehmenden Erträgen wächst auch der Kapitalstock in Form von Vermögen, das aus sich heraus weitere Erträge generiert. Ähnlich wie kumulative Vorteile sich über die Zeit selbstläufig verstärken, können auch kumulative Benachteiligungen sich dynamisch steigern: Ein schlechter Ruf macht Anstellungen unwahrscheinlicher, die Jobs sind weniger ertragreich; Misserfolgserlebnisse werden entmutigend gespeichert. Man kann nur bei schlechteren Organisationen arbeiten, deren schlechte Leistung auf das Individuum „abfärbt". Geringe Erträge steigern die Wahrscheinlichkeit von Schulden, deren Schuldendienst das schmale Einkommen noch mehr reduziert.

Allerdings kommt es in Lebensläufen nicht nur zu geradlinigen Polarisierungen, unterschiedlichste Dynamiken kommen zum Tragen (Mayer 2009), in einigen Fällen kommt es sogar zu Trendwenden. Verschiedene Konzeptionen von Wendepunkten (turning point) präzisieren die Komplexität des Zusammenhangs zwischen Übergang und Verlauf. In der Literatur gibt es hierzu unterschiedliche Herangehensweisen. Clausen (1995, 1998; vgl. Wethington/Kessler/Pixley 2004) versteht unter einem Wendepunkt einen für das Subjekt wichtigen Übergang, der das eigene Leben verändert hat. In Befragungen findet er heraus, dass Personen, die nach solchen Ereignissen gefragt worden sind, häufig Rollenwechsel als Wendepunkte bezeichnen, überwiegend auch Rollenwechsel, die sie angestrebt haben, wie z.B. Elternschaft, Heirat oder Erwerbsbeginn. Subjektiv macht dies Sinn, da natürlich die Geburt eines Kindes einschneidende Änderungen des Alltagslebens mit sich bringen kann. Elder (1985, 1998) versteht unter einem Wendepunkt dagegen den Wechsel der objektiven Richtung des Lebenslaufs: Deprivierte Jugendliche, die mit dem GI-Bill nach dem Zweiten Weltkrieg eine zweite Chance zu einem Studium erhalten, oder – um ein vielleicht näher liegendes Beispiel zu nehmen: junge Erwachsene, die unter den politisch restriktiven Bildungsbedingungen der DDR trotz Abitur nicht studieren durften, und nach der Wende unerwartet die Möglichkeit zu einem Studium bekamen. In dieser Sichtweise von außen auf Lebensläufe sind Wendepunkte seltener als im vom Subjekt ausgehenden Konzept von Clausen.

Abbott (1997) hat anhand der Elderschen Konzeption von Wendepunkten versucht, die Vorstellung von Lebensläufen zu präzisieren. Danach gibt es Teile des Lebenslaufs, die sehr „träge" sind: die Wahrscheinlichkeit, dass man von einem kleinen Übergang zum nächsten kommt, ohne dass sich die grundlegende Richtung ändert, ist dann sehr groß. Die Netzwerke von Menschen und die Tätigkeiten um uns herum begleiten uns dabei und sorgen mit dafür, dass die normalen Bahnen nicht verlassen werden. Übergänge innerhalb des Bildungssystems oder innerhalb einer Firma haben häufig diesen Charakter. Man müsste sich „anstrengen", etwa durch schlechte Leistungen, um diese trägen Verläufe in einer anderen Richtung zu verlassen. Dann gibt es aber auch Phasen, die strukturell durch Netzwerke gering vorgebahnt sind, wie etwa der Übergang vom Bildungssystem in den Beruf oder unvorhergesehene Arbeitswechsel. Hier ist die Wahrscheinlichkeit, dass es zu Wendepunkten kommt, größer als in den trägen Zeiten. Ob ein bestimmter Übergang ein objektiver Wendepunkt im Leben eines Menschen wird, kann man in der Regel allerdings nur im Nachhinein bestimmen.

Gesellschaften unterscheiden sich danach, wie sie Gelegenheiten für träge Teile des Lebenslaufs mit Zeiten für potentielle Brüche mischen, wann diese platziert sind und auch wie zahlreich sie sind. So ist z.B. in Deutschland ein wichtiger Zeitpunkt für einen möglichen Richtungssetzer des Bildungsverlaufs bereits die frühe Trennung der Schüler nach der 4. bzw. 6. Klasse in verschiedene Schulformen, dem eine trägere Zeit bis zum Ende der Schulzeit folgt. In anderen Ländern, wie den USA oder Schweden, verbleiben die Schüler dagegen länger in „trägen" Bildungsverläufen. Dagegen ist der Übergang vom Bildungs- ins Berufssystem in Deutschland aufgrund der größeren Standardisierung des Ausbildungswesens sehr viel berechenbarer, weniger richtungsetzend, als in Ländern mit einem geringeren Grad an Standardisierung der Berufsbildung wie den USA und Schweden. Für eine Beurteilung der gesellschaftlichen Strukturierung von Lebensläufen und Biografien ist es aufgrund dieser Varianz zwischen Ländern, Lebenszeit und Institutionalisierung wichtig, möglichst genau das Wechselspiel zwischen netzwerkartigen Stabilisatoren der Trägheit eines Lebenslaufs und unruhigeren Scharnierpunkten des Lebenslaufs zu unterscheiden, die zu Wendepunkten führen können. Internationale Vergleiche der Massivität der Folgen von „auslösenden Ereignissen" (trigger events) geben hier Aufschlüsse über das Zusammenspiel von Institutionen und Ereignissen (DiPrete/McManus 2000; Kohler u.a. 2012).

Als Übergangsstruktur bezeichnet man die mehr oder weniger stark institutionalisierte Verknüpfung von zwei verschiedenen Lebenslaufzuständen (Sackmann/Wingens 2001; 2003). Der Übergang vom Bildungs- ins Beschäftigungssystem ist in Leistungsgesellschaften häufig ein wichtiger Übergang des Lebenslaufs. Die beiden Systeme können sehr unverbunden nebeneinander stehen. Friktionen treten dann häufig auf, Individuen an beiden Enden der Systeme müssen dann Wege suchen, Brücken zu bauen: Übergangsarbeitslosigkeit tritt vermehrt auf, die Suchzeiten für ein Match zwischen Personen und Stellen werden länger und aufwändiger. Die Systeme können aber auch miteinander institutionell verbunden werden, die Individuen werden dann mehr Möglichkeiten haben, vorhandene institutionelle Brücken zu beschreiten, sie müssen diese nicht selbst bauen. Bei einigen Bereichen sind bei besonders virulenten Übergängen Mischzustände ausdifferenziert worden, die derartige Brückenfunktionen übernehmen: duale Ausbildungssysteme können z.B. als Mischzustände zwischen Bildung und Beruf betrachtet werden. Welche Vor- und Nachteile mit institutionalisierten Übergangsstrukturen im Vergleich zu unkoordinierteren Übergangsstrukturen verbunden sind, wird in späteren Kapiteln noch genauer erörtert werden.

Praktischer Teil: Folgen der Wiedervereinigung

Die praktische Aufgabe für den Bereich Lebenslaufübergang und Wendepunkte kommt diesmal aus der antizipierbaren Zukunft. Wenn man die amerikanische Geschichte mit der deutschen Geschichte vergleicht, dann stellt man im 20. Jahrhundert einen sehr viel „trägeren" Verlauf der Geschichte in den Vereinigten Staaten fest als in dem an Wendepunkten reicheren Geschehen Deutschlands. Der Erfahrungsschatz, der im Umgang mit gesellschaftlichen Brüchen gewonnen wurde, könnte deshalb in Deutschland größer sein. Auch wenn man für Deutschland hoffen kann, dass das 21. Jahrhundert etwas „träger" verläuft als das zerrissene 20. Jahrhundert, und aus dieser Motivation heraus die Verwerfungen als bewältigt zur Seite schieben möchte, so gibt es doch viele Regionen der Welt, in denen disruptive Verwerfungen mit hoher Wahrscheinlichkeit auftreten werden. In diesem Sinn erteilt das Koreanische Ministerium für Fragen einer potentiellen Wiedervereinigung einen Auftrag an das Institut für angewandte Biografie- und Lebenslaufforschung:

Institutsaufgabe für Kleingruppen: Stellen Sie einen Literaturbericht zu den langfristigen Folgen der Wiedervereinigung Deutschlands auf Lebensläufe zusammen. Wie gehen Sie vor? Wo suchen Sie welche Studien, welches Material? Hilft Ihnen Elder dabei?

Nach Bearbeitung der Aufgabe geben die Untersuchungen Ende der 1990er Jahre (Sackmann/Weymann/Wingens 2000) einen ersten Eindruck der Logik von zeitlichen Gelegenheitsfenstern der Transformation in ihren Folgen für

Lebensläufe. Mit einer Studie zu Lebensläufen und Biografien (Mayer/Schulze 2009) kann die Differenzierung zwischen der weitgehenden Folgenlosigkeit der Transformation in Westdeutschland mit den Erschütterungen des Lebenslaufs junger Erwachsener in Ostdeutschland in Bereichen wie Erwerb und Familie verglichen werden.

Zusammenfassung

Die in diesem Kapitel zusammengestellten Ansätze zu einer Theorie des Lebenslaufs und der Biografie stellen einen ersten heuristischen Werkzeugkasten dar, mit dessen Hilfe materiale Probleme von Bereichen des Lebenslaufs und der Biografie analysiert werden können. Die verschiedenen Theorien thematisieren alle auf je spezifische Weise zeitliche Prozesse in der Gesellschaft, ihr Gegenstand ist die Verknüpfung individueller Zeit mit der Zeit der Gesellschaft: als statische Gesellschaftszeit mit vorhersehbaren, über Normen strukturierten individuellen Altersrhythmen; als einmalige Gesellschaftszeit der Generationen; als individuelle biografische Zeit und als gesellschaftlich strukturierte Abfolge von Übergängen und Verläufen in den Lebenslauftheorien.

In Theorien des sozialen Alters wird davon ausgegangen, dass Altern nicht nur ein Naturvorgang ist (was er zweifelsohne auch ist), sondern dass Altersnormen das Handeln und die Wahrnehmung in Altersstrukturen bestimmen. Soziale Erwartungen, die Altersnormen zugrunde liegen, sind in Gesellschaften unterschiedlich mit Sanktionen verbunden. Während Altersnormen im Prozess des Erwachsenwerdens von Jugendlichen eine relativ große Verbindlichkeit erreichen, da sie in Familiensystemen eingebettet sind, ist ihr realitätsdurchdringender Charakter im mittleren Lebensalter und im höheren Alter geringer. Zugleich wurde festgestellt, dass es gesellschaftliche Veränderungen derart gibt, dass rechtliche Altersnormen in ihrer Bedeutung reduziert werden. Anti-Diskriminierungsgesetze sind ein Beispiel für derartige Entwicklungen. Die ursprüngliche Altersnormtheorie ging von einer relativen konstanten Zeit der Gesellschaft aus, der relativ geordnete Unterwerfungen der Individuen unter gesellschaftliche Zeitregime entsprechen. Neuere Altersnormtheorien sehen dagegen eine größere Bedeutung von Sanktionsträgern für die Wirkmächtigkeit von Altersnormen für das Individuum und sie konstatieren einen Wandel bei der gesellschaftlichen Altersverrechtlichung.

Soziologische Generationstheorien thematisieren gesellschaftliche Zeit, ihre Verarbeitung und Gestaltung durch Individuen und Gruppen. Die Gebundenheit an eine objektive historische Zeit in Form von Generationslagen, ihre Verankerung in natürlichen Weltbildern und ihre Verarbeitung durch die Stellungnahme von Generationseinheiten war Thema der Mannheimschen Generationstheorie. Generationen in diesem Sinn sind singuläre Phänomene, deren Inhalte nur zu bestimmten gesellschaftlichen Zeiträumen passen. In einer Weiterentwicklung dieser Theorie zu einem Kohortenansatz wurde die Erfahrung der Gesellschaftsbildung und -verarbeitung durch Neueintritt und Verweildauern in Teilbereichen verallgemeinert. Neben Bewusstseinsphänomenen sind hierbei auch Gelegenheitsdifferenzen wichtig. Ein komplexes Instrumentarium der Analyse von sozialen Zeitdimensionen wurde mit den Idealtypen der Alters-, Perioden- und Kohorteneffekte vorgelegt.

Mit Biografietheorien rückt das Individuum als handelnder Gestalter seiner Umwelt in den Vordergrund. Dieses Gestaltungspotential kann als biografische Kompetenz beschrieben werden. Biografie thematisiert eine individuelle Innenseite des Lebens und Handelns, die ähnlich wie die Generationszeit, singulär einmalig ist und mit den Lebenden verschwindet. Biografische Kompetenz bezeichnet allerdings auch ein Geflecht an gesellschaftlichen Zumutungen, an Erwartungen, an Eigenteilen. Phänomene wie der Arbeitskraftunternehmer oder das Konstrukt Beschäftigungsfähigkeit zeigen eine in der jüngsten Zeit gewachsene Zumutung an biografischer Selbststeuerung neben möglichem Autonomiepotential.

In den in diesem Kapitel beschriebenen Lebenslauftheorien werden neben den bereits im zweiten Kapitel erörterten Strukturmustern des dreigeteilten, institutionalisierten Lebenslaufs abstrakte, formale Konzepte von Übergang und Verlauf erörtert. Bei einer Diskussion des Begriffs Wendepunkt zeigt sich, dass individuelle Sichtweisen eines Richtungswechsels des Lebenslaufs nicht notwendigerweise mit einer analytischen Sicht eines Richtungswechsels korrespondieren müssen. Es lassen sich träge, vorhersehbare Phasen des Lebenslaufes von turbulenteren Phasen unterscheiden, wobei gesellschaftlich durch Übergangsstrukturen die Wahrscheinlichkeit der Verteilung dieser beiden Sequenzarten des Lebenslaufs mitbestimmt wird. Institutionen können Übergangsstrukturen beeinflussen.

4. Methoden der Lebenslaufanalyse und Biografieforschung

Die hohe Bedeutung der empirischen Forschung für das Gebiet der Lebenslaufanalyse und die Biografieforschung erkennt man auch darin, dass der Aufschwung des Feldes in den letzten Jahrzehnten eng verknüpft war mit methodischen Innovationen. Im Feld der Biografieforschung waren hier neue qualitative Verfahren wie das narrative Interview und die daran anschließende Interpretationstechnik entscheidend, ebenso wie die im Kontext der objektiven Hermeneutik entwickelte Feinanalyse. Eine große Rolle bei den Fortschritten der Lebenslaufanalyse spielten quantitative Verfahren wie die Verweildaueranalyse und die Sequenzmusteranalyse. Ein Charakteristikum des Feldes ist, dass häufig gerade wichtige Forscher qualitative und quantitative Verfahren kombiniert haben. Elder, Kohli oder der Sonderforschungsbereich 186, um nur einige zu nennen, waren in beiden Bereichen tätig. Aber auch bei den eher quantitativ ausgerichteten Forschergruppen um Karl Ulrich Mayer brach der Kontakt mit der qualitativen Forschung nicht ab, er wurde (auch konzeptionell) gesucht (z.B. Blossfeld/Huinink 2001). Dies unterscheidet dieses Forschungsfeld wohltuend von anderen Bereichen, in denen Lagerbildung und Bunkermentalität den Diskurs zwischen qualitativen und quantitativen Forschern bestimmt haben. Im folgenden Kapitel werden nach verschiedenen qualitativen und quantitativen Verfahren Kombinationsstrategien diskutiert.

4.1 Narratives Interview

Nach der frühen Blüte der Biografieforschung in den 1920er Jahren gerieten diese Techniken mit dem Aufstieg der Survey-Methoden zunehmend in Vergessenheit, weil sie als zu „subjektiv" galten im Vergleich zu den harten, objektiven Daten der quantitativen Forscher. Erst die Arbeiten von Schütze und Oevermann konnten hier Wege finden, mit denen der alte Subjektivismus-Vorwurf zurückgewiesen werden konnte. Wie gelang es z.B. Schütze die qualitative Biografieforschung zu objektivieren, sie von Subjektivismen zu befreien? Hinter der Subjektivismus-Kritik verbergen sich verschiedene Einwände: Der Gegenstand sei unbedeutend; die Erhebungsform sei zu wenig objektiv; die Selbstäußerungen der Interviewten vermischen zu sehr Fiktionales mit Realem.

Die Bedeutung des Gegenstandes nahm zu mit der Renaissance der Mikrosoziologie, mit der sich Schütze im Rahmen der „Arbeitsgruppe Bielefelder Soziologen" (1973) intensiv beschäftigt hat. Im Rahmen der interpretativen Soziologie kommt der Perspektive des Akteurs eine wesentliche Rolle bei der Konstitution sozialer Realität zu, da seine spezifische Sicht der Dinge einen Ausdruck in der Art seines Handelns finde. Den Accounts, also den Sachverhaltsbeschreibungen von Welt und Handeln, sei eine zentrale Bedeutung zu eigen – so jedenfalls die Ethnomethodologie, die starken Einfluss auf Schütze ausübt – da in den Accounts die Forschungs- und Handlungsmethode des Alltagsmenschen zu erkennen sei (Garfinkel 1967).

Schütze mischt dieses Interesse an den Accounts, den Sachverhaltsbeschreibungen des Handelns, mit einer spezifischen Erhebungstechnik, bei der der Interviewer stark in den Hintergrund tritt. Da dieser an den möglichst unverfälschten Berichten der Interviewten interessiert ist, fordert Schütze, dass sich der Interviewer anfangs auf einen Erzählstimulus konzentrieren soll, der nur eine formale Grundstruktur liefere. Ein Beispiel:

Textbeispiel (29) Frau Gebhardt: „Erzählaufforderung"

01	I	jetz wollt ich sie bitten, (-)
02		einfach mal mal- (-) anzufangen zu erzählen, (--)
03		wie so in ihrem leben alles geKOMmen ist, (--)
04		wie sie zu DER Person geworden sind die sie heut SIND.
05	E	oh JE::- (.) <<lachend> dat wird aber LANG dauern, (-)
06		da kommt Einiges zusammen >, (-)
07		Mer hat schließlich VIEL erlebt (---)
08		Ja=wolln sie ALLes wissen?
09		oder nur wat mit meiner KRANKheit zu tun hat?
10	I	ja alles was Ihnen für IHR leben WICHtig ist.
11	E	Al:so. (.)
12		ich bin neunzehnhunnertSEchsenzwanzig geBORen.

Abb. 8: Beispiel für einen Erzählstimulus (Lucius-Hoene/Deppermann 2004: 267)

In diesem Interviewauszug fordert der Interviewer seine Gesprächspartnerin auf, ihr Leben zu erzählen. Nach diesem sehr breiten Stimulus beschränkt sich der Interviewer in der ersten Hälfte des Gesprächs (die in ihrer Gänze nicht im obigen Textauszug gezeigt wird) auf ein interessiertes Zuhören, das er ab und an durch bestätigendes „Mmm", „Ah ja" oder ähnliches ausdrückt. Der Interviewte kann dadurch seine Themensetzungen, seine Bedeutungssetzungen so machen, wie er sie will bzw. erlebt hat. Methodologisch bedeutsam für das narrative Interview ist, dass sich der Geschehensablauf in der Erzählung wieder findet. Dabei präzisiert der Interviewpartner über Sequenzierung, Zugzwang und Detaillierung selbst die Ereignisabfolge des Lebens in seiner Narration (Schütze 1977). Er wird hierbei nicht durch den Interviewer beeinflusst. Aufgrund dieser geringen Verzerrung durch Interviewereffekte weisen die Daten des narrativen Interviews eine hohe Vergleichbarkeit auf. Erst im letzten Teil des Gesprächs (nach der großen Erzählung) versucht der Interviewer mit gezielten Nachfragen Sachverhalte aufzuklären, die ihm bei der Erzählung vorher unklar geblieben sind, oder er versucht, Widersprüche zu entwirren.

In Varianten des narrativen Interviews wird versucht, beim primären Erzählstimulus bereits eine Fokussierung des Interviews zu erreichen. In einer Untersuchung zu den Lebensläufen von Hochschulabsolventen könnte der Stimulus z.b. auch lauten „Erzählen Sie bitte, wie Ihr Leben nach dem Ende Ihres Studiums verlaufen ist."

Schütze verbindet die von ihm entwickelte Interviewtechnik mit einer spezifischen Auswertungstechnik. Es gäbe einen Gleichklang, eine Homologie, zwischen der Art, wie etwas erzählt wird, und der Art, wie etwas erlebt wurde, bzw. welcher biografische Gestaltungsmodus im Handeln vorherrschend sei. Wohlrab-Sahr (2002) berichtet beispielsweise anhand eines Interviews mit einer Zeitarbeiterin, dass das für die Person wichtige biografische Thema der Vermeidung einer Festlegung mit dem Preis des Eintritts irreversibler Ereignisabfolgen auch ein erzählerisches Äquivalent im Interview fand: Die Antwort auf die Frage wird immer diffuser, bis die Befragte registriert, dass sie nicht mehr wisse, was die Ausgangsfrage gewesen sei.

Die hohe Zuverlässigkeit der mit narrativen Interviews gewonnenen und ausgewerteten Daten haben diesem Verfahren eine zentrale Stellung innerhalb der Methoden der Biografieforschung verschafft (Schütze 1983; Rosenthal 1995; Küsters 2006). Allerdings ist die Homologie-These nicht unbestritten geblieben: Konstruktivistische Autoren wollen interpretatorische Verbindungen zwischen Erzählung und Erzähltem kappen, um sich ganz der reinen Selbstentfaltung der Erzählung zuzuwenden (Nassehi/Weber 1990; Koller 1993; kritisch hierzu Fischer-Rosenthal/Rosenthal 1997; Wohlrab-Sahr 2001; vermittelnd Corsten 1994, 1999). Für die empirische Forschung wichtiger als diese theoretisch-methodologischen Debatten war der Einwand von Gerhardt (1984), dass jede von Schütze (1981) als relativ unausweichlich dargestellte „Verlaufskurve" des Lebens auch individuellen Gestaltungsspielraum enthalte, der über idealtypische Konstruktionen und interindividuelle Vergleiche zu ermitteln sei. Als empirisches Beispiel erläutert sie biografische Gestaltungen in Reaktion auf schwere Erkrankungen.

Forschungsteil: Studienbeginn und Studienverlauf

Als zwei Vorteile der Methode des narrativen Interviews gelten die Darstellbarkeit subjektiver Relevanzsetzungen im Interviewverlauf durch die offene Art der Thematisierung und die Möglichkeit der Rekonstruktion realen Erlebens und Handelns über Korrespondenzen zwischen Leben und erzähltem Leben. In einem Lehrforschungsprojekt 1998 an der Universität Bremen zum Erlernen von Techniken des qualitativen Interviews wurden Interviews mit Studierenden höheren Semesters zu ihrem Studienverlauf durchgeführt.[1] Die Interviews wurden mit der erzählgenerierenden Frage „Wie ist dein Studium seit Studienbeginn bisher verlaufen?" begonnen. Wenn es biografische Unterschiede zwischen der Gestaltung eines Studiums gibt, so sollten diese subjektiven Differenzen bei einem Teilelement des qualitativen Interviews im Stile des narrativen Interviews zum Tragen kommen. Es sollten im Umfang der Thematisierung und in der Akzentsetzung der Erzählung reale Unterschiede des Erlebens und Handelns durchscheinen. So könnte man etwa vermuten, dass für einige Studierende der Beginn des Studiums und der Studienverlauf eine Folge von „trägen Übergangsketten" im Sinne von Abbott (vgl. Kap. 3.4) darstellt, z.B. als Fortsetzung eines routinierten Bildungsverlaufs, während der Studienbeginn und -verlauf für andere Studierende einen Wendepunkt mit offenem Ausgang beinhaltet. Diese Differenz sollte, so die Homologie-These richtig ist, auch in der Art der Erzählung deutlich werden (genauer sollte man statt von Homologie (Gleichklang) von einer Korrespondenz-These sprechen, da es sich meist um eine vermittelte Korrespondenz zwischen Leben und Erzählung handelt). Um diese Annahmen zu prüfen, werden im Folgenden die Antworten von vier Studierenden auf diese Eingangsfrage gezeigt.

Forschungsaufgabe: Analysieren Sie vergleichend die folgenden Antworten von Soziologiestudierenden höheren Semesters auf die Frage „Wie ist dein Studium seit Studienbeginn bisher verlaufen?" Wann handelt es sich beim Studienbeginn, bzw. -verlauf nicht um „träge Verläufe"? Kann eine Korrespondenz zwischen Erlebtem und Erzähltem festgestellt werden?

---

1 Ich danke Katja Krug, Corinna Wallschlag, Dörte Wichmann, Ute Kathmeyer und Elisabeth Zoll für die Durchführung und Transkription von Interviews.

Interviewerin: Also, wir würden gern mit der Frage eröffnen, ähm, wie ist dein Studium seit Studienbeginn bisher verlaufen?
Studierende 1: Ja, das ist schwierig zu sagen, weil ich hab, ääh, erstmal angefangen Medizin zu studieren am Anfang. Und dann hab ich Medizin abgebrochen. Und dann hab ich Sozialwissenschaften in Bochum studiert. Und dann bin ich erst nach Bremen zurückgekommen aus persönlichen Gründen. Und, äh, dann hab ich mir gedacht, ähm, in Bremen gibt's keine Sozialwissenschaften mehr, dann machste halt Soziologie [unverständliches Wort]. So hat sich das eigentlich entwickelt, halt.

Interviewerin: Gut, also die erste Frage wäre da, wie ist dein Studium seit Studienbeginn verlaufen?
Studierende 2: Ähm, ja, also ich hab halt so ganz normal die Pflichtkurse, Wahlpflichtkurse gemacht. Ähm, ihr wollt jetzt aber nicht im Einzelnen wissen welche, ne?
Interviewerin: Hm, nee, nicht unbedingt.
Studierende 2: Nee.
Interviewerin: Es sei denn, du hältst es für wichtig.
Studierende 2: Nein, und ich hab halt 'n Projektstudium gemacht auch im Projekt „Jugend und Drogen. Zwischen Psychiatrie und Kultur" war glaub ich das Ganze. Und, ähm, ja jetzt bin ich halt im zehnten Semester und schreib meine Diplomarbeit.

Interviewerin: Die erste Frage: Wie ist dein Studium seit Studienbeginn verlaufen?
Studierender 3: Ähem, das verstehe ich nicht ganz richtig, weil ähem, wie wie meint ihr das? Ist es, ist es glatt gelaufen, äh reibungslos, hatte ich Probleme zwischendurch, oder?
Interviewerin: Ähem, ja berichte einfach mal, wie dein Studium verlaufen ist, ähem, was für dich das Wichtigste dabei gewesen ist, äh Brüche. Alles, was dir so dazu einfällt seit dem ersten Semester.
Studierender 3: Ja ich habe eigentlich, im Grundstudium ist es, ist es, äh ist ja mein Studium ist eigentlich relativ glatt verlaufen, finde ich so, ähem, ja. Im Grundstudium so die Eindrücke gesammelt, ähem vor allen Dingen in den ersten beiden Semestern, ne. Was für Profs und so so gibt. Welche Themenbereiche mir so liegen. Und dann habe ich nach dem Grundstudium meinen Schwerpunkt auf Industriesoziologie und Arbeitswissenschaften gelegt und hab das eigentlich auch so straight durchgezogen. Das so mein Schwerpunkt. Und verwirkliche das jetzt so so in, ja in meiner Diplomarbeit.

Interviewerin: Wir haben natürlich auch so einen kleinen Leitfragebogen gemacht, nä, und die erste Frage, die wir uns ausgedacht haben, war einfach so, dass du uns mal erzählst, wie dein Studienverlauf gewesen ist, so dein Studium, wie das gelaufen ist.
Studierender 4: Mh, (lacht)
Interviewerin: So von Anfang bis Ende, also wie das jetzt läuft und so.
Studierender 4: (lacht) Das ist eine riesen Frage, (lacht). Weiß ich gar nicht, wo ich zuerst anfangen soll. Fange ich einfach mal ganz vorne an. Also der Verlauf am Anfang war natürlich so, dass ich dadurch, dass ich zwanzig Jahre vorher im Betrieb gearbeitet habe, das für mich völliges Neuland war. Ich meine, so erst mal an die Uni zurückfinden und ging aber relativ schnell und eh, mh, hab dann mein Grundstudium zunächst vielleicht studiert, also die Veranstaltungen alle gemacht und meine Scheine auch alle gemacht und war ziemlich schnell fertig und hab eigentlich erst im Hauptstudium mal so'n bisschen Luft geholt und so'n bisschen mehr rumgeguckt.
Interviewerin: So was dich interessiert.

> Studierender 4: Mh, also so was mich noch, was mich mehr int- also ich hab schon von Anfang an geguckt, eh, von Anfang an geguckt, was mich interessiert, weil, eh, also ich hab dieses Studium nicht gemacht, um irgendwie Karriere zu machen, sondern einfach aus 'nem Antrieb heraus, das, was ich vorher gemacht hab', nicht gefallen hat. Mich nicht wirklich-
> Interviewerin: Was hast du vorher gemacht?

Abb. 9: Interviewauszüge einer Befragung von Studierenden

Praktischer Teil

Viele Institute, so auch das Institut für angewandte Biografie- und Lebenslaufsoziologie, beschäftigen neben den festangestellten Mitarbeitern auch freie, variable Mitarbeiter insbesondere zu Erhebungszwecken, aber auch zur Dateneingabe. Nicht selten handelt es sich dabei um studentische Hilfskräfte, die in ihre Arbeit eingewiesen und in ihrer Arbeit begleitet werden müssen. Ein Ziel des Institutes ist es, auch die variablen Mitarbeiter in der Qualität ihrer Arbeit zu verbessern, da die Datenqualität unter einer schlechten Erhebungsarbeit leiden würde.

Institutsaufgabe für Kleingruppen: Machen Sie bezüglich der in Abb. 9 abgedruckten Interviewtransskripte Anmerkungen zum Verhalten der Interviewerinnen. Wie könnte die Interviewführung verbessert werden, um methodisch effizient die Methode des narrativen Interviews einzusetzen? Was sollte auf jeden Fall vermieden werden? Was sollte auf jeden Fall gemacht werden?

Nach Bearbeitung der Aufgabe kann ein Durchlesen des Ausbildungsprogramms zur Führung qualitativer Interviews (Helfferich 2010) helfen, narrative Interviews besser zu führen. Insbesondere in der Gesprächsphase am Beginn eines Interviews sind die Differenzen zwischen einem Alltagsgespräch und einem methodisch kontrolliert geführten Interview am größten, weswegen hier häufig Fehler auftreten.

4.2 Objektive Hermeneutik

Bei der objektiven Hermeneutik, die von Oevermann (1991, Oevermann et al. 1979; vgl. Hitzler/Honer 1997; Wernet 2000) entwickelt wurde, handelt es sich um ein Interpretationsverfahren zur Auswertung von qualitativen Daten, es erfordert im Unterschied zum narrativen Interview keine spezifische Erhebungsform. Beliebige Texte, in neueren Formen auch Bilder (Loer 1996) und Filmsequenzen (Corsten/Krug/Moritz 2010), können mit diesem Verfahren ausgewertet werden. Das Verfahren selbst wird in der Literatur unterschiedlich bezeichnet: Sequenzanalyse oder Feinanalyse. Um Verwechslungen mit der später noch zu beschreibenden quantitativen Sequenzmusteranalyse zu vermeiden, verwenden wir im Folgenden den Begriff der Feinanalyse. Inspiriert wurde die objektive Hermeneutik, die in den 1970er Jahren in Frankfurt entstand, von der Psychoanalyse, der Interaktionstheorie von Mead und der Hermeneutik von Gadamer.

Das Vorgehen der objektiven Hermeneutik besteht in einer sehr intensiven Auseinandersetzung einer Forschergruppe mit einem Text, z.b. der Transkription eines Interviews. Die Forschergruppe entwickelt Satz für Satz Interpretationen des Textes. Der Text wird also nicht von seinem Ergebnis her gelesen, sondern von seiner Entfaltung von Sequenz zu Sequenz (daher auch der Name Sequenzanalyse). Zu den Sätzen äußern die Forscher Assoziationen, sie vollziehen frei Sinndeutungen. Wichtig ist bei diesen Sinndeutungen, dass die Forscher als Alltagsmenschen verstehen, auf welche (Interaktions-)Erwartungen der Textproduzent reagiert, und welche Sinngehalte im Text selbst entwickelt werden. Dieser soziale Erwartungshorizont ist in der Regel gesellschaftlich, genauer: intersubjektiv, vorgegeben. Man könnte hier also auch statt von einer „objektiven" Hermeneutik von einer intersubjektiven Hermeneutik sprechen, da die Interpreten das subjektive Moment der Sinnsetzung des Textes/des Autors in Auseinandersetzung mit der vorhandenen intersubjektiven sozialen Welt suchen. Die Forschergruppe formuliert ihre Sinndeutungen dieser Sätze in Form von Hypothesen. Ein Ziel der Feinanalyse ist es im Fortgang der Analyse, Hypothesen zu prüfen und zu widerlegen. Eine Deutung kann nur gültig bestehen, wenn sie im Fortgang nicht falsifiziert wird. Wenn neue Gesichtspunkte im Text auftauchen, müssen neue Thesen aufgestellt werden, die ebenfalls systematisch geprüft werden. Das akribische, auf Falsifikation angelegte Vorgehen der Feinanalyse bietet einen zweiten Anhaltspunkt dafür, warum hier von einer „objektiven Hermeneutik" gesprochen wird. Der gesamte Interpretationsprozess, inklusive der Fehlversuche einer gescheiterten Interpretation werden schriftlich dokumentiert. Häufig werden die Interpretationen der objektiven Hermeneutik an Einzelfallanalysen entwickelt, wobei das Allgemeine und das Besondere an diesen Fällen herausgearbeitet werden.

Das Verfahren der objektiven Hermeneutik hat – wohl auch aufgrund seines Namens – die Sozialwissenschaften stärker polarisiert als das narrative Interview. Einer Gruppe von sehr engagierten Befürwortern stehen auch viele reservierte und ablehnende Beobachter gegenüber. Pragmatisch könnte man sagen, dass der Vorteil der Feinanalyse in der Genauigkeit und Nachvollziehbarkeit von komplexen Interpretationen besteht. Nachteilig ist der hohe Aufwand, der zu einer radikalen Beschränkung der untersuchten Fälle führt (und davon abgeleitet zu Problemen der Verallgemeinerbarkeit der Ergebnisse beiträgt). Ein Teil der Biografieforscher wendet die Feinanalyse deshalb nur bei wichtigen Textpassagen an und dokumentiert nicht alle vollzogenen Interpretationsversuche.

Forschungsteil: Sinnstrukturen des Studiums

Für die objektive Hermeneutik hat sich die Analyse von Anfangssequenzen in Interaktionen als besonders ertragreich erwiesen. Beispielhaft für eine derartige Analyse, die ein Teilelement einer oben bereits angesprochenen Studie zu Studiumsverläufen sein könnte, wird die Anfangssequenz bei einem der obigen Interviews analysiert.

Interviewerin: Die erste Frage: Wie ist dein Studium seit Studienbeginn verlaufen? Studierender 3: Ähem, das verstehe ich nicht ganz richtig, weil ähem, wie wie meint ihr das? Ist es, ist es glatt gelaufen, äh reibungslos, hatte ich Probleme zwischendurch, oder?

Abb. 10: Interview mit einer Studierenden

Forschungsaufgabe: Wie interpretieren Sie die Aussagen des Studierenden 3? Lassen sich hier allgemeine Gesichtspunkte der Sinnstrukturen eines Studienverlaufs erkennen?
Analyse: Bei diesen drei Sätzen fallen einem u.a. drei Interpretationen des Gesprächsverlaufs ein, die im Folgenden ausgeführt werden sollen.
Interpretation 1: Missverständnis. Der Studierende versteht den Sinn der Frage nicht, weil die Frage mehrdeutig ist oder Begriffe verwendet, die dem Studierenden nicht geläufig sind. Er fragt deshalb nach „das verstehe ich nicht ganz richtig" und bittet um Präzisierung „wie meint ihr das?". Gegen diese These spricht, dass es sich um eine leicht verständliche Frage handelt, die ein Soziologiestudent beantworten können sollte.
Interpretation 2: Anfangsunsicherheit. Zu Beginn eines Interviews sind Menschen häufig unsicher, da die Situation noch nicht klar ausgehandelt ist, die Identitäten und Intentionen der Akteure noch unklar sind. Eine Rückfrage „wie meint ihr das?" soll die Interviewerin aus der Reserve locken, damit sie präzisiert, welche Erwartungen an den Interviewten gestellt werden. Der Interviewte kann während der Antwort der Interviewerin klären, in welchem Punkt er mit der Interviewerin zusammenarbeiten will (und wo er es nicht will). Die Rückfrage könnte anzeigen, dass es sich um einen leicht misstrauischen Interviewten handelt. Für diese These spricht, dass auch in anderen Interviews diese Anfangsrückfragen zu finden sind (s.o. Studierende 2), aber nicht bei allen (Studierende 1 und 4). Gegen diese These spricht, dass der Studierende 3 selbst einen eigenen

Interpretationsvorschlag macht: „Ist es glatt gelaufen ... hatte ich Probleme zwischendurch".

Interpretation 3: Gesellschaftliche Erwartung Studienverlauf. Der Interviewte nimmt in der Frage eine gesellschaftliche Erwartung wahr, wie sein Studium hätte verlaufen sollen. Er weiß nicht, ob er diese Erwartung erfüllt hat, bzw. ob er sagen darf, dass er sie (vielleicht nur) teilweise erfüllt hat. „Ist es glatt gelaufen" impliziert eine Norm-Erwartung, der glatte Lauf des Norm-Studiums wird mit einem unruhigen Lauf kontrastiert: „reibungslos". Es gibt einen gesellschaftlichen Diskurs dazu, wie lange ein Studium dauern sollte. Bei einer Überschreitung der Studienzeit sind seit einigen Jahren in vielen Bundesländern Gebühren fällig. Ein reibungsloser Ablauf impliziert auch, dass die Prüfungen bestanden werden und im vorgesehenen Zeitrahmen absolviert werden. Wenn dem so ist, handelt es sich beim Studium um einen „trägen Verlauf", bei dem sich vorhersehbare, wenig einschneidende Ereignisse aneinander reihen. Die Struktur einer gesellschaftlichen normativen Erwartung kommt auch in der Formulierung „ist es" zum Ausdruck, da sie keinen Akteur kennt. Das Studium wird als anonymer Ablauf behandelt. In dieser Sicht besteht das Studium aus einer Reihe von Prüfungen, die bestanden werden müssen, um einen glatten Studienverlauf zu erzielen. Studierender 3 kontrastiert dies mit „hatte ich Probleme zwischendurch, oder?". Das Subjekt „ich" taucht hier auf, wenn der Studierende die Vermutung äußert, dass die Norm nicht erfüllt wird, diese Erwartungen zu erfüllen. „Hatte ich" deutet an, dass das Subjekt Probleme hat, die sich selbst zurechnet, wenn es diesen glatten Lauf nicht realisiert. Der Sprecher lässt hier offen, ob er selbst diese Probleme hatte, oder ob er nur allgemein weiß, dass normabweichende Studierende Probleme haben. Für die Interpretation, dass der Sprecher das Studium als Prüfungsfolge begreift, spricht, dass der Studierende im Interview in seiner Reaktion auf die Frage diesen Stimulus wie eine Prüfung behandelt, die er bestehen möchte. Erst wenn die Interviewerin ihm in ihrer Frage Hinweise auf eine „richtige" Antwort gibt, wird er versuchen, diese zu beantworten. Die Qualifizierung der Aussage „Probleme zwischendurch" verweist darauf, dass Studienprobleme wie z.B. nicht bestandene Prüfungen, überwindbar sind, etwa durch Wiederholungen der Prüfungen und ihr späteres Bestehen. Von überwundenen Problemen kann man in unserem Kulturkreis leichter berichten als über nicht überwundene Probleme.

Vorläufig würde man sagen, die dritte Interpretation bewährt sich am Material am besten. Der Studierende 3 versteht unter einem Studium einen normativ erwarteten Ablauf, der in time „glatt läuft", bei dessen Abweichung das Individuum aber Probleme hat, die es sich selbst zurechnet. Obwohl diese Interpretation nur an wenigen Sätzen eines Interviews mit einer Person gewonnen wurde, scheint in dieser Aussage ein allgemeines Moment der Bedeutung von Studienverlauf in unserer Gesellschaft auf.

Praktischer Teil

Im Institut für angewandte Biografie- und Lebenslaufforschung gibt es einige Skeptiker bezüglich des Verfahrens der objektiven Hermeneutik. Kann man auf diesem Weg wirklich objektiv gültige Aussagen generieren? Um dies empirisch zu prüfen, wird der präsentierte Textausschnitt im direkten Anschluss des Interviews verlängert, da die objektive Hermeneutik eine kontinuierliche Überprüfung der Interpretationen am Text als Prüfkriterium benennt.

Interviewerin: Ähem, ja berichte einfach mal, wie dein Studium verlaufen ist, ähem, was für dich das Wichtigste dabei gewesen ist, äh, Brüche. Alles, was dir so dazu einfällt seit dem ersten Semester.
Studierender 3: Ja ich habe eigentlich, im Grundstudium ist es, ist es, äh ist ja mein Studium ist eigentlich relativ glatt verlaufen, finde ich so, ähem ja. Im Grundstudium so die Eindrücke gesammelt, ähem, vor allen Dingen in den ersten beiden Semestern, ne. Was für Profs und so so gibt. Welche Themenbereiche mir so liegen. Und dann habe ich nach dem Grundstudium meinen Schwerpunkt auf Industriesoziologie und Arbeitswissenschaften gelegt und hab das eigentlich auch so straight durchgezogen. Das so mein Schwerpunkt. Und verwirkliche das jetzt so so in, ja, in meiner Diplomarbeit.

Abb. 11: Interview mit einem Studierenden (Fortsetzung)

Institutsaufgabe für Kleingruppen: Prüfen Sie anhand des obigen Textauszuges die oben entwickelten drei Interpretationen und entwickeln sie neue, falls dies erforderlich ist.

Nach Bearbeitung der Aufgabe bieten die biografischen Fallstudien zu Islamkonvertiten (Wohlrab-Sahr 1999), zu bürgerschaftlich Engagierten (Corsten/Kauppert/Rosa 2008) und zu jungen Religionssuchern (Wohlrab-Sahr/Karstein/Schmidt-Lux 2009: 225ff) Möglichkeiten der Anregung zu Systematisierung und Vergleich von Fallstudien.

4.3 Ereignisdatenanalyse

In den folgenden zwei Unterkapiteln werden zwei Verfahren der quantitativen Datenanalyse genauer beschrieben. Beide Verfahren setzen Längsschnittdaten voraus, also Daten, die über die Zeit variieren und auf Individuen bezogen sind. Häufig handelt es sich hierbei um Retrospektivdaten oder um Paneldaten. Ein

Retrospektivdatensatz ist z.B. die deutsche Lebensverlaufsstudie, bei der Individuen rückblickend nach vielen Episoden ihres Lebens in Bezug auf Arbeit, Familie, Wohnen etc. gefragt worden sind. Ein Paneldatensatz ist das SOEP (Sozio-Ökonomische Panel), bei dem jährlich mehrere Tausend Bundesbürger nach u.a. Einkommen, Arbeit, Familie und Einstellungen befragt werden. Da die Befragten beim SOEP bei der Erstbefragung nach ihrer gesamten bisherigen Berufsbiografie und bei weiteren Befragungen auch jeweils nach den Verläufen zwischen der letzten und der jetzigen Welle Auskunft geben, handelt es sich beim SOEP um eine Mischung aus Retrospektiv- und Panelbefragung.

Mit Ereignisdatenanalyse (Blossfeld/Rohwer 2002; Yamaguchi 1999; Box-Steffensmeier/Jones 2004; Ludwig-Mayerhofer 1994a; 1994b) wird eine Gruppe von statistischen Verfahren bezeichnet, die auch unter dem Namen Verlaufsdatenanalyse oder Verweildaueranalyse bekannt geworden sind. In den Sozialwissenschaften werden sie seit den 1980er Jahren vermehrt verwendet.[2]

Eine Ereignisdatenanalyse setzt einen Zustandsraum voraus, der je nach Fragestellung alle möglichen Zustände auflistet. Bei einer Untersuchung zum Geburtenverhalten könnte der Zustandsraum z.B. aus „0 = hat kein Kind"; „1 = hat ein Kind" bestehen. Weiterhin benötigt man Zeitangaben, z.B. Monate oder Jahre. Diese beiden Angaben können individuenbezogen in einem Datensatz verknüpft werden. Übergänge von einem Zustand zu einem anderen werden als Ereignis oder Übergang bezeichnet (z.B. von 0 auf 1). In primär deskriptiven Verfahren, wie der Überlebenskurve oder Sterbekurve, wird dieser Prozess für eine oder mehrere kollektive Gruppen dargestellt.

Im Kern der Aufmerksamkeit der Ereignisdatenanalyse stehen multivariate Verfahren, bei denen in der Regel ein Übergangsprozess, genauer die Wahrscheinlichkeit eines Übergangs, die abhängige Variable darstellt. Dieser abhängigen Variable stehen mehrere erklärende Variablen gegenüber, die eingeteilt werden können in zeitveränderliche und zeitkonstante Variablen. Zeitkonstante Variablen sind Zustände, die sich üblicherweise im Lauf eines Lebens nicht ändern (z.B. Geschlecht), zeitveränderliche Variablen sind, wie der Name schon sagt, Größen, die sich ändern können, z.B. der Erwerbsstatus. Zusammenhänge zwischen zwei zeitveränderlichen Größen sind besonders interessant, weil sie kausale Zurechnungen erleichtern (Blossfeld/Prein 1998). Dies ist ein Vorteil gegenüber „normalen" Regressionsrechnungen. Bei Regressionen kann nur festgestellt werden, dass es signifikante Zusammenhänge zwischen zwei Variablen gibt. Die Richtung des Zusammenhangs, also die kausale Vorstellung, welche Variable Wirkung, welche Ursache ist, bleibt aber einer theoretischen Set-

---

[2] Für eine Darstellung weiterer Verfahren zur Analyse von Paneldaten sei auf Giesselmann/Windzio (2012) und Brüderl (2010) verwiesen.

zung vorbehalten. Bei einer Ereignisdatenanalyse gibt die Reihenfolge der Ereignisse wertvolle Hinweise, da die Ursache in der Regel der Wirkung vorausgeht (vgl. allerdings die Debatte um Selbstselektivität bei Blossfeld/Huinink 2001; Yamaguchi 1999).

Die abhängige Variable bei einer Ereignisdatenanalyse besteht in der Regel aus der Wahrscheinlichkeit des Eintritts eines Ereignisses. Die Geschwindigkeit des Eintretens des Ereignisses liefert hier Informationen über die Wahrscheinlichkeit seines Vorhandenseins bei einer Gruppe von Eigenschaftsträgern. Für die Verteilung dieses Ereignisses in der Zeit werden verschiedene mathematische Funktionen verwendet (z.B. exponential, log-linear oder sichelförmig), um Schätzmodelle zu bestimmen. Je nach Untersuchungsgegenstand haben sich hier unterschiedliche Schätzmodelle etabliert, für die meisten Untersuchungszwecke ist ein pce-Schätzer, ein Exponentialmodell mit in Intervallen variablen Übergangsraten, das flexibelste Verfahren (Blossfeld/Golsch/Rohwer 2007; Box-Steffensmeier/Jones 2004).

Forschungsteil: Familiengründung

Für Lebenslaufforscher ist es ratsam, statistische Kurse zu besuchen, in denen Ereignisdatenanalysen gelehrt werden. Es ist nicht das Ziel dieses Buches jene zu ersetzen. Allerdings ist es bei vielen Fragen unabdingbar, die Ergebnistabellen von Ereignisdatenanalysen lesen zu können. In der Untersuchung „Globalife" wird z.B. in einer international vergleichenden Untersuchung der Frage nachgegangen, ob durch Globalisierungsprozesse der letzten Jahrzehnte Lebensläufe in vielen Lebensbereichen, wie Erwerbs- und Familienverläufen, unübersichtlicher und riskanter geworden sind (Blossfeld u.a. 2005). Ein schwedisches Forscherteam (Bygren/Duvander/Hultin 2005) ging der Frage nach, ob mit zunehmender Globalisierung durch zunehmende Erwerbsunsicherheit der Zeitpunkt der Familiengründung nach hinten verschoben wird und z.T. ausbleibt.

Forschungsaufgabe: Wie interpretieren Sie Tab. 2? Lassen sich hier Anzeichen eines Aufschubes von Familiengründungen durch zunehmende Erwerbsunsicherheiten im Globalisierungsprozess feststellen?

Tabellen dieser Art lassen sich auch ohne große statistische Kenntnisse relativ leicht lesen. Darüber hinaus weisen sie große Ähnlichkeiten mit entsprechenden Ergebnistabellen von Regressionen auf. Für das Lesen derartiger Tabellen empfiehlt sich ein Vorgehen in vier Schritten, nach der VNKM-Methode.

Methoden der Lebenslaufanalyse und Biografieforschung 79

Tab. 2: Intervallkonstante Exponential-Übergangsratenschätzungen für den Übergang in Elternschaft in Schweden (Episoden für Männer im Alter von 15-45 Jahren) (Bygren/Duvander/Hultin 2005: 151f.)

Übergangsrate			
1-12 Monate	-5,659**	-6,152**	-5,507**
13-24 Monate	-5,581**	-6,047**	-5,422**
25-36 Monate	-5,687**	-6,128**	-5,480**
37-48 Monate	-5,515**	-5,941**	-5,277**
49-59 Monate	-5,851**	-6,244**	-5,549**
Mehr als 60	-6,965**	-7,2**	-6,209**
Geburtskohorte			
1940-49 (Ref.)	0	0	0
1950-59	-0,107	-0,103	0,052
1960-65	-0,507**	-0,359**	-0,352**
Bildung			
Pflichtschule (Ref.)		0	0
Lehre		1,034**	0,333**
Untere Sekundarschule		1,088**	0,474**
Obere Sekundarschule		0,623**	-0,064
Untere Tertiärbildung		1,079**	0,457**
Obere Tertiärbildung		1,138**	0,404**
Erwerbsstatus			
Beschäftigt (Ref.)			0
Arbeitslos			0,757
Student			-2,158**
Zwischen Bildung und Erwerb			-1,33**
G. * Erwerbsstatus			
(G. 1950-59)* arbeitslos			-7,593
(G. 1950-59)* Student			-0,487
(G. 1950-59)* zwischen			-0,384
(G. 1960-65)* arbeitslos			-0,072
(G. 1960-65)* Student			-0,624
(G. 1960-65)* zwischen			-0,687
Anzahl der Ereignisse	748	748	748
Anzahl der Episoden	7493	7493	7493
Likelihood ratio	241,14	432,81	789,49
Freiheitsgrade	2	7	16

** $p \leq 0,01$ für eine Schätzung 0
 * $p \leq 0,05$ für eine Schätzung 0

V: Im ersten Schritt wird eine Rekonstruktion der Variablen-Struktur in Bezug auf abhängige und unabhängige Variablen vorgenommen. V also wie Variable. Die abhängige Variable, also die Größe, die erklärt werden soll, steht in der Regel im Kopf der Tabelle. Hier ist dies „Übergang in Elternschaft" (bei Männern in Schweden im Alter von 15-45 Jahren). Aus der Beschreibung des Textes des Aufsatzes geht hervor, dass es sich nur um den Übergang in Erstelternschaft handelt. Die unabhängigen Variablen, auch erklärende Variablen genannt, befinden sich hier wie in den meisten Tabellen bei den Zeilenbeschriftungen: Übergangsrate, Geburtskohorte, Bildung, Erwerbsstatus und „G. * Erwerbsstatus". Die meisten Variablenausprägungen sind selbsterklärend. Wenn sie es nicht sind, sollte man den Text des Aufsatzes oder seinen Anhang genau konsultieren. Ungewöhnlich bei dieser Tabelle, aber nicht untypisch für die Ergebnistabellen von Ereignisdatenanalysen, ist hier die Variable „Übergangsrate", die weiter oben angesprochene erforderliche mathematische Funktion der Verteilung der Ereignisse über die Zeit, die der zeitlichen Form des Übergangsprozesses gilt. In diesem Fall handelt es sich um ein intervallkonstantes Exponentialmodell, auch pce-Modell, genannt. Bei den Variablen „Geburtskohorten", „Bildungsabschluss" und „Erwerbsstatus" ist jeweils eine Variablenausprägung als „Ref." (= Referenz) angegeben, da es sich um Dummy-Variablen handelt.

„Ref." ist die Referenzgruppe der Variablenausprägungen, mit der die Werte verglichen werden müssen, wenn es sich nicht um eine intervallskalierte Variable handelt. Bei der Variable „G.* Erwerbsstatus" handelt es sich um eine Interaktionsvariable der Kombination von Geburtskohorte mal Erwerbsstatus.

N: In einem zweiten Schritt sollten die überflüssigen, genauer: die nur am Rande interessierenden Werte aussortiert werden. Datentabellen sind üblicherweise überkomplex, es ist sinnvoll, die Werte, die *n*icht relevant sind, zur Seite zu schieben. N also wie nicht. Bei Ereignisdatenanalysen sollte man in aller Regel die Übergangsrate selbst nicht interpretieren, da sich ihre Werte nur auf die manchmal sehr exotisch kleine Gruppe der Referenz beziehen.[3] Die ersten sieben Zeilen unserer Tabelle interessieren uns also nicht. Die letzten Zeilen der Tabelle enthalten technische Angaben zur Modellgüte. Auch sie werden den Normalleser meist nur am Rande interessieren: Die „Anzahl der Ereignisse" gibt an, wie viel Übergänge bei diesem Datensatz zu verzeichnen sind: 748 Erstvaterschaften. Diese Zahl ist in der Regel nur von Belang, wenn die Zahl der Ereignisse sehr klein ist, z.B. unter 100. Dann sollte man sehr vorsichtig bei der Interpretation sein, da die Datengrundlage unzuverlässig für Verallgemeinerungen ist. Die „Likelihood ratio" gibt den Modellfit der Maximum-Likelihood-Schätzung an. Wenn mehr Variablen in ein Modell aufgenommen werden (vgl. „Freiheitsgrade") sollte dieser Wert deutlich ansteigen. Wenn dies nicht der Fall ist, haben die Variablen einen geringen zusätzlichen Erklärungswert.

K: In einem dritten Schritt fasst man den Stier bei den Hörnern, man sucht den *K*ern der Tabelle, der in den Zahlenwerten der Zellen enthalten ist. K also

---

[3] Bei Modellen ohne Kovariaten können diese Werte allerdings ohne größere Probleme interpretiert werden (z.B. Blossfeld/Golsch/Rohwer 2007: 116ff.).

wie Kern. In der ersten Datenspalte gibt es nach der N-Regel nur mehr die drei Werte zu den Geburtskohorten, die von Belang sind. Die Werte selbst haben drei Komponenten: Zahlenwert, Vorzeichen und Sternchen. Von besonderem Interesse sind Vorzeichen und Sternchen, da die Zahlenwerte dieser Tabelle nur schwer interpretierbar sind.[4] Die Sternchen zeigen „Signifikanzniveaus" an, wie in der Anmerkung zur Tabelle erläutert wurde. Kein Sternchen zeigt einen nicht-signifikanten Zusammenhang an. Ein Sternchen einen Zusammenhang, der zu 95% gesichert ist; zwei Sternchen einen auf einem 1%-Fehlerniveau sicheren Zusammenhang. Wenn also Sternchen da sind, gibt es einen Zusammenhang; wenn nicht, dann nicht.[5] Die Vorzeichen bei den Werten geben an, ob ein Übergang häufiger als bei der Referenzgruppe auftritt (positives Vorzeichen, meist nicht eingetragen) oder seltener als bei der Referenzgruppe ist (negatives Vorzeichen). Wenn wir also annehmen, dass die jüngeren Kohorten verlangsamter den Übergang in die Erstvaterschaft vollziehen (aufgrund gestiegener Unsicherheit im Gefolge von Globalisierung), dann stützen die Daten dies im ersten Modell bei der Geburtskohorte 1960-65, die signifikant (zwei Sternchen) langsamer (negatives Vorzeichen) den Übergang zur Erstvaterschaft vollzieht als Männer, die 1940-49 geboren wurden.

M: Der letzte Schritt besteht im Vergleich von *M*odellen. M also wie Modell. Für den Laien hört sich der Begriff Modell, der häufig zusammen mit Zahlen über den Spalten in Datentabellen steht, nach Willkür und Beliebigkeit an. Das Rechnen mit verschiedenen Modellen erfüllt in der Ereignisdatenanalyse (ebenso wie in der Regressionsanalyse) einen spezifischen Sinn: Man schreitet von einfachen Modellen (mit wenigen erklärenden Variablen) zu komplexen Modellen (mit vielen erklärenden Variablen) fort, um zu prüfen, ob Scheinzusammenhänge aufgeklärt werden können. Auch will man eine Überflutung mit Variablen und Informationen im ersten Schritt verhindern. Modelle unterscheiden sich also in der Regel nur in der Anzahl der verwendeten Variablen, so auch in unserem Beispiel: Modell 1 mit einer erklärenden Variable, Modell 2 mit zwei, Modell 3 mit vier erklärenden Variablen. Inhaltlich könnte man sagen, dass im zweiten Modell versucht wird, die Kohortenverschiebung der Erstvaterschaft mittels einer Veränderung des Bildungsverhaltens zu erklären (z.B. im Gefolge einer Bildungsexpansion). Im dritten Modell wird zusätzlich geprüft, ob eine Zunahme von unsicheren Erwerbsstatus zu einer Veränderung des Verhaltens bei der Erstgeburt beigetragen hat. Bei den gegebenen Daten sieht man,

---

[4] Für eine genaue Interpretation der Werte sei auf die Spezialliteratur verwiesen (z.B. Blossfeld/Golsch/Rohwer 2007: 99ff.).

[5] Man beachte allerdings, dass Signifikanzniveaus von der Größe einer Stichprobe (bei Ereignisdaten: der Anzahl der Episoden) beeinflusst werden: Je größer die Stichprobe, desto wahrscheinlicher sind Signifikanzen (Diekmann 1995: 585ff.).

dass die Hinzufügung der Bildungsvariable die Zusammenhänge bei den Geburtskohorten abschwächt (von -0,507 auf -0,359 bei Kohorte 1960-65), aber nicht aufhebt, da die Signifikanzen und Nichtsignifikanzen bleiben. Wenn Globalisierung wirklich für eine Verzögerung/Behinderung von Familiengründungsprozessen verantwortlich sein sollte, dann – so die schwedischen Daten – nicht primär durch eine Verschiebung der Bildungsanstrengungen oder eine Verunsicherung des Erwerbslebens. (Es sei hier nicht weiter diskutiert, ob Bygren u.a. eine optimale Operationalisierung ihrer Fragestellung vornehmen.) Bei Modell 2 (dritte Spalte) sieht man darüber hinaus, dass bei höherem Bildungsgrad immer ein signifikanter Effekt der Beschleunigung der Familiengründung auftritt. Dieses schwedische Beispiel kontrastiert mit entsprechenden Befunden in den meisten anderen westlichen Ländern, z.B. Deutschland. Bei Modell 3 (vierte Spalte) erkennt man, dass Personen, die arbeitslos sind, nicht seltener Vater werden als Beschäftigte, während dagegen das Studium oder auch die Übergangsphase zwischen Bildungs- und Erwerbssystem seltener mit Vaterschaft einhergeht. Die Interaktionen sind alle nicht signifikant.

Praktischer Teil: Kinderlosigkeit

Nach diesem langen Ausflug in die Analyse von Tabellen mit Ergebnissen von Ereignisdatenanalysen bleiben wir im praktischen Teil beim Globalife-Projekt, wechseln aber das Land und die Darstellungsart.

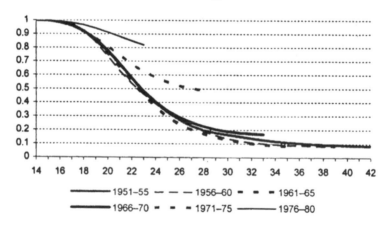

Abb. 12: „Überlebenskurve" des Anteils von Kinderlosen nach Geburtskohorte (Blossfeld u.a. 2005: 194)

Abbildung 12 zeigt die Ergebnisse einer Überlebenskurve, auch Survivorkurve genannt. Auf der x-Achse ist das Alter (in Jahren) der befragten Frauen angegeben. Auf der y-Achse ist der Anteil der Befragten aufgelistet, bei denen ein Ereignis (hier Geburt eines ersten Kindes) eingetreten ist. Der Wert 1 gibt hier 100% der Personen an, bei denen das Ereignis noch nicht eingetreten ist. Der Wert 0,9 steht für 90% der Personen, bei denen das Ereignis noch nicht eingetreten ist (= 10% der Frauen haben ein erstes Kind), usw. Die Linien stellen die Kurvenverläufe von verschiedenen weiblichen Geburtskohorten dar.

Institutsaufgabe für Kleingruppen: Das Sozialministerium des Bundeslandes Sachsen-Anhalt hat Daten in Form einer „Survivorkurve" zu Veränderungen des Fertilitätsverhaltens nach der ungarischen Wende erhalten (s. Abb. 12). Es bittet das IABL um Mithilfe bei der Auswertung. Wieso könnte der Vergleich dieser Daten mit entsprechenden Daten in Sachsen-Anhalt interessant sein?

Nach der Lösung der Aufgabe gibt ein Blick auf vergleichbare „Survivorkurven" von ostdeutschen (Kreyenfeld 2000; Sackmann 2000a) und westdeutschen Frauenkohorten (Klein 2005: 78) Aufschluss über Erstgeburtsalterskurven, die für einen Vergleich mit den ungarischen Daten herangezogen werden können.

4.4 Sequenzmusteranalyse

In den 1990er Jahren wurde die Ereignisdatenanalyse von den Entwicklern eines neuen Verfahrens, der Sequenzmusteranalyse, heftig kritisiert (Abbott/Hrycak 1990; Aisenbrey 2000; vgl. Sackmann/Wingens 2001). Es wurde an der Ereignisdatenanalyse bemängelt, dass nur Teile von Verläufen, nämlich einzelne Übergänge, Gegenstand der Analyse seien, während die Analyse von ganzen Lebensläufen nur ein theoretisches Postulat geblieben sei, das empirisch nicht eingelöst wurde. In den letzten Dekaden gab es deshalb eine Vielzahl von Experimenten mit dem neuen Verfahren der Sequenzmusteranalyse, die sich nun in einem neuen Standard verfestigen (Aisenbrey/Fasang 2010; Scherer/Brüderl 2010; Halpin 2010). Ursprünglich wurde dieses statistische Verfahren beim Abgleich von DNA-Sequenzen verwendet, deren Ziel die Messung der Ähnlichkeit von Sequenzen ist. Die Anwendung der Sequenzmusteranalyse in den Sozialwissenschaften war durchaus ertragreich, man kann allerdings inzwischen auch sagen, dass sie in der Lebenslaufforschung eine gute Ergänzung zur Ereignisdatenanalyse darstellt, sie aber nicht verdrängt. Da sie nur eingeschränkt zur multivariaten Kausalanalyse verwendet werden kann, aber in Teilbereichen hohe Anschaulichkeit besitzt, dient sie primär der Datenexploration.

Das Vorgehen bei der Sequenzmusteranalyse beginnt mit einem Datensatz, der die gleiche Struktur wie bei der Ereignisdatenanalyse aufweist: Zeitdaten zu Individuen (dabei kann es sich auch um kollektive Akteure handeln), die Angaben zu Zuständen im Rahmen eines Zustandsraumes aufweisen. Da nur ein Zustandsraum Gegenstand der Sequenzmusteranalyse ist, ist auf seine Konzeption Sorgfalt zu verwenden. Da der gesamte Verlauf in die Analyse eingeht (und das mathematische Konzept der Rechtszensierung nicht verwendet werden kann), sollten möglichst zeitlich gleichlange Verläufe miteinander verglichen werden (vgl. Aisenbrey 2000; Erzberger/Prein 1997).

Im Kern der Sequenzmusteranalyse steht der Vergleich von Verlaufssequenzen miteinander. Die Optimal-Matching-Analyse führt hierzu paarweise einen Vergleich durch, der die Ähnlichkeit zwischen Verläufen misst. Hierzu werden die Operationen „einfügen", „ersetzen" und „Substitution/austauschen" vorgenommen, für die vorher vom Forscher jeweils Kosten festgelegt werden. Für die Bestimmung der Kostenwerte haben sich mit Ereignisdatenanalysen berechnete Übergangswahrscheinlichkeiten als nützlich erwiesen (Rohwer/Potter 2005; Aisenbrey/Fasang 2010). Über einen Algorithmus werden dann alle Verläufe miteinander verglichen, eine Ähnlichkeitsmatrix wird bestimmt (dieser Schritt ist sehr rechenintensiv, der Computer braucht deshalb hier einige Zeit). Die Werte dieser Matrix kann man in einer Clusteranalyse zu Typen von Verläufen gruppieren. Einige Forscher begnügen sich mit diesem Rechenschritt. Andere fügen noch eine logistische Regression an, um festzustellen, ob Zusammenhänge zwischen der Verlaufstypenzugehörigkeit und „erklärenden" Variablen vorhanden sind. Im Unterschied zur Ereignisdatenanalyse können hier meist nur die Standardvariablen verwendet werden, eine kausale Interpretation der Zusammenhänge unterliegt den gleichen Vorbehalten wie bei anderen Regressionen auch. Bei reichhaltigen Datensätzen können hier allerdings auch komplexe Erklärungen erreicht werden (Anyadike-Danes/McVicar 2010).

Forschungsteil: Berufliche Segregation

Die detaillierte Darstellung der Durchführung einer Sequenzmusteranalyse würde den Rahmen dieses Buches sprengen, es sei hier auf die oben aufgelistete Spezialliteratur verwiesen. Wir beschränken uns hier, wie schon bei der Ereignisdatenanalyse, auf die Interpretation von Daten. In einem Forschungsprojekt untersuchte Falk (2005) die Bedeutung von geschlechtsspezifischer beruflicher Segregation für die Gestalt von Berufsverläufen im ostdeutschen Transformationsprozess. Eine Vermutung in der Literatur war, dass während der Transformationskrise Frauen in männlich dominierten Berufen stärker verdrängt wurden als

Methoden der Lebenslaufanalyse und Biografieforschung

Frauen in Berufen mit weiblicher Dominanz oder in geschlechtsgemischten Berufen. Hierzu führte sie neben Ereignisdatenanalysen auch Sequenzmusteranalysen durch.

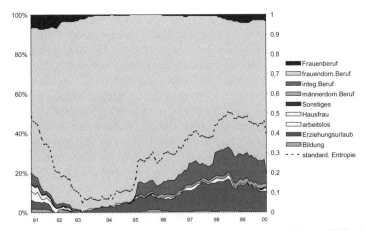

Abb. 13: Geschlechtsgebundene Berufssequenzen von Frauen, Kohorte 1985 und 1990 nach Oktober 1990 (10-Clusterlösung)
Cluster 1: Stabile Beschäftigung in frauendominierten Berufen (20,4 %, n=233)

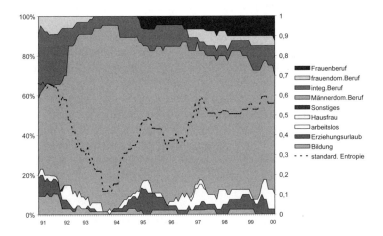

Abb. 14: Geschlechtsgebundene Berufssequenzen von Frauen, Kohorte 1985 und 1990 nach Oktober 1990 (10-Clusterlösung)
Cluster 2: Stabile Beschäftigung in männerdominierten. Berufen (5,9 %, n=67)

Forschungsaufgabe: Wie interpretieren Sie die Abbildungen? Lassen sich hier Unterschiede der Berufsverläufe feststellen nach der Art der Segregation der Berufe?

Man sieht auf den Abbildungen aggregierte Erwerbsstatusverteilungen für die Zeit von Oktober 1990 bis 2000 (x-Achse). (Eine vergleichbare farbige individuelle Erwerbsverlaufsdarstellung findet sich bei Brüderl/Scherer 2005.) Die Legenden zeigen verschiedene Erwerbsstatuskategorien in der Reihenfolge ihres Auftretens in der Abbildung an, jeweils in Prozent der Angehörigen des Clusters (linke y-Skala). Zur besonderen Erfassung der geschlechtsspezifischen beruflichen Segregation wurde hier der Status „erwerbstätig" in die Zugehörigkeit zu „Frauenberuf" (90-100% Frauenanteil in einem Beruf), „frauendominierten Beruf" (70-90% Frauenanteil i.e.B.), „integrierter Beruf" (30-70% Frauenanteil i.e.B.) und „männerdominierter Beruf" (weniger als 30% Frauenanteil i.e.B.) aufgespalten. Auf der rechten y-Achse ist die Skala für die standardisierte Entropie angegeben, ein Maß für die Heterogenität von Verteilungen. Die Clusterbezeichnungen verweisen auf den von der Forscherin vergebenen Namen, der einen Haupteindruck des Clusters wiedergibt, bei Cluster 1 beispielsweise dass die überwiegende Mehrheit recht stabil in einem frauendominierten Beruf tätig ist. Anhand des Entropiemaßes sieht man, dass das Linienniveau im Fall von Cluster 1 niedriger liegt, die Heterogenität ist also geringer. Auch bei den Flächenanteilen sieht man, dass Wechsel in andere Berufskategorien, wie integrierte Berufe oder Erziehungsurlaub von selten mehr als 20% des Clusters vorgenommen werden. Im Vergleich dazu spielen Wechsel in andere Berufskategorien bei den Frauen, die überwiegend in männerdominierten Berufen tätig sind, eine größere Rolle, ebenso wie Arbeitslosigkeit eine größere Bedeutung hat. Anhand der Clusterbilder sieht man, dass die Berufsverläufe von Frauen in Männerberufen wechselhafter waren als entsprechende Berufsverläufe von Frauen in frauendominierten Berufen.

Ein nächster Schritt wäre es zu prüfen, ob dieser in der Datenexploration gefundene Befund auch durch Ereignisdatenanalysen bestätigt werden kann (s. hierzu Falk 2005). Methoden können ertragreich kombiniert werden. Zur Analyse von beruflichen Verläufen von jungen Aussiedlern verband Eulenberger (2013) z.B. Sequenzmusteranalysen mit logistischen Regressionen und narrativen Interviews.

4.5 Kombination von qualitativen und quantitativen Methoden

Vor vierzig Jahren war das Feld der empirischen Sozialforschung noch sehr übersichtlich: es gab eine selbstbewusste quantitative Sozialforschung, die über

90% der empirischen Forschung betrieb, die sozialwissenschaftliche Fachzeitschriften und Ausbildung dominierte. Innerhalb dieser Community dominierte das Wissen, dass es einige verschrobene Subjektivisten gab, die meinten qualitative Sozialforschung zu betreiben. Umgekehrt gab es in der kleinen Gemeinde der qualitativen Sozialforschung das vorherrschende Bewusstsein, wahre Forschung zu betreiben, die ganz anders sei und sein sollte als die verachtete quantitative Sozialforschung. In dieser Zeit wurde fantasievoll, aber wenig zutreffend von unterschiedlichen Methoden-Paradigmen gesprochen (Eulenberger 2013: 75ff.). Dazwischen waren nur wenige Forscher angesiedelt. Heute, und dazu haben auch die Lebenslaufanalyse und Biografieforschung beigetragen, gibt es etwa gleichstarke Gruppen, wobei selbst bei den methodisch orientierten Verlagen, wie etwa Sage, ein deutliches Wachstum des Einflusses qualitativer Forschung zu registrieren ist, das auch zunehmend in der Ausbildung spürbar ist. Es gibt mehr Forscher, die sowohl qualitativ als auch quantitativ empirisch forschen können. In solch einem Klima kann produktiv über eine Kombination der beiden methodischen Richtungen nachgedacht werden.

Ein Ausgangspunkt für die Kombination von quantitativer Lebenslaufforschung und qualitativer Biografieforschung besteht im Bewusstsein der Schwächen der beiden Gruppen von Verfahren. In quantitativen Studien werden normalerweise Erklärungen über Variablenkombinationen erzielt, die recht abstrakt sind (vgl. Kelle/Kluge 2001). Die mathematischen Zusammenhänge werden mit Alltagsvermutungen unterfüttert, die diese Zusammenhänge verstehbar machen. Über Handlungsgründe, Erfahrungen, Wissen und Normen kann man nur Vermutungen anstellen. Warum wirkt sich ein höherer Bildungsabschluss in Schweden beschleunigend auf die Bereitschaft für ein erstes Kind bei Männern aus (s. Tab. 2), während ein hoher Bildungsabschluss in Deutschland verlangsamend/bzw. verhindernd wirkt? Wenn man über qualitative Daten verfügt, kann man prüfen, ob die eigenen Vermutungen, die man über die Handlungsgründe von Männern mit verschiedenem Bildungshintergrund hat, zutreffend sind oder zu ergänzen sind. Bei dem Forscher kaum bekannten Akteursgruppen (ich kenne z.B. wenige schwedische Jungväter) ermöglicht qualitative Forschung erst ein Grundverständnis für das Feld und seine Logik.

Eine Schwäche qualitativer Forschung besteht in den geringen Fallzahlen, die hier eingesetzt werden. In der quantitativen Forschung fand man heraus, dass man mit Bevölkerungsstichproben von 2000 Personen schon recht verlässliche Schätzungen für das Verhalten einer großen Bevölkerung von mehreren Millionen Menschen machen kann. Man kann deshalb Stichprobenaussagen „verallgemeinern", d.h. auf eine (National-)Gesellschaft übertragen. Bei qualitativen Untersuchungen werden dagegen manchmal nur 10 Personen befragt. Selbst wenn man einen großen Aufwand betreibt und 150 Personen qualitativ untersucht, ist die Fehlerwahrscheinlichkeit einer Übertragung von Verteilungsaussagen dieser „Stichprobe" auf die Gesamtbevölkerung eines Landes sehr groß. Quantitative Daten können hier sehr nützlich sein, weil sie die qualitativen Befunde verlässlich verallgemeinern.

Bei der Kombination von qualitativen und quantitativen Verfahren haben sich zwei Strategien als besonders ertragreich erwiesen (für komplexere Designs z.B. Kluge 2001). Klassisch (Barton/Lazarsfeld 1984) geht man davon aus, dass qualitative Studien der Vorbereitung einer quantitativen Studie dienen. Man bekommt über die qualitativen Verfahren einen Eindruck vom Feld und seinen Akteuren, entwickelt in Interpretationsschritten Hypothesen und prüft diese dann anhand einer quantitativen Untersuchung. Dies ist eine Strategie, bei der allerdings manchmal etwas lax mit dem qualitativen Material umgegangen wird, da das Hauptgewicht auf den quantifizierbaren Aussagen liegt. Eine alternative Strategie besteht in der Durchführung einer quantitativen Erhebung vor einer qualitativen. Das Ziel hierbei ist, dass die qualitative Fallauswahl gezielt auf kontrastierende Falltypen zugeschnitten werden kann. Weiterhin kann hierbei versucht werden, in Interviews vertiefende Gründe und Motivlagen für quantitative Ergebnisse zu finden. Beide Strategien sind gleich wertvoll.

Kombinationsstrategien qualitativer und quantitativer Forschung (Kelle 2007; Krüger/Pfaff 2008) werden auch mit dem Begriff Triangulation gefasst. Umstritten ist, ob man dabei zu einer gegenseitigen Validierung eines Sachverhaltes gelangen kann (Kelle/Erzberger 2001). Vereinfachend ist die Annahme, dass es sich bei einer Übereinstimmung der Ergebnisse beider Verfahren automatisch um wahre Aussagen handelt. In neueren Ansätzen geht man dagegen davon aus, dass man nur theoretische mit empirischen Aussagen in Beziehung setzen kann. Sowohl mit qualitativen als auch mit quantitativen Verfahren kann man empirische Aussagen generieren, die jeweils bezogen sind auf theoretische Aussagen. Diese zwei Perspektiven können konvergieren, komplementär sein oder divergieren.

5. Kindheit, Jugend, mittleres Alter, Alter

Lebenslaufanalyse und Biografieforschung zeichnen sich durch eine spezifische, längsschnittliche Perspektive auf einen sozialen Forschungsgegenstand aus. Es gibt in diesem Sinn eine lebenslaufsoziologische Betrachtung von Bildung, Arbeit, Familie, Gesundheit und Vermögensentwicklung, die in den Kapiteln 6 - 9 ausgebreitet wird. Die Liste der Themen ist dabei potentiell so umfangreich wie das soziale Leben selbst, da Lebenslaufsoziologie und Biografieforschung hier als eine theoretisch-methodische Analysetechnik dynamischer Prozesse verstanden werden, die bei vielen sozialen Feldern ertragreich eingesetzt werden kann. Alternativ hierzu kann man den Lebenslauf nach zeitlichen Unterabschnitten gruppieren: Kindheit, Jugend, mittleres Alter und Alter. Eine Gliederung des Lebenslaufs nach Altersgruppen ist immer dann besonders plausibel, wenn in der sozialen Realität geschlossene Altersgruppen häufig auftreten und als potentielles soziales Problem betrachtet werden. Hierzu werden dann auch Expertisen von Spezialisten dieser Altersgruppen erforderlich. Entsprechend gibt es für die beiden Altersgruppen Jugend und Alter eine wohl entwickelte Jugend- und Alterssoziologie, die mit der Lebenslaufsoziologie kooperiert. In jüngster Zeit kommt auch eine Kindheitssoziologie als vielversprechende neue Ausdifferenzierung hinzu. Die Grenzen einer nur Altersgruppen charakterisierenden Einteilung liegen darin, dass viele interessante Prozesse Altersgruppen übergreifen. Auch sind die Jahresbereiche, die Altersgruppen abtrennen, selten eindeutig.

5.1 Kindheit

Der Beginn der Lebenslaufphase Kindheit mit der Geburt ist evident, das Ende der Kindheit ist demgegenüber nicht klar umrissen. Der Beginn der Pubertät zeigt ein Einsetzen jugendlicher Zuschreibungen an, als Endpunkt der Kindheit kann dann ein Alter von etwa 12 Jahren angesetzt werden (Hunt 2005). Sozial ist das Feld der Kindheit durch Bildungsinstitutionen und Familie geprägt, deren wechselseitiges Gewicht sich verschiebt. Kindheit wird zunehmend vergesellschaftet organisiert.

Seit den klassischen Untersuchungen von Ariès (1978) ist bekannt, dass sich im Modernisierungsprozess gesellschaftliche Wahrnehmungen von Kindheit verändert haben. Während Kinder im Mittelalter noch überwiegend als kleine Erwachsene gesehen wurden, wird zunehmend ihr eigenes Wesen akzentuiert. Familie und Schule werden zuständig für die Formung dieser Menschen. Anhand von einigen historischen Schlaglichtern sei hier auf Bedeutungsverschiebungen aufmerksam gemacht. Der Protestantismus (Bühler-Niederberger 2005: 30ff.) strebte als neue Religion des 16. Jahrhunderts die Gewinnung und Ausbildung neuer Menschen über die Erziehung von Kindern an. Man war von der Schlechtigkeit der Menschen überzeugt, der Wille des Kindes sollte (insbesondere in den puritanischen Vorstellungen) gebrochen werden. Das Wort Kinder wurde im Schulverständnis des Protestantismus den damals gebräuchlicheren Worten von juvenis und Jüngling vorgezogen, da es „beeinflussbare, der Führung bedürftige Wesen" (ebd.: 32) charakterisiert. Wie später im Pietismus ist damit durchaus auch bereits bei Luther ein Bemühen um kindgemäße Formen der Pädagogik zu finden, da ein gegenseitiges Vertrauensverhältnis zwischen Kind und Erzieher angestrebt wird.

Radikalisiert werden die Vorstellungen zur „Natur" des Kindes bei Rousseau Ende des 18. Jahrhunderts (Honig 1999: 31ff.). Die Natur des Kindes steht hierbei nicht nur für eine psychophysische Lebenszeit, sondern auch für eine Distanz des Kindes zur Gesellschaft und für eine Utopie der Menschheitsentwicklung. Die Aufgabe der Erziehung als Unterstützung der Selbstwerdung des Menschen im Einklang mit der Natur versucht diese drei divergierenden Elemente zusammenzubringen. Das pädagogische Ziel einer Kindorientierung als selbstentwickelnde Natur führt allerdings zu Paradoxien, da eine (schwer realisierbare) Lösung aus Geschichte und Gesellschaft einhergeht mit einem unbestimmten Kern des Ziels einer utopisch befreiten Natur.

Die neue bürgerliche Zeit wird allerdings in der zweiten Hälfte des 18. Jahrhunderts nicht nur vom Meister aus Genf eingeläutet, sie verbreitet sich in ihren pädagogischen Vorstellungen auch in moralischen Wochenschriften mit einer sozial-utilitaristischen Ausrichtung (Bühler-Niederberger 2005: 39ff.). Erziehungsratgeber, von Ärzten geschrieben, richten sich an Mütter. Liebende Eltern und Mutterliebe werden hier propagiert (Schütze 1992). Die Botschaft richtet sich in erster Linie an Familien, die einen Bildungsauftrag zu erfüllen haben. Die bürgerliche Familie mit einer liebevollen Hausfrau im Mittelpunkt wird zum Ideal.

Kulturelle Bilder wie die vom sündigen Kind, vom natürlichen Kind und von der liebenden Mutter haben die Eigenheit, dass sie auch lange nach ihrer Entstehung noch wirkmächtig bleiben. Das im 18. Jahrhundert entstandene Deutungsmuster, dass Kleinkinder unter der Erwerbstätigkeit ihrer Mütter leiden, ist z.b. unter Westdeutschen noch weit verbreitet (Drasch 2011; Sackmann 2000). Deutungsmuster werden nicht verdrängt und verschwinden dann, sie koexistieren mit späteren Bildern. Insofern trifft man auch heute noch auf Kinder, die von Erziehern auf den Pfad der Tugend gebracht werden sollen, die sich zur Natur selbst entwickeln sollen oder die liebevoll von ihrer Mutter betreut werden sollen. Gegenwärtige Deutungsmuster sind gegenüber älteren Formen schwerer zu konturieren. Bühler-Niederberger (2005: 222ff.) hat hierzu ältere Kinderbücher der ersten Hälfte des 20. Jahrhunderts mit neueren Kinderbüchern verglichen. Danach herrscht in den älteren Kinderbüchern das Programm des „guten Kindes", bei dem sowohl Eltern als auch Kinder wissen, was zu tun ist. Bei den neueren Kinderbüchern ist das Programm komplexer, den Kindern wird abverlangt, sich selbst zu definieren, Einzigartigkeit zu finden. Komplementär hat sich die Erwachsenenrolle verändert, auch sie finden ihr Heil nicht mehr in der Familie. „Auch die Eltern sind autonome Individuen. Das neue Kind ist Bestandteil einer neuen Familie. In dieser schulden sich die Mitglieder kein Glück, jeder beschafft sich dieses selbst" (ebd.: 235). Inwieweit dieses individualistische kulturelle Bild in zeitgenössischen Kinderromanen der Realität entspricht, bleibt zu prüfen.

Lebenslaufstrukturen und Biografieschemata werden nicht nur durch kulturelle Deutungsmuster geprägt, sie werden auch und vor allem durch institutionelle Verankerungen in der Sozialstruktur mitbestimmt, wobei beide aufeinander zurückverweisen. Institutionell hat sich Kindheit, wie noch in den nächsten Kapiteln genauer zu erörtern sein wird, aus der Verknüpfung mit einer erwerbsorientierten Familienökonomie gelöst. Die gesetzlichen Verbote der Kinderarbeit von Personen unter 12 bzw. 13 Jahren, die zu Beginn des 20. Jahrhunderts in fast allen fortgeschrittenen Gesellschaften erlassen worden sind, sind ein Schlusspunkt dieser Entwicklung. Parallel kommt es über die Einführung einer Schulpflicht(-zeit) zu einer Scholarisierung, Verschulung, des späteren Teils der Kindheit. In jüngster Zeit wird der Umfang dieser institutionalisierten, standardisierten Form der Kindheit ausgedehnt: in Deutschland müssen Kommunen seit den 1990er Jahren jedem Kind einen Kindergartenplatz anbieten, öffentliche Förderungen von Kinderbetreuung vor Erreichen des Kindergartenalters nehmen staatlich unterstützt deutlich zu, auch die Schulzeit dehnt sich über eine staatliche Förderung von Ganztagsschulen aus. Hierzu korrespondierend scheint es auch qualitativ eine zunehmende Standardisierung der Ausrichtung von vorschulischen Einrichtungen zu geben. Die traditionelle spielpädagogische Orientierung mit einem hohen Stellenwert des „Freispiels" im Kindergarten wird ergänzt durch curricularisierte vorschulische Elemente (vgl. hierzu propagierend Elschenbroich 2001). Insgesamt kann man sagen, dass die gesellschaftlich organisierte Kindheit über zunehmende öffentliche Kinderbetreuung und mehr Frauenerwerbstätigkeit stärker institutionalisiert wird, mehr standardisiert zu einem Teil einer Normalbiografie wird (Honig 1999: 157).

Es wurde behauptet, dass sich das Gewicht der Kindheit zwischen Bildungsinstitutionen und Familie zu ungunsten von letzterem verschiebt. Kann dies aus der Perspektive der Familien bestätigt werden? Handelt es sich hierbei um eine gefährliche Entwicklung? Lebenslaufsoziologisch kann hier natürlich dem Leser nicht die Mühe der eigenen normativen Urteilsbildung abgenommen werden, hier können nur empirische Belege für Entwicklungen gesucht werden, die eventuell als gesellschaftsgefährdend eingeschätzt werden können. Hunt (2005: 101) fasst seine Ergebnisse zur spät- bzw. postmodernen Familie mit folgenden Worten zusammen: „significant alterations in the family structure and the breakdown of the family have transformed, for many children, experiences within childhood to one of discontinuity". Er schildert bei seinem Befund einer diskontinuierlichen Kindheit u.a. die Zunahme von Scheidungen und die Zunahme von Fremdbetreuung (statt mütterlicher Betreuung).

Die Betroffenheit von Kindern durch Scheidungen wurde u.a. mit Daten des Familiensurvey in Deutschland untersucht (Nauck 1995a: 62). Danach lebten zu Beginn der 1990er Jahre 88% (Westdeutschland) bzw. 76% (Ostdeutschland) der Kinder unter 12 Jahren in Familien, deren leibliche Eltern verheiratet waren. Wenn man äquivalente nichteheliche Lebensgemeinschaften hinzunimmt, kommt man auf einen Wert von 89% (Westdeutschland) bzw. 83% (Ostdeutschland) der Kinder unter 12 Jahren, die in konventionellen Familienverhältnissen aufwachsen. Die weit überwiegende Mehrheit der Kinder erlebt also während ihrer Kindheit keine Scheidung, für ein Zehntel gehört allerdings eine Scheidung zur Kindheitserfahrung dazu. Die Erfahrung einer „diskontinuierlichen" Kindheit aufgrund von Scheidung ist also keine Erfahrung der Mehrheit der gegenwärtigen Kinder. Im Zeitverlauf nimmt diese Gruppe allerdings zu. So stieg in Westdeutschland der Anteil der Kinder, die länger in alleinerziehenden Arrangements leben, von 5% im Jahr 1988 auf 10% im Jahr 2000 an, in Ostdeutschland nahm diese Zahl von 1988 7% auf 20% in 2000 zu (Alt 2003: 240f.).

Bezüglich der kindlichen Erfahrung einer hausfräulichen Mutter konnte man für den Beginn der 1990er Jahre in Deutschland eine gespaltene Nation erleben. In Ostdeutschland waren 36% der Mütter von Kindern unter 2 Jahren erwerbstätig, 78% der Mütter von Kindern im Alter von 3-5 Jahren und 87% der 6-14jährigen Kinder. Die vergleichbaren Zahlen in Westdeutschland: Man fand eine Erwerbstätigkeit von 28% der Mütter von Kindern unter 2 Jahren, 38% der 3-5jährigen und 47% aller Mütter von 6-14 Jahre alten Kindern (Höckner 1995: 340). Eine knappe Mehrheit der westdeutschen Kinder erlebte eine Kindheit in einer von einer Hausfrau organisierten Familie, bei der Mehrheit der ostdeutschen Kindern beschränkte sich diese Erfahrung auf die ersten zwei Lebensjahre. Ein Motor, der die Institutionalisierung der Lebensphase Kindheit vorantreibt, besteht also im Bedeutungsverlust der Hausfrauenfamilie, die ihre Mehrheitsposition verlor. Zwischen 1958 und 2000 hat sich die Erwerbstätigenquote von Müttern mit minderjährigen Kindern auf ca. 63% verdoppelt (Bayer/Bauereiss 2003: 294f.).

Zu den Veränderungen der Familiensituation für Kinder zählt auch, dass die Familien kleiner geworden sind, Kinder also häufiger mit weniger oder keinem Geschwisterkind aufwachsen. Zu Beginn der 1990er Jahre wuchsen z.b. dauerhaft 10-15% der Kinder geschwisterlos auf (Klein 1995: 135, vgl. Nauck 1995b).

Welche Folgen haben diese Veränderungen der Kindheit durch Familienwandel? Scheidungserfahrungen, die ungefähr ein Zehntel der Kinder machen, beeinflussen die Stabilität von Ehen in der Zukunft. Die Scheidungsrate von Erwachsenen, die als Kind eine Scheidung erlebt haben, ist höher als bei Erwachsenen, die als Kinder nicht Teil eines Scheidungsprozesses waren. Insbesondere Kinder, die eine für sie nicht verständliche Scheidung beobachtet haben (z.B. nach Untreue und nicht nach jahrelangem Streit der Eltern), trauen weniger der Bindungskraft von eigenen Beziehungen (Amato/Booth 2000; Thompson/Amato 1999).

Lange Zeit wurde vermutet, dass Kinder, die nicht von Hausfrauen gezogen werden, geringere und konfliktreichere Bindungen zu Menschen entwickeln würden. Neuere Studien zeigen allerdings, dass fremdbetreute Kinder sich in ihrem Bindungsverhalten nicht signifikant von anderen Kindern unterscheiden. Wenn allerdings, wie das früher in Kibbuzim üblich war, die Kinder nicht in der Wohnung der Familie, sondern in einem Kinderhaus schlafen, dann sind diese Kinder weniger sicher an die Mutter gebunden (Hopf 2005: 76ff.). Fremdbetreuung wirkt sich also nur in Kombination mit einer häufigen Trennung vom Haushalt belastend auf das Bindungsverhalten von Kindern aus.

Die Anzahl der Geschwisterkinder, mit denen ein Kind aufwächst, hat dem Volksmund zufolge diverse Konsequenzen. Sozialwissenschaftlich bestätigt hat sich, dass in kleineren Familien die Wahrscheinlichkeit eines höheren Bildungsabschlusses der Kinder größer ist. In der Ressourcenverdünnungstheorie (resource dilution model) wird dies damit erklärt, dass sich bei vielen Kindern die Ressourcen der Familie in Form von Einkommen und Zeit auf mehr Kinder verteilen müssen, so dass das einzelne Kind weniger erhält. Dieser Effekt zeigte sich in vielen Untersuchungen in modernen Gesellschaften, in Regressionen stellt dieser Geschwistergrößeneffekt einen der stärksten Familieneffekte beim Statuserwerb überhaupt dar. Bei einem Vergleich zwischen Einzelkindern mit

der Position von Kindern in Zweikindfamilien tritt dieser Geschwistergrößeneffekt allerdings weniger eindeutig auf (Steelman u.a. 2002).
Zusammenfassend kann man also sagen, dass es eine verstärkte Institutionalisierung gesellschaftlich organisierter Kindheit gibt. Parallel dazu vollzieht sich eine Veränderung der Familienkindheit: Etwas mehr Scheidungserfahrungen, deutlich weniger Hausfrauenmodelle und weniger Geschwister. Lediglich bei der Scheidungszunahme, eine Erfahrung, die etwa ein Zehntel der Kinder machen, können problematische Langzeitfolgen dieser Veränderungen festgestellt werden. Bei der Reduzierung der Geschwisterzahl ist tendenziell sogar von positiven Wirkungen für Bildungserfolge auszugehen.

5.2 Jugend

Unter Jugend wird üblicherweise ein Übergangsprozess von einem Kindheits- zu einem Erwachsenenstatus verstanden. Eine Bezifferung dieses Prozesses mit Zahlen, etwa die Altersspanne 16-25 Jahre (Hunt 2005), ist ungenau. Den Beginn der Jugend kann man mit der Pubertät setzen, funktional kann als Ende der Jugendphase die Gründung eines nicht-elterlichen Haushalts, die Aufnahme einer Erwerbstätigkeit und eine Familiengründung (durch Ehe, nichteheliche Lebensgemeinschaft oder durch ein erstes Kind) verstanden werden. In den 1950er Jahren kann in fast allen Industriegesellschaften ein näheres Zusammenrücken dieser Marker, dieser Ereignisse des Erwachsenwerdens, festgestellt werden, seit den 1960er findet umgekehrt nun eine Entzerrung und stärkere Streuung dieser Erwachsenenübergänge statt (Shanahan 2000).
Strukturell hat sich die Jugendphase ausgedehnt im Gefolge der Bildungsexpansion. Die Verlängerung der mit Bildungsbesuchen verbrachten Jugendzeit wird auch als Post-Adoleszenz bezeichnet. Der Erwerbseintritt verzögert sich dadurch ebenso wie der Zeitpunkt der Familiengründung. Allerdings gibt es hier auch strukturelle Inkonsistenzen und Widersprüche. So nimmt die von Bildungssystemen nicht intendierte Erwerbstätigkeit neben dem Bildungsbesuch zu (vgl. Mortimer/Johnson 1999). Die gesellschaftliche Verknüpfung der Bildungsexpansion mit Wohnungs- und Erwerbsmärkten und Familiensystemen kann zudem zu sehr unterschiedlichen Mustern von Jugend führen. So findet man z.B. in Großbritannien und Spanien eine Verzögerung des Alters des Auszugs aus dem Elternhaus. In beiden Ländern verlässt man primär zur Gründung eines Partnerschaftshaushalts die elterliche Wohnung. In Großbritannien ist dies bei Männern mit ca. 22 Jahren, bei Frauen mit 20 Jahren der Fall, in Spanien dagegen erst mit 25 Jahren bei den Männern, mit 23 Jahren bei den Frauen. Verantwortlich hierfür ist einerseits ein unterschiedlicher Wohnungsmarkt, da

man in Spanien häufig beim Auszug eine Wohnung kauft, während günstige Mietwohnungen im Vergleich zu Großbritannien seltener zur Verfügung stehen (vgl. Kap. 9.2.3). Im Unterschied zu Großbritannien gründet man in Spanien bei der Aufnahme eines Studiums nur sehr selten einen eigenen Haushalt (Holdsworth 2000).

In Deutschland entsprechen die Muster der Haushaltsgründung eher den britischen Werten als den spanischen Entwicklungen. Der Medianwert des Auszuges aus dem Elternhaus ist bei jungen westdeutschen Frauen von 20 Jahren (Geburtskohorte 1971-1973) auf 21 Jahre (Geburtskohorte 1981-1983) gestiegen; junge westdeutsche Männer ziehen deutlich später aus: mit 22 Jahren bei der Geburtskohorte 1971-1973, mit 24 Jahren in der Geburtskohorte 1981-1983 (Konietzka/Tatjes 2012). Die Neugründung eines Haushalts durch Auszug ist nur teilweise mit Paarbildungsprozessen verknüpft: Die erste Partnerschaft wird (im Medianwert) mit 18 Jahren bei jungen Frauen und mit 19-20 Jahren bei jungen Männern eingegangen. Dieser Prozess beginnt im betrachteten 10-Jahreskohortenabstand ganz leicht früher. Das erste Zusammenwohnen von Paaren liegt genau wie bei der Geburtskohorte 1971-1973 bei 23 Jahren (westdeutsche Frauen, Geburtskohorte 1981-1983), bzw. 26 Jahren (westdeutsche Männer, gleiche Geburtskohorte). Die Geschlechtsdifferenzen des Übertrittsalters in „Erwachsenenpositionen" wachsen also bei der Entscheidungsfolge Paar, Auszug und Zusammenleben an, Männer brauchen länger. Insgesamt kann man bei einer Betrachtung vielfältiger Motive für den Auszug aus dem elterlichen Haushalt konstatieren, dass in Deutschland das in früheren Generationen des 20. Jahrhunderts dominante Motiv der Heirat einer Pluralität von Auszugsmotiven gewichen ist (Konietzka 2010).

Die Jugendzeit ist neben der sukzessiven Übernahme von Erwachsenenpositionen, die durch Übergänge angezeigt wird, auch eine wichtige Zeit des Lernens von Weltsichten. So wird das Denken über moralische Fragen in dieser Lebenszeit komplexer. „Weisheit", wie sie in der Sozialpsychologie definiert und gemessen wird, nimmt in der Jugendzeit und zu Beginn des zweiten Lebensjahrzehnts schnell zu, mit einer Geschwindigkeit, die im späteren Leben nicht mehr erreicht wird (Pasupathi/Staudinger/Baltes 2001: 359). Politische Positionen festigen sich in der Jugendzeit. So nahm nach 1975 in Deutschland die Wahlbeteiligung primär deshalb ab, weil die jüngeren Geburtskohorten der nach 1954 Geborenen weniger wählen, während die älteren Kohorten bei einer hohen Wahlbeteiligung bleiben (Becker 2002). Peergruppen und Eltern sind bei diesen Lernprozessen manchmal wichtiger als die Bildungsinstitutionen (vgl. zum Lernen von Ausländerfeindlichkeit: Bacher 2001).

Über Jahrzehnte wurden intensiv Jugendkulturen und ihre Bedeutung für die Identitätsbildung untersucht. In Deutschland etwa besonders verdienstvoll durch die regelmäßig durchgeführte Shell-Jugendstudie (Shell Deutschland Holding 2010; Deutsche Shell 2002; 2000). In den letzten Dekaden werden verstärkt Jugendkulturen durch Identitätsskripte von Jugendmarktanbietern in Verkaufsabsicht erzeugt (Hunt 2005: 108), sodass sich vielfältig der Ausdruckswunsch der Jugend und die Ausdrucksmanipulation der Verkäufer überlagern und wechselseitig verschränken.

Die Jugendphase wurde und wird wegen ihrer Plastizität und Widersprüchlichkeit häufig zum Gegenstand von Problemdiskursen. Hierfür gibt es nicht nur ideologische Gründe, sondern auch objektive Ursachen, da die Jugendzeit aufgrund des schnellen individuellen Entwicklungsprozesses, der verbunden ist mit einer erst später erfolgenden klaren gesellschaftlichen Rolleneinbindung, anfälliger für abweichendes Verhalten ist als andere Lebenslaufphasen. In einer lebenslaufsoziologischen Sicht erkennt man z.b., dass Kriminalität primär ein Phänomen junger Männer ist, die hierfür zugänglicher sind als jede andere Altersgruppe. Diese Personengruppe gehört gleichzeitig auch zu der Personengruppe, die am häufigsten Opfer von Gewaltkriminalität wird (Macmillan 2001: 4). Aus retrospektiven, rückblickenden Befragungen mit Gefängnisinsassen hat man geschlossen, dass Gewaltopfer häufig selbst zu Gewalttätern werden. Man hat hieraus einen „Kreislauf der Gewalt" abgeleitet. Aus Längsschnitten, die prospektiv, vorwärts schreitend, die Gewaltweitergabe von Eltern untersuchen, wissen wir allerdings, dass 86% der Opfer elterlicher Gewalt diese nicht gegenüber ihren Kindern ausüben (Hopf 2005: 192ff.). Der „Kreislauf der Gewalt" lastet also nicht schicksalhaft auf den Individuen, sie können ihn durchbrechen. Da die Kriminalitätsanfälligkeit von Jugendlichen schon länger bekannt ist, verwundert es, dass erst in den letzten Jahrzehnten verstärkt untersucht wird, ob Jugendliche aus der Kriminalitätsphase herauswachsen („Growing out of crime"). Untersuchungen fanden heraus, dass für Desistenz, also das Aufgeben krimineller Handlungen, weniger Erwerbs- als Familienkarrieren wichtig sind. Der Beginn fester Partnerschaften, Eheschließung oder die Geburt eines Kindes reduzieren das kriminelle Handeln nachhaltiger als die Aufnahme einer Erwerbstätigkeit (Böttger 2001; Sampson/Laub 1997; Uggen 2000).

Gibt es eine einschneidende Veränderung der gesellschaftlichen Bedingungen der Jugendphase? Eine Deutungshypothese, die das bereits in Kap. 4 angesprochene Globalife-Projekt verfolgte, lautet, dass im Globalisierungsprozess der zwei letzten Jahrzehnte die Unsicherheit von Erwerbspositionen zugenommen habe. Dies habe verschiedene Formen: mehr befristete Beschäftigung, mehr Teilzeitarbeit, mehr unregelmäßige Arbeit, mehr Arbeitslosigkeit u.a. Im Gefolge dieser gestiegenen Unsicherheit verzögere sich die Festlegung bezüglich der eigenen Familiengründung, sei es durch Heirat oder durch Erstgeburt. Die Individuen reagieren auf die neue Situation, indem sie länger im Bildungssystem bleiben, bzw. im Familienbereich, indem sie weniger verbindliche nichteheliche Lebensgemeinschaften eingehen. Blossfeld u.a. (2005) haben zur Prüfung dieser Annahmen Längsschnittstudien in Deutschland, Frankreich, Italien, Spanien, Großbritannien, USA, Kanada, Mexiko, Estland, Ungarn, den Niederlanden, Norwegen, Schweden und Irland durchgeführt. Die These einer zunehmenden Unsicherheit der Erwerbspositionen hat sich in 13 dieser 14 Länder bestätigt; Irland ist das einzige Land, in dem ungewisse Erwerbspositionen für Jugendliche an Bedeutung verloren haben. „Youth, who have less labor market experience and who are not yet shielded by internal labor markets, are more greatly exposed to the forces of globalization, which makes them the 'losers' of globalization" (Mills/Blossfeld/Klijzing 2005: 424). Auch die familienverzögernden Effekte zeigen sich in den meisten Ländern. Es lohnt sich allerdings, auch die geschlechtsspezifischen Details und die Unterschiede zwischen den Ländern zu beachten: In Ländern mit einer starken Tradition eines männlichen Ernährerfamilienmodells (male breadwinner), wie z.B. Italien, Spanien, Niederlande und Deutschland gibt es einen gegenläufigen Effekt: Während Männer ihre Familienübergänge verzögern, insbesondere wenn sie sich in unsicheren Erwerbspositionen befinden, sind die Reaktionen der Frauen gespalten. Frauen mit schlechteren Erwerbspositionen entwickeln eine stärkere Familienneigung und bekommen schneller Kinder oder heiraten: so nach Teilzeitarbeit in Spanien, Deutschland, den Niederlanden oder Großbritannien; nach Arbeitslosigkeit in Spanien, Italien, den Niederlanden, Frankreich oder Großbritannien. Frauen mit guten Erwerbspositionen dagegen schieben Familienereignisse auf in Deutschland, den Niederlanden und Spanien. Bei diesem Muster handelt es sich zwar auch um Reaktionen auf Ungewissheiten des Globalisierungsprozesses, sie sind aber strukturiert durch das Familienregime eines Landes, insbesondere durch die Vereinbarkeit von Erwerb und Familie. Dieses Muster des Familienaufschubs insbesondere gebildeter Frauen findet sich nicht in den klassischen Ländern der Doppelverdiener (dual career) wie z.B. in Nordeuropa oder Nordamerika (ebd.: 431ff.).

5.3 Mittleres Alter

Die dritte Lebensphase zwischen Jugend und Altersruhestand hat kein klares Profil als Altersgruppe, da während dieser aktiven Lebensphase die Erwartung vorherrscht, dass in diesem Zeitraum die vitalen Funktionen in Familie und Erwerb vollzogen werden, zentrale Elemente von Gesellschaft geschaffen werden. Schon der Name ist im Deutschen schwer zu bestimmen, da „Erwachsenenzeit" auch das höhere Alter umfasst, während die hier gewählte Bezeichnung

„mittleres Alter" nur einen Teilausschnitt beschreibt. Als mittleres Alter gilt hier der Altersbereich zwischen 40 und 55 Jahren (Hunt 2005: 181), auf den ich mich in diesem Unterkapitel beschränken möchte. In einem Bestseller popularisierte Sheehy (1979) hierfür den Begriff der Midlife Crisis.

Vereinfacht ausgedrückt geht es bei den Themen des mittleren Alters um Fragen der Realisierbarkeit von Zielen, um die Gerichtetheit des Lebens. Grafisch kann man das Leben als voranschreitende Linie in Aufwärtsbewegung darstellen oder als Bogen, dessen Scheitelpunkt das mittlere Alter ist (vgl. Kapitel 1). Die Bogen-Darstellung, häufig auch als Lebenstreppe visualisiert, entspricht dem Konzept der frühen Neuzeit eines biologisch gebundenen Rhythmus des Lebens, während die Linienmetapher eher dem konstruktivistischen Geist der sich voraussetzungslos setzenden (Fortschritts-)Moderne entspricht. Sheehy (1996: 32f.) verbindet diese beiden Metaphern zu einer „neuen Landkarte des Erwachsenenalters" (die sie in ihrem Buch auch abbildet und alliterierend bezeichnet!): nach der linearen Entwicklung vom „zaghaften Zwanziger" zum „dramatischen Dreißiger" erreiche man die „vitalen Vierziger", in deren Mitte sich ein Gebirge auftürme, das vorher und nachher Fallen kenne. Jenseits des Gebirges erreichen die „Pioniere" im Planwagen als „flotte Fünfziger" nach Überwindung vieler Gefahren das neue Territorium, das den „selbstbewussten Sechzigern" ein schönes Meer mit Vervollkommung des Individuums verspreche. Sheehy vergleicht in ihrer Grafik also den Lebensweg mit dem historischen amerikanischen Mythos der Besiedlung des Westens, nachdem im Planwagen die Rocky Mountains (der Midlife Crisis) überwunden worden sind, geht es im Alter den Stränden Kaliforniens entgegen. Der biologisch rhythmisierte Lebensbogen bleibt erkennbar, wird bei dieser grafischen Darstellung des Lebenslaufs aber in einen optimistischen Fortschritt umgedeutet.

Etwas weniger blumig lässt sich die Midlife Crisis als geschlechtsspezifische Veränderung der Opportunitätsstruktur, der Gelegenheitsstruktur, beschreiben. Es verändern sich Opportunitäten bei Familienbildungsprozessen und bei Arbeitsprozessen, wobei über beide Prozesse ungern gesprochen wird. Paarbildungsprozesse folgen allgemein (vorgestellten) Austauschprozessen (Huinink/Konietzka 2007) und „Partnermärkten" (Klein/Stauder 2008; Häring u.a. 2012). Im mittleren Alter sinkt in der Regel und unserem Schönheitsideal zufolge, das wir mit vielen Hochkulturen teilen, die körperliche Attraktivität von Menschen (allgemein zur sozialen Bedeutung von Schönheit: Degele 2004; Hakim 2011). Dadurch sinken die Chancen einer Wiederverheiratung bzw. einer neuen Bindung, wenn Schönheit einen attraktiven Wert für einen der beiden Partner darstellt. Diese Chancenverschlechterung aufgrund sinkender körperlicher Attraktivität betrifft Frauen mehr als Männer. In Deutschland und anderen modernen Gesellschaften ist es üblich, dass der männliche Partner um durchschnittlich drei Jahre älter ist als die Partnerin. (Weibliche) Schönheit im Tausch gegen (männliche) ökonomische Ressourcen spielen traditionell eine Rolle bei dieser Art der Paarformierung, die natürlich auch Liebe voraussetzt. Die dauerhafte Ehelosigkeit tritt deshalb bei ökonomisch ressourcenschwachen Männern häufiger auf als bei ressourcenschwachen Frauen, bei denen eine Möglichkeit der Kompensation durch körperliche Attraktivität besteht. Aufgrund des Altersabstandes bei den Paaren bleiben junge Männer länger und häufiger partnerlos als junge Frauen. Diese Relation kehrt sich allerdings im mittleren Alter um (Michael u.a. 1994: 111ff.): fanden bei jungen Männern 15% im Alter von 18-24 keinen Sexualpartner (11% der Frauen dieser Altersgruppe); 7% der Männer im Alter von 25-29 Jahren (5% der Frauen dieser Altersgruppe); so sind im Alter von 40-49 nur mehr 9% der Männer ohne Sexualpartner (aber 15% der Frauen), im Alter von 50-59 sind dies 11% der Männer im Vergleich zu 30% der Frauen (ebd. 149). Geschiedene und verwitwete Frauen, so sie die Schwelle zum mittleren Alter überschritten haben, haben deshalb eine geringere Wiederverheiratungsrate als Männer. Nicht jede Frau wird diese Veränderung der Gelegenheitsstruktur wahrnehmen. Untersuchungen zeigen allerdings, dass Frauen im Alter zwischen 45 und 55 Jahren unzufriedener mit ihrem körperlichen Aussehen sind als in jüngeren oder älteren Jahren (Hunt 2005: 175).

Auch bei Arbeitsprozessen gibt es im mittleren Alter eine Verschiebung der Gelegenheitsstruktur. Aufstiegschancen in Organisationen ergeben sich normalerweise aus dem Zusammenspiel von individuellen Ressourcen, Leistung, Leistungswahrnehmung und Hierarchieposition. Während individuelle Ressourcen, Leistung und Leistungswahrnehmung sich durchaus mit steigendem Alter vermehren können, sinkt mit zunehmendem Alter die Aufstiegswahrscheinlichkeit aufgrund von Hierarchiepositionen (Dugger 1999). Organisationen sind meist pyramidal oder zwiebelförmig aufgebaut, d.h. vielen unteren und mittleren Positionen entsprechen nur sehr wenige Positionen im oberen Drittel der Organisationshierarchie. Aufgrund dieses Pyramideneffektes sinken die Aufstiegschancen, je höher die erreichte Position ist (Windzio 2000: 47ff.). Üblicherweise beginnen Angestellte in Organisationen in ihrer Jugend auf unteren Positionen und arbeiten sich bei Erfolg dann bis zum mittleren Alter hoch. Aufgrund des erreichten Erfolges sinkt dann mit dem Pyramideneffekt die Wahrscheinlichkeit weiterer Aufstiege. „Aus Sicht der Firma ist Karriere das stärkste Führungsinstrument zur Freisetzung von Motivation" (Kotthoff/Wagner 2008: 123). Da mit steigendem Alter die Karrierechancen sinken, haben moderne Organisationen eine Reihe von positionsbezogenen Sanktions- und Belohnungsstrukturen entwickelt, die teilweise auch eine Anreizfunktion in Form von Aufstiegschancen kompensieren sollen. Dennoch steigt mit dem Alter auch der Anteil der „rückzugsreifen Realisten" und der „Unzufriedenen" (ebd.: 135ff.) unter den qualifizierten Angestellten und Managern.

Im mittleren Alter, so kann man diese Ergebnisse zusammenfassen, verändern sich die Gelegenheitsstrukturen auf Partnerschafts- und Organisationsmärkten zu Ungunsten der Akteure, sie sind etwas stärker den Verhältnissen ausgeliefert, ohne dass sie diese immer entscheidend beeinflussen können. Sozialpsychologen haben festgestellt, dass üblicherweise mit dem Alter die Kontrollstrategie der Individuen wechselt (Brandstädter 2010; Brandstädter/Greve 1994; Brandstädter/Rothemund 2002). Man unterscheidet primäre von sekundären Kontrollstrategien. Bei den primären versucht das Individuum die Umwelt aktiv zu gestalten, bei der sekundären versucht das Individuum dagegen die eigenen Wünsche und Ziele an die Gegebenheiten anzupassen. Mit zunehmendem Alter, so dieses mit eingeschränkten Handlungspotentialen einhergeht, verschieben Menschen ihre Kontrollstrategien von primären zu sekundären Kontrollstrategien, so wie der Fuchs in der Fabel die unerreichbaren Trauben als sauer abqualifiziert (Diewald/Huinink/Heckhausen 1996). Diese Entwicklungsaufgabe des Anpassens der eigenen Ziele an die Gelegenheitsstrukturen stellt sich auch im mittleren Lebensalter. Bei extremen gesellschaftlichen Umbrüchen kann dieser Anpassungsmechanismus allerdings versagen. Es zeigt sich bei der Transformationskrise in Ostdeutschland, dass ältere Geburtskohorten, die in den Vorruhestand überwechseln konnten, zufrieden mit sich waren: Hohes Selbstwertgefühl, unterdurchschnittliche primäre Kontrollüberzeugungen, überdurchschnittliche sekundäre Kontrollüberzeugungen und hohe Selbstwirksamkeitswerte. Sie passten sich mit ihren Zielen an die neuen Gegebenheiten an und konnten ihren Selbstrespekt wahren. Die mittelalte Kohorte der 1939-41 Geborenen, die 1993 von beruflichen Abqualifizierungen betroffen waren, wiesen ein geringeres Selbstwertgefühl, geringe primäre und sekundäre Kontrollüberzeugungen und geringe Selbstwirksamkeit auf. Diese Gruppe zweifelte an sich und glaubte Mittel und Ziele nicht mehr verändern zu können (ebd.: 232ff.). Dieses extreme Beispiel weist daraufhin, das eine wichtige Aufgabe des mittleren Alters im Finden einer Balance zwischen Ressourcen und realisierbaren Zielen besteht, denen jeweils gesellschaftliche Opportunitäten korrespondieren sollten.

5.4 Alter

Der Beginn des Alters, aufgrund der im Deutschen anzutreffenden Doppeldeutigkeit von Alter als Oberbegriff für alle Altersgruppen und als Bezeichnung einer spezifischen Altersgruppe muss man spezifizierend hinzufügen: Des reiferen Alters, kann mit dem Eintritt in den Ruhestand gesetzt werden, der in Deutschland häufig zwischen 60 und 65 einsetzt. In ihrem schönen Bild nahm Sheehy (1996: 33) bei den „selbstbewussten Sechzigern" eine Ganzheit in Form eines metaphorischen Strandlebens an. Ein weniger überoptimistisches Bild betont die Differenz des reiferen Alters, die sowohl innerhalb der Altersgruppen des reiferen Alters gesehen werden kann als auch zwischen den Individuen gleichen Alters. In keiner anderen Altersgruppe sind die Unterschiede so groß.

Die Altersvorstellung in vormodernen Gesellschaften war, auch wenn die Romantik gerne anderes behauptet, eher negativ besetzt als eine Zeit der Krankheit und der Armut, wie die neuere sozialhistorische Forschung gezeigt hat (Borscheid 1989). Erst im zwanzigsten Jahrhundert setzt sich allmählich, im Gefolge einer Institutionalisierung von öffentlichen Rentenversicherungen das Bild eines legitimen (und angenehmen) Ruhestandes durch (Hardy 2002; Göckenjan/Hansen 1993). Der Ruhestand wird Teil einer Moralökonomie, wonach der Lohn langjähriger Arbeit in einer erwerbsbefreiten Lebensphase besteht, deren Sicherheit vom Gemeinwesen garantiert wird (Kohli 1987, 1989). In der Disengagement-Theorie (Cumming/Henry 1979) wird der Ruhestand als Prozess einer geringeren gesellschaftlich verbindlichen Rolleneinbindung beschrieben. Die Gesellschaft erlaubt institutionell eine Rollenveränderung, die modal bei vielen Individuen stattfindet. Nach der Untersuchung von Cumming und Henry vollzieht sich dieser Prozess bei Geistesarbeitern leichter, da die Tätigkeiten beibehalten werden, nur die Erwerbsarbeit eingeschränkt wird, während es bei Handarbeitern eines aufwändigeren Rollenwechsels bedarf. Gegen die Disengagement-Theorie wurde in Aktivitätstheorien gesetzt, dass Alte hochkompetent bleiben. Beide Theorien müssen sich allerdings nicht widersprechen: Die Legitimierung eines gesellschaftlichen Ruhestandes schließt individuelle Aktivitäten von reiferen Alten nicht aus (vgl. Lynott/Lynott 1996). Das Leitbild der westdeutschen Gerontologie seit den 1970er Jahren sind kompetente Alte, ein Konzept das Handlungsrechte in Interaktionen gewähren will (Kondratowitz 2000).

Umstritten ist gesellschaftlich der Zeitpunkt des Beginns des Ruhestandes, das Renteneintrittsalter. Seit den 1970er Jahren gab es einen Trend zum frühen Ruhestand, bei dem Arbeitgeber, Gewerkschaften und populistische Politiker versuchten, über eine „Verkürzung der Lebensarbeitszeit" die Zahl der Arbeitslosen zu reduzieren. Diese während der Wiedervereinigung besonders massiv eingesetzte Politik – das Renteneintrittsalter sank z.T. auf 57 Jahre – hat die Rentenversicherungen in ihrer Funktionsweise gestört, da kombiniert eine Verkürzung der Einzahlungszeiten und eine umfangreiche Ausdehnung der Auszahlungszeiten vorgenommen wurde. Daraus resultierende haushälterisch notwendige Rentenreformen, meist demographisch legitimiert, haben zu einem starken

Legitimationsverlust der öffentlichen Rentenversicherung geführt. Frühverrentungswellen bringen nicht nur Rentenkassen ins Wanken, sie schwächen auch den Arbeitsmarkt für ältere Arbeitnehmer. Arbeitnehmer, die einen baldigen Ruhestand erwarten, werden nicht mehr in ihre Weiterbildung investieren oder eine zweite, eventuell lohnreduzierte Karriere beginnen. Zwei Schutzmechanismen gegen Altersarbeitslosigkeit, Weiterbildung und Berufswechsel, verlieren dadurch an Bedeutung. Demgegenüber haben sich andere spezifische Maßnahmen gegen Altersarbeitslosigkeit, wie z.B. Lohnzuschüsse, nicht bewährt (Bogai 2001).

Seit Beginn der 1990er Jahre gibt es Versuche, das Renteneintrittsalter zu erhöhen. Aufgrund von Vertrauensschutzregelungen greifen diese Regelungen erst seit 1997, seitdem erhöht sich nicht nur das gesetzliche, sondern auch das faktische Renteneintrittsalter u.a. aufgrund einer sehr viel geringeren Inanspruchnahme von Erwerbsunfähigkeitsrenten. Das faktische Renteneintrittsalter ist zwischen 1997 und 2008 bei Männern in den neuen Bundesländern von durchschnittlich 58 auf 59,9 Jahre, bei Frauen in den neuen Bundesländern von 57,9 Jahren auf 59,2 Jahre, bei Männern in den alten Bundesländern von 59,6 Jahren auf 61 Jahre und bei Frauen in den alten Bundesländern von 60,7 auf 61 Jahre gestiegen (Deutsche Rentenversicherung Bund 2009). Es ist eine nachhaltige Trendwende eingeleitet worden, bei der anfangs sogar unter den Bedingungen hoher Arbeitslosigkeit die Erwerbstätigkeit höherer Altersgruppen zwischen 55 und 65 Jahren sehr deutlich angestiegen ist. Lebenslauftheoretisch interessant an diesem Prozess ist auch, dass hier eine Re-Standardisierung eines Lebenslaufübergangs zu beachten ist, bei dem sich nicht nur die Übergangsalter zwischen Ost- und Westdeutschland, sondern auch die über viele Jahrzehnte getrennt behandelten Übertrittsalter nach Geschlecht angleichen (Sackmann 2008). Bemerkenswert an dieser Entwicklung ist auch, dass es sich um gezielte Lebenslaufpolitik handelte, die über institutionelle Steuerungssanktionen Wirksamkeit entfaltete (aber auch z.T. unerwünschte Nebenfolge wie höhere Armutsrisiken für Erwerbsminderungsrentner produzierte).

Die Altersphase des Ruhestandes hat sich in den letzten Jahrzehnten ausgedehnt aufgrund einer Verlängerung der Lebenserwartung, die 2007/2009 auf 77,3 Jahre bei Männern und 82,5 Jahre bei Frauen angewachsen ist (Statistisches Bundesamt (Destatis) u.a. 2011: 21). Mit dem (relativ) frühen Renteneintritt und der angestiegenen Lebenserwartung ist die Heterogenität, die Unterschiedlichkeit, des reiferen Alters gestiegen. Begrifflich ist dies durch die Bezeichnungen „Drittes Alter", junge Alte, und hohes Alter oder alte Alte ausgedrückt worden. Der von Laslett (1995) eingeführte Begriff Drittes Alter bezeichnet die jungen Alten. Anzahl, Rüstigkeit und Wohlstand haben diese Gruppe zunehmend interessant werden lassen für Marketing-Experten. Sie sind

Zielgruppe für neue Produkte und Freizeitangebote wie z.B. Reisen oder Zweitwohnsitze. Aber auch für zivilgesellschaftliche Projekte wie eine Zunahme ehrenamtlicher Aufgaben stellen junge Alte eine attraktive Gruppe dar. Innerhalb von Familien beteiligen sie sich an der Betreuung von Kindern, aber auch an der Betreuung von Älteren (Künemund 2001).

Für den Beginn des „Hohen Alters" gibt es keine institutionellen Marker, ex negativo könnte man mit dem Ende des Dritten Alters das Hohe Alter mit 75 Jahren beginnen lassen (Hunt 2005: 193). Zentral für die letzte Lebensphase sind körperliche Gesundheit und personale Einbindungen, insbesondere auch die Verfügbarkeit von Pflegemöglichkeiten. In der durch ein komplexes Erhebungsprogramm sehr differenzierten Berliner Altersstudie (Mayer/Baltes 1996) konnten wertvolle Ergebnisse zum Zusammenhang von hohem Alter und Gesundheitszustand gewonnen werden. Danach sind fast alle über 70jährigen krank, 96% davon mittleren bis schweren Grades (ebd.: 601). Demenz ist dabei eine Krankheit, deren Auftreten mit dem Alter stark zunimmt: Waren Personen der Studie im Alter von 70-74 Jahren überhaupt nicht von dieser Krankheit betroffen, so sind es in den Altersgruppen über 90 Jahren 43% (ebd.: 603). Eine weitere gute Quelle zur Lage Älterer sind die Altenberichte der Bundesregierung (z.B. Bundesministerium 2002). Die ungleiche Verteilung von Krankheiten über die Altersgruppen hinweg trägt dazu bei, dass die Hälfte der 2 Millionen Pflegegeldempfänger über 80 Jahre alt ist. 90% dieser Pflegebedürftigen werden dabei in der Familie betreut (ebd.: 193). Mit steigendem Alter, v.a. bei den über 80jährigen, findet eine Verlagerung der Pflegeleistung von den Ehepartnern zu den Kindern statt. Nur eine kleine Minderheit der Alten muss Pflegeheime in Anspruch nehmen, der Berliner Altersstudie zufolge umfasste diese Gruppe 5 Prozent der über 70jährigen.

Alter, Krankheit und Tod sind Fakten des menschlichen Lebens, die aufgrund ihrer unangenehmen Eigenschaft der Einschränkung menschlicher Handlungsmöglichkeiten auch zu Leugnungszwecken kulturell unterschiedlich gefasst werden, insofern sind sie sozial konstruiert. Allerdings gehören sie auch zu den unhintergehbaren Existenzbedingungen unseres Handelns, die Konstruktionen Grenzen setzen. Jenseits von Fragen der reinen Wissenssoziologie, die hier nicht interessieren, gibt es eine genuine Wechselwirkung zwischen der gesellschaftlichen Gestalt des Ruhestandes und den biologischen Eigenschaften von Alter. In den letzten Jahrzehnten konnte man in Deutschland ein Zusammenspiel von einer Zunahme von gesellschaftlichem Wohlstand, von körperlichen Erleichterungen von Arbeitsbedingungen, von einer qualitativen und quantitativen Ausdehnung von Ruhestand und einer Zunahme der Lebensdauer feststellen. Dies ist nicht eine Folge eines „natürlichen" Modernisierungsprozesses, sondern eines ausgehandelten, angestrebten Ziels. In Russland konnte man beispielsweise feststellen, dass der Transformationsprozess zwar zu einer Zunahme des Pro-Kopf-Einkommens führte, gleichzeitig aber auch eine Verkürzung der Lebensdauer bewirkte.

Praktischer Teil: Mitgliederwerbung

Im Institut für angewandte Biografie- und Lebenslaufsoziologie ist unklar, wie Altersgruppen voneinander abgegrenzt werden. Ein Teil des Institutes behauptet, dass Altersgrenzen willkürlich gesetzt werden, man könne sich an den Altersangaben dieses Kapitels orientieren (oder einer beliebigen anderen sozialwissenschaftlichen Referenz). Ein anderer Teil des Institutes würde sich lieber an den institutionellen Abgrenzungen orientieren (z.B. Erwachsenenmarker, Renteneintritt). Eine dritte Gruppe wiederum möchte definitive gesellschaftliche Altersgruppengrenzen festlegen, die objektiv gelten. Während dieser Diskussionsprozesse erhielt das Institut zwei Aufträge.

Institutsaufgabe für Kleingruppen: Die CDU hat bei einer Durchsicht ihrer Mitgliederkarteien eine Reduktion ihrer Mitgliederzahlen festgestellt. Sie beauftragt das Institut für ihr Mitgliedergewinnungsprogramm „New CDU" eine altersgruppenspezifische Strategie auszuarbeiten. Welche Altersgruppe sollte angesprochen werden? Begründen Sie Ihr Vorgehen.

Der Wohlfahrtsverband AWO hat bei einer Durchsicht der Karteien mit aktiven Mitgliedern eine Reduktion der Mitgliederzahlen festgestellt. Er beauftragt das Institut für sein Mitgliedergewinnungsprogramm „AWO Plus" eine altersgruppenspezifische Strategie auszuarbeiten. Welche Altersgruppe sollte angesprochen werden? Begründen Sie Ihr Vorgehen.

Nach Bearbeiten der Aufgabe kann man Spezialliteratur zum Zusammenhang von Altersgruppen und bürgerschaftlichem Engagement konsultieren. Es zeigt sich, dass es sich um einen kurvilinearen Zusammenhang handelt, die höchsten Aktivitätsquoten sind deshalb bei (männlichen) Personen mittleren Alters zu finden (Gensicke u.a. 2009; Gabriel/Trüdinger/Völkl 2004; Offe/Fuchs 2001; Ruiter/de Graaf 2006; Rotolo 2000; Ingen/Dekker 2011). Bei politisch Aktiven ist der kurvilineare Gipfel mit 60-70 Jahren etwas ins „Dritte Alter" verschoben (Ehrhardt 2011: 154). Bei einer genauen Differenzierung des Begriffs „bürgerschaftlichen Engagements", die insbesondere bei Wohlfahrtsverbänden von Relevanz sein dürfte, fällt auf, dass bloße bürgerschaftliche Aktivität (ohne Funktionsübernahme) – z.B. gemeinsames Sporttreiben - bereits einen Höhepunkt in der Jugendzeit aufweist (Gensicke u.a. 2009). Während ältere Männer eher Funktionen in Vereinen übernehmen, helfen informell ältere

Frauen häufiger nachbarschaftlich (Oesterreich/Schulze 2011), z.B. auch bei der Pflege (Warburton/Jeppsson Grassmann 2009; vgl. Erlinghagen/Hank 2006). Für die Einschätzung der Auswirkungen demografischen Wandels auf die Altersstruktur von freiwilligem Engagement scheinen Befunde nützlich, die belegen, dass bisher zwischen 45 und 75 Jahren der Aktivitätsgrad zurückgeht (Olk 2010), aber insbesondere die Engagementquoten der über 60jährigen in den letzten Dekaden gestiegen sind (Gensicke/Geiss 2010: 156). Demgegenüber scheinen die bildungsstraffenden Politiken der Verkürzung der Studienzeit und der Gymnasialzeit zu einem leichten Rückgang der bürgerschaftlichen Aktivitäten von Jugendlichen zu führen (ebd.: 148ff.). Jede altersgruppenspezifische Kampagne für bürgerschaftliches Engagement hat neben der Bedeutung kohorten- und generationsspezifischer Prägungen auch zu berücksichtigen, dass Längsschnittuntersuchungen eine hohe Anzahl von Wechseln des Aktivitätsniveaus im Lebenslauf anzeigen (Ehrhardt 2011).

6. Bildung

Bildung und Lebenslauf sind eng miteinander verwoben. Diese Verbundenheit kann lebenslaufsoziologisch oder pädagogisch akzentuiert werden. Innerhalb der Lebenslauftheorie wird die Teilhabe am Bildungssystem als prägend für das erste Drittel des Lebenslaufs angesehen. Die enge Zusammenballung des Bildungserwerbs auf einen Teilabschnitt des Lebenslaufs erscheint widersinnig. In der Humankapitaltheorie geht man allerdings davon aus, dass Bildung dabei eine Investition von Zeit und Geld darstellt, deren Höhe auch von der Diskontierungsrate der zu erwartenden „Ertragslaufzeit" abhängt. Je früher diese Investitionen vorgenommen werden, desto länger wird die Ertragslaufzeit sein. Es ist unklar, ob wir diesbezüglich einen Umbruch erleben, da verstärkt von einem lebenslangen Lernen die Rede ist (vgl. Kapitel 2). Lebenslaufsoziologisch sind also die Konzentration von Bildung in einer Phase des Lebenslaufs, sowie die kontinuierliche Abfolge von Bildungs- und Erwerbsprozessen von besonderem Interesse.

Innerhalb der Pädagogik kommt Biografien und Lebensläufen ebenfalls eine wichtige Rolle zu. Im Deutschen wird zwischen den Begriffen Bildung und Erziehung unterschieden (Zenkert 1998; Luhmann 1987, 1996; Schwenk 1989). Unter Bildung wird im Idealismus dabei der Prozess des Lebenslaufs selbst als Selbstbildung der Reifung und der Erkenntnis verstanden, wie er in den klassischen Entwicklungsromanen geschildert wird: „Anton Reiser" von Karl Philipp Moritz (1987), „Der grüne Heinrich" von Gottfried Keller (1914) und „Wilhelm Meister" von Johann Wolfgang von Goethe (1957; 1870). Die Persönlichkeit entwickelt sich dabei in Auseinandersetzung mit dem Erziehungssystem und dem Leben. Dieses Ideal steht außerhalb des Erziehungssystems, manchmal steht es in Spannung dazu, es wurde aber durchaus auch u.a. bei der Humboldtschen Bildungsreform Teil der institutionellen Struktur von Bildungssystemen. Im Universitätsbereich zielt dieses Bildungsverständnis auf Selbstbildung, die ermöglicht werden sollte (und verlangt wird). Mit dem Begriff Erziehung wird in Differenz zum weiten Bildungsbegriff der systematische Versuch der Vermittlung bestimmter Inhalte in einem bestimmten Zeitabschnitt verstanden. Die

Wissensvermittlung wird dabei rationalisiert, die zu Erziehenden werden wie „Trivialmaschinen" konzipiert (Luhmann 1987). Vermittelt werden hierbei komplexes Fachwissen ebenso wie allgemeine Kompetenzen der Sprache oder der Mathematik und spezifische Wissenselemente. Es wird behauptet, dass in aktuellen Wissensgesellschaften die Fähigkeit zum Wissenserwerb wichtiger wird als der Erwerb spezifischen Fachwissens. In einer lebenslaufsoziologischen Sicht von Bildungs- und Erziehungsprozessen treten drei miteinander verknüpfte Elemente in den Vordergrund: In einer Längsschnittperspektive kann individueller und sozialer Wandel verbunden werden; Vorstellungen zu lebenslangem Lernen können präzisiert werden und die Vernetzung von institutionell getrennten Bildungsbereichen kann überdacht werden.

Eine lebenslaufsoziologische Betrachtung von Bildung soll im Folgenden in fünf exemplarischen Schritten vollzogen werden: Im ersten Teil wird der Zusammenhang zwischen Herkunft und Bildungserwerb thematisiert, im zweiten Teil steht der vorschulische Bereich im Fokus, im dritten Teil Schulwahlprozesse und ihre Folgen, im vierten Teil der Übergang vom Bildungs- ins Berufssystem und im letzten Teil Prozesse lebenslangen Lernens.

6.1 Herkunft und Bildungserfolg

Zu den klassischen Themen der Bildungssoziologie gehören Untersuchungen zum Zusammenhang zwischen der sozialen Herkunft einer Person und ihrem Bildungserfolg. Hintergrund dieser Thematisierung ist die Annahme, dass askriptive Merkmale einer Person (wie Familienherkunft, Geschlechtszugehörigkeit, Rasse oder Migrationshintergrund) in einer Leistungsgesellschaft bei der Positionserlangung nicht legitim sein sollten, da zentrale Leistungspositionen im Erwerbssystem nach (Bildungs-)Leistung vergeben werden sollten. Überlegungen dieser Art haben eine erneute Aktualität erfahren durch den Befund der PISA-Studien, die zu dem Ergebnis kamen, dass Bildungsungleichheiten nach sozialer Herkunft in Deutschland ausgeprägter seien als in vergleichbaren Ländern. Die Abbildung 15 zeigt die Lesekompetenz von 15jährigen (x-Achse) in Kombination mit der Größe sozialer Unterschiede nach Schicht (Steigung des sozialen Gradienten, y-Achse), jeweils in z-standardisierten Werten. Deutschland weist danach die größten sozialen Unterschiede in den Bildungsleistungen auf, bei einer gleichzeitig leicht unterdurchschnittlichen Leseleistung aller Schüler zusammen. Japan, Korea, Island und Finnland weisen dagegen eine im Ländervergleich unterdurchschnittliche soziale Ungleichheit in Kombination mit überdurchschnittlichen Leseleistungen in der Gesamtheit auf. Wie kommt es zu Bildungsungleichheit nach sozialer Herkunft?

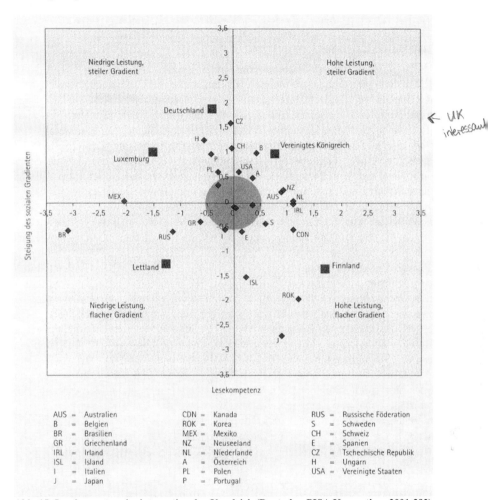

Abb. 15: Lesekompetenz im internationalen Vergleich (Deutsches PISA Konsortium 2001:392)

Es lohnt sich an dieser Stelle etwas weiter auszuholen, da die Antwort auf diese Frage erst im Zusammenspiel verschiedener Komponenten entwickelt werden kann. Als in den 1960er Jahren versucht wurde mittels einer Bildungsexpansion die Bedeutung askriptiver Merkmale beim Bildungserwerb zu reduzieren, standen u.a. Ungleichheiten nach Geschlecht, Rasse/Migrationshintergrund und Schicht im Vordergrund. Die „einfachste" Form des Zusammenhangs zwischen askriptiven Merkmalen und Bildungserfolg besteht in der Annahme von Vorurteilen: In der Gesellschaft wird angenommen, dass eine Personengruppe nicht über bestimmte Fähigkeiten verfügt, diese Personengruppe übernimmt dieses Vorurteil in ihr Selbstbild und gleicht sich in ihrem Verhalten dem Vorurteil an. Wenn hier von einem „einfachen" Mechanismus die Rede war, so nicht, weil der sozialpsychologische Mechanismus einer „selbsterfüllenden Prophezeiung" nicht komplex wäre, sondern weil das Agieren gegen diesen Mechanismus relativ einfach ist: Man klärt über das Vorurteil auf und der Bildungserfolg von Personen, die nicht mehr an das Vorurteil glauben, verschiebt die Gewichte in Richtung einer Angleichung des Bildungserfolges der vorurteilsbelasteten Gruppe an den Durchschnitt, da die vorurteilsbefreiten Individuen immer häufiger genauso gute Leistungen wie die privilegierte Gruppe erzielen.

Bildungsungleichheit zwischen Geschlechtern, die in den 1960er Jahren noch massiv war, scheint überwiegend diesem Muster zu folgen (vgl. Breen u.a. 2012). Da in den letzten Jahrzehnten in fast allen westlichen Ländern Ungleichheiten des Bildungserfolges zwischen den Geschlechtern schnell und nachhaltig abgebaut werden konnten, ist zu vermuten, dass die vorherigen Ungleichheiten zu ungunsten von Frauen auch auf Vorurteilen beruhten. Verblieben sind lediglich Unterschiede bei den höchsten Stufen des Bildungssystems zu ungunsten von Frauen und fächerspezifische Differenzen, wonach Frauen geringfügig besser in sprachlichen Bereichen, Männer geringfügig besser in mathematischen Bereichen sind. Diese Differenzen wirken tendenziell in der Summe zu ungunsten von Männern (Stanat/Kunter 2001; Köller/Klieme 2000).

Beim Zusammenhang zwischen Bildungserwerb und Schicht bzw. Migrationshintergrund scheinen die kausalen Ursachen nicht so einfach zu sein wie beim Geschlecht, da man international nach wie vor z.B. einen starken Zusammenhang zwischen Schicht und Bildungserwerb findet (66% der Varianz zwischen Schulen in den Leseleistungen bei der internationalen PISA-Untersuchung können durch familiale Faktoren erklärt werden, OECD 2001: Tab. 8.5).

Die Bildungsunterschiede zwischen Einheimischen und Einwohnern mit Migrationshintergrund sind in Bezug auf Bildung in den letzten Jahrzehnten gestiegen (Kalter/Granato 2002). In Regressionsrechnungen zeigt sich, dass aktuelle Unterschiede der PISA-Leseleistungen zwischen Einheimischen und Kindern in Familien mit Migrationshintergrund auf drei Faktoren zurückzuführen sind: Die Schichtzugehörigkeit der Migrantenfamilien, da diese häufiger zur Unterschicht gehören; die Verweildauer in Deutschland, da Kinder, die seit der

Geburt in Deutschland leben, geringere Unterschiede aufweisen als später Zugezogene; und die Umgangssprache in der Familie, da bei deutscher Umgangssprache die Unterschiede geringer sind. Wenn alle diese drei Faktoren kontrolliert sind, gibt es keine signifikanten Bildungsleistungsunterschiede mehr zwischen einheimischen Kindern und Kindern in Familien mit Migrationshintergrund (Baumert/Schümer 2001a).

Eine international vergleichende Untersuchung fand heraus, dass der Zusammenhang zwischen Schicht und Bildungserfolg in fast allen Ländern gleich geblieben ist – obwohl in vielen Ländern politisch insbesondere eine Reduktion der Ungleichheiten in diesem Bereich angestrebt wurde (Shavit/Blossfeld 1993). Konstanz der Ungleichheit war danach in den USA, in Deutschland, Großbritannien, der Schweiz, in Ungarn, Polen und Israel. Lediglich in Schweden und in den Niederlanden konnte eine Reduktion des Zusammenhangs zwischen der sozialen Herkunft und dem Bildungsabschluss der Kinder festgestellt werden. Weiterführende Untersuchungen zeigten allerdings, dass in Deutschland bei einer Einbeziehung sehr langer Zeiträume bei den Unterschichten leichte Chancenverbesserungen im Vergleich zu den anderen Schichten festgestellt werden können (Schimpl-Neimanns 2000; Müller/Haun 1994; Nath 2000). Auch für den internationalen Vergleich zeigte sich bei einer Analyse großer Datensätze und langer Zeiträume ein leichter Abbau von herkunftsbedingten Bildungsungleichheiten (Breen u.a. 2012). Bei derartig hartnäckigen Ungleichheiten hat sich die Lebenslaufsoziologie darauf konzentriert, möglichst genau zu rekonstruieren, welche kausale Mechanismen neben Vorurteilen hier für die Reproduktion von Bildungsungleichheit in der Generationenabfolge sorgen, da nur so gezielte Interventionen möglich wären.

Soziale Herkunftseffekte auf den Bildungserfolg ergeben sich primär über die Zugehörigkeit zu einer Familie, weniger durch die Aktivitäten einer Schule. Schon die klassische Untersuchung von Coleman u.a. (1966) konnte zeigen, dass Leistungsunterschiede zwischen Schülern sehr viel mehr auf Unterschiede zwischen Eltern, insbesondere Schichtunterschiede, als auf Unterschiede zwischen Schulen zurückgeführt werden können. Bourdieu/Passeron (1971) erklären Familienunterschiede mit Differenzen des Habitus, bereits in der Kindheit angeeigneten Gewohnheiten des Handelns und Wahrnehmens, die z.B. unterschiedliche Sprachkompetenzen bedingen. Unterschiede des Bildungserfolges zwischen Schichten beruhen also nicht nur auf Vorurteilen, sondern auch auf früh erzeugten Handlungs- und Leistungsunterschieden in Folge von Habitusdifferenzen. (Boudon (1974) nennt diese Leistungsunterschiede „primäre Effekte".) In der Statuserwerbsforschung wurden über mehrere Jahrzehnte Modelle der Statusreproduktion verfeinert (Überblick bei Hopf 1992 und Breen/Jonsson

2005). Exemplarisch soll ein pfadanalytisches Modell etwas genauer erläutert werden.

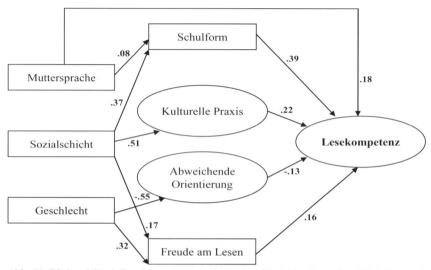

Abb. 16: Pfadmodell mit Lesekompetenz als abhängiger Variable (Deutsches PISA Konsortium 2001: 501)

Als abhängige Variable sieht man hier die Lesekompetenz bei der PISA-Untersuchung 2000. Bei einer Pfadanalyse handelt es sich um hintereinandergeschaltete Regressionen. Wenn ein signifikanter Zusammenhang zwischen zwei Variablen besteht, dann ist er durch einen Pfeil verzeichnet, neben dem Pfeil ist der standardisierte ß-Koeffizient eingetragen, der einen direkten Vergleich zwischen Einflussfaktoren erlaubt. Man sieht hier, dass fünf Faktoren einen direkten Einfluss auf die Lesekompetenz von Schülern ausüben: Muttersprache (= wird in der Familie deutsch oder eine andere Sprache gesprochen, also eine Migrationsvariable); Schulform (= ist der Schüler an einem Gymnasium oder ist er an einer anderen Schule, also eine Schulvariable); kulturelle Praxis (= ein latenter Faktor, der sich aus Angaben zu den kulturellen Aktivitäten des Jugendlichen bezieht, z.B. Konzertbesuch, und Angaben zum „kulturellen Besitz" der Familie des Jugendlichen bezieht, z.B. Anzahl der Bücher, also eine Habitus-Familienvariable); abweichende Orientierung (= ein latenter Faktor, der sich u.a. aus Angaben zur Zugehörigkeit zu einer aggressiven, sich prügelnden Jugendgruppe speist, also eine Peergruppenvariable); und „Freude am Lesen" (= ein latenter Faktor, der sich u.a. auf das Leseverhalten und das Reden mit anderen über Bücher bezieht). Die erklärungskräftigste Variable zur Bestimmung der Lesekompetenz ist dabei die Schulform, die besucht wird (0,39). Man sieht in der Abbildung aber auch, dass die soziale Schicht der Eltern einen wichtigen Einfluss darauf hat, welche Schulform man besucht (0,37). Anders als bei Coleman kann man hier also sehen, dass der Art der Schule eine wichtige Rolle zukommt, allerdings auch als Resultat von Elternwahlen. In einem späteren Unterkapitel soll deshalb noch ausführlicher auf Schulwahlprozesse eingegangen werden. Der zweitstärkste Effekt geht von den Familieneffekten „kulturelle Praxis" (0,22) und „Muttersprache" aus. Die Art der kulturellen Praxis steht dabei in starkem Zusammenhang mit der Schicht (0,51). Die Habituskomponente der Erklärung von Bildungsungleichheit zwischen Schichten bestätigt sich also empirisch. Die Zugehörigkeit zu einer aggressiven Jugendgruppe („abweichende Orientierung"), die bei Männern wahrscheinlicher ist (Geschlecht -0,55), reduziert die Leseleistung, ebenso wie die Freude am Lesen diese erhöht. Auch bei der „Freude am Lesen" gibt es eine Schichtkomponente, die allerdings nicht so stark ausgeprägt ist wie bei der kulturellen Praxis.

Forschungsteil: Herkunft und Mathematikleistung

Mathematische Leistungen gelten als weniger durch soziale Herkunft vermittelt als sprachliche Leistungen, da Habituskomponenten eine geringere Rolle spielen. Die folgende Pfadanalyse zeigt PISA-Ergebnisse zur abhängigen Variable Mathematikleistungen. Die Variablen sind identisch mit der vorangegangen Abbildung mit Ausnahme der Variable „Mathematisches Selbstkonzept" (ein latenter Faktor, der u.a. Angaben zur Selbstaussage, ob man sich für mathematisch begabt betrachtet, enthält).

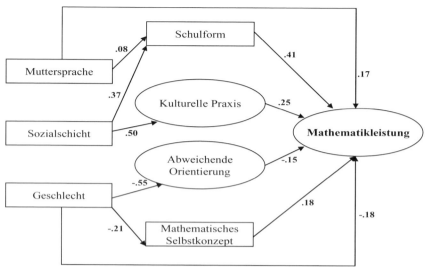

Abb. 17: Pfadmodell mit Mathematikleistung als abhängige Variable (Deutsches PISA-Konsortium 2001: 503)

Forschungsaufgabe: Analysieren Sie vergleichend die beiden vorstehenden Pfadanalysen. Wie groß ist das Gewicht sozialer Herkunft bei der Erklärung von Leistungsunterschieden? Über welche Größen vermittelt sich dieser Einfluss? Warum gibt es Unterschiede in der Statusreproduktion von mathematischen Leistungen im Vergleich zu sprachlichen Leistungen?

Im Anschluss an die Bearbeitung der Forschungsfrage kann genauer zur Konstitution von herkunftsbedingten Leistungsunterschieden recherchiert werden. Mittlerweile klassisch sind die Untersuchungen von Bernstein (1970; 2003; vgl. Gellert/Sertl 2012) zu schichtspezifischen Unterschieden in Funktion und Verwendung von Sprache, die in den meisten Theorien als Kernelement eines Mechanismus der Reproduktion von bildungsbezogener Leistungsungleichheit angesehen wird. Eine empirische Vertiefung in das Zusammenspiel von schichtspezifischem Habitus und seiner unterschiedlich guten „Passung" zu derzeit in Deutschland vorhandenen Schulformen wie dem Gymnasium ermöglichen die qualitativen Studien von Helsper (u.a. 2009). Eine genauere Rekonstruktion von Schicht- und Schuleinflüssen bei der Entwicklung von mathematischen Kompetenzen bieten sowohl die Ergebnisse eines DFG-Schwerpunktprogramms (Prenzel/Allolio-Näcke 2006) als auch der TIMMS-Studien (Bos u.a. 2008).

6.2 Vorschulische Erziehung

Über die Lebenslaufwirkungen von vorschulischer Erziehung wissen wir derzeit noch recht wenig. Die OECD sieht in einem frühen hochwertigen Lernen eine Grundlage für lebenslanges Lernen. Insbesondere zur Förderung von Chancengleichheit seien Unterstützungen hierbei sinnvoll (Zentrum 2001). Aufgrund von multiplikativen Effekten nimmt Heckman (2007) an, dass ungleichheitsreduzierende Investitionen in vorschulische Programme um ein vielfaches effizienter seien als korrigierende Maßnahmen zu einem späteren Zeitpunkt im Lebenslauf. Ansätze hierzu gab es bereits in den 1960er Jahren in dem amerikanischen Programm Head Start, das durch vorschulische Erziehungsprogramme für benachteiligte Gruppen Bildungschancen verbreitern wollte. In Deutschland ist die Koordination von vorschulischen Erziehungsprogrammen kompliziert, da sie in den Zuständigkeitsbereich der Kommunen fallen. Da gleichzeitig freie Träger (insbesondere Kirchen und Wohlfahrtsverbände) vorrangig unterstützt werden, gibt es eine Pluralität von Trägern.

Die Erziehungsprogramme von vorschulischen Einrichtungen divergieren in ihrer pädagogischen Ausrichtung sehr stark. In Dänemark, Schweden, Finnland, Norwegen und Italien wird eine klare Differenz zwischen Schule und vorschulischen Angeboten gemacht, die eine soziale und persönliche Entwicklung des Kindes in den Mittelpunkt des pädagogischen Interesses stellen. Meist ist diese Ausrichtung mit einem späten Schulbeginn im Alter von 7 Jahren verknüpft. In Großbritannien, Frankreich und den USA überwiegt dagegen die Vorstellung eines schulvorbereitenden Charakters der Vorschule. Der Schulbeginn ist in einigen dieser Länder schon mit 5 Jahren. Welche dieser Erziehungskonzeptionen ertragreicher ist, ist eine offene Frage. In Deutschland, das traditionell eher eine persönlichkeitsorientierte frühkindliche Pädagogik verfolgt, ist in den letzten Jahren in populärwissenschaftlichen Schriften eine stärker curriculare Ausrichtung eingefordert worden (Elschenbroich 2001).

Vorschulische Einrichtungen dienen ähnlich wie Schulen nicht nur als Erziehungsorte, sondern auch als sozialisatorische Räume. In der Kindheitssoziologie wird zunehmend diese Kinderkultur untersucht. Es zeigt sich eine duale Sozialisation der Kinder: Im Kinderkollektiv der Institutionen einerseits und als individualisiertes Familienkind andererseits mit Offenheit für die Wahlmöglichkeiten und hohem Regelbewusstsein für die unterschiedlichen Anforderungen (Honig 1999). Der Kindergarten erfüllt heute eine dreifache Funktion als soziale Infrastruktur zur Erleichterung der Erwerbstätigkeit, als Bildungseinrichtung und zugleich als Lebensraum der Kinderwelt.

Neuere Untersuchungen zu Zugang und Wirkungen von Kindergärten kommen nicht zu eindeutigen Ergebnissen. Bezüglich des Zugangs wurde vermutet, dass Personen mit höherem Bildungsabschluss ihre Kinder häufiger in vorschulische Einrichtungen schicken und so bereits früh ein Startvorteil gesetzt wird. 1998 waren in Westdeutschland 90% der 6-7jährigen im Kindergarten, in Ostdeutschland 88%. Im Alter von unter 3 Jahren waren dies 7% der Kinder in Westdeutschland und 37% in Ostdeutschland (Kreyenfeld 2004: 118, 120). Die Kinder von gebildeten Frauen in Westdeutschland sind deutlich häufiger im Kindergarten als die von weniger gebildeten Frauen, allerdings gibt es beim Krippen- und Hortbesuch nicht entsprechende Effekte. Nach dem Bildungsgrad von Vätern gibt es keine entsprechenden Effekte in West- und Ostdeutschland, auch bei Frauen in Ostdeutschland zeigen sich nur entsprechende Effekte beim Hortbesuch (ebd.: 113ff.). Bei der langfristigen Wirkung des Besuchs eines Kindergartens zeigt sich, dass Kinder, die im letzten Jahr vor der Schule den Kindergarten besuchen, deutlich häufiger weiterführende Schulen besuchen (Becker/Lauterbach 2004a: 146). Wenn man diesen Effekt allerdings mit anderen Faktoren kontrolliert, insbesondere wenn man die Zugangsselektivität selbst kontrolliert, verschwindet dieser Effekt weitgehend.

Praktischer Teil: Vorschulische Erziehung und Lebenslauf

Den Mitgliedern des Institutes für angewandte Biografie- und Lebenslaufforschung behagt die Datenlage zur Bedeutung vorschulischer Erziehung für das lebenslange Lernen nicht. Eine Projektanfrage der Europäischen Kommission, Generaldirektion Bildung, kommt deshalb sehr gelegen.

Institutsaufgabe für Kleingruppen: Entwickeln Sie ein international vergleichendes Forschungsdesign für eine Längsschnittuntersuchung der Wirkung vorschulischer Bildung im Lebenslauf. Bestimmen Sie hierzu eine (oder mehrere) abhängige Variablen und drei zentrale erklärende Variablen.

Nach Durcharbeitung der Aufgabe geben eine Meta-Analyse von Burger (2010) und Deming (2009) einen Eindruck von bisherigen Evaluationsstudien zu den Effekten vorschulischer Bildung: In der Regel erhöhen sich mit dem Besuch vorschulischer Einrichtungen die kognitiven Fähigkeiten der sie besuchenden Kinder; sie können herkunftsbedingte Differenzen nur zu einem kleinen Teil kompensieren; und ihre Wirkung ist häufig bereits nach der dritten Schulklasse kaum mehr zu spüren. Auch die Meta-Analyse zeigt, dass es bisher nur sehr unzureichend international vergleichende Untersuchungen zu den Effekten unterschiedlich orientierter vorschulischer Programme gibt (Burger 2010: 161). Auch wenn die ökonomische Rationalität eines hohen Ertrages öffentlicher Investitionen in vorschulische Bildung sehr überzeugend vorgetragen wird

(Heckman 2006), kann dies nicht darüber hinwegtäuschen, dass es sich bei diesem Bereich des Bildungssystems bisher um einen stärker privat bezahlten Bereich des Bildungsssystems handelt als z.b. die Sekundarstufe II oder die Hochschule (Wößmann 2010).

6.3 Schulwahl

Nach der Einschulung besuchen die meisten Kinder in Deutschland eine Grundschule, die im internationalen Vergleich – den Ergebnissen der IGLU-Untersuchung zufolge – überdurchschnittliche Leistungen produzieren (bei unterdurchschnittlichem Mitteleinsatz) (Bos u.a. 2003; 2007; 2012). Daran schließt sich eine wichtige Wegmarkierung im deutschen Schulsystem an, der Übergang an eine Hauptschule, eine Realschule, ein Gymnasium, eine Sekundarschule oder an eine Gesamtschule. (Bei den meisten Erörterungen des mehrgliedrigen Schulsystems wird die in Deutschland quantitativ nicht unwichtige Sonderschulkomponente ausgeklammert (Powell 2011).) Schulwahlentscheidungen stellen sowohl für Eltern als auch für die Gesellschaft wichtige und kontrovers diskutierte Entscheidungen dar. Sollen primär Eltern oder Lehrer oder das Gemeinwesen diese Entscheidung treffen? Über diese Frage wird international gestritten: Bei „Parental choice" handelt es sich um eine wichtige soziale Bewegung der Mittelklassen, die über eine Propagierung des freien Elternwahlrechts neoliberale Schulreformer populär machte (Ball 2003). In Deutschland wird in vielen Bundesländern über die Verbindlichkeit von Lehrerempfehlungen diskutiert. Soll diese Schulwahlentscheidung früh im Lebenslauf erfolgen oder später? Seit in den 1960er Jahren in den meisten OECD Ländern gesamtschulähnliche Systeme mit einer späten Trennung der Schüler im Alter von ungefähr 15 Jahren eingeführt wurden, stehen die wenigen Länder mit einer frühen Selektion, wie Deutschland, die Niederlande, Österreich, Schweiz und Belgien, unter Rechtfertigungsdruck, da in ihnen häufig schon eine Trennung der Lebenswege mit 10 Jahren erfolgt. Es lohnt sich, auf die Frage der Schulwahlentscheidung genauer einzugehen, da hier exemplarisch das Zusammenspiel von individuellen Entscheidungen, institutionellen Rahmenbedingungen und Einbettung in der Zeit und in Netzwerken verfolgt werden kann. Es sollen nach einer Darstellung von Entscheidungstheorien zur Schulwahl und ihren Ergebnissen auch Resultate von Untersuchungen der Schulkultur und der Referenzgruppenbildung hinzugezogen werden, da damit die Gesamtheit des Phänomens besser in Ursache- und Wirkungszusammenhänge gestellt werden kann.

Eine Schulwahl der Eltern setzt ein Angebot an räumlich zugänglichen Schulen voraus (Zymek/Richter 2007; Ditton 2007). Der baulichen Errichtung von weiterführenden Schulen in ländlichen Regionen in Deutschland in den 1960er und 1970er Jahren kommt deshalb ebenso eine Bedeutung für den Auf- und Abbau regionaler Ungleichgewichte zu, wie in den USA in der ersten Hälfte des 20. Jahrhunderts den rassistischen Entscheidungen in überwiegend von Schwarzen bewohnten Gebieten weniger Schulen zu bauen (Walters 2000).

Die eigentliche Schulwahlentscheidung, insbesondere Unterschiede zwischen den Schichten bei dieser Entscheidung wurde von Boudon (1974; 1980) theoretisiert und später von Breen/Goldthorpe (1997), Becker (2000) und Breen/Jonsson (2005) stärker rationalisierend formalisiert (Maaz/Baumert/Trautwein 2009). Unterschiede zwischen den Schichten bei dieser Entscheidung sind auf drei Größen zurückzuführen: Unterschiede in der Begabung der Kinder; Unterschiede der Ressourcen, die für den längeren Verbleib von Kindern im Bildungssystem aufgewendet werden müssen; sowie Unterschiede im Aspirationsniveau, also dem Bildungsniveau, das man für seine Kinder anstrebt. Dabei handelt es sich um eine Entscheidung unter Risiko, da die Eltern zum Zeitpunkt der Entscheidung nicht wissen, ob das Kind später beim eingeschlagenen Bildungsweg erfolgreich ist und (für die Familie oder für sich) den erwarteten Bildungsertrag erzielt. Es wird angenommen, dass für Familien die Grundpräferenz gilt, dass man den Status erhalten möchte in der Generationenabfolge, dass also versucht wird, das Risiko zu minimieren. Wenn dem so ist, dann werden bei Vorliegen gleicher Leistungen von einzelnen Schülern die Eltern niedrigerer Schichten für ihre Kinder seltener ein Gymnasium wählen als Eltern höherer Schichten, da höhere Schichten das Risiko eines Abstieges vermeiden wollen, während niedrigere Schichten ihr Abstiegsrisiko schon minimiert haben.

Empirisch zeigt sich, dass sich elterliche Bildungsaspirationen schichtspezifisch stark unterscheiden, ohne dass diesbezüglich zwischen 1979 und 2000 fundamentale Umbrüche festzustellen sind (Becker/Lauterbach 2004b). (Allerdings vollzieht sich diese schichtspezifische Differenzierung vor dem Hintergrund stark ansteigender Bildungsaspirationen in der Gesamtbevölkerung (Kanders 2004).) Neben den vorhandenen Begabungsunterschieden zwischen den Kindern unterschiedlicher Schichten streben die Eltern höherer Schichten häufiger auch für geringer begabte Kinder das Gymnasium an, während sich Eltern niedriger Schichten seltener selbst bei stärker begabten Kindern für das Gymnasium entscheiden (Ditton/Krüsken 2009; Kleine/Paulus/Blossfeld 2009; Becker 2000; Ditton 2004). Wenn man die Eltern alleine entscheiden lässt, vergrößern sie also tendenziell die schichtspezifischen Ungleichheiten des Bildungserfolges. (Dabei ist allerdings relativierend festzuhalten, dass sich in Bildungssystemen, die Eltern alleine entscheiden lassen, die Bildungsexpansion schneller vollzieht (Kleine/Paulus/Blossfeld 2009), da insbesondere die Bildungsaspirationen – ähnlich wie in gesamtschulischen Systemen (Rosenbaum 2011; Alexander/Bozick/Entwisle 2008) – sehr schnell allgemein ansteigen: Noch vorhandene relative Differenzen bei den Entscheidungen verlieren dann absolut an Gewicht.)

Eine Alternative zur Elternentscheidung besteht in einer (verbindlichen) Empfehlung der Lehrer für eine Schulform, die Auswahl der Kinder würde dann von den Lehrern getroffen. Auch bei dieser Entscheidung fließen neben Leistungskriterien der Kinder andere Elemente ein (z.B. das Sozialverhalten der Kinder), die vorhandenen Leistungsunterschiede der Kinder verschiedener Schichten zu ungunsten der unteren Schichten verzerren. Allerdings orientieren sich die Lehrer – so zeigen empirische Untersuchungen – bei ihrer (für das Kind stellvertretenden) Schulwahl stärker an den Leistungen der Kinder als die Eltern von Kindern, der Schicht-Bias der Lehrerempfehlung ist geringer als bei der Elternwahl (Becker 2000; Ditton 1992, 2004; Hopf 1992). Wenn man normativ Chancengerechtigkeit nach dem Leistungsprinzip anstrebt, ein Wert, den man nicht teilen muss, dann kann sie durch eine Wahlbefugnis der Lehrer (oder äquivalente Verfahren wie Aufnahmetests) besser erreicht werden als durch eine Wahlbefugnis der Eltern.[1]

Ein zweiter Diskussionspunkt betrifft den Zeitpunkt der Schulwahlentscheidung. Es wird davon ausgegangen, dass Schulwahlentscheidungen große, trajektbestimmende Entscheidungen sind, denen sich relative träge Verläufe innerhalb einer Schulform anschließen (Bidwell/Friedkin 1988). (Für diese allgemeine Behauptung gibt es eine Ausnahme: Wenn die Grundsortierung der Schüler sich sehr wenig nach Leistung vollzieht, z.B. aufgrund von Elternwahl, dann können Lehrer u.a. mit dem Mittel der Klassenwiederholung für schlechtere Schüler reagieren, die in der Summe auch zu Schulformwechseln führen können (vgl. Ehmke/Drechsel/Carstensen 2008).) Es wird angenommen, dass der Zeitpunkt der Schulentscheidung Folgen für die Ungleichheit zwischen Schichten hat. Eine These lautet, dass frühere Schulwahlentscheidungen zu einer höheren Ungleichheit zwischen den Schichten bei den Bildungsabschlüssen führen. Klassisch ist hier die von Turner (1960) eingeführte Unterscheidung zwischen kooptierenden Mobilitätsregimen und wettbewerbsorientierten Mobilitätregimen. Während erstere durch frühe Separierungen eine Kultivierung von distinguierter Differenz erlauben, steht bei letzteren bis in die Zeit des Studiums der offene Wettbewerb im Vordergrund. Als empirischer Beleg für die These einer ungleichheitsdämpfenden Wirkung von späten Entscheidungen kann angeführt werden, dass sich bei Längsschnittuntersuchungen zeigt, dass der Einfluss der

---

1 Eine stärkere Entscheidungsbefugnis der Kinder würde ebenfalls ungleichheitsfördernd wirken, da sich Kinder an sozial relativ homogenen Peergruppen orientieren (Hopf 1992).

sozialen Herkunft bei späteren Bildungsentscheidungen geringer ist als bei frühen Bildungsentscheidungen (Shavit/Blossfeld 1993). Für diese Behauptung spricht auch, dass die Einführung von Gesamtschulen, bei denen die Schulwahlentscheidung in ein späteres Alter verschoben wird, in Schweden und in Schottland zu einem Abbau der Herkunftsunterschiede beim Bildungserfolg beigetragen hat, während in Deutschland, einem Land mit einer frühen Schulwahlentscheidung entsprechende Ungleichheiten besonders groß sind (Breen/Jonsson 2005: 228). Auch in Deutschland bewirken Gesamtschulen als Regelschulen eine leichte Dämpfung sozialer Ungleichheit im Bildungssystem (Kopp 2009: 90ff.), stellen aber mittlerweile eher eine weitere Ausdifferenzierung in einem mehrgliedrigen Schulsystem dar (Köller 2008; Bartl 2012). Allerdings gibt es auch Länder wie die Niederlande, in denen ein Rückgang der schichtbezogenen Bildungsungleichheit trotz früher Schulwahl festzustellen ist. Darüber hinaus verlagert sich ein Teil der Problematik früher Schulwahlentscheidungen in Gesamtschulsystemen auf die Frage des „Tracking", also auf Elemente einer schulinternen Differenzierung zwischen Begabungsgruppen in Klassenzügen unterschiedlicher Leistungsstärke. Genaue Längsschnittanalysen von Schülerverläufen zeigen allerdings, dass zwar „Tracking" eine ähnliche Differenzierung wie ein mehrgliedriges Schulsystem produziert, dass aber die Mobilität zwischen verschiedenen Leistungsniveaus relativ groß ist. Dabei ist auch eine Kompensation einzelner Fachhürden, z.B. der Mathematik, über die Zeit möglich, was das System insgesamt durchlässiger macht (McFarland 2006). In Deutschland können wir zwar auch einen leichten Anstieg der Durchlässigkeit konstatieren, außer im Fall der erfolgreichen generellen, institutionalisierten Öffnung von Gymnasien für gute Realschüler in einigen Bundesländern (Trautwein/Nagy/Maaz 2011) nimmt dabei aber eher die Zahl der Abstiege im Vergleich zu den Aufstiegen zu (Bellenberg 2012). Schulabbrecher werden in den meisten Fällen nach einiger Zeit zu Wiedereinsteigern (Stamm 2012).

Bei der Frage des Zeitpunktes der Schulwahlentscheidung sind auch Fragen der Zuständigkeit, der Zurechenbarkeit von Verantwortung und Handlungsrechten zu bestimmen, die in normative Fragen übergehen. Gesellschaftlich kann versucht werden, dem Individuum, der Familie oder dem Staat die Verantwortung für Bildungsentscheidungen zu übertragen. In allen modernen Systemen gibt es eine Mischverantwortung dieser drei Elemente, die man idealtypisch trennen kann: Bei einer weitgehenden Übertragung der Entscheidung an das Individuum, das Kind, würde man versuchen, Schulwahlentscheidungen auf einen Zeitpunkt zu verschieben, der möglichst mit der Volljährigkeit übereinstimmt. Dies hätte zur Folge, dass der von den Auswirkungen der Entscheidung am meisten Betroffene diese auch selbst fällen könnte. Bei einer weitgehenden Übertragung dieser Entscheidung an die Eltern hat man neben den angesprochenen Gerechtigkeitsproblemen auch das potentielle Problem, dass einige Eltern aus purem Eigennutz gegen die Interessen ihrer Kinder handeln. Für eine umfassende Übertragung dieser Entscheidung an die Eltern spricht das Subsidiaritätsprinzip, demzufolge die kleinste Einheit zielspezifischer, da informationsreicher und engagierter, Entscheidungen treffen kann und die Verantwortung auch in Form von Investitionen in Bildung übernehmen kann. Bei einer weitgehenden Übertragung der Schulwahlentscheidung an den Staat kann man davon ausgehen, dass ein demokratischer Staat seine Entscheidung gemeinwohlorientierter und langfristiger treffen wird. Allerdings kann diese Entscheidung auch entmündigend für die Bürger sein.

Nach der Frage der Ursachen von Schulwahlentscheidungen sollen Fragen der Folgen von Schulwahlentscheidungen diskutiert werden. Bereits bei der Vorstellung der Ursachen von Schulleistungen (Kap. 6.1) konnte man sehen, dass die Schulform einen wichtigen Einfluss auf das erreichte Leistungsniveau ausübt (Maaz/Baumert/Trautwein 2009). Darüber hinaus kann man die Sozialisationswirkungen des „verborgenen Lehrplanes" untersuchen (Fend 1991). Schulen bilden selbst spezifische Milieus aus, sie formen einen spezifischen Charakter, eine biografische Struktur. So üben sie das Individuum in Langsicht ein, da über Jahre und z.T. Jahrzehnte kontinuierlich Ziele verfolgt werden. Sie üben Schüler in die Selbstkontrolle von Handlungsweisen ein, da sich Fremd- und Selbstkontrolle immer wieder abwechseln. Weiterhin fördern sie eine Leistungsorientierung, da Leistungskontrollen den Bildungsstatus bestimmen. Da Einzelleistungen bewertet werden, wird auch die Autonomie in Leistung, Verantwortung und Selbstkontrolle begünstigt. Man kann also sagen, dass Schulen Biografiekompetenz und Leistungsorientierung ansozialisieren, Anpassung an die moderne Gesellschaft motivational bewerkstelligen. Die Längsschnittstudie von Fend zeigte, dass der Zusammenhang zwischen der Ausrichtung an diesem verborgenen Lehrplan und dem gewählten Schulniveau nicht in dem Sinn ansteigend linear ist, dass mit höherem Schulniveau die Anpassung an die herrschenden Werte zunehmen würde. Man kann eher sagen, dass die Schulformen Anpassungsformen für differente Milieus erzeugen: Danach sind Pflichtorientierungen an Haupt- und Realschulen stärker ausgeprägt als in Gymnasien. In ländlichen Hauptschulen findet man die größte Schulfreude und das höchste Wohlbefinden, sie bilden einen Sozialisationsraum traditionaler Moral. In Realschulen herrscht ein Milieu der Aufstiegsorientierung vor. In Gymnasien dominiert eine intellektuell individualistische Haltung. Interessant ist dabei, dass das „Streberphänomen" (die negative Sanktionierung der Lernanstrengungen von Mitschülern) in Gymnasien häufig auftritt, in Hauptschulen dagegen kaum und in Realschulen selten. Fend (1991) erklärt dies mit dem Bestreben im Gymnasium durch geringe sichtbare Anstrengung ein positives Bild von Intelligenz vorzuführen. In Gesamtschulen korrespondiert dagegen die Selbsteinschätzung der Schüler stärker mit ihrem schulischen Erfolg als in anderen Schulformen, was auf größere Heterogenität und einen breiteren Vergleich der Schüler untereinander hinweist. Aus dieser Studie kann man schlussfolgern, dass die frühe Trennung der Schulformen auch die Ausbildung separater Sozialisationsmilieus begünstigt, die sich wechselseitig weniger bewerten.

Inwieweit in einer Wissensgesellschaft diese Separierung von Milieus weiterhin Bestand haben wird, kann bezweifelt werden, da man im Gefolge der Bildungsexpansion weltweit eine Zunahme der Konkurrenz in Bildungssystemen feststellen kann. Bourdieu u.a. (1998) stellen fest, dass in Frankreich mit der Einführung von Gesamtschulen und der Proklamierung des Ziels einer 80%-Abiturientenquote die Divergenz zwischen proklamierten Abschlüssen und Inhalten gewachsen ist, die Kritik an der Schule zugenommen hat und die Konkurrenz zwischen den Schichten intensiviert wurde, da nun alle am „gleichen Spiel" teilnehmen (einen höchstmöglichen Abschluss für das eigene Kind zu erreichen). In England kann Ball (2003) ebenfalls zunehmende Konkurrenz zwischen Schichten im Schulsystem und wachsende Kritik am staatlichen Schulsystem feststellen. Anhand von Elterninterviews zu Schulwahlentscheidungen zeigt er, dass der zunehmende politische Aktivismus von Mittelschichteltern in diesem Bereich von Statusängsten angetrieben wird. Auch in Deutschland sind im öffentlichen Diskurs Anzeichen eines Bedeutungswandels der Relation von Sozialisationsmilieus der Schulformen festzustellen. Obwohl die deutschen Gymnasien zu den fähigkeitshomogensten Schulen weltweit gehören (Baumert/Schümer 2001b), reißen die Klagen über die Heterogenität der Leistungen in Gymnasien nicht ab. Die Hauptschule, in der Fendschen Untersuchung noch ein Hort traditionaler Moral, gilt in neueren Untersuchungen bereits als Ort der „sozialen Verarmung" (Solga/Wagner 2004), weil über die Schülerkohorten hinweg die Anzahl der akademischen und beruflichen Bildungsabschlüsse der Eltern von Hauptschülern etwas weniger gewachsen ist als in anderen Schulformen. Allgemein steigt in Bildungssystemen mit einer fortgeschrittenen Bildungsexpansion die Neigung nicht nur zwischen Schulformen zu differenzieren, sondern auch nach Unterschieden zwischen einzelnen Bildungseinrichtungen formal gleichen Niveaus (Krüger u.a. 2012).

Wenn man die Effekte von Schulwahlentscheidungen betrachtet, so kann man sie auch auf die Schüler selbst beziehen. Der Wechsel von Schülern von der Grundschule an ein Gymnasium oder eine Hauptschule hat auch Einfluss auf das Selbstbild von Schülern. Ein wichtiger Prozess der Sozialisation an Schulen besteht in der positiven Sanktionierung von Schülern, die viel leisten, und der negativen Sanktionierung von Schülern, die wenig leisten (Bidwell/Friedkin 1988). Noten, durch die diese Sanktionierungen ausgedrückt werden, haben in der Regel die Eigenschaft, dass sie relational vergeben werden: Ein guter Schüler in einer schlechten Schulklasse erhält sehr gute Noten, während der gleiche Schüler in einer sehr guten Schulklassen schlechte Noten erhält. Schulwahlprozesse, die nach Leistungsgruppen sortieren, wie z.b. die Entscheidung für eine Schulform in einem dreigliedrigen Schulsystem, haben die Eigenschaft, dass sie in ihrer Konsequenz das durchschnittliche Leistungsniveau von Schulklassen verändern: Aus einer sehr heterogenen Leistungsstreuung in den Klassen der Grundschule werden drei homogenere Leistungsstreuungen in Klassen der Hauptschule, der Realschule und im Gymnasium. Der sozialpsychologische Mechanismus, der Resultat aus dem Übergang von einer leistungsinhomogeneren zu einer leistungshomogeneren Verteilung ist, wird üblicherweise als Bigfish-little-pond Effekt bezeichnet (Marsh 1987, 1991; Marsh u.a. 1995; Marsh/Köller/Baumert 2001; Köller 2000). Danach steigt das Selbstwertgefühl mittelguter Grundschüler, wenn sie an die Hauptschule wechseln, weil die leistungsstarken Schüler in die anderen Schulformen übergetreten sind und sie dadurch nun deutlich mehr positive Sanktionierungen erhalten, während das Selbstwertgefühl von mittelguten Grundschülern sinkt, wenn sie an das Gymnasium wechseln und dort aufgrund ihrer nun schlechteren relativen Klassenposition mehr negative Sanktionierungen empfangen. Aus Untersuchungen ist bekannt, dass neben diesem Referenzgruppeneffekt auch noch ein Effekt der „Reflected glory" auftreten kann, dadurch dass sich der nun relativ „schlechtere" Schüler am Gymnasium mit der Schule identifiziert und dadurch positives Selbstwertgefühl erzielt. Der Big-fish-little-pond Effekt hat v.a. einen negativen Einfluss auf das akademische Selbstkonzept (bei mittelguten Schülern, die in den besseren Kontext wechseln), indirekt aber auch auf die akademischen Leistungen, Aspirationen und den Arbeitsaufwand dieser Gruppe.

Empirisch kann man den Effekt bei amerikanischen High Schools nachweisen. Er zeigte sich auch bei deutschen Gymnasien. Dabei ist allerdings der negative Big-fish-little-pond Effekt kleiner als der Gesamtzuwachs an Leistung, der durch das Lernen in fähigkeitshomogenen Gruppen erzeugt wird. Beim Übergang von normalen Mathematikklassen an einen Mathematikleistungskurs tritt der Big-fish-little-pond Effekt interessanter weise nicht auf (Köller 2000). Im Prozess des Wechsels des gesamtschulischen Bildungssystems der DDR zum dreigliedrigen Schulsystem Westdeutschlands kann man die Folgen des dreigliedrigen Schulsystems für den Big-fish-little-pond Effekt in Ansätzen bestimmen (Marsh/Köller/Baumert 2001). Danach war das akademische Selbstkonzept der Schüler zu Beginn des Schulangleichungsprozesses in Ostdeutschland generell niedriger ausgeprägt, was eine Folge des vorherigen DDR-Schulsystems war (alle mussten sich mit allen vergleichen). Der Einfluss des Leistungsniveaus der jeweiligen Klasse auf das akademische Selbstkonzept war dagegen in Westdeutschland größer als in Ostdeutschland, dies ist erwartungskonform, da man annehmen kann, dass in einem dreigliedrigen Schulsystem der Big-fish-little-pond Effekt stärker auftritt als in einem gesamtschulischen System. Am Ende des Schuljahres, also nach Einführung eines dreigliedrigen Schulsystems, gab es keine signifikanten Unterschiede mehr zwischen Ost und West in der Höhe des Einflusses des Leistungsniveaus der Klasse auf das akademische Selbstkonzept, auch dies ist erwartungskonform.

Praktische Aufgabe: Schulwahl und Interessen

Fragen der Schulwahl sind in Deutschland, aber auch in vielen anderen modernen Ländern stark politisiert, vorformulierte Positionen ersetzen manchmal die Reflexion über das komplexe Wirkungsgeflecht dieses Feldes und die nicht immer leicht zu durchschauenden Interessenlagen der Akteure des Feldes. Da trifft es sich ganz gut, dass es in der Stadt, in der das Institut für angewandte Biografie- und Lebenslaufforschung seinen Sitz hat, einen Debattierclub gibt, der nach den Regeln der Kunst den (nach Los vergebenen) Debattenstandpunkt von der Argumentation für diesen Standpunkt trennt. Das Debattenthema des heutigen Abends ist: Vor- und Nachteile einer frühen Selektion in Form einer Schulwahlentscheidung.

Institutsaufgabe für Kleingruppen: Formulieren Sie Argumente zu den Vor- und Nachteilen einer frühen Schulwahlentscheidung aus der Perspektive und Interessenlage verschiedener Akteursgruppen (die sie u.U. weiter unterteilen können): Aus der Interessenlage der Eltern, der Schulen, des Staates und der Gesellschaft.

Nach der Debatte lohnt ein Blick in Herrlitz (2003), um nachvollziehen zu können, wie sehr insbesondere in Westdeutschland politische Diskurse Interessenlagen in Bezug auf Schulformfragen konstruiert haben.

6.4 Übergang vom Bildungs- ins Berufsleben

Das Bildungssystem erfüllt verschiedene Funktionen in einer Gesellschaft: Die Vermittlung von Wissen soll die Teilhabe am Wissensbestand einer Gemeinschaft sichern. Religiöses Wissen war deshalb lange Zeit ein zentrales Element des weitergegebenen Wissens. Bildung soll auch die Voraussetzungen dafür schaffen, dass man als Staatsbürger am Gemeinwesen partizipieren kann, sie wirkt hier integrierend für den Nationalstaat. Bildung soll weiterhin eine Teilnahme am wissenschaftlichen Teilsystem der Gesellschaft konstituieren, indem sie reinem Erkenntnisgewinn dient. Und Bildung soll eine Vorbereitung zu einer Teilhabe am ökonomischen System ermöglichen als abhängig Beschäftigter oder als Selbstständiger. Hierzu dienen auch die Vermittlung von Berufs- und Professionswissen, manchmal auch von Organisationswissen. Bei der berufsvorbereitenden Funktion von Bildungssystemen ist zu unterscheiden zwischen der Vermittlung von Kompetenzen und der Vergabe von Zertifikaten. Bei den Kompetenzen bzw. dem dadurch erworbenen Humankapital hat sich eine Differenzierung nach allgemeinen (z.b. akademischen) Kompetenzen und spezifischen (z.b. beruflichen) Kompetenzen bewährt (Becker 1975). Zertifikate in Form von mehr oder weniger in einer Gesellschaft anerkannten Zeugnissen sind Teil der Allokationsfunktion von Bildung in meritokratischen Systemen. Wenn eine Position, z.b. die eines Chefarztes in einem Krankenhaus, mit einer Person besetzt werden soll (Allokation), dann wird diese in modernen Gesellschaften überwiegend nach Leistungskriterien vergeben. Das Zertifikat, das ausweist, dass es sich bei einem Bewerber um eine Person mit einem medizinischen Bildungsabschluss handelt, ist ein Element des Allokationsprozesses (Sørensen 1983).

Die berufsvorbereitende Komponente von Bildungssystemen hat historisch verschiedene Stufen durchlaufen. In Deutschland hat sich bereits relativ früh ein gesellschaftlich organisiertes Bildungssystem etabliert, da im Protestantismus dem Lesen der Bibel in der Muttersprache eine wichtige Rolle zugesprochen wurde. Das Ziel der Humboldtschen Reformen zu Beginn des 19. Jahrhunderts war eine Partizipation des Bildungssystems an Wissenschaft zu ermöglichen, eine berufsspezifische Ausrichtung des Bildungssystems wurde nicht als wichtig angesehen. Erst im Verlauf des 19. Jahrhunderts entstanden Alternativen, die durch einen stärkeren Anwendungsbezug charakterisiert sind: So die Oberrealschulen als Alternative zum humanistischen Gymnasium oder technische Hochschulen als Alternative zu den Universitäten gegen Ende des 19. Jahrhunderts. Die Einführung von Fachhochschulen, die seit Ende der 1960er Jahre erfolgte, kann ebenfalls als Teil dieser Differenzierungsgeschichte angesehen werden. In jüngster Zeit kamen noch Berufsakademien im Grenzbereich zwischen tertiärer Bildung und dualer Ausbildung hinzu (Sackmann/Ketzmerick 2010). Unterhalb der Universitätsebene wurde am Ende des 19. Jahrhunderts ein berufliches Bildungssystem als duales System eingerichtet. Pädagogisch hat zu dieser Zeit Kerschensteiner (1966) die ideellen Grundlagen für eine die Allgemeinbildung nicht in den Vordergrund rückende Entwicklung eines Spezialcurriculums beruflicher Bildung gelegt und hatte damit großen Einfluss auf das deutsche Verständnis beruflicher Bildung ausgeübt. In der Ausrichtung der beruflichen Bildung trennten sich in dieser Zeit die Wege von Ländern. In den Vereinigten

Staaten plädierte einflussreich der Pädagoge Dewey für eine möglichst lange Allgemeinbildung für alle Bevölkerungsgruppen der Demokratie, und schloss damit indirekt berufliche Bildung aus dem öffentlichen Bildungsbereich aus (Kreysing 2002). In Frankreich setzte sich eine pädagogische Richtung durch, die in beruflicher Bildung eine wissenschaftliche Ausbildung niedrigerer Güte sieht (Schriewer/Harney 2000). Eine Professionalisierung von einigen Berufen erfolgt verstärkt zu Beginn des 20. Jahrhunderts, erhält aber auch in der Mitte des 20. Jahrhunderts bei einigen neuen Fachgebieten, wie der Sozialpädagogik oder der Informatik, Aufschwung.

Der Übergang von Bildung in den Beruf wird sehr unterschiedlich thematisiert. Relativ eng fokussiert sind Berufseinmündungsforschungen, die meist die Absicht verfolgen, die Qualität eines bestimmten Bildungsganges dadurch zu messen, dass man die Qualität der anschließenden Episode bestimmt. Bei Studienverbleibsuntersuchungen will man z.b. herausfinden, wie lange Personen nach einem Studium arbeitslos sind, wie hoch das berufliche Prestige der folgenden Stelle ist und wie umfangreich das Einkommen ist. In der Schichtungsforschung wurde in der Tradition von Blau/Duncan (1967) untersucht, wie eng der Zusammenhang des ersten und des aktuellen Berufes mit dem Bildungsabschluss ist (in Relation zur sozialen Herkunft). In Fortentwicklung von Mobilitätsuntersuchungen hat sich die Lebenslaufsoziologie mit der Höhe des Einkommens nach Bildungsbesuch in Form von Bildungsrenditen beschäftigt oder auch mit der Enge des Zusammenhangs von Beruf und Bildung.

Als sehr ertragreich zum Verständnis des Übergangsprozesses vom Bildungs- ins Beschäftigungssystem haben sich internationale Vergleiche erwiesen (Müller/Shavit 1998; Shavit/Müller 1998). Drei Elemente haben sich dabei als wichtig gezeigt: Standardisierung, Stratifizierung und berufliche Spezifität. Eine Standardisierung von Bildungsqualifikationen erleichtert für die potentiellen Arbeitgeber die Interpretierbarkeit von Zertifikaten als Signale, nach denen sie eine Rangfolge der Bewerber bilden. Bei sehr gering standardisierten Systemen, bei denen die Schule oder einzelne Lehrer nach idiosynkratischen Kriterien Noten vergeben, kann der Signalwert so gering sein, dass Noten bei der Auswahl von Bewerbern nicht in das Entscheidungskalkül eingehen. So verwenden im stark dezentralisierten amerikanischen Bildungssystem Arbeitgeber, die mit Notenprodukten eines unstandardisierten Bildungssystems Entscheidungen treffen müssen, bei Absolventen auf dem High School Niveau statt Noten lieber das Kriterium Alter bei der Besetzung von Stellen (Rosenbaum u.a. 1990).

Bei Stratifizierung handelt es sich um ein institutionelles Spezifikum, das sowohl auf das Bildungs- als auch auf das Erwerbssystem abzielt. Es beschreibt den Grad an Durchlässigkeit zwischen Schichten. Das mehrgliedrige Schulsystem in Deutschland gilt aufgrund seiner frühen Trennung von Schülern und der geringen Zahl an Schulformwechslern als stärker stratifiziert als Gesamtschulsysteme. Diese Wirkung wird verstärkt, wenn im Erwerbssystem tarifliche Entlohnungsregeln gelten, die in der Regel eine Bezahlung nach Qualifikationsniveau vorsehen. Ein Aufstieg nur nach guter Tätigkeitsleistung (ohne Absicherung durch ein Bildungszertifikat) wird dann ebenso erschwert wie ein Abstieg durch schlechte Tätigkeitsleistung (Allmendinger/Hinz 1997).

Bei beruflicher Spezifität liegt ebenfalls ein institutionelles Merkmal vor, das mehrere Komponenten enthält. Es beinhaltet zum einen den Sachverhalt, dass Bildung nicht nur allgemeinbildend ausgerichtet ist, sondern auch fachlich spezifisch. Es verweist weiterhin darauf, dass Bildung nicht nur theoretische Kompetenzen vermitteln kann, sondern auch praktische, die einer eigenen Logik folgen. Darüber hinaus ist auch der Lernort wichtig, da sich der Lerneffekt einer echten Praxis von einer simulierten Praxis unterscheidet. Das deutsche duale System gilt als ein Bildungssystem mit einem hohen Grad an beruflicher Spezifität, da es fachliche Spezialisierung, pädagogische Betonung der Praxis und Lernen in Betrieben unter Echtbedingungen miteinander verbindet. Duale Systeme sind relativ selten. In Europa gibt es ausgebaute prestigereiche duale Systeme nur in Deutschland, der Schweiz, Österreich, Dänemark und mit Einschränkungen in den Niederlanden.

Lebenslaufsoziologisch ist das duale System von besonderem Interesse, weil es einen bruchhaften Übergang, wie den zwischen Bildung und Beruf, durch die Ausdifferenzierung eines Kombinationszustandes überbrückt. Derartige Übergangsstrukturen lassen sich auch in einigen anderen Teilbereichen des Lebenslaufs finden (Sackmann/Wingens 2003; Sackmann 1998). Im Fall der dualen Ausbildung reduziert eine Übergangsstruktur die Friktionen des Übergangsprozesses (Kerckhoff 2000). So ist etwa die relationale Anzahl von Jugendarbeitslosigkeit in Ländern mit einem dualen Ausbildungssystem niedriger (Sackmann 2001b). Auch die Zahl der Berufs- und Betriebswechsel ist in der Berufseinmündungsphase geringer. Allerdings ist auch die Schließung des Arbeitsmarktes nach unten, also gegenüber Personen ohne berufliche Ausbildung stärker, sowohl bezogen auf Arbeitsmarktrisiken als auch in Bezug auf Einkommen und Aufstiegsmöglichkeiten (vgl. Konietzka 2004). Ex negativo kann die gesellschaftliche Wertschätzung beruflicher Spezifität bei Vorliegen eines dualen Ausbildungssystems auch daran abgelesen werden, dass in der Bildungshierarchie höherstehende Abschlüsse wie ein Abitur bei einer Nichtverfolgung eines Studiums oder einer Ausbildung sehr viel diskontinuierlichere Verläufe produzieren als bildungsniedrigere Berufsverläufe (Scherer 2001: 127), wobei hier allerdings auch Selektivitäten zum Tragen kommen.

Lebenslaufsoziologisch kommt dem dualen Ausbildungssystem, das in Deutschland von der Mehrheit der Berufstätigen durchlaufen wird, eine Bedeutung zu, die über das unmittelbare Berufseinmündungsgeschehen hinausreicht. Seine Antizipation bewirkt, dass in Deutschland und in anderen Ländern mit einem prestigereichen Ausbildungssystem der Wettlauf aller um einen möglichst hohen akademischen Bildungsabschluss geringer ausfällt als in Ländern, die nicht über derartige Systeme verfügen, die Bildungsexpansion wird also gebremst (Müller 1998; Shavit/Müller 2000). Neben eine vertikale Logik der sozialen Identitätsbildung (Je höher der Bildungsabschluss, desto höher die gesellschaftliche Wertschätzung) tritt in Ländern mit prestigereichen dualen Ausbildungssystemen eine horizontale Logik der sozialen Identitätsbildung, der zufolge jeder eine beruflich-fachliche Spezialisierung hat/haben sollte, für die er gesellschaftliche Wertschätzung erhält.

In der öffentlichen Debatte wird jährlich über Ausbildungsplatzbilanzen ein Krisenszenario sinkenden Angebots an Ausbildungsstellen entfaltet. Darüber hinaus ist es erklärtes Ziel vieler (inter-)nationaler Organisationen, z.B. der OECD, der EU und auch der Bundesregierung die Bildungsexpansion in Form einer Zunahme von Hochschulabsolventen voranzubringen. Es ist also zu bezweifeln, dass das duale Ausbildungssystem die herausragende Bedeutung im deutschen Lebenslaufregime beibehalten wird. Institutionelle Neuerungen wie eine Zusammenlegung von Berufen, die schnellere Einführung von Berufen und das Erschließen neuer Berufen wie z.b. im IT-Bereich haben die institutionellen Flexibilität des dualen Systems verbessert (Busemeyer 2009). Gleichzeitig hat aber der bis vor wenigen Jahren starke weltgesellschaftlich qualifikationsverschiebende und demografische Druck zur Ausdifferenzierung eines kaum integrierten, bis vor wenigen Jahren noch schnell wachsenden Übergangssystems Legitimitätseinbussen auch der dualen Ausbildung bewirkt (Sackmann 2010; Sackmann/Wiekert 2012). Im Vergleich dazu konnte sich das fachschulische Segment in den letzten Dekaden gut behaupten, da berufsstrukturelle Verschiebungen in seiner Richtung erfolgten (Dobischat 2010).

Allerdings kann in Deutschland festgestellt werden, dass die Logik einer ausgeprägten horizontalen Differenzierung neben vertikalen Differenzen auch auf Ebene der Hochschulabschlüsse wirksam ist. Hier weisen Fachhochschulabsolventen bei den Berufseinmündungsverläufen bessere Werte auf als Universitätsabsolventen. Im Vergleich zu Großbritannien folgen in Deutschland die ersten Berufsjahre nach dem Studium stärker einer horizontal ausdifferenzierten Fachlogik (Leuze 2010).

Für die Übergangschancen der Einmündung in duale Ausbildung kann man derzeit noch keine befürchtete Verdrängung von Hauptschulabsolventen im Kohortenvergleich feststellen (Konietzka 2004: 298). Beim Einmündungsverlauf nach Abschluss der Ausbildung, der zweiten Schwelle, kam es aufgrund gestiegener allgemeiner Arbeitslosigkeit in Deutschland zu leichten Verschiebungen. Bei den Männern wurden bei den Absolventen der Jahre 1976-1977 70% vom Ausbildungsbetrieb im gelernten Beruf übernommen gegenüber 57% der Absolventen der Jahre 1994-1995. In Differenz zu diesem Übergangsprozess nach Ausbildungsabschluss wurden 5 andere Muster unterschieden: Betriebswechsel (von 10% auf 8% gesunken), Arbeitslosigkeit vor Betriebswechsel (von 1% auf 4% gestiegen), Berufswechsel im Ausbildungsbetrieb (von 8% auf 9% gestiegen), Betriebs- und Berufswechsel (von 9% auf 12% gestiegen), Arbeitslosigkeit vor Betriebs- und Berufswechsel (von 2% auf 10% gestiegen) (ebd.: 301). Allgemein kann man in fast allen OECD Gesellschaften eine Zunahme von Unsicherheit beim Übergang vom Bildungssystem ins Erwerbssystem feststellen (Blossfeld u.a. 2005). Besonders unter Druck geraten schulisch niedrig qualifizierte Jugendliche, die Schwierigkeiten haben, Ausbildungsplätze zu erhalten (so sie nicht von der Konjunkturlage begünstigt sind, Buchholz u.a. 2012). Engpässe bei schulisch höher qualifizierten Jugendlichen wirken sich in der Regel dagegen eher verlängernd auf den Übergangsprozess aus (Weil/Lauterbach 2009).

6.5 Lebenslanges Lernen

Fragt man nach einer Zauberformel für das Bildungssystem der Zukunft, so lautet die Antwort inzwischen häufig „knell" *kn*owledge economy and *l*ifelong *l*earning. In einer Wissensgesellschaft wird der Bedarf nach qualifizierteren Arbeitskräften zunehmen, deren Wissen sich allerdings häufig verändern muss. Das hierzu passende Bildungskonzept ist das lebenslange Lernen. Lebenslanges Lernen wird von verschiedenen internationalen Organisationen propagiert, u.a. der OECD und der EU. Staudinger (2000) schlägt die Propagierung von lebenslangem Lernen durch staatliche Werbekampagnen und Fernsehsendungen vor „(z.B. Talkshows mit entsprechenden Personen als Modellen lebenslangen Lernens, die zeigen, wie lebenslanges Lernen erfolgreich und interessant sein kann, Spielfilme, die diesen Inhalt haben, Informationssendungen zu den Voraussetzungen und Möglichkeiten lebenslangen Lernens etc.)" (ebd.: 106). Im Rahmen der OECD, bei der 1996 ein von allen OECD-Bildungsministern getragenes Konzept lebenslangen Lernens verabschiedet wurde, wird das Vorhaben mit mehreren Kernelementen charakterisiert (Zentrum 2001): Nicht nur formelle Bildung in Vollzeit-Bildungssystemen soll anerkannt sein; eine solide Grundqualifikation soll eine Lernbereitschaft bewirken; im Rahmen der Lebenszyklus-Orientierung solle man sich bei zusätzlichen Bildungsausgaben auf bisher unterversorgte Gruppen wie Vorschulkinder und Erwachsene konzentrieren. Da auf den Vorschulbereich bereits eingegangen wurde, erfolgt im Folgenden eine Schwerpunktsetzung auf den Bereich der Erwachsenenbildung.

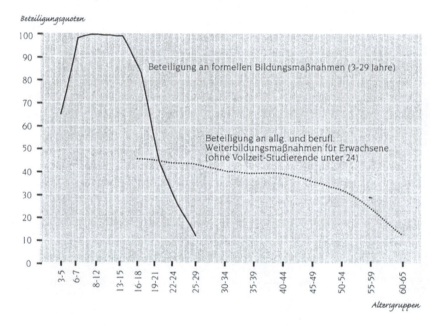

Abb. 18: Lifelong learning und Alter (Zentrum 2001: 19)

Abbildung 18 zeigt die Bildungsteilnahme nach dem Alter. Man sieht, dass die Schulpflicht in den hier betrachteten OECD-Ländern zu einer Teilnahmequote von nahe 100% im Altersbereich von 6 bis 15 Jahren führt. An einer Weiterbildungsmaßnahme, ob allgemeiner oder beruflicher Art nahmen im Jahr vor der Befragung ca. 40% der 16-44jährigen teil, danach sinkt der Teilnehmerwert. Bereits an diesen wenigen Zahlen sieht man, dass das quartäre Bildungssystem, wie die Erwachsenenbildung manchmal genannt wird, sehr viel selektiver ist als das primäre oder sekundäre Bildungssystem. Das Auseinanderklaffen zwischen der proklamierten Bedeutung von lebenslangem Lernen und seiner Realität fordert heraus, danach zu fragen, warum die Vorhersagen zu einer universellen Bedeutung von lifelong learning bisher nicht eingetreten sind (Teichler 1999: 49). Genauer, warum ist das lebenslange Lernen so selektiv? Die bisherige empirische Forschung zeigt eine hohe Separierung der Weiterbildungsteilnahme nach Bildung: Je höher die Eingangsbildung, desto höher die Weiterbildungsteilnahme. Weiterhin sinkt die Weiterbildungsteilnahme ab ca. 40 Jahren. Warum ist der Weiterbildungsbereich so selektiv?

Bei einer genaueren Betrachtung des Wirkmechanismus beim starken Zusammenhang zwischen der Höhe des Bildungsabschlusses und der Weiterbildungsteilnahme fallen zwei Elemente auf: Unterschiede der Ressourcen und Unterschiede der Motivation. Ein hoher Bildungsabschluss stellt eine Ressource für die Teilnahme an einer Weiterbildung dar. Wenn man bereits in der Grundbildung über komplexe Techniken der Wissensaneignung und einen breiten Wissensstock verfügt, dann ist es später leichter, mithilfe dieser Lern- und Wissenstechniken und dieses Vorwissens, sich neues Wissen anzueignen. So erleichtern beispielsweise vorhandene Englisch-Kenntnisse Weiterbildungen im EDV-Bereich. Ein hoher Bildungsabschluss ist weiterhin mit einer spezifischen Motivation verbunden, man hat gelernt Neugierde auf den Erwerb von Wissen zu konzentrieren, allgemein ist ein höheres Bildungsinteresse verinnerlicht worden. Während bei Personen mit einem hohen Bildungsabschluss die Bildungsmotivation hochgradig in einem Habitus verinnerlicht wurde, ist bei Personen mit einem niedrigen Bildungsniveau die thematische Relevanz besonders wichtig. Ein breites thematisches Bildungsangebot im Erwachsenenbereich (auch jenseits beruflicher Weiterbildungen) sichert den Bestand und den Ausbau der Bereitschaft zu lebenslangen Lernen. Die OECD hat hier darauf verwiesen, dass in Ländern mit einer langen Volkshochschultradition die Bildungskultur breiter verankert ist, was eine motivationale Verbreitung von lebenslangem Lernen erleichtert (Zentrum 2001). Außerberufliche Aktivitäten verlocken Ältere zu mehr Weiterbildungen (Tippelt u.a. 2009).

Ein weiterer Faktor, der für die hohe Selektivität des Weiterbildungsbereiches verantwortlich ist, ist seine institutionelle Struktur. Bildungsbereiche vom primären bis zum tertiären Sektor sind in der Regel hochstandardisiert, einige davon sind für alle Gesellschaftsmitglieder verbindlich zu besuchen. Der quartäre Sektor, also der Weiterbildungsbereich, ist im Unterschied dazu „weich", da nur selten die Bildungsinhalte kanonisiert sind (Tuijnmann 1992; Moura Castro 1999), was häufig eine geringe Zertifizierbarkeit des Wissens bewirkt. Im Kern handelt es sich bei diesem Bildungssektor um einen Bereich, der freiwillig besucht wird, eine Nicht-Teilnahme wird selten sanktioniert. Da Weiterbildung häufig auch einen defensiven Charakter hat, (man bildet sich weiter, um in vielen Jahren den Anschluss nicht zu verpassen), werden kurzsichtig agierende Personen häufiger zu den Nicht-Teilnehmern gehören. Das gesamte Feld der Weiterbildungsanbieter weist eine sehr viel geringere institutionelle Stabilität auf als der übrige Bildungsbereich: Formelle, informelle und kommerzielle Anbieter koexistieren in diesem Sektor, der nicht immer transparent ist (Teichler 1997). Ein Vorteil dieser institutionellen Fluidität ist die hohe Wandlungsfähigkeit dieses Bereiches, was ja eines seiner funktionalen Erfordernisse ist. Allerdings erfordert diese institutionelle Struktur dem potentiellen Teilnehmer mehr Initiative ab, was selegierend wirkt. In noch stärker individualisierten Bereichen der Weiterbildung, wie z.B. Selbstlerner-Konzepten oder virtuellen Kursen, tritt dieser Sachverhalt noch stärker auf und zeigt sich z.B. in hohen Abbrecherquoten (vgl. Hasan 1999; Kraft 2002).

Ein weiterer, Selektivität begünstigender Effekt ergibt sich aus der mit dem Alter abnehmenden Weiterbildungsteilnahme. Hinter diesem Effekt verbirgt sich ein Bündel an Ursachen: a) Mit dem Alter verändert sich das Lernverhalten von Menschen, Erfahrungswissen wird wichtiger, während dagegen der Einbau neuen Wissens etwas langsamer erfolgt. In der Gerontologie ist unumstritten, dass dieser Sachverhalt zu Anpassungen in der Weiterbildungspädagogik führen sollte, dass er aber nicht die Weiterbildungsfähigkeit von Älteren einschränkt (vgl. Staudinger 2000; Behrend 2000). Auch in diesem Feld könnte man vermuten, dass Vorurteile und „selbsterfüllende Prophezeiung" dafür sorgen, dass Ältere bei der Weiterbildungsteilnahme aus irrationalen Gründen benachteiligt werden (vgl. hierzu die Forschungen zu Altersstereotypen: Filipp/Mayer 1999). b) Wenn Betriebe bei der Finanzierung von Weiterbildungsmaßnahmen und ältere Erwerbstätige rational kalkulierend Kosten und Nutzen von beruflichen Weiterbildungsmaßnahmen abwägen, dann wird der Nutzen einer Weiterbildung umso geringer sein, je näher der Ruhestand einer Person liegt. Diese Schlussfolgerung leitet sich aus der Humankapitaltheorie ab. Der empirisch festzustellende Befund einer insbesondere im Alter von über 55 Jahren zurückgehenden Weiterbildungsteilnahme (s. Abb. 18) bestätigt diese These. Man beachte, dass es hierbei einen indirekten Zusammenhang zwischen dem Renteneintrittsalter und der Weiterbildungsteilnahme gibt: Je höher das Renteneintrittsalter ist, in einem desto späteren Alter setzt (betriebliche oder freiwillige) Altersdiskriminierung bei der Weiterbildungsteilnahme ein. c) Weiterbildungen sind Teil von individuellen und betrieblichen Karriereplanungen. Mit der aufgrund des Pyramideneffektes abnehmenden Aufstiegswahrscheinlichkeit von Personen, die älter als 40 Jahre sind (vgl. Kap. 5.3), nimmt für Individuen und Betriebe der Anreiz ab, in potentielle Aufstiege mit Weiterbildungen zu investieren. Parallel dazu findet bei Erwerbstätigen mittleren Alters, auch aufgrund der geringeren Aufstiegswahrscheinlichkeiten vieler, eine Verschiebung der psychischen Besetzung von Lebensbereichen statt: Sekundäre Kontrollstrategien der Anpassung der Ziele an das Erreichte werden wichtiger als die Anpassung der Mittel (zu denen auch Weiterbildung gehört) an die Ziele. Außerberufliche Lebensbereiche werden wichtiger, die Bereiche Beruf und beruflicher Aufstieg werden demgegenüber bei den subjektiven Lebenszielen unwichtiger (Stöckl/Spevacek/Strata 2001: 102). Der Zusammenhang zwischen reduzierter Aufstiegswahrscheinlichkeit und geringerer Weiterbildungsteilnahme wirkt sich bei Frauen etwas früher als bei Männern aus, er wirkt auch bei Arbeitern früher als bei Angestellten und Managern (Stacey/le To 1996). Es gibt bisher also eine Reihe von rationalen und irrationalen Gründen, die dazu führen, dass die Weiterbildungsteilnahme mit zunehmendem Alter selektiver wird.

Allerdings gibt es auch einige Entwicklungen, die zu einer Abnahme dieser Tendenzen führen: So hat mit jüngeren Kohorten das Bildungsniveau zugenommen, was die Weiterbildungswahrscheinlichkeit dieser Kohorten in höherem Alter erhöht. Die nach 1945 geborenen Kohorten weisen deutlich höhere Weiterbildungsteilnahmequoten im Lebenslauf auf als die vor 1942 geborenen (Becker/Hecken 2009). Die Bedeutung einer Erhöhung des Renteneintrittsalters für eine geringere Altersselektivität von Weiterbildungen wurde bereits angesprochen. Die geringere Arbeitsplatzsicherheit hat in den letzten Jahren zu einer Verschiebung aufstiegsorientierter Weiterbildungen in Richtung auf defensive, joberhaltende Weiterbildungsmotive beigetragen. Besonders gründliche Untersuchungen in Schweden konnten zeigen, dass mit zunehmendem Alter die Bedeutung der Erstausbildung für Einkommenszuwächse abnimmt, ab Alter 40 wird Weiterbildungsteilnahme wichtiger (allerdings nur in Interaktion mit bestimmten Arbeitsplätzen) (Tuijnman 1996).

Prüft man diese Annahmen zu Veränderungen der Bedingungen von lebenslangem Lernen und ihren Selektivitäten mit neueren deutschen Daten, so kommt man zu folgenden Ergebnissen (Schömann/Leschke 2004): Zwischen 1984 und 2001 ist das Gesamtniveau der Weiterbildungsteilnahme nur leicht gestiegen. In den drei Jahren vor 2000 haben 38% der Hochschulabsolventen an einer beruflichen Weiterbildung teilgenommen im Vergleich zu 7% bei Personen ohne berufsqualifizierenden Abschluss (wobei Umschulungen hierbei einbezogen sind). In Westdeutschland haben sich 33% der 20-45 Jahre alten Erwerbstätigen weitergebildet in den letzten drei Jahren gegenüber 27% der 45-65jährigen Erwerbstätigen. In Ostdeutschland sind dies 36% der jüngeren Altersgruppe im Vergleich zu 33% der Älteren. In 40% der Fälle ist der eigene Arbeitgeber der Weiterbildungsträger, in 50% der Fälle ordnet der Arbeitgeber die Weiterbildung an. Insgesamt scheinen also die starken Bildungsselektivitäten bei der

Weiterbildungsteilnahme sehr viel hartnäckiger zu bleiben als die Altersselektivitäten der Weiterbildungsteilnahme. Jüngste Daten (Schömann/Baron 2009) belegen diese Interpretation: Altersdifferenzen im Weiterbildungsverhalten nehmen bei den jüngeren Kohorten ab, sowohl die Reduzierung der Weiterbildungsteilnahme mit Mitte 40 als auch mit Mitte 50 ist rückläufig, u.a. weil inzwischen deutlich besser gebildete Kohorten diese Altersgruppen erreichen. Gleichzeitig bleiben die extrem starken Bildungsdifferenzen im Weiterbildungsverhalten, die in Ländern mit dualen Ausbildungssystemen noch ausgeprägter sind, sehr hoch.

Zusammenfassung

Eine lebenslaufsoziologische Betrachtung von Bildungsprozessen weist eine Reihe von Vorteilen auf, die sich insbesondere bei international vergleichenden Untersuchungen als sehr nützlich erwiesen hat. So zeigt sich eine fortgesetzte Bedeutung der biografischen Abfolge bei ungleichheitsrelevanten Bildungsprozessen. Danach haben mit der Bildungsexpansion Geschlechtsdifferenzen an Bedeutung verloren, während dagegen Unterschiede nach Migrationshintergrund und nach Schicht äußerst wichtig geblieben sind. Familiale Habituskonstitutionen sind für die Reproduktion von Bildungsungleichheit ebenso bedeutsam wie Schulwahlprozesse. In Deutschland gibt es frühe Selektionsprozesse, die Ungleichheit fördern, eine frühzeitige Separierung von Milieus bewirken und diversifizierte schulische Referenzgruppen produzieren. Durch Lehrer gesteuerte Schulwahlprozesse reduzieren Ungleichheit mehr als von Eltern oder von Schülern vorgenommene Schulwahlen.

Der Übergang von Bildung in Beruf wird in Deutschland bei vielen Menschen über duale Ausbildungssysteme vollzogen, bei denen eine von akademischen Ansprüchen separierte berufliche Bildung institutionalisiert ist. Diese gemischte Übergangsstruktur reduziert Friktionen bei diesem Übergang. Im Gefolge von Globalisierungsprozessen sind – auch in Deutschland – die Berufseintrittsprozesse weniger vorhersehbar geworden. Für das deutsche Lebenslaufregime ist die Kombination von früher Schulwahl und prestigereichen dualen Ausbildungssystemen charakteristisch. Es gehört damit neben der Schweiz und einigen wenigen anderen Ländern zu einer Minderheit der OECD-Länder mit diesem System. Diese Kombination bewirkt eine frühe Separierung von geschichteten Milieus. In der Folge sind schichtspezifische Ungleichheiten in Deutschland ausgeprägter. Für dieses System kann angeführt werden, dass es relativ günstige Bildungs-Berufs-Übergänge gewährleistet. Weiterhin führt es zu einer geringeren Bildungskonkurrenz zwischen den

Schichten, da die horizontale Differenzierung stärker akzentuiert ist als die vertikale. Gegen ein duales System spricht eine frühzeitige Festschreibung sozialer Ungleichheit im Lebenslauf, die Folge der frühen Separierung ist.

Unter dem Stichwort lebenslanges Lernen werden zwei sehr unterschiedlich geprägte Ergänzungen des klassischen Bildungssystems primärer, sekundärer und tertiärer Bildung bedeutsam. Wie bereits in Kap. 5.1 erwähnt gibt es eine Entwicklung hin zu einer Institutionalisierung vorschulischer Kindheit. Aus ungleichheitssoziologischer Sicht ergeben sich aus dieser Entwicklung insbesondere in Ländern mit früher Schulwahl Chancen im Sinne eines Abbaus der Bedeutung sozialer Herkunft bei Bildungsverläufen. Zur langfristigen Bedeutung unterschiedlicher pädagogischer Inhalte vorschulischer Erziehung liegen noch zu wenig international vergleichende Untersuchungen vor. Im Weiterbildungsbereich wächst langsam ein quartäres Bildungssystem heran, das veränderte dynamische Anforderungen der Arbeitswelt aufgreift. Weiterbildungsteilnahme ist sehr ungleich verteilt. Insbesondere höher gebildete Personen nutzen diese sehr viel häufiger als geringer Gebildete. Die altersspezifischen Unterschiede in der Weiterbildungsteilnahme von Altersgruppen scheinen – obwohl noch immer vorhanden – leichter durch institutionelle Änderungen insbesondere betrieblicher Ausrichtungen veränderbar zu sein als diesbezügliche Bildungsungleichgewichte.

7. Arbeit

Arbeit ist ein zweiter wichtiger Strukturgeber von Biografie und Lebenslauf. Viele Individuen sehen in Arbeit einen wesentlichen Lebensinhalt, für die meisten stellt Erwerbsarbeit die bedeutendste Quelle für Ressourcen dar. Nach Kohli ist der moderne Lebenslauf um den Arbeitsmarkt herum gruppiert, Erwerbsarbeit hat deshalb eine zentrale Bedeutung für den gesellschaftlichen Sinngehalt eines modernen Lebenslaufregimes.

Arbeit und Beruf sind nicht nur eindeutige Richtpunkte für Biografien und Lebensläufe, sie können auch widersprüchliche Elemente enthalten. In Deutschland ist durch institutionelle Besonderheiten eine langanhaltende und verfestigte Massenarbeitslosigkeit in den letzten Dekaden entstanden, es wurde deshalb hier intensiv debattiert, ob in der Arbeitsgesellschaft Alternativen zur Erwerbsarbeit angestrebt werden sollten. In anderen Ländern wird darüber hinaus konstatiert, dass die Zahl der Berufe, die man innerhalb eines Lebenslaufes einnimmt, zunehme. Diese diskontinuierlichen Elemente verweisen darauf, dass es sich bei Arbeit und Beruf nicht um eine fixe Eigenschaft von Individuen handelt, sondern dass es sich bei Arbeit und Beruf um ein dynamisches Projekt handelt, das häufig über Verweisungsstationen und Brüche im Lebenslauf mehrmals konstituiert und rekonstruiert wird.

Eine offene Frage ist dabei, wie das Wechselspiel zwischen Individuum und Gesellschaft in diesem Feld ist. Das Individuum wird nicht nur in Einsamkeit und Freiheit seinen Weg gehen können, es ist in seinen Entscheidungen eingebunden in institutionelle Kontexte und gleichzeitig abhängig von Figurationen mit anderen Akteuren.

Das Feld Arbeit in Lebenslauf und Biografie wird im Folgenden in sechs Unterkapiteln exemplarisch durchschritten: Im ersten und zweiten Unterkapitel geht es um Berufswahlprozesse und Berufseintrittsprozesse, die zusammen den Beginn eines Erwerbsverlaufes bilden. Im dritten Unterkapitel wird die These von der verlaufsprägenden Bedeutung von Berufseintritten geprüft und mit Fragen der Möglichkeit, Diskontinuität in Erwerbsverläufen korrigieren zu können, konfrontiert. Fragen der Spezifität weiblicher Erwerbsverläufe stehen im Mittelpunkt des Interesses des vierten Unterkapitels. Die letzten beiden Unterkapitel widmen sich Prozessen des Übergangs in den Ruhestand und seiner institutionellen Gestaltung.

7.1 Berufswahl

Bei der Wahl eines Berufes handelt es sich um eine „Big Decision", eine Entscheidung mit sehr weitreichenden Konsequenzen für den weiteren Lebensweg. Es lohnt sich deshalb, diese Entscheidung etwas genauer zu betrachten (Spokane 2000). In der Psychologie ging man lange davon aus, dass es eine Korrespondenz zwischen der Persönlichkeitsstruktur eines Menschen und den Tätigkeitsprofilen eines Berufes gibt. Da aber die Zahl der Berufe sehr groß ist, ihre Wandlungen nicht unerheblich sind, und auch die Feststellung von Berufspersönlichkeiten häufig empirisch nicht überzeugen konnte, wandte man sich von diesen Konzepten ab und konzentriert sich in der neueren empirischen Forschung verstärkt auf den zeitlichen Verlauf des Berufswahlprozesses. Es konnte gezeigt werden, dass beim Prozess der Berufswahl sukzessive eine Rollenkonkretisierung vorgenommen wird, in dessen Verlauf immer mehr Berufe als nicht wählbar ausgeschlossen werden. So findet bis zum Alter von 10 Jahren verstärkt ein Ausschluss nicht geschlechtskonformer Berufe aus den Berufen statt, über die nachgedacht wird; bis zum Alter von 12 Jahren erfolgt eine Aussortierung der Berufe, die nicht zur eigenen (Bildungs-)Klasse gehören und erst mit 14 Jahren kommen zunehmend individuelle Momente ins Spiel. Man könnte also sagen, dass vor der individuellen Wahl eine Anpassung an die Einschränkungen der realistischen Wahlmöglichkeiten vorgenommen wird (Meijers 1996). Bei einer Befragung von Berliner Schülern der 10. Klasse zeigte sich, dass sich in diesem Schuljahr das Berufsprestige des genannten Traumjobs verringert hat. Je näher das Schulende kam, desto mehr näherten sich das Berufsprestige des Berufs, für den man ein Interesse hat (Präferenz), das Prestige des Berufes, bei dem man sich bewirbt (Aspiration), und das Prestige des Traumjobs (Ideal) aneinander an (Heckhausen/Tomasik 2002). Man versucht „realistisch" zu wählen.

In einer mehrwelligen Panelbefragung bei Hauptschülern von der 7. Klasse bis zum Jahr nach dem Berufseintritt konnte Heinz u.a. (1987) zeigen, dass das Individuum in einem biographischen Prozess der Berufsfindung sich selbst sozialisiert. Bereits in der 7. Klasse werden die Berufswünsche den für Hauptschüler erreichbaren Berufen angepasst, andere werden nicht mehr in Erwägung gezogen. Dabei ist es wichtig für die Identität und Motivation des künftigen Beschäftigten, dass das Individuum einen subjektiven Wunsch für seinen zu wählenden Beruf verspürt. Häufig sagen die Schüler deshalb, dass ihnen der

Beruf Spaß machen soll. Beim konkreten Bewerbungsverhalten auf Lehrstellen finden auch die Noten der Schule Berücksichtigung, da sie Berufe in weite Ferne rücken oder erreichbar machen. Der Besuch der untersten Bildungsstufe wird von den Schülern in eine praktische Begabung umgedeutet, von der man ausgeht, sie zu haben. Während der heißen Bewerbungsphase ist Flexibilität erforderlich, insofern als man auch für einen Beruf zweiter Präferenz, der aber im Gegensatz zum Beruf erster Präferenz erreichbar ist, eigene Interessen finden muss. Dieser „Wunschfixierungsprozess" kann auch scheitern. Ein Effekt von zunehmenden „Warteschleifen", d.h. Bildungszwischenphasen nach einem gescheiterten ersten Versuch einer Lehrstellenfindung, ist, dass die individuelle Wunschfixierung auf einen Beruf mit zunehmender Dauer schwierig wird. „Irgendein Job", d.h. Arbeit und nicht Beruf wird dann zu einer Ausweichstrategie. Heinz u.a. beschreiben den Berufswahlprozess in Gänze als einen Prozess der Selbstsozialisation der realistischen Möglichkeitsanpassung, in den Ratschläge von Bezugspersonen, eigene Neigungen, schulische Leistungen und die antizipierte Arbeitsmarktlage eingehen. Strukturelle Effekte werden personalisiert, in die individuelle Identität hineingenommen, erst dadurch wird eine Balance zwischen gesellschaftlichen Anforderungen und individueller Motivation erreicht.

Im internationalen Vergleich zeigen sich Besonderheiten des Berufswahlprozesses in deutschsprachigen Ländern. Mit Lange (1975) kann man sagen, dass es sich bei dieser Entscheidung um eine so komplexe Entscheidung handelt, dass – wie häufig bei „Big Decisions" – nicht alle Handlungsalternativen gleichzeitig erwogen werden können, sondern dass zeitlich strukturiert mit eingeschränkter Rationalität einzelne Wahlentscheidungen geprüft werden und erst bei ihrem Scheitern weitere Möglichkeiten in Betracht gezogen werden. In diesem Kontext möchte ich noch einmal auf das mehrgliedrige Schulsystem und seine frühe Trennung zurückkommen. Dies bewirkt auch, dass mit 16-17 Jahren bei Jugendlichen mit der vorher ausgewählten Schulform die Entscheidung zwischen einem weiteren Schulbesuch und der Wahl eines Berufes weitgehend getroffen ist. In der Schweiz, das durch eine nur neunjährige Hauptschulzeit und Aufnahmeprüfungen zu einer 10. Klasse noch abgeschottetere Bildungsvorselektionen aufweist als Deutschland, suchen die Schüler der 9. Klasse schon sehr früh eine Lehrstelle, nur weniger als 10% ziehen eine Fortsetzung des Schulbesuches auf einem höheren Niveau in Erwägung (Herzog u.a. 2004). Im Gegensatz dazu wollen in Großbritannien sehr viel mehr Jugendliche als in Deutschland und in der Schweiz an einer Schule bleiben, sehr viel häufiger berichten Jugendliche dort über Entscheidungsunsicherheiten und den Wunsch, die Entscheidung aufzuschieben (vgl. Greuling 1996; Beinke 2000). Auch wenn aufgrund der relativ niedrigen Fallzahlen dieser Berufswahluntersuchungen, der variierenden Erhebungszeitpunkte und Fragenformulierungen ein exakter Vergleich nicht möglich ist, kann man die These aufstellen, dass der Berufswahlprozess für Jugendliche in Ländern mit einem prestigereichen Ausbildungssystem etwas unkomplizierter ist als in Ländern, die ein Gesamtschulsystem haben. Auch in der Arbeitsmarktkrise reagieren die beiden Systeme unterschiedlich: In der Schweiz und in Deutschland werden Schüler mit Grundbildung, die nicht eine Lehrstelle erlangen, in Warteschleifen des Bildungssystems geführt (z.b. Berufgrundbildungsjahr), in Großbritannien, in dem traditionell relativ viele Jugendliche nach dem Alter 16 ohne Lehre direkt mit der Berufstätigkeit beginnen, waren 5,5% NEET. Mit NEET werden Personen bezeichnet, die weder im Bildungssystem, im Erwerbs- oder im Ausbildungssystem sind und dies für mehr als sechs Monate im Alter von 16-18 Jahren (Bynner/Parsons 2002). Erst mit New Labour wurde versucht, diese Personengruppe zu verpflichten, im Bildungssystem zu verbleiben.

Berufswahlprozesse finden in Auseinandersetzung mit vorhandenen institutionell verdichteten Sinnangeboten statt, die in der Zeit eine Aushandlung von Identitäten ermöglichen. Bei einem qualitativen und quantitativen Vergleich der Berufswahlprozesse von Jugendlichen mit Migrationshintergrund in Deutschland und Frankreich fällt auf, dass die schulische Diskriminierung dieser Gruppe in Deutschland ausgeprägter ist, wodurch Aufstiegspfade früh verschlossen werden. Aber selbst bei komplizierten Pfaden mit Warteschleifen im Übergangssystem werden tragfähige berufliche Identitäten erzielt. Bei französischen Jugendlichen mit Migrationshintergrund werden zwar deutlich höhere Bildungsabschlüsse diskriminierungsfreier erreicht. Aber die als Diskriminierung empfundene Frustration von nicht-akademisch Ausgebildeten ist deutlich höher als in Deutschland, Umwege für am Berufseinstieg Gescheiterte bleiben z.T. dauerhaft verschlossen (Groh-Samberg u.a. 2012). Auch in Ländern mit dualer Ausbildung verweisen die z.T. sehr engen Zeitkorridore im Bereich der beruflichen Bildung auf Prozesse von nicht-intendierter Altersdiskriminierung junger Erwachsener (Sackmann/Wiekert 2012).

Praktischer Teil: Beratung und Berufswahl

Das Institut für angewandte Biografie- und Lebenslaufforschung hat einen Auftrag der lokalen Bundesagentur für Arbeit erhalten. Eigentlich ist es nur ein kleiner Projektauftrag. Im Vorstand der lokalen Bundesagentur wird bemängelt, dass die Berufsberatungsgespräche für Schulabgänger zu lange dauern (durchschnittlich 30 Minuten). Dies könne man sich nicht mehr leisten. Eine nichtrepräsentative Erhebung habe zudem ergeben, dass die jeweiligen BeraterInnen sehr unterschiedliche Themen von sich aus ansprechen und unterschiedlich vorgehen. Die BeraterInnen thematisieren bisher: Persönliche Eignung (mit psychologischen Eignungstests), Schulnoten, Berufswünsche, Ausbildungsangebote für Berufe, Berufsvorstellungen der Mitschüler, Berufsvorstellungen der Eltern, Hobbies der Jugendlichen, Entscheidungsdiagramme zur Berufswahl und das Thema, welcher Beruf den Jugendlichen Spaß machen könne.

Institutsaufgabe für Kleingruppen: Erstellen Sie einen biographie- und lebenslaufsoziologisch fundierten Gesprächsleitfaden für ein 20minütiges Berufsberatungsgespräch bei der Bundesagentur für Arbeit. Berücksichtigen Sie dabei, welche Faktoren in den Untersuchungen von Heinz u.a. (1987) nicht wichtig waren, da sie „Kürzungspotential" implizieren.

Nach Lösung der Aufgabe bietet eine Lektüre der Gesprächsanalyse von Berufsberatungen (Enoch 2011) eine Möglichkeit der Reflexion der gefundenen Ergebnisse.

7.2 Berufseintritt

Mit dem Übergang vom Bildungs- ins Beschäftigungssystem vollzieht sich der Beginn einer neuen Lebenslaufphase. Dieser Übergang ist nicht unproblematisch, weil sich verschiedene Prozesse überlappen: Eine *Allokation*, eine Zuordnung, zwischen Erwerbsposition und Bildungsqualifikation muss dabei vorgenommen werden, wobei in der Regel sowohl eine hierarchisch vertikale als auch eine horizontal fachliche Positionierung bei der Allokation enthalten ist. Weiterhin sollte dabei ein *Match*, eine passende Verbindung, zwischen Stellenbewerber und Stellenanbieter stattfinden. Das Finden der richtigen „Allokation" und des passenden Matchs brauchen Zeit, weil Informationen über potentielle Stellen und Bewerber erst gesammelt werden müssen. Sucharbeitslosigkeit ist deshalb in dieser Lebenslaufphase relativ normal, wenn nicht frühzeitig vorher mit der Suche begonnen werden konnte. Auch bei perfekter Information sind beide Seiten nicht vor Überraschungen gefeit: Fehlallokationen und Mismatch treten beim Berufseintritt häufiger auf als zu späteren Zeiten. „Probezeiten" sollen dem Arbeitgeber hier Korrekturmöglichkeiten geben, empirisch findet man auch, dass Beschäftigte innerhalb des ersten halben Jahres überproportional häufig ihre Stelle wieder wechseln. Arbeitslosigkeit und Betriebswechsel sind nicht seltene Phänomene der Berufseinstiegsprozesse. Hinzu treten Elemente der Abstimmung von Bildungs- und Beschäftigungssystem: Manche Bildungsabschlüsse signalisieren sehr eindeutig, für welche Berufspositionen Qualifikationen erworben wurden. Andere Abschlüsse wiederum geben nur ein breites Feld von Möglichkeiten an, ohne dass der Bewerber oder potentielle Beschäftige allein anhand des Zertifikates schon wüssten, für welche Erwerbspositionen dieses Profil passt. Weiterhin sind in einigen Bildungsepisoden bereits praktische Kompetenzen eingelagert, während in anderen erst nach dem Bildungsprozess eine Einübung in Praxis stattfindet, von der manchmal unklar ist, wer sie organisiert und bezahlt.

Lange Zeit wurden die Unklarheiten und die typischen Wechsel dieser Phase den Individuen zugerechnet, Jugendliche galten als launisch und unberechenbar. Es gäbe eine Phase des „Floundering around", des „Herumplanschens", in der man sich im Erwerbssystem ausprobiere. Dieses Bild wurde in den letzten Jahren korrigiert, da man in der international vergleichenden Forschung feststellen konnte, dass das Ausmaß und die Ausrichtung des „Floundering around" wesentlich durch die Art der institutionellen Verbindung zwischen Bildungs- und Beschäftigungssystem bestimmt wird.

So stellte Blossfeld fest, dass im französischen beruflichen Bildungssystem zwar eine breite theoretische Qualifikation erworben wird, Betriebe sich aber scheuen, die so Qualifizierten einzustellen, da sie relativ hohe Ansprüche (auch an den Lohn) stellen, gleichzeitig aber noch in viele praktische Routinen eingearbeitet werden müssen. Häufig resultiert aus dieser Konstellation Jugendarbeitslosigkeit. Die berufliche Bildung in den Vereinigten Staaten findet demgegenüber überwiegend im Betrieb statt, am Arbeitsplatz. Die Beschäftigten sind, weil es sich um keine zertifizierten Qualifikationen handelt, an den Betrieb gebunden, die Varianz zwischen den Betrieben ist groß. Betriebe lernen häufig ihre Mitarbeiter nur an, erst nach mehrjähriger Beschäftigung oder bei höherem Alter kommt es zu längeren Ausbildungen im Betrieb. Betriebswechsel treten deshalb in den USA häufig in dieser Lebensphase auf. In Deutschland findet die berufliche Ausbildung an zwei Lernorten (Berufsschule und Betrieb) statt, die jeweils ihrer eigenen Logik folgen dürfen. Gleichzeitig wird über überbetriebliche Zertifikate eine Mobilität zwischen den Betrieben gewährleistet. In Deutschland sind deshalb weniger Friktionen in dieser Lebensphase anzutreffen im Vergleich zu Frankreich und den USA (vgl. Tabelle 3).

Beim internationalen Vergleich von Berufseinmündungen sieht man auch, dass die unterschiedlichen pädagogischen Konzeptionen zur beruflichen Bildung, die in diesen drei Ländern entwickelt wurden, Einfluss auf die institutionelle Gestalt des Übergangs ausübten (vgl. Kap. 6.4): Kerschensteiners hohe Wertschätzung praktischer Kompetenzen in der deutschen Berufspädagogik findet z.B. im dualen System eine Institutionalisierung. Rosenbaum u.a. (1990) konnten zeigen, dass in den Vereinigten Staaten das schulische Bildungssystem unverbunden neben dem Berufsystem steht, während in Japan, obwohl es sich institutionell um die gleiche Kombination von gesamtschulischer High School und On-the-job training handelt, Verbindungen zwischen den beiden Systemen über Netzwerke hergestellt werden: Schulen kooperieren mit Betrieben und sortieren Schüler vor, während die Betriebe versuchen auch in schwierigeren Zeiten Nachfrage nach Berufsanfängern aufrecht zu erhalten. Aufwändige Friktionen und „Floundering around" sind dadurch in den USA länger und treten häufiger auf.

Tab. 3: Drei Formen der Berufsausbildung, des Übergangs von Bildung in Beruf (mittleres Qualifikationsniveau) (vgl. Blossfeld 1993)

Bildung	Beruf	Form	Qualifikation	Zertifikat
		= schulisch (z. B. Frankreich, Fachschule)	Theoretisch breite Grundqualifikation (aber keine Betriebspraxis)	überbetriebliches Zertifikat
		= On-the-job training (z.B. USA, Betrieb)	Betriebspraxis	kein überbetriebliches Zertifikat
		= dual (z.B. Deutschland, duale Ausbildung)	Betriebspraxis + breite Grundqualifikation	überbetriebliches Zertifikat

Büchtemann/Schupp/Soloff (1993) nahmen eine Analyse von amerikanischen und deutschen Längsschnittuntersuchungen (PSID und SOEP) vor, um herauszufinden, welche beruflichen Bildungsabschlüsse in den beiden Ländern in den ersten 10-12 Jahren nach dem Schulabschluss erzielt werden.

Die folgenden Abbildungen lesen sich von links nach rechts: In Westdeutschland starten die Schulabgänger der Jahre 1978-1979 in drei verschiedenen Schultypen, damals noch überwiegend mit einem Hauptschulabschluss. Diese Schulabgänger bilden die Grundlage aller folgenden Prozentuierungen, von kleineren Rundungsfehlern abgesehen. 75% des Abgangsjahrgangs absolvieren eine berufliche Lehre oder eine schulische Berufsausbildung (z.B. Fachschule), 69% eines Jahrgangs schließen eine dieser beiden Formen ab. 17% der Abgangskohorte begeben sich auf einen akademischen Pfad, von denen 12% ihr Studium abschließen. Auf mittlerer Bildungsebene und auf akademischer Ebene enden jeweils nur 3% des Jahrgangs ohne Abschluss.

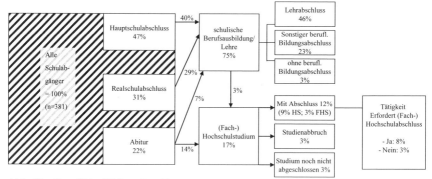

Abb. 19a: Berufliche Bildungsbeteiligung und Hochschulbesuch (west-)deutscher Schulabgänger (Büchtemann u.a. 1993: 511)

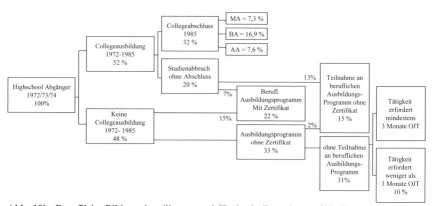

Abb. 19b: Berufliche Bildungsbeteiligung und Hochschulbesuch von US Highschool - Absolventen (Büchtemann u.a. 1993: 512)

Von den Highschool-Abgängern in den USA wählen sehr viel mehr Personen einen akademischen Weg: 52% des Jahrgangs. 32% des Jahrgangs schließen ihr Studium ab, 7% mit einem M.A., 17% mit einem B.A. und 8% mit einem niedrigeren Abschluss. Auf Seiten der nichtakademischen Jugendlichen landen 33% des Jahrgangs in Ausbildungsprogrammen ohne Zertifikat. 10% des Jahrgangs sagen, dass bei ihrer Tätigkeit ein On-the-job training (OJT) von weniger als 3 Monaten erforderlich sei. 22%, darunter auch viele Studienabbrecher, landen in beruflichen Ausbildungsprogrammen mit Zertifikaten. Ein Vergleich der Einkommen zwischen den Absolventen eines zertifizierten Berufsausbildungsprogramms und denen ohne zeigt allerdings, dass sich diese nicht unterscheiden. Ein Ausbildungszertifikat unterhalb eines College-Abschlusses lohnt sich in den USA finanziell nicht.

Vereinfacht ausgedrückt könnte man sagen, dass der amerikanische Berufseintritt mehr Umwege umfasst und dass deutlich mehr Jugendliche ohne Abschluss ins Berufssystem eintreten. Beide Systeme haben unterschiedliche Stärken: Im amerikanischen System werden mehr College-Absolventen hervorgebracht, im deutschen System mehr Personen mit einem mittleren Abschluss.

In den 1990er Jahren wurde in den USA versucht, die Ausbildungswege der „unteren Hälfte" zu vereinfachen und stärker zu strukturieren (Lewis u.a. 1998). Dabei zeigte sich, dass der „Import" von dualen Ausbildungssystemen wie in Deutschland, der z.T. auch in Großbritannien versucht wurde, schwer ist, da er eine strukturierte Kooperation zwischen Arbeitgebern voraussetzt. Trotz kleinerer Verbesserungen hat sich deshalb die Grundgestalt des Ausbildungssystems in den Vereinigten Staaten auch nach der Reform nicht verändert.

In den bisher dargestellten internationalen Vergleichen erscheint das deutsche System eines strukturierten Berufseinstieges, ähnlich dem des schweizerischen Systems, durchaus Vorteile aufzuweisen. Aber: Hat es sich in den letzten Jahren nicht verändert in Richtung einer Destandardisierung von Berufseintrittsprozessen? In einem Vergleich der Erwerbseinstiegsphase von vier westdeutschen Geburtskohorten (1935-1940, 1945-1950, 1955-1960, 1965-1970) gingen Lauterbach/Sacher (2001) anhand von Daten des SOEP dieser Frage nach. Danach hat eine berufliche Ausbildung einen hohen Stellenwert behalten. Bei Männern nahm der Anteil der eine Ausbildung Aufnehmenden von 79% bei der ältesten Kohorte auf 66% bei der jüngsten ab, während bei Frauen ein Anstieg in der Kohortenfolge von 58% auf 69% festzustellen ist. Etwas mehr als zwei Drittel eines Jahrganges durchlaufen also dieses System. Der Anteil der schulischen und akademischen Bildung an der Lebensphase zwischen 15 und 26 Jahren hat zugenommen: In der Kohortenfolge nahm er bei Männern von durchschnittlich 14% der Lebenszeit zwischen 15 und 26 Jahren auf 35% zu. Ähnlich stark ist die in schulischer und akademischer Bildung verbrachte Zeit bei jungen Frauen von 8% auf 30% angewachsen. Nur kleine Aufweichungen von „Normalverläufen" hat es gegeben: So ist im Alter zwischen 15 und 26 Jahren der durchschnittliche Zeitanteil von Teilzeitarbeit an der außerhalb des Bildungssystems verbrachten Zeit bei Männern von 1% auf 5% gewachsen, bei Frauen von 4% auf 6%. Arbeitslosigkeit, die bei den älteren Kohorten keine Rolle spielte, nimmt bei den Männern der jüngsten Kohorte 7% der Zeit der „Tätigkeitsphase" im Zeitraum zwischen 15 bis 26 Jahren in Anspruch und 5% bei den Frauen der jüngsten Kohorte. Diesen destandardisierenden Prozessen steht allerdings ein starker Rückgang von Hausfrauenzeiten in dieser Lebensphase gegenüber, die bei den jungen Frauen von 25% bei der ältesten Kohorte auf 10% zurückgeht. Insgesamt kann man also von einer relativ großen Stabilität des Berufseinmündungsgeschehens ausgehen, mit einem Angleichungstrend bei jungen Frauen, einer allgemeinen Bildungszunahme, sowie leichten „Ausfransungen" der Übergangsstruktur in Richtung Teilzeit und Arbeitslosigkeit.

7.3 Berufsverläufe

Nach dem Berufseinstieg schließen sich zwei bis fünf Jahrzehnte der Erwerbstätigkeit im mittleren Lebensalter an. In den nächsten beiden Unterkapiteln soll dieser Bereich des Verlaufs thematisiert werden. Eine der ersten großen Lebenslaufstudien in Westdeutschland (Blossfeld 1989, 1990) kam zu dem Ergebnis, dass der Berufseinstieg eine entscheidende Bedeutung für den weiteren Berufsverlauf habe. Ihm komme eine verlaufsprägende Wirkung zu. Im Vergleich von drei Geburtskohorten (1929-31, 1939-41, 1949-51) zeigte sich, dass die Arbeitsmarktlage im Zeitraum des Berufseinstiegs günstigere oder ungünstigere Bedingungen für den weiteren Verlauf setzen könne. Wenn, wie bei der Kohorte 1929-31, die Arbeitsmarktlage beim Einstieg schlecht ist, dann verzögert sich der Eintritt in den Beruf und der Mangel an Lehrstellen führt zu mehr Personen, die ohne Berufsabschluss ins Erwerbsleben gehen. Dadurch erlangen sie ein geringeres Berufsprestige am Anfang ihrer Erwerbskarriere. Diesen Anfangsnachteil in Form eines Kohorteneffektes können sie in ihrem gesamten weiteren Berufsverlauf nicht mehr kompensieren. Ist dagegen, wie bei der Kohorte 1949-51, die Arbeitsmarktlage im Zeitraum des Erwerbseintritts positiv, so setzt sich die Zunahme der Bildungsqualifikationen im Gefolge der Bildungsexpansion bei dieser Kohorte in ein deutlich höheres Berufsprestige (im Vergleich zu den älteren Kohorten) zu Beginn der Erwerbskarriere um. Auch dieser Anfangsvorteil geht im weiteren Erwerbsverlauf nicht mehr verlustig.

Dieser lebenslaufsoziologische Befund einer verlaufsprägenden Wirkung der Einstiegsbedingungen ist in der Folge vielfältig differenziert und diskutiert worden. Blossfeld hat als Kontext-Bedingung für derartig starke Kohorteneffekte zwei Besonderheiten des deutschen Erwerbssystems angegeben: Eine enge Verknüpfung von Bildungs- und Erwerbssystem durch Berufszertifikate, sowie eine relativ lange Verweildauer der Beschäftigten in einzelnen Betrieben. Allgemein gilt, dass die Bedeutung des Bildungsabschlusses für das Berufsprestige der ersten Stelle eines Erwerbsverlaufs und deren Einkommen hoch ist. Mit zunehmender Erwerbsdauer, in einem Alter von mehr als 30 Jahren, wird allerdings die Bildungsqualifikation für weitere Veränderungen von Prestige und

Einkommen unwichtiger, da der Status der ersten Erwerbsepisoden die Signalfunktion des Bildungsabschlusses übernommen hat (Warren/Sheridan/Hauser 2002). Gelten die langen Beschäftigungsdauern in Betrieben auch heute noch, in Zeiten der „Risikogesellschaft" (Beck 1986)? Die Befundlage ist nicht ganz eindeutig: Erlinghagen/Knuth (2004) kommen mit einer Analyse von Daten der IAB-Beschäftigtenstichprobe der Jahre 1975-1995 zu dem Ergebnis, dass die Beschäftigungsstabilität in Westdeutschland gleichgeblieben sei. Eine neuere Studie mit den gleichen Daten, allerdings bis zum Jahr 2000 verlängert, findet eine leichte Verringerung der Verweildauer: Während die im Jahr 1984 vorliegenden Beschäftigungsverhältnissen zu 57% noch nach fünf Jahren andauern, sind es bei den 1997 vorhandenen Beschäftigungsverhältnissen nach fünf Jahren nur mehr 47% (Köhler u.a. 2008; vgl. Struck 2006). Eine Untersuchung der bereits von Blossfeld untersuchten Lebensverlaufsstudie, allerdings ergänzt um die Geburtskohorten 1955 und 1964, findet im Vergleich zur Geburtskohorte 1940 keine Unterschiede bei der zwischenbetrieblichen Mobilität, lediglich die Übergänge in Arbeitslosigkeit nehmen in den ersten zwei Erwerbsjahren von 3% auf 12% bei der jüngsten Kohorte zu (Hillmert/Kurz/Grunow 2004). Zusammengenommen kann man also sagen, dass die Beschäftigungsdauer in Deutschland leicht rückläufig ist, dass aber nach wie vor relativ lange Beschäftigungsdauern in Betrieben üblich sind, sodass hierdurch verlaufsprägende Wirkungen von Berufseinstiegen möglich bleiben.

Entsteht ein zu langen Beschäftigungsdauern konkurrierendes Muster kürzerer, prekärer Beschäftigungsverhältnisse mit höherer Unsicherheit? Einschränkend sei vorneweg angemerkt, dass für untere Positionen in der Sozialstruktur schon sehr lange diskontinuierliche Beschäftigung normal war, etwa für Saison- oder Hafenarbeiter. Dennoch gibt es seit den 1970er Jahren in allen OECD-Ländern durch zwei Makroveränderungen eine leichte Zunahme von prekären Beschäftigungsverhältnissen (Bukodi u.a. 2008): zum einen bewirkt eine vertiefte internationale Arbeitsteilung in bestimmten Arbeitsmarktsegmenten steigende Konkurrenz (Krugman 1995; Appelbaum 2007; Sackmann 2010), die von Organisationen mit Strategien einer Verkürzung von Produktzyklen und Beschäftigungszeiten beantwortet wurde. Erwerbsverläufe werden dadurch projektförmiger, Sinnentwürfe und -zumutungen, die ursprünglich bezogen auf prekäre Künstlerverläufe entwickelt wurden, werden in der Gesamtgesellschaft bedeutsamer (Boltanski/Chiapello 2006). Zum zweiten wurde in Reaktion auf anhaltende Massenarbeitslosigkeit insbesondere in Ländern mit relativ strikten Arbeitsmarktregulierungen (wie z.B. Spanien, Frankreich, Italien) mit nur geringfügiger Änderung der „Normalarbeitsverhältnisse" ein zweites Segment befristeter und anderer prekärer Beschäftigungsverhältnisse zugelassen, von dem v.a. Berufseinsteiger betroffen sind (Busch u.a. 2010).

Datenanalysen zeigen, dass prekäre Beschäftigungsverhältnisse, unter der in einer Untersuchung (Kopycka/Sackmann 2010) Beschäftigungen bis zu einem Jahr Dauer; Teilzeitarbeit/geringfügige Beschäftigung; befristete Arbeitsverhältnisse; sowie mit weniger als 75% des Einkommensmedians bezahlte Beschäftigungen gezählt wurden, in West- und Ostdeutschland unterschiedlich entwickelt haben. In Westdeutschland nahm zwischen 1987 und 2005 der Prekaritätsgrad um ein Fünftel zu, während der höhere Grad in Ostdeutschland zwischen 1992 und 2005 leicht abnahm (ebd.: 141).

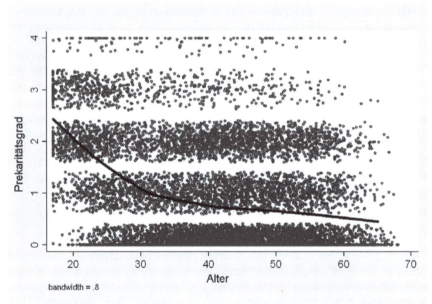

Abb. 20: **Prekäre Beschäftigung in Deutschland nach Alter im Jahr 2005 (Kopycka/Sackmann 2010: 142)**

Abb. 20 zeigt, dass prekäre Beschäftigungsepisoden stark gehäuft bei unter 30jährigen auftreten. Ein Vergleich mit Polen belegt, dass hier die Altersungleichgewichte in Bezug auf Beschäftigungsunsicherheiten noch ausgeprägter sind. Demgegenüber unterscheiden sich Frauen und Männer in Deutschland mehr als in Polen. Insgesamt kann man sagen, dass sowohl in Polen als auch in Deutschland prekäre Beschäftigung unterschiedlicher Intensität ungefähr die Hälfte der Beschäftigten betrifft (ebd.: 140), d.h. in vielen Lebensläufen treten prekäre Beschäftigungsepisoden auf, ohne dass sie allerdings notwendigerweise, den gesamten Lebensverlauf dominieren.

Wichtig für das Auftreten des von Blossfeld betonten Effektes einer verlaufsprägenden Wirkung des Berufseinstiegs ist das Zusammenspiel von intergenerationaler und intragenerationaler Mobilität, das im internationalen Vergleich noch deutlicher wird. Gesellschaften mit einer engen Verknüpfung von Bildungs- und Beschäftigungssystem wickeln einen nicht unerheblichen Teil des Austausches von Qualifikationen über den Generationsaustausch ab (intergenerationale Mobilität): Personen mit alten Berufen gehen in Rente und werden in der Volkswirtschaft durch junge Menschen mit neuen Berufen ersetzt.

In Gesellschaften mit einer geringeren Verknüpfung von Bildungs- und Beschäftigungssystem ist die friktionale Mobilität umfangreicher, weil es häufiger zu uneindeutigen Allokationen und Mismatches kommt: Betriebe und Berufe werden häufiger während des Lebenslaufs gewechselt (intragenerationale Mobilität). Darüber hinaus erlaubt eine schwächere Kopplung von Zertifikat und Stelle eine größere Offenheit im Zugang zu Betrieben und Berufen.

In Deutschland finden wir aus einer Kombination der Institutionalisierung von Bildungs- und Erwerbssystem und langen Betriebsverweildauern eine „normale" intergenerationale Mobilität vor und eine stark reduzierte intragenerationale Mobilität. In einem internationalen Vergleich mit vielen OECD-Ländern zeigt sich in Deutschland eine leicht unterdurchschnittliche intergenerationale Mobilität, beim Übergang von Arbeitern zur Dienstklasse eine sogar leicht überdurchschnittliche Mobilitätsrate (Erikson/Goldthorpe 1993). Dieses Muster einer leicht unterdurchschnittlichen gesamten intergenerationalen Mobilität, bei leicht überdurchschnittlichen Aufstiegen und einer deutlich unterdurchschnittlichen Zahl von Abstiegen ist auch in den letzten Jahrzehnten zu registrieren (Breen/Luijkx 2005; vgl. Hillmert 2011). Im Unterschied dazu liegen die intragenerationalen Mobilitätsraten deutlich unter den Werten vergleichbarer moderner Gesellschaften: In der Summe gibt es in Deutschland sehr viel weniger Mobilität, davon deutlich weniger Abstiege als in Großbritannien und den USA, sowie deutlich weniger Aufstiege als in den USA, Großbritannien und Schweden (Allmendinger/Hinz 1997; DiPrete 2002). Insgesamt kann man also sagen, dass die Haltekraft in deutschen Beschäftigungsverhältnissen höher ist als in anderen vergleichbaren Gesellschaften, dadurch ist die Planbarkeit des Erwerbslebens größer, Chancen und Risiken im Verlauf sind gemindert.

Bisher war der Blick auf Beschäftigungs- und Berufsverläufe ein sicherheitsbetonter, bei dem die Frage im Mittelpunkt stand, wie lange währen Beschäftigungsverhältnisse, welche Wahrscheinlichkeit für Berufskonstanz gibt es. Im Folgenden soll die Frage gestellt werden, wie mit unvorhergesehenen Ereignissen im Berufsverlauf umgegangen wird. Auch bei einer gesellschaftlichen

Betrachtung der „Heilungskräfte" eines Lebenslaufs ist von besonderem Interesse, welche Unterschiede es im internationalen Vergleich gibt. DiPrete/McManus (2000) haben hierzu mit den Datensätzen SOEP und PSID die langfristigen Folgen der Ereignisse Verlust des Arbeitsplatzes, Wechsel in einer Firma, Heirat und Scheidung in Deutschland und den Vereinigten Staaten miteinander verglichen. Diese Ereignisse nennen sie „Trigger events", auslösende Ereignisse, da man vermuten kann, dass sie Veränderungen des Haushaltseinkommens bewirken. Sie vergleichen damit Ereignisse, die sich eher unvorhergesehen ereignen, wie Scheidungen und Erwerbsverlust, mit eher beabsichtigten auslösenden Ereignissen, wie Heirat und Tätigkeitswechsel in einer Firma. Da man vermuten kann, dass diese Ereignisse sich unterschiedlich auf Männer und Frauen auswirken, trennen sie bei der Analyse diese Gruppen. Man würde vermuten, dass die Auswirkungen von diskontinuierenden Ereignissen in der mobileren US-Gesellschaft geringer sind als in Deutschland. Geschlechterunterschiede sollten in dem mehr dem traditionalen „Brötchenverdiener-Modell" folgenden Deutschland stärker ausgeprägt sein. Tabelle 4 fasst die Ergebnisse zusammen.

Tab. 4: Langfristige Auswirkungen (7 Jahre) von auslösenden Ereignissen auf das monatliche Haushaltseinkommen in den USA und Deutschland, getrennt nach Geschlecht

Auslösendes Ereignis	USA, Männer	Deutschland, Männer	USA, Frauen	Deutschland, Frauen
Erwerbsverlust	-	+	-	--
Tätigkeitswechsel in Firma	+	++	+	++
Heirat	+	++	++	+++
Scheidung	--	---	---	--(-)

Vorzeichenbedeutung: + = leichte Zunahme des monatlichen Haushaltseinkommens nach Steuern, ++ = starke Zunahme des monatlichen Haushaltseinkommens nach Steuern, +++ = sehr starke Zunahme des monatlichen Haushaltseinkommens nach Steuern, - = leichte Abnahme des monatlichen Haushaltseinkommens nach Steuern, -- = starke Abnahme des monatlichen Haushaltseinkommens nach Steuern, --- = sehr starke Abnahme des monatlichen Haushaltseinkommens nach Steuern.

Man sieht in der Tabelle, dass intendierte auslösende Ereignisse (Tätigkeitswechsel in Firma, Heirat) positive Folgen nach sich ziehen, bei den nicht-intendierten (Erwerbsverlust, Scheidung) gibt es mit einer Ausnahme negative Folgen. Interessant sind die Unterschiede zwischen den Geschlechtern in diesen zwei Ländern. Der Verlust eines Arbeitsplatzes führt langfristig bei Männern in Deutschland zu einem leichten Lohnzuwachs und damit nicht zu einem Einkommensverlust wie in den Vereinigten Staaten. Der Ablauf, der in diesem verblüffenden Ergebnis enthalten ist, beinhaltet, dass Arbeitslosigkeit bei Männern in Deutschland zwar länger dauert als in den USA, dass aber der Lohn des an eine Erwerbslosigkeit anschließenden Jobs in der Regel ähnlich dem vorherigen ist. Bei Frauen wirken sich Arbeitslosigkeit und Erwerbsunterbrechungen in Deutschland negativer aus als in den USA, was auch auf die längere Dauer von kindbedingten Unterbrechungen zurückzuführen ist. Sowohl für Deutschland als auch für die USA gilt, dass eine Scheidung deutlich negativere Auswirkungen auf das langfristige Haushaltseinkommen hat als der Verlust eines Arbeitsplatzes. Auf Heirats- und Scheidungsprozesse wird im Kap. 8 genauer eingegangen. Neuere Untersuchungen konnten die Armutsrelevanz der auslösenden Ereignisse Arbeitslosigkeit und Scheidung in Deutschland und den USA bestätigen, während die Armutsrisiken einer Krankheit deutlich geringer sind (Kohler u.a. 2012).

Auswirkungen einer Arbeitslosigkeitsepisode auf den Haushaltslohn stellen nur eine langfristige Folge von Erwerbsunterbrechungen durch Arbeitslosigkeit dar. In lebenslaufsoziologischer Sicht wird gefragt, welche „Narben" ein derartiges Ereignis im weiteren Erwerbsverlauf hinterlässt. Ellwood (1982) konnte in den USA nur geringe Langzeitfolgen einer Jugendarbeitslosigkeit im weiteren Verlauf feststellen. In Irland zeigte sich überwiegend Statuskonstanz nach Arbeitslosigkeit, lediglich bei einer Arbeitslosigkeitsdauer von mehr als zwei Jahren konnten negative Langzeitfolgen festgestellt werden (Miller 1998). Demgegenüber ergab ein Vergleich von jungen ost- und westdeutschen Kohorten bei den ostdeutschen Lehr- und Hochschulabsolventen eine höhere Anfälligkeit für Arbeitslosigkeit im späteren Lebenslauf, wenn die Erwerbskarriere mit einer entsprechenden Episode beginnen musste (Falk u.a. 2000). Gangl (2004; vgl. Strauß/Hillmert 2011) weist der Arbeitslosenversicherung eine wichtige Bedeutung bei der Frage der Vernarbung von Arbeitslosigkeitsepisoden zu. Eine Arbeitslosigkeitsversicherung, die erträgliche Lohnersatzleistungen bietet und über eine hinreichende Zeitdauer gezahlt wird, ermöglicht den Arbeitssuchenden nicht nur einen Lohnersatz, sie gibt ihnen auch die Möglichkeit, so lange zu suchen, bis eine adäquate neue Stelle gefunden wurde. Im amerikanischen System ist der Druck größer nach einer Arbeitslosigkeit auch ungünstigere Jobs anzunehmen, da eine Versicherungszahlung schwerer zu erlangen ist und deren Bezugsdauer dann meist auf sechs Monate begrenzt ist: Aufgrund dieses Drucks waren in den USA 36% der Jobs nach einer Arbeitslosigkeit mit einem mehr als 20%igen Einkommensverlust verbunden (in Westdeutschland zum Vergleich: 16%), 33% der amerikanischen Jobs nach Arbeitslosigkeit beinhalteten einen Statusverlust (in Westdeutschland zum Vergleich: 19%). Individuelles Humankapital wird dadurch schneller entwertet. Allerdings sei hier auch nicht verschwiegen, dass der Schutz vor Vernarbungen über (geduldigere) Arbeitslosenversicherungen den Preis einer längeren Arbeitslosigkeitsdauer für das Individuum hat. Ein kollektiver Nachteil von stark entschleunigenden Arbeitslosenversicherungen besteht in einer sich langfristig zäher aufbauenden und erhaltenden Arbeitslosigkeit in der Gesamtgesellschaft (Hysterese).

Die Folgen von Unterbrechungen in Berufsverläufen und die Bedeutung des Erwerbsbeginns für den weiteren Verlauf aufgrund von Kontinuität beruhen neben individuellen Eigenschaften auch auf dem Vorhandensein von Gelegenheiten. Die Anzahl von Gelegenheiten in Form von Stellen oder prestigereichen Positionen variiert über die Zeit in einer Gesellschaft (Lengfeld 2007: 127; Breen/Jonsson 2005). Am bekanntesten sind die Schwankungen der Gelegenheiten aufgrund des Konjunkturzyklus, mit denen das Arbeitsangebot zu- und abnimmt. Bereits Blossfeld (1989) hatte darauf hingewiesen, dass Verschiebungen der Gelegenheitsstruktur eine wichtige Bedeutung für Ungleichheiten zwischen Kohorten zukommt. So verursachte das geringe Lehrstellenangebot zu Beginn der 1950er Jahre langfristig wirkende Startnachteile für die damals eintretenden Berufskohorten, ebenso wie der Ausbau der staatlichen Dienstleistungsökonomie in den 1970er Jahren für dauerhafte Startvorteile der damals eintretenden Kohorten sorgte. (Wobei hier nicht verschwiegen sei, dass z.B. die in den 1960er und 1970er Jahren erfolgten Einstellungswellen weitgehend unkündbarer Lehrer nach dem zunehmenden Auftreten von öffentlichen Haushaltsproblemen seit den späten 1970er Jahren im Aggregat zu Verschuldung und Nicht-Einstellung folgender Kohorten beigetragen haben.)

Das Zusammenspiel zwischen individuellen Verläufen, Lebenslauf und Gelegenheiten kann sehr komplex sein. Zhou/Hou (1999) untersuchten die Lebensläufe von jungen Leuten, die während der chinesischen Kulturrevolution von den Städten aufs Land verschickt wurden. Da hierbei die Bildungskarriere unterbrochen werden musste, Netzwerke gelöst wurden und häufig auch Demütigungen hingenommen werden mussten, wäre anzunehmen, dass diese „verlorene Jugend" dauerhaft Nachteile haben würde aufgrund dieser „Narbe" im Lebenslauf. Es zeigt sich aber, dass nur die jungen Menschen, die mehr als 6 Jahre auf dem Land blieben (bzw. bleiben mussten), dauerhaft Einbussen in Bezug auf das spätere Einkommen hinnehmen mussten. Bei den nicht so lange Verschickten ergibt sich dagegen nur eine leichte Verzögerung des Heiratsprozesses. Bezüglich ihrer Erwerbschancen können diese Kurzverschickten davon profitieren, dass sie aufgrund ihrer Karriereverzögerung häufiger als gleichaltrig Nichtverschickte in den neu entstehenden Privatunternehmen arbeiten, was für sie über die Zeit mit größeren Aufstiegschancen verbunden ist. Diese gesellschaftliche Gelegenheitsstruktur ermöglichte eine „zweite Chance".

Auch der Fall des ostdeutschen Transformationsprozesses ist bezüglich der Bedeutung von Gelegenheiten instruktiv. Bei einem Vergleich von drei Berufseintrittskohorten der Jahre 1985, 1990 und 1995 erwies sich das Berufsschicksal der 1990 eingetretenen am günstigsten in Bezug auf das später erreichte Berufsprestige und die Betroffenheit von Arbeitslosigkeit (Sackmann/Weymann/Wingens 2000). Die Berufseintrittskohorte 1990 vollzog ihren Erwerbseinstieg während eines kurzen „Fensters der Gelegenheit" zwischen 1990 und 1993 mit neu entstehenden Erwerbsmöglichkeiten in neuen Unternehmen. Die Berufseintrittskohorte 1985 verharrte dagegen häufig zu lange auf den „alten" Arbeitsplätzen, um die neuen Chancen zu nutzen. Die Eintrittskohorte 1995 stieß schon auf einen inflexiblen Arbeitsmarkt. Detailliert hat Windzio (2003) nachgewiesen, dass das „Fenster der Gelegenheit" zum einen ein Resultat eines beschleunigten Strukturwandels von der staatssozialistischen Industriegesellschaft zu einer Dienstleistungsgesellschaft darstellt, bei dem sich schnell die Nachfrage von alten zu neuen Berufen verschiebt. Weiterhin findet im „Fenster der Gelegenheit" eine Gründungswelle von Unternehmen statt, die erst ab 1993 abflacht. Beide Prozesse schaffen neue Gelegenheiten, die allen noch nicht fest (an einen Beruf oder einen Betrieb) gebundenen Personen zugute kommen. In diesem Zusammenspiel von individuellem Verlauf, Alter und Gelegenheiten können für den Transformationsprozess in Ostdeutschland auch Kohorten ausgemacht werden, die besonders ungünstige Positionen aufweisen. Hierzu zählen die um 1940 geborenen Personen, die stark mit den Erwerbsbetrieben der DDR verbunden waren, deren Qualifikationen entwertet wurden, die wenig Chancen des (Wieder-)Einstiegs in neue Sektoren hatten, die aber dennoch noch zu jung waren, um in den Vorruhestand geschickt zu werden (Mayer/Diewald/Solga 1999).

Die verschiedenen Aspekte des Berufsverlaufes zusammenfassend kann man sagen, dass das deutsche Lebenslaufregime durch relativ stabile Erwerbsverläufe gekennzeichnet ist, wodurch der intergenerationalen Mobilität bei Berufseintritt eine besondere Bedeutung zur Bewältigung sozialen Wandels zukommt. Trotz einer leichten Abnahme der Stabilität der Betriebszugehörigkeit trifft diese Charakterisierung einer im internationalen Vergleich geringeren intragenerationalen Mobilität nach wie vor zu. Für die Individuen ist dies mit einer gewissen Sicherheit, insbesondere gegenüber Abstieg, aber auch geringeren Aufstiegschancen verbunden. Aus der Art der Verlaufsmuster ergeben sich ausgeprägte zeitliche Muster von Ungleichheiten zwischen Generationen und Kohorten je nach zeitspezifischer Gelegenheitsstruktur. Problematisch an dieser Struktur scheint zu sein, dass sich unvorhergesehene Kollektivereignisse, wie z.B. die sich in den 1980er Jahren formierende Massenarbeitslosigkeit oder die sich sukzessive aufbauende Verschuldung öffentlicher Haushalte, aus den Konstanz gewährleistenden Mechanismen zu lange anhaltenden sozialen Problemen verfestigen und aufsummieren können, die nur langsam wieder abgeschmolzen werden können.

7.4 Geschlecht und Berufsverlauf

Berufliche Lebensläufe von Frauen und Männern sind manchmal sehr verschieden. Mit lebenslaufsoziologischen Untersuchungen wird geprüft, in welchem Umfang und an welchen lebenszeitlichen Weichenpunkten hierbei Ungleichheit produziert wird. Krüger/Levy (2000) werfen Kohli vor, bei seiner Theorie des institutionalisierten Lebenslaufes zu wenig auf die in Lebenslaufregimen eingelagerten Geschlechterungleichheiten einzugehen. Bei diesem Einwand ist allerdings zu berücksichtigen, dass in der empirischen Sozialforschung zwei unterschiedliche Thesen zu prüfen sind: Zum einen, inwieweit sich in Lebenslaufregimen Ungleichheit zwischen den Geschlechtern reproduziert und damit gleich bleibt. Hierzu wird gleich exemplarisch etwas genauer auf Prozesse der beruflichen Segregation eingegangen. Zum zweiten finden wir einen sozialhistorisch relativ zügigen Wandel der Geschlechterungleichheit, der ebenfalls erklärungsbedürftig ist.

Als bedeutsam für die Reproduktion von ungleichen Berufsverläufen von Männern und Frauen werden die berufliche Segregation und die im nächsten Kapitel genauer analysierte unterschiedliche Verbindung von Erwerbs- und Familienverläufen angesehen. In einem umfangreichen Forschungsprojekt von Krüger u.a., bei dem Ehepaare, verschiedene Kohorten und Generationen zu ihren Erwerbsverläufen qualitativ und quantitativ befragt worden sind, kristallisierte sich berufliche Segregation als bedeutsam für den weiteren Lebenslauf heraus (Born/Krüger 2001; Krüger 2003; Born 2003). Das berufliche Bildungssystem, das die meisten Menschen durchlaufen, differenziert institutionell zwischen Männern und Frauen, indem viele Berufe, die überwiegend von Frauen angestrebt werden, nur in Fachschulen angeeignet werden können und nicht in dualen Ausbildungen (z.B. Beruf der Erzieherin oder der Hebamme). Diese Ausbildungen seien kostenträchtiger und unsicherer.[1] Historisch kann dies auf institutionelle Entscheidungen an der Wende vom 19. zum 20. Jahrhundert zurückgeführt werden, in deren Folge eher weibliche und eher männliche Ausbildungssysteme aus ideologischen Gründen getrennt wurden. Selbst bei gleichem Niveau ist allerdings die Haltekraft der Berufe unterschiedlich stark ausgeprägt. Bei typischen Frauenberufen wie Friseurin, Kinderpflegerin oder Schneiderin, die in den 1950er Jahren sehr häufig von Frauen gewählt wurden, ist die Verweildauer im Erwerb gering: Friseurinnen verbringen z.B. durchschnittlich 60% von 40 Erwachsenenjahren in ausschließlicher Familienarbeit. Bei anderen Berufen, die mehr Potential bieten, ist die Anzahl der im Beruf verbliebenen Jahre

---

1 Durch die generelle Verschiebung zu Dienstleistungsberufen gehören allerdings in jüngster Zeit viele Fachschulberufe zu den Gewinnern des Strukturwandels (Dobischat 2010).

sehr viel umfangreicher bei Frauen der gleichen Kohorte. Frauen, die eine kaufmännische Lehre absolviert haben, verbringen beispielsweise nur 34% von 40 Erwachsenenjahren mit Familienarbeit und 66% im Beruf (Krüger/Born 1991). Bei der Untersuchung zeigte sich auch, dass Familienarbeit nicht nur aus der Betreuung von Kindern besteht, auch Krankheit von Angehörigen und entsprechende nicht vorhersehbare Pflegebedarfe können zu Erwerbsunterbrechungen führen. Die größere Diskontinuität von weiblichen Berufsverläufen ist also auch eine Folge der häufigen Zuständigkeit von Frauen für die Unwägbarkeiten familialen Lebens. Neuere Untersuchungen bestätigen die Bedeutung des Berufs der Frau für deren Erwerbs(unterbrechungs)muster (Allmendinger 2010: 71).

Buchmann/Sacchi (1995a, b) folgen wie Krüger/Born der Spur, dass mit der Wahl eines Berufes nicht nur ein Gewerbe gewählt wird, sondern dass daraus auch ein Verlaufsmuster in Form einer Abfolge von Erwerbspositionen resultiert. Sie gehen davon aus, dass in einem Beruf eine Gelegenheitsstruktur enthalten ist. In einer Datenanalyse von Schweizer Berufsverläufen der Geburtskohorten 1949-1951 und 1959-1961 kommen sie zu dem Ergebnis, dass sich die Laufbahntypen, die in den Berufen enthalten sind, nicht verändert haben. Nach einer Faktoren- und Clusteranalyse kommen sie jeweils zu den gleichen 5 Laufbahntypen von Frauen und 9 Laufbahntypen von Männern. Drei dieser Laufbahntypen finden sich sowohl bei Frauen als auch bei Männern. Es gab also keinen Wandel von geschlechtsspezifisch segregierten Verläufen. Einer der exklusiven Frauenverläufe ist die „traditionelle, tiefqualifizierte Dienstleistungslaufbahn", bei der es in den ersten acht Erwerbsjahren nur geringfügige Statusveränderungen gibt, wie es z.B. häufig bei Verkäuferinnen der Fall ist. Einer der exklusiven Männerverläufe ist die „Aufsteiger-Laufbahn", bei der es zu deutlichen Aufstiegen in den ersten acht Jahren kommt. Personen, die als Elektromonteur beginnen, steigen z.B. öfter über Weiterbildungen zum Elektroingenieur auf. Die einzig festgestellte Wandlungstendenz in den Verlaufsmustern war, dass die Anteile der Verläufe in Dienstleistungsberufen zugenommen haben.

Eine der gründlichsten Untersuchungen zum Zusammenhang von beruflicher Segregation und Lebenslauf hat Falk (2005) vorgelegt. Die Trennung der Geschlechter in Berufe mit hoher Geschlechterhomogenität erfolgt demnach bereits bei der Berufswahl, während sich dagegen nach Familienunterbrechungen das Segregationsniveau der Berufe leicht abschwächt. Multivariate Analysen zeigen, dass bei Frauen im Vergleich zu Männern anzutreffende Verzögerungen beim Berufseinstieg und eine längere Suchdauer nach einer Arbeitslosigkeit auf die Effekte von segregierten Berufen zurückzuführen sind, während dagegen beim Arbeitslosigkeitsrisiko und beim Übergang in Nichterwerbstätigkeit keine entsprechenden Effekte zu finden sind. Die Aufstiegschancen von Frauen in Frauenberufen sind geringer als in anderen Berufen. Bei geschlechtsspezifischer beruflicher Segregation vollzieht sich also nicht nur eine horizontale Differenzierung, sondern auch eine vertikale Ungleichheit wird reproduziert.

Die bisher beschriebenen Mechanismen der beruflichen Segregation zeigen Reproduktionsmechanismen von geschlechtsspezifischen Unterschieden in den Erwerbsverläufen, die sich nicht stark verändert haben. Daneben kam es aber in den letzten Jahrzehnten zu deutlichen Angleichungsprozessen im Erwerbsverhalten der Geschlechter. Es *ändert* sich also etwas. Ein treibendes Moment ist hierfür in den letzten Jahrzehnten, dass das Bildungsniveau von Frauen stark angestiegen ist, sodass inzwischen im schulischen Bereich sogar ein leichtes Übergewicht der Bildungsleistungen von Frauen festzustellen ist. Weiterhin, durchaus damit im Zusammenhang stehend, kam es in den letzten Jahrzehnten in allen fortgeschrittenen Gesellschaften zu einem starken Anstieg der Frauenerwerbsquote. Diese ist in Deutschland leicht über dem Durchschnitt der OECD-Länder, höhere Erwerbsquoten weisen die skandinavischen Länder und die USA auf, niedrigere südeuropäische Länder wie Italien und Spanien. Dabei unterscheiden sich die Länder nicht nur bezüglich des Niveaus der Frauenerwerbstätigkeit, sondern auch in der Art der Erwerbsunterbrechungen und in der Bedeutung von Teilzeitarbeit. In Westdeutschland hat die rechtliche Erleichterung von Teilzeitarbeit in den 1960er Jahren wesentlich zu einer Steigerung der Frauenerwerbsquote beigetragen (Blossfeld/Hakim 1997: 167; Allmendinger 2010: 18f).

Obwohl generell durch die Zunahme der Frauenerwerbstätigkeit eine Angleichung zwischen den Geschlechtern stattfindet, ist die Form der Verknüpfung von Familie und Erwerb sehr unterschiedlich in OECD Ländern. Diese Unterschiede können normativ und empirisch bewertet werden. Empirisch variieren die Art der Erwerbsunterbrechungen bzw. die Auswirkungen von Familienphasen auf Erwerbsverläufe mit dem Wohlfahrtsregime und entsprechenden Familienpolitiken, die zusätzlich länderspezifische Besonderheiten aufweisen (Stier/Lewin-Epstein/Braun 2001). Bei konservativen Wohlfahrtsregimen (z.B. Deutschland) wird davon ausgegangen, dass der Familie der Vorrang bei der Betreuung von Kindern zukommt, wobei der Staat den Müttererwerb auf einem mittleren Niveau unterstützt durch Elternurlaub und öffentliche Kindergartenplätze. Im sozialdemokratischen Wohlfahrtsregime (z.B. Schweden) unterstützt der Staat in hohem Umfang den Müttererwerb über Elternurlaub und öffentliche Kindergartenplätze. In liberalen Wohlfahrtsregimen (z.B. USA) unterstützt der Staat so gut wie gar nicht die Müttererwerbstätigkeit, allerdings wird auch der familialen Kinderbetreuung kein zentraler Wert zugemessen. Die Frauenerwerbsquoten sind in den liberalen und sozialdemokratischen Wohlfahrtsregimen in der Regel höher, wobei die Teilzeitquote in Schweden sehr viel höher liegt als in den USA. Interessant ist, dass das Wohlfahrtsregime auch die Abfolge von Erwerbspositionen und ihre Folgen beeinflusst. In Ländern mit einer Halbtagsschul-Tradition (Deutschland, Österreich, Niederlande) tritt die Abfolge des Frauenerwerbsstatus Nichterwerbstätigkeit (beim Vorhandensein von kleinen Kindern und später bei Schulkindern) so häufig auf wie in keiner der anderen neun untersuchten Gesellschaften (entsprechend wirkt eine Ganztagsschule ungleichheitsmindernd (Beblo/Lauer/Wrohlich 2005)). Die langfristigen Einkommenseinbussen von Frauen, die während der gesamten Kindheit ihrer Kinder nicht erwerbstätig sind, im Vergleich zu Frauen, die während dieses Zeitraums in Vollzeiterwerbstätigkeit bleiben, sind mit 7% recht groß. Wenn Frauen in Ländern mit einer Halbtagsschule während der Vorschulzeit ihrer Kinder nicht erwerbstätig sind und während der Schulzeit ihrer Kinder teilzeitbeschäftigt sind, dann haben sie ebenfalls noch Gehaltseinbussen von 6% im Vergleich zu Frauen, die durchgängig Vollzeit erwerbstätig bleiben. Entsprechende Lohnverluste treten in liberalen Wohlfahrtsregimen nicht auf. Steiber/Haas (2010) bestätigen, dass im europäischen Vergleich die „(teilmodernisierten) männlichen Ernährermodelle" in Westdeutschland und Österreich zu besonders langen Erwerbsunterbrechungen führen. Mandel/Semyonov (2005) stellen fest, dass die relativen Unterschiede der Löhne zwischen den Geschlechtern umso größer sind, je länger der Mutterschutz eines Landes ist. Eine Längsschnittuntersuchung konnte belegen, dass auch bei Akademikerinnen Unterschiede zum Karriereverlauf von Männern fast ausschließlich auf Unterschiede der Veränderung des Erwerbsverhaltens nach der Geburt von Kindern zurückzuführen sind (Ochsenfeld 2012).

Letztendlich werden bei der Frage der gesellschaftlichen Ziele in Bezug auf die „Müttererwerbsunterstützung" kulturelle Wertausrichtungen wichtig bleiben, da man sozialwissenschaftlich nicht behaupten kann, dass die Nicht-Gewährung von Mutterschaftsurlaub und ein Zwang zu einer Vollzeiterwerbstätigkeit von Müttern „moderner" sei als die Gewährung eines dreijährigen Elternurlaubs und die institutionell gesicherte Wahlmöglichkeit zwischen Teilzeit und Vollzeit bei Eltern. Bei diesem Wertkonflikt geht es um eine Frage der Abwägung von Familie, Erziehung, Integration und Erwerbssystem, die nicht nur auf eine abstrakte Gleichheitsvorstellung reduziert werden sollte. Auch ohne normative Festlegung kann man konstatieren, dass Frauen ihre Erwerbsressourcen immer mehr wertschätzen und dass diese trotz ineffektiver Verwendungsweisen auch zunehmend von der Gesellschaft wertgeschätzt werden (vgl. Allmendinger 2010).

Neben dieser normativen Frage behalten allerdings empirische Sachverhalte eine Eigendynamik. Selbst wenn man mit den Normen des konservativen Wohlfahrtsregimes übereinstimmt, muss man im Vergleich der Wohlfahrtsregime konstatieren, dass die nicht-intendierten Nebenfolgen im konservativen Wohlfahrtsregime den größten Druck zu Reformen aufweisen, da sich (insbesondere hochqualifizierte) Frauen bei der Wahl zwischen Familie (mit hohen Lohneinbussen und häufig langen Nichterwerbszeiten) und Beruf ohne Kinder immer häufiger für den Beruf ohne Kinder entscheiden. Dadurch produziert eine Gesellschaft mit einer starken institutionellen Familienorientierung nicht-intendiert wenig Familien mit Kindern. Über gestiegene Bildung zunehmende Frauenerwerbstätigkeit entwickelt hier also eine Eigendynamik, die auch die institutionellen Grundlagen der Familien-Erwerbskombinationen in Frage stellen kann.

Ein Faktor, der Erwerbsverläufe von Männern und Frauen verändert und die Ungleichheitsrelationen zwischen Geschlechtern betrifft, besteht in der Verschiebung der Wirtschaftssektoren. Vor vierzig Jahren war es noch üblich, Frauen zu den „Problemgruppen" des Arbeitsmarktes zu rechnen, da sie länger und häufiger von Arbeitslosigkeit betroffen seien (vgl. Aulenbacher 2010). Als „Reservearmee" mit „Alternativrolle" seien sie eher im Jederfrausektor des Arbeitsmarktes tätig, sie würden konjunkturell hin- und hergeschoben. Gegen diese Annahme spricht, dass seit den 1970er Jahren gegenzyklisch (also sowohl in Konjunkturtälern wie in Konjunkturspitzen) die Frauenerwerbsquote gestiegen ist. Dagegen spricht auch, dass man seit den 1990er Jahren in vielen Gesellschaften höhere Arbeitslosenraten bei Männern als bei Frauen findet. Nachdem im Transformationsprozess in Ostdeutschland in den 1990er Jahren noch einmal sehr viel höhere Frauenarbeitslosenraten festzustellen waren (die erklärungsbedürftig sind!), setzte sich in den letzten Jahren auch in Deutschland eine höhere Arbeitslosenquote von Männern durch. Als ein Erklärungsfaktor gilt hierfür, dass die stärker männlichen Arbeitsplätze und Berufe des sekundären Industriesektors häufiger vom Arbeitsplatzabbau betroffen sind als die Mehrzahl weiblicher Arbeitsplätze und Berufe des tertiären Dienstleistungssektors. Dies könnte auch erklären, warum bei männlichen Akademikern eine steigende Akademikerdichte in Wirtschaftssektoren zu Lohneinbussen führt, während weibliche Akademikerinnen Lohnzuwächse verzeichnen können, wie britische Daten zeigen (Brynin 2002). Auch bei Akademikern führt berufliche Segregation bei Männern zu einer stärkeren Konzentration auf (schrumpfende) industrielle Berufe.

Betrachtet man also nach Geschlechtern getrennt Erwerbsverläufe der mittleren Lebensphase, kann man konstatieren, dass nach wie vor Ungleichgewichte zu ungunsten von Frauen zu beobachten sind in Bezug auf die Kontinuierlichkeit, die Belohnung von Arbeit, sowie Risiken und Chancen. Ein wesentlicher Mechanismus ihrer Reproduktion ist berufliche Segregation und die gesellschaftliche Zuschreibung einer stärkeren Zuständigkeit von Frauen für Familienbelange. Zugleich lässt sich allerdings ein massiver Wandel in Richtung einer Angleichung bei Erwerbsmustern verzeichnen, in manchen Bereichen stellt man inzwischen sogar leichte Vorteile von Frauen fest, z.B. bei Bildung und bei der Betroffenheit von Arbeitslosigkeit.

7.5 Renteneintritt

Zu den Charakteristika des modernen institutionalisierten Lebenslaufs zählt, dass am Ende des Erwerbslebens ein Übergang in einen „wohlverdienten" Ruhestand erfolgt, der über Rentenversicherungsleistungen u.ä. kollektive Zahlungen finanziert wird. Am Ende des 19. Jahrhunderts, als Bismarck das Rentenversicherungssystem einführte, waren es nur wenige Erwerbspersonen, die so lange lebten, dass sie den nicht lebenshaltungskostendeckenden Ruhestand erreichten. Heute erlebt die große Mehrheit der deutschen Gesellschaft (und der meisten anderen OECD Gesellschaften) einen gesicherten Ruhestand. In den nächsten beiden Unterkapiteln sollen einige Schlaglichter auf den Renteneintritt geworfen werden, in diesem Unterkapitel eher erwerbsbiografisch, im nächsten eher institutionenzentriert.

Obwohl in unserer Gesellschaft, die Entscheidung über das Wann und Ob eines Ruhestandes weitgehend institutionell vorgerahmt ist, gibt es auch hier einen gewissen Handlungsspielraum in der Entscheidung über den exakten Zeitpunkt und über die Art des anvisierten Übergangssystems. Individuell gibt es eine Reihe von Gründen, die für die Wahl eines optimalen Zeitpunktes wichtig sind: So die Bindung an einen Beruf, die man empfindet; der Anreiz eines frei gewählten Alltagszeitraums; das Gefühl, sein Lebenswerk getan zu haben; das Einkommen vor und nach Eintritt in den Ruhestand; der gesundheitliche Zustand während der Erwerbstätigkeit und seine Prognose für die Zeit danach; das betriebliche Umfeld, das einen Verbleib wünscht oder Belohnungen/Zwang für einen frühen Ausstieg setzt, sowie die Abstimmung von Verrentungsgeschehen zwischen Ehepaaren und Freunden.

Beim Renteneintritt werden institutionell zwei Gründe unterschieden: „wegen Alters" (die „normale" Rente) und „wegen verminderter Erwerbsfähigkeit" („Erwerbsunfähigkeitsrente" aus gesundheitlichen Gründen vor dem gesetzlichen Verrentungsalter). In der Praxis fließen die Logiken der beiden Systeme ineinander. Für die Analyse bedeutsam ist, dass die Altersrente von mehr Menschen in Anspruch genommen wird und stärker auf kollektiven Regeln beruht. Exaktere Aussagen zum Verrentungszeitpunkt lassen sich über eine Kombination der Werte beider Systeme ermitteln, da die Größenverhältnisse der über diese beiden Systeme verrenteten Personen über die Zeit variieren. In den letzten Jahrzehnten hat in den alten Bundesländern eine Vorverlegung des Renteneintrittsalters stattgefunden: Betrug das durchschnittliche Rentenzugangsalter aufgrund von Alter bei Männern 1960 und 1970 noch 65,2 Jahre, so hat es sich bis zum Jahr 2000 auf 62,2 Jahre verringert. Seither gibt es allerdings einen Wiederanstieg: Bei Männern ist in Gesamtdeutschland zwischen 2000 und 2011 das Rentenzugangsalter (nach Alter und verminderter Erwerbsfähigkeit) von 59,8 auf 60,9 Jahre angestiegen, bei Frauen von 60,5 auf 60,8 Jahre (Deutsche Rentenversicherung Bund 2012: 140). Bemerkenswert an diesem Anstieg ist, dass er sich gegenzyklisch vollzieht, d.h. selbst bei rückläufigen Konjunkturzeiten kam es zu einer Verlängerung der Lebensarbeitszeit. Die Einheitlichkeit des Verlaufs (und die daraus resultierende stärkere Standardisierung der Übergangszeiten), der Umbau der Institutionen, die Veränderung der internationalen Diskurse, sowie die Änderungen der individuellen Renteneintrittszeitpunkterwartungen sprechen für einen nachhaltigen Trendumbruch (Sackmann 2008).

Nun ist der durchschnittliche Verrentungszeitpunkt nur ein sehr grober Indikator für ein vielfältiges Geschehen. In einer nicht repräsentativen Studie haben Han/Moen (1999) geprüft, wie beim Renteneintritt verschiedene Zeitebenen miteinander interagieren. Es zeigte sich, dass in amerikanischen Großbetrieben Frauen später in Rente gehen, dass betriebliche Frühverrentungsprogramme eher der (für das Individuum zufälligen) Logik eines Periodeneffektes folgen. Methodisch ist an dieser Untersuchung interessant, dass geprüft wurde, welchen Einfluss die über eine Sequenzmusteranalyse erhobene Abfolge der Erwerbsbiographie (biographical pacing) auf den Renteneintritt hat. Danach scheiden Personen, die einen ordentlichen Karriereverlauf haben, also hohe Konstanz bei eher mittlerem Berufsprestige, am frühesten aus dem Erwerbsleben aus. Personen, die häufiger Erwerbsunterbrechungen aufweisen, einen schwankenden Prestigeverlauf haben auf eher niedrigerer Ebene, schieben dagegen den Verrentungszeitpunkt am weitesten nach hinten. Man könnte also sagen, dass im amerikanischen Kontext Personen mit unregelmäßigeren Erwerbskarrieren „nacharbeiten" müssen, was den Verrentungszeitpunkt verzögert. Wie stark hierfür das hierarchisierte Betriebsrentensystem verantwortlich ist, ist empirisch zu prüfen. (In den USA ist es häufiger als in Deutschland üblich, dass auch nach der offiziellen Verrentung neue Stellen aufgenommen werden. Für die Verteilung dieser Wiederaufnahmewahrscheinlichkeit von Arbeit nach der offiziellen Verrentung finden Han und Moen, dass besonders hohe und besonders niedrige Ressourcenausstattung eine Wiederaufnahme begünstigen: Unter Hochgebildeten und unter Einkommensschwachen findet man häufiger Personen, die im Ruhestand wieder eine Erwerbstätigkeit beginnen.)

Auch in der Bundesrepublik gab es den Versuch, den Einfluss von Erwerbsverläufen auf Verrentungszustände zu schätzen. Hauschild (2002a) verwendet hierzu die Daten von AVID 96, einer mit 14.434 befragten Personen der Geburtsjahrgänge 1936-1955 repräsentativen Verlaufsuntersuchung, die viele rentenrelevante Informationen enthält, und deshalb Prognosen auf spätere Renteneinkommen ermöglicht.[2] Da diese Rentenprognosen 1996 vorgenommen wurden, sind sie noch in der damals gültigen Währung DM gefasst. Die Sequenzmusteranalysen zeigen, dass es unter den Männern mit 4% „Diskontinuierlichen" in Westdeutschland und 6% „Langzeitarbeitslosen" in Ostdeutschland nur ein kleines Reservoir von potentiellen Altersarmen gibt. Diese Gruppe ist bei den westdeutschen Frauen deutlich umfangreicher: Hier gibt es die Cluster der „Diskontinuierlichen" (9%), der „späten Hausfrau" (9%), der „frühen Hausfrau" (17%) und der „sozialversicherungsfrei Beschäftigten" (5%). Das prognostizierte durchschnittliche Renteneinkommen der mit 17% recht großen Gruppe der „frühen Hausfrauen" beträgt 402 DM im Monat! Die ostdeutschen Frauen weisen demgegenüber eine geringere Altersarmutsgefährdung auf, da die Gruppe der „ostdeutschen Hausfrauen" nur 4% umfasst. Auch das Cluster der „Langzeitarbeitslosen", das 12% der ostdeutschen Frauen enthält, weist aufgrund von vorhergehenden langen Erwerbstätigkeitsepisoden ein prognostiziertes Renteneinkommen von immerhin 912 DM auf. Berechnet man auf der Ebene von Haushaltseinkommen mit den gleichen Daten potentielle Altersarmut (Hauschild 2002b), hier definiert als Sozialhilfesatz zusätzlich 10%, so zeigt sich, dass die in Westdeutschland bei den älteren Kohorten häufigen Konstellationen des „männlichen Brötchenverdiener-Haushaltes" die Gefährdung weiblicher Altersarmut weitgehend aufheben. 30% der westdeutschen Haushalte fallen unter diese Kategorie, ihre Untercluster liegen alle im Durchschnitt bei einem prognostizierten Renten-Haushaltseinkommen über der Armutsschwelle. Vereinfacht ausgedrückt könnte man sagen, dass der erwerbstätige Ehemann die Rentenversicherung ersetzt, bzw. die Hinterbliebenenregelung im deutschen Rentenversicherungsrecht „männliche Brötchenverdiener-Haushalte" stabilisiert. Es sei an dieser Stelle allerdings auch nicht verschwiegen, dass für einige Hausfrauen mit geringen Rentenansprüchen die Handlungsmöglichkeit einer Scheidung aus materiellen Gründen stark eingeschränkt ist, da sie in diesem Fall Rentenverluste hinnehmen müssten.

Drohende Altersarmut ist in den letzten Jahren zu einem öffentlichen Debattenthema geworden (Vogel/Motel-Klingebiel 2013). Drei Dimensionen sollten dabei unterschieden werden: Der Diskurs über Altersarmut wurde maßgeblich durch private Rentenversicherer geschürt im Gefolge der Einführung der Riesterrente, die den öffentlichen medialen Diskurs, z.B. in Zeitungen verändert hat (Sackmann/Kopycka 2010). Bisherige Analysen zur Selektivität der Nutzung von Anrechten für Riesterrenten zeigen, dass diese nicht flächenhaft vor Alters-

---

2 Die Prognosen, die weitgehend Erwerbsverläufe der letzten Jahre fortschreiben, können natürlich nur grobe Orientierungspunkte für eine Prognose liefern, nicht valide Daten.

armut schützen werden (Simonson 2013; Coppola/Reil-Held 2011). Die egalisierenden Komponenten des Schweizerischen Mischsystems verhindern stärker Altersarmut als das deutsche oder britische Mischsystem (Riedmüller/Willert 2011). Weiterhin gilt aktuell, dass die Armutsquoten von Älteren nur leicht über dem Durchschnitt der Bevölkerung liegen (aber insbesondere alleinlebende Frauen zu einem Viertel armutsgefährdet sind) (Noll/Weick 2011). In Ostdeutschland stiegen im letzten Jahrzehnt deutlich die Armutsquoten bei den 54-64jährigen an, die inzwischen überdurchschnittlich sind (ebd.: 69). Dies ist auch eine Folge der institutionellen Ausgestaltung von Erwerbsminderungsrenten, deren Abschläge einige Personengruppen nicht kompensieren können. Prognosen aufgrund bisheriger Rentenanwartschaften kommen in einem Kohortenvergleich zu dem Ergebnis, dass die „Babyboomer-Generation" (Geburtskohorten 1956-1965) bis 2008 geringere Rentenanwartschaften erworben hat als die Nachkriegskohorten (1944-1953 geboren), die bei gleichem Alter bereits höhere Ansprüche erarbeitet haben. Allgemein ist dies auf eine Zunahme von diskontinuierlicheren Erwerbsverläufen zurückzuführen. Dabei geht die Schere zwischen West- und Ostdeutschland auseinander: Konstanz (bzw. leichte Verbesserung bei Frauen) in Westdeutschland, demgegenüber massive Zunahme von diskontinuierlichen Verläufen nach der Wende in Ostdeutschland, die eine Erhöhung künftiger Armutsgefährdung im Alter bewirken (Simonson 2013: 277). Es wird sich zeigen müssen, inwieweit die deutsche Gesellschaft diese späten „Transformationskosten" individualisieren wird oder ob sie Ausgleichsmechanismen berücksichtigen wird.

Praktische Aufgabe: Folgen der Veränderung der Rentenregelgrenze für Frauen?

Die Altersgrenze von 60 Jahren wurde bei der Altersrente für Frauen, die ab dem 1. Januar 1940 geboren sind, zum 1. Januar 2000 angehoben. Die Anhebung erfolgt in Monatsschritten auf das Alter von 65 Jahren. Frauen können zwar noch mit 60 Jahren in Rente gehen, sie müssen aber grundsätzlich für jeden Monat des vorzeitigen Rentenbeginns einen Abschlag von je 0,3 Prozent pro Monat für die gesamte Rentenbezugsdauer in Kauf nehmen. Die Anhebung der Altersgrenze auf 65 Jahre ist Ende 2004 abgeschlossen. Für Frauen, die nach dem 30.November 1944 geboren sind, wird bei dieser Altersrente dann das vollendete 65. Lebensjahr als Altersgrenze maßgebend sein. Damit wird dann der Verrentungszeitpunkt bei beiden Geschlechtern gleich sein.

Institutsaufgabe für Kleingruppen: Die Deutsche Rentenversicherung Bund bittet das Institut für angewandte Biografie- und Lebenslaufforschung ein Modell zu Veränderungen der Geschlechterdifferenz beim Verrentungsalter zu erstellen. Welche intendierten, welche nicht-intendierten Effekte der Rechtsänderung erwarten Sie? Erstellen Sie ein Modell hierzu, das Grundlage einer Datenanalyse sein könnte. Die Ausführungen von Han/Moen und Hauschild geben hierzu erste Anhaltspunkte.

7.6 Verrentung als institutioneller Aushandlungsprozess

Der Verrentungszeitpunkt wird vom Individuum in Auseinandersetzung mit institutionellen Rahmenbedingungen getroffen, wobei letzteren in Deutschland ein hohes Gewicht beikommt. Es lohnt deshalb hier exemplarisch auch genauer die Motive für die Setzung von institutionellen Rahmenbedingungen zu untersuchen, die in der neueren Literatur als „Lebenslaufpolitik" bezeichnet werden (Weymann 2009). Das Feld des Verrentungszeitpunktes ist hierfür interessant, da es bezüglich der Zunahme von Frühverrentungen bei einer gleichzeitigen Zunahme der Lebensdauer zu einer Krise gekommen ist, die noch immer nicht ganz gelöst ist.

Wieso kann man hier von einer Krise sprechen? Einige Indikatoren wie Arbeitslosigkeit, Erwerbsquote und Renteneintritt zeigen eine im internationalen Vergleich relativ ungünstige Entwicklung auf. Ein Vergleich der Arbeitslosigkeitsraten nach Alter zeigt, dass in Deutschland Arbeitslosigkeit in der Altersgruppe zwischen 55 und 65 Jahren häufiger auftritt als im Durchschnitt aller Personen im erwerbsfähigen Alter (Sackmann 2001b). Ein vergleichbares Verteilungsmuster von Arbeitslosigkeit auf Altersgruppen findet sich nur in Japan, während in anderen Ländern in dieser Altersgruppe deutlich unterdurchschnittliche Arbeitslosigkeitsraten zu finden sind. Da gerade bei dieser Personengruppe, die biographisch zwischen dem Erwerbsleben und vor dem Eintritt in den Ruhestand steht, die bloße Meldung beim Arbeitsamt nicht immer aussagefähig ist, weil „Arbeitslosigkeit" hier für einen vorgezogenen Ruhestand stehen kann, wurde die Behauptung einer überdurchschnittlichen Altersarbeitslosigkeit in Deutschland mit dem härteren internationalen ILO-Kriterium gemessen, das eine aktive Suche nach Arbeit voraussetzt:[3] Danach waren 2004 13,4% der Männer der Altersgruppe 55-65 Jahre arbeitslos (die Arbeitslosenquote der Männer im erwerbsfähigen Alter betrug 11,5%) und 13,5% der Frauen der Altersgruppe 55-65 Jahre arbeitslos (die entsprechende Arbeitslosenquote von

---

3 Nach dem ILO-Kriterium sind Personen arbeitslos, die in der Berichtswoche nicht in einem entlohnten Beschäftigungsverhältnis standen, nicht selbstständig waren, kurzfristig (d.h. innerhalb von zwei Wochen) für eine Beschäftigung verfügbar waren und in den letzten vier Wochen aktiv eine Beschäftigung oder eine Tätigkeit als Selbstständiger gesucht hatten.

Frauen im erwerbsfähigen Alter lag bei 10,3%) (Statistisches Bundesamt 2005). Die Altersgruppe vor dem Ruhestand ist also deutlich häufiger von Arbeitslosigkeit betroffen. Dabei beträgt die Erwerbsquote in dieser Altersgruppe nur 57,9% bei den Männern und 38,1% bei den Frauen. Auch dieser Wert liegt unter den Werten vergleichbarer OECD Gesellschaften. Je früher Personen in den Ruhestand eintreten, desto länger sind die Rentenlaufzeiten und damit die Auszahlungssummen. Die Finanzprobleme der Rentenversicherung seit den 1980er Jahre sind wesentlich vom Frühverrentungsgeschehen verursacht worden.

Frühverrentungen sind keine deutsche Spezialität: Der „Trend" setzte in den 1960er Jahren in den USA ein, in Deutschland fand er 1972 seine erste institutionelle Form in der Flexibilisierung der Altersgrenze (Guillemard/Rein 1993). Seit den späten 1980er Jahren setzt eine Gegenbewegung ein, wiederum von den Vereinigten Staaten ausgehend, die eine Verlängerung der Lebensarbeitszeit anstrebt; bzw. eine Aufhebung von Altersgrenzen anzielt. In Abb. 20, die das Rentenzugangsalter in Deutschland nach Kohorten auflistet, sieht man deshalb eine Wellenbewegung.

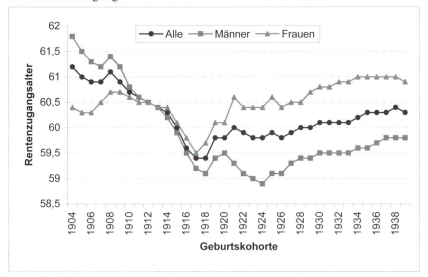

Ohne Erziehungsrenten, Nullrenten und ohne Renten nach Art. 2 RÜG. Bei den Kohorten 1937-1939 zum Teil untererfasst wegen verspäteteter Antragstellung bzw. Meldung. Ausgewiesen sind lediglich Fälle mit einem Rentenbeginn vor dem 66.Lebensjahr.
Quelle: Deutsche Rentenversicherung 2005: 115

Abb. 21: Durchschnittliches Rentenzugangsalter von Kohorten nach Geschlecht, nur alte Bundesländer

Danach war das Renteneintrittsalter bereits vor Einführung der flexiblen Altersgrenze rückläufig. Ab der Geburtskohorte 1911 wird durch die institutionelle Veränderung diese Entwicklung bestärkt. Sie erreicht bei der Geburtskohorte 1918 bei einem durchschnittlichen Verrentungsalter von 59,4 Jahren ihr Minimum. Seither steigt es langsam, aber kontinuierlich an. Wenn man einen Frühverrentungsjahrgang definiert als eine Geburtskohorte, dessen durchschnittliches Eintrittsalter unter 60,3 Jahren liegt, so fallen in Gänze die Geburtskohorten 1914-1935 in diese Kategorie, immerhin 21 Jahrgänge. Das Frühverrentungsregime hatte also mehrere Jahrzehnte Bestand.

Bei einer derartigen Persistenz einer Politik ist von einer komplexen Interessenlage auszugehen. Im Folgenden sollen die Interessenlagen für und gegen eine Frühverrentungspolitik dargelegt werden. Die folgende Auflistung soll die Grundkonstellation des Frühverrentungsgeschehens darstellen, bei hinreichender empirischer Sättigung und idealtypischer Verkürzung, die nicht immer der Komplexität aller Interessenlagen gerecht wird. Zuerst seien die Betreiber von Frühverrentungen erwähnt:

Tab. 5: Profiteure des Systems der Frühverrentung

Akteur	Motiv	Handlung
Staat	Sozialpolitisches Wahlgeschenk 1972;	Flexibilisierung des Rentenzugangsalters
	Verkürzung der Lebensarbeitszeit als Arbeitslosigkeitsbekämpfungspolitik 1984;	Vorruhestandsgesetz
	Wiedervereinigungsbewältigung 1990	Ostdeutsche Frühverrentung
Unternehmen	Personalanpassung	Konfliktarme Entlassungen
	Innovationsförderung	Einkauf von neuem Wissen
	Gratifikation/Effizienzlohn	Langfristige Bindung der Beschäftigten
Gewerkschaften/ Betriebsrat	„Sozialverträglicher" Personalabbau (mitgliedschaftskonform)	„Sozialplan"
	Macht bei Personalabbau-Entscheidung Lohnerhalt durch Mengenrationierung	Unterstützung entsprechender Sozialversicherungspolitik
Ältere Arbeitnehmer	„Leben statt Arbeit" Gesundheitssicherung Anerkennung für (Lebensarbeits)Leistung	Individuelle und kollektive Interessenverfolgung

Politiker förderten Frühverrentungen in Deutschland in drei wichtigen Situationen: 1972 vor einem Wahlkampf, bei dem sich Sozialdemokraten und Christdemokraten mit sozialpolitischen Versprechungen überbieten wollten. Zu Beginn der 1980er Jahre gab es eine Diskussion darüber, welche Form der Arbeitszeitverkürzung die beste Antwort auf die zunehmende Massenarbeitslosigkeit sei. Eine Lebensarbeitszeitverkürzung wurde von der konservativen Regierung als die konfliktloseste Form angesehen, die mit einem Vorruhestandsgesetz gefördert werden sollte. 1990 wurde noch unter der post-kommunistischen Regierung Modrow der Weg in eine Frühverrentungspolitik zur Bewältigung des Wiedervereinigungsprozesses eingeleitet, die später von der konservativen westdeutschen Regierung weiterverfolgt wurde. Eine Minderung von sozialen Konflikten beim Arbeitsplatzabbau, aber auch ein beschleunigter Elitenaustausch war dabei mit intendiert.

Unternehmen versprachen sich von Frühverrentungen konfliktarme Personalreduktionen bei einer gleichzeitigen Erneuerung des Humankapitals (vgl. Rosenow/Naschold 1994, Rosenow 2000). Gewerkschaften konnten bei der Aufstellung von Sozialplänen, die in aller Regel Frühverrentungsprogramme enthielten, Macht zeigen. Da die Mehrzahl der Mitglieder aus älteren Arbeitnehmern besteht, handelten sie dabei im Interesse ihrer Mitglieder. Ein gewerkschaftliches Ziel einer Frühverrentungspolitik besteht auch in dem Versuch über eine Reduktion der sich auf dem Arbeitsmarkt befindlichen Personen ein Fallen der Löhne in Zeiten der Arbeitslosigkeit zu verhindern. Vincens (1990) nennt dies eine Politik der Mengenrationierung.

Ältere Arbeitnehmer haben in der Regel Frühverrentungsofferten angenommen und z.T. aktiv angestrebt. Sie sahen darin eine Anerkennung ihrer Lebensarbeitsleistung und strebten, gerade bei körperlich anstrengenden Berufen eine Sicherung ihres Gesundheitszustandes durch eine Frühverrentung an. Das institutionelle Regime der Frühverrentungen wird also durch viele Akteure gestützt, die makropolitisch über Gesetzesinitiativen agieren können. Gleichzeitig befördern sie dies auch dezentral mikropolitisch durch individuelle Entscheidungen von Unternehmensleitungen, Betriebsräten und individuellen Arbeitnehmern in den Betrieben. Beide Komponenten machten die Stärke dieses institutionellen Netzes aus.

Einige Akteursgruppen haben allerdings durch Frühverrentungen auch Verluste, die allerdings nicht immer genau zu bestimmen sind. Auch hier wird im Folgenden eine Konzentration auf zentrale Widersprüche versucht, die nicht immer alle lokalen Konfliktlinien exakt wiedergeben wird.

Die ersten Proteste gegen Frühverrentungen kamen aus den Sozialversicherungen, bei den Rentenversicherungen, da unter den alten Regularien der Rentenversicherung Beitragssätze an die steigenden Ausgaben angepasst werden mussten. Der Beitragssatz stieg von 14% im Jahr 1965 auf 20,3% im Jahr 1997 an. Dieser Anstieg fiel so gering aus, weil die entlegitimierende Wirkung der Beitragserhöhungen im Sozialministerium zu fortgesetzten Rentenreformbemühungen über 30 Jahre führte. Das Wort des langjährigen Sozialministers Blüm in der Regierung Kohl „...denn eins ist sicher: Die Rente" wurde zu einem geflügelten Wort für falsche Versprechungen, weil sich in seiner Person die Widersprüchlichkeit dieser Politik bündelte. Bereits in den frühen 1990er Jahren setzt auch der Widerspruch des Finanzministeriums gegen die Exzesse der Frühverrentungspolitik ein, da umfangreiche Posten der ostdeutschen Frühverrentungspolitik aus dem Bundeshaushalt finanziert wurden.

Tab. 6: Opfer des Systems der Frühverrentung

Personen	Schaden	Kollektiver Akteur	Daraus resultierende Handlung?
Sozialversicherungen	Beitragserhöhungen wirken entlegitimierend.	Sozialversicherungen	Reformforderung
Staat	Beitragserhöhungen der Sozialversicherungen wirken entlegitimierend. Erfolglose Arbeitsmarktpolitik durch Lebensarbeitszeitverkürzung wirkt entlegitimierend. Wachsende Haushaltsdefizite durch die Bezahlung ostdeutscher Frühverrentungspolitik aus Bundeshaushalt und Stützung der Sozialversicherungen	Sozialministerium Finanzministerium	Rentenreformen
Arbeitslose	Beitragserhöhungen der Sozialversicherungen erhöhen die Arbeitslosigkeitsrate. Konzentration der Arbeitslosigkeit auf Ältere erhöht Langzeitarbeitslosigkeit („Schutzrechte" für ältere Arbeitnehmer behindern Wiedereinstellung).	Kein kollektiver Akteur: Spannungen in Gewerkschaften?	
Unternehmen	„Abfindungen" nach Seniorität Beschränkung der Personalauswahl bei Entlassungen Unternehmen mit jüngerer Belegschaft finanzieren Personalabbau von Unternehmen mit älterer Belegschaft.	Kein kollektiver Akteur: Spannungen innerhalb der Arbeitgeberverbände?	

Dass eine Frühverrentungspolitik die Arbeitslosigkeit erhöht, indem die Lohnnebenkosten u.a. durch höhere Beiträge steigen, wurde eher im wissenschaftlichen Diskurs thematisiert als von Arbeitslosen selbst. Auch der Bumerang-Effekt von speziellen Schutzregeln für ältere Arbeitnehmer (wie z.B. verlängerte Kündigungsfristen), die Wiedereinstellungschancen von älteren Arbeitnehmern reduzieren, wurde eher von Wissenschaftlern und liberalen Politikern geäußert und nicht von den Betroffenen, die eher von einer vorurteilsbedingten Diskriminierung älterer Arbeitnehmer ausgehen. Es trat kein kollektiver Akteur auf, der die Interessen dieser Arbeitslosen vertreten hätte. Es wäre interessant zu untersuchen, ob die widersprüchliche Interessenlage von Arbeitnehmern diesbezüglich zu Konflikten innerhalb von Gewerkschaften führte.

Auch bei den Unternehmen sind widersprüchliche Interessenlagen bezüglich einer Frühverrentungspolitik festzustellen. Frühverrentung betreibende Unternehmen haben nicht unerhebliche Kosten für Abfindungen an Übergangsgeldern und ähnlichem. Nicht Frühverrentung betreibende Unternehmen, die über eine sehr junge Belegschaft verfügen, z.B. die Computerbranche in den 1980er und 1990er Jahre, müssen über steigende Sozialversicherungsbeiträge Frühverrentungen mitfinanzieren, obwohl sie nichts davon haben. Auch im Bereich der Unternehmen hat sich kein kollektiver Akteur gegen Frühverrentungen gefunden. Es wäre interessant, einmal etwas genauer die Widersprüche in Unternehmensverbänden in Bezug auf die Frühverrentung zu untersuchen.

Die Daten zeigen, dass seit Mitte der 1990er Jahre der Trend zur Frühverrentung in Deutschland gebrochen ist. Welche Instrumente des Wandels waren hier wirkungsvoll?

Tab. 7: Instrumente des Wandels (praktiziert oder vereinbart in Deutschland in den letzten 20 Jahren)

Instrumente des Wandels	Kommentar
Anhebung des gesetzlichen Renteneintrittsalters	Sukzessive eingeführt. Bei Frauen auch aus Gleichstellungsgründen (erhöht die Wahrscheinlichkeit von gleicheren Rentenzahlungen).
Abschläge bei der Rentenhöhe in Abhängigkeit des realen Renteneintrittsalters im Vergleich zum gesetzlichen Renteneintrittsalter	
Abschaffung der Berufsunfähigkeitsrente	
Einschränkung der Möglichkeiten einer Frühverrentung mit eingeschränkter Erwerbsfähigkeit	Unterscheidung „erwerbsunfähig"/ „frühverrentet" umkämpft
Einschränkung der Möglichkeiten einer Frühverrentung nach Arbeitslosigkeit im Alter	
Lohnsubventionen für Neueinstellung älterer Arbeitsloser	Mitnahmeeffekte
Laufzeitverkürzung Arbeitslosengeld. Zusammenlegung Arbeitslosenhilfe/ Sozialhilfe	Ausnahmeregelung für Ältere umstritten

Die von Blüm bereits früh eingeführte Anhebung des gesetzlichen Rentenalters, die in den nächsten Jahren fortgesetzt wird, ist ein wirkungsvolles Instrument, das allerdings aufgrund von rechtlichen Bestandsschutzregelungen nur über einen langen Zeitraum Wirkung entfaltet. In Gleichstellungsperspektive kann auch die Angleichung der Altersgrenzen zwischen den Geschlechtern als Schritt in Richtung einer Reduktion von patriarchalen Mustern interpretiert werden.

Das effektivste Mittel gegen Frühverrentungen sind Abschläge bei der Rentenzahlungshöhe, wenn die Rente vor dem gesetzlichen Verrentungsalter in Anspruch genommen wird. Diese 1996 eingeführte Regelung wirkt massiv und relativ schnell, weil Renten dadurch nicht nur einmalig gekürzt werden, sondern während der gesamten Rentenlaufzeit Einbussen hinzunehmen sind. Individuelle ältere Arbeitnehmer werden dadurch abgeschreckt. Obwohl dies im Detail sehr viel schwieriger ist, hat auch die Einschränkung der Möglichkeiten von Frühverrentungen aufgrund von „Erwerbsunfähigkeit" die Möglichkeiten von Frühverrentungen reduziert (Sackmann 2008; vgl. Kyyrä/Wilke 2004).

Als sehr teuer und wenig wirkungsvoll haben sich Lohnsubventionen für ältere Arbeitslose erwiesen. Die Wirkung von Hartz IV durch die Laufzeitverkürzung des Arbeitslosengeldes und die Senkung der früheren Arbeitslosenhilfe auf Sätze, die etwas über der Sozialhilfe liegen, hätte besonders bei älteren Arbeitnehmern Effekte gehabt, wurde allerdings durch Ausnahmeregelungen eingeschränkt.

8. Familie und Paarbildung

Lebensläufe und Biografien werden nicht ausschließlich von Individuen gestaltet, es gibt Verbindungen zwischen den Lebensläufen von Individuen. In ein natürliches Verbindungsnetz, die Familie, tritt fast jedes Individuum ein, ob es will oder nicht. In der Folge kann das Individuum neue Beziehungsmuster knüpfen und selbst durch private Entscheidungen familiale Netze aufbauen. Diese Entscheidungen sind in Lebensläufe und Biografien eingebunden. Dieser an und für sich einfache Sachverhalt hat weitreichende Konsequenzen für die Konzipierung von Familie in den Gesellschaftswissenschaften, da zu ihrer Erforschung eine dynamische Perspektive erforderlich ist. Die Feststellung allgemeiner Funktionen, die Familien in allen Gesellschaften (relativ zeitkonstant) zu erfüllen haben, ist in dynamischer Sicht nicht so einfach, wie die Ausführungen des Strukturfunktionalismus es glauben machen (vgl. hierzu Parsons 1955; Clason 1995). Ein soziales Gebilde „Familie", das aus einem gegengeschlechtlichen Paar mit Kindern besteht, und dessen Hauptfunktionen Kindererziehung und Intimität seien, ist nur ein mögliches Ergebnis von individuellen Entscheidungen.

Eine dynamische Sicht von Familie impliziert eine Trennung der Ereignisse Paarbildung und Geburtlichkeit (Fertilität). Eine dynamische Sicht beinhaltet auch eine genaue Analyse der individuellen Dynamik entsprechender Ereignisse ebenso wie eine genaue Analyse des gesellschaftlichen Wandels, in den diese Entscheidungen eingebettet sind. Im Sinne einer individuellen Dynamik konstituieren sich Paare durch Bindungsentscheidungen, die legalisiert werden können. Jedes Paar besteht nur für eine begrenzte Zeit, da Trennungen ebenso wie der Tod eines der Partner zu Auflösungen führen können, die nach Singlephasen in neuen Paarbildungen münden können. Die familiale Dimension der Biografie eines Individuums wird sich deshalb in der Regel nur unzureichend durch einen Zustand charakterisieren lassen, genauer ist es, von einem Verlauf mit verschiedenen (potentiellen) Bindungs- und Trennungsepisoden auszugehen. Hinter dieser methodischen Präzisierung einer Betonung der individuellen Dynamik von Familienverläufen verbirgt sich auch die Erkenntnis (die inzwischen in ihrer Breite das Alltagsbewusstsein von vielen Menschen erreicht hat), dass es im letzten Jahrhundert einen spürbaren gesellschaftlichen Wandel der Familienbeziehungen gegeben hat: Die Zahl nichtehelicher Lebensgemeinschaften ist angestiegen, Scheidungszahlen nehmen zu, Fertilität geht zurück, die Arbeitsteilung zwischen den Geschlechtern verändert sich. Auch diese Prozesse wollen im Detail verstanden sein, um sie einschätzen zu können und gegebenenfalls beeinflussen zu können. Ein Hinweis auf einen abstrakten Modernisierungsprozess, der als „Trend" das gesellschaftliche Leben verändert, reicht hierfür nicht aus.

Im Folgenden werden in fünf exemplarischen Unterkapiteln Prozesse der Familienformation und Paarbildung diskutiert. In den ersten beiden Unterkapiteln werden Paarbildungen und -trennungen in ihrer Dynamik untersucht. Das dritte Unterkapitel beschäftigt sich mit Veränderungen der Geburtlichkeit und ihren Gründen, dem sich ergänzend ein Unterkapitel über geschlechtsspezifische Arbeitsteilung in Haushalten anschließt. Im letzten Unterkapitel wird auf Familie als Ort von Zusammenhalt und als Subjekt spezifischer Austauschrelationen eingegangen.

8.1 Paarbildung

Wir werden zwar ohne unser Zutun in Familien geboren, unter neuzeitlichen Bedingungen wählen wir allerdings im Erwachsenenalter autonom Partner, mit denen wir private Teile unseres Lebens gestalten wollen. In individueller Hinsicht handelt es sich dabei um eine riskante Entscheidung, die allerdings revidierbar sein kann. Wie binden sich Menschen? Diese Leitfrage soll im Folgenden in vier Schritten beantwortet werden. Dabei wird davon ausgegangen, dass Lebenslaufpolitik die Ursache für Formen der Paarbildung ist, allerdings kann die Rahmensetzung der Lebenslaufpolitik auch als Folge von individuellen Reaktionen auf empirische Veränderungen bei Paarbildungsprozessen geändert werden. Hierzu sollen einige Elemente von Lebenslaufpolitik etwas genauer erläutert werden, wie das spezifische historische Muster der Paarbildung in Westeuropa. Auch die rechtliche Rahmung von Partnerschaft und die Veränderung der Rolle von Sexualität für Paarbildungen sollen geschildert werden, ebenso wie die veränderten Gelegenheiten der Bildungsexpansion als kausale Ursachen geprüft werden.

In vormoderner Zeit weisen Mittel- und Westeuropa einige Besonderheiten der Paarbildung auf, die diese Regionen der Welt von anderen unterscheiden und diese besonders machen. Diese Spezifitäten werden als „European marriage pattern" bezeichnet (Mitterauer 1986, 1990, 1997; Segalen 1990; Macfarlane 1986; Hareven 1991). Danach heiratete man spät, die Mehrheit der Männer zwischen 25 und 29 Jahren war unverheiratet, ebenso wie fast die

Hälfte der Frauen. Der späte Zeitpunkt der Heirat erklärt sich aus einem Ablaufmuster, wonach in der Regel mit der Heirat die Gründung eines eigenständigen Haushalts angestrebt wurde. Erst musste eine ökonomische Selbstständigkeit erworben werden, bevor eine von der Ursprungsfamilie getrennte Kleinfamilie aufgebaut werden konnte. Die im 19. Jahrhundert aufkommenden romantischen Verklärungen von vormodernen Dreigenerationen-Familien und Großfamilien entsprechen nicht der historischen Realität der Vormoderne in Mittel- und Westeuropa. Ein weiteres Kennzeichen des European marriage pattern ist, dass ein nicht unerheblicher Anteil der Bevölkerung dauerhaft unverheiratet blieb: Ein Teil der Ober- und Mittelschicht trat in Klöster ein, einem Teil der Besitzlosen waren Eheschließungen rechtlich nicht erlaubt. In der Summe führte dies zu einer niedrigeren Geburtenrate im vormodernen Europa im Vergleich zu anderen Weltregionen (und auch im Vergleich zu Entwicklungsländern vor etwa 60 Jahren, vgl. Birg 1996). Die Durchsetzung allgemeiner Menschenrechte, z.b. im Code Napoleon, bewirkte allerdings in den meisten europäischen Ländern im 19. Jahrhundert eine Aufhebung von Heiratsschranken, die auch, wie bereits Malthus (1974) konstatierte, zu einer vermehrten Geburtlichkeit beitrug, der Bevölkerungsexplosion des 19. Jahrhunderts. Es ist eine offene Frage, inwieweit die im letzten Drittel des 20. Jahrhunderts erfolgende Rückkehr zu späten Heiraten in West- und Mitteleuropa einer mentalitätshistorischen Kontinuität folgt.

Gegenwärtige Paarbildungsprozesse sind dadurch charakterisiert, dass sie im Vergleich zu den 1950er Jahren später und seltener in einer Ehe münden. Rechtliche Veränderungen haben diese Entwicklung begünstigt, sie sind aber selbst genauso Begünstigter dieses Wandels, wie sie Folge eines Wandels der Vorstellungen von Moral sind (Müller 2006: 48ff.). Zu Beginn des Modernisierungsprozesses im 19. Jahrhundert sorgte die Aufhebung von ständischen Beschränkungen der Eheschließung für einen Anstieg des Anteils der Verheirateten in der Bevölkerung, rechtliche Innovationen sorgten also für eine Verallgemeinerung der Norm einer ehelichen Paarbildung. Die rechtliche Privilegierung der Ehe erstreckte sich allerdings nicht nur auf die Gewährung von Rechten (der Erziehungsautonomie, des Ausgleichs von Interessen zwischen Eheleuten, der Steuervergünstigung etc.), sondern auch auf einen Schutz gegenüber konkurrierenden Formen der Paarbildung und einen Schutz gegenüber der Auflösung von Ehen. Rechtlich war die Ehe durch den „Kuppelei-Paragraf", § 180 StGB, vor Konkurrenz durch nichteheliche Lebensgemeinschaften geschützt, da die Ermöglichung außerehelichen Beischlafs eine strafbare Handlung war. Dieser Paragraf wurde in der Bundesrepublik Deutschland 1973 in dieser Wirkung aufgehoben. Die Verweildauer in Ehen wurde durch ein restriktives Scheidungsrecht in Westdeutschland bis zum Jahr 1977 erhöht, da nach dem „Schuldprinzip" nur der Nachweis und der Antrag des „unschuldigen" Ehepartners zu einer gerichtlichen Scheidung führen konnten. Die Einführung des „Zerrüttungsprinzips" ermöglichte nach 1977 jedem Ehepartner, sich scheiden zu lassen. Rechtsänderungen dieser Art, die zeitlich in vielen Ländern einher gingen mit einer Aufhebung von Strafrechtsparagrafen gegen homosexuelle Praktiken und einer familienrechtlichen Gleichstellung der Geschlechter in der Ehe, finden sich in den letzten Dekaden nicht nur in Westdeutschland, sondern in den meisten demokratischen Gesellschaften. Es würde den Rahmen der Arbeit sprengen, hier genau auf die Interessenkonstellation einzugehen, die diese Rechtsänderung durchsetzte, deshalb sei hier nur darauf hingewiesen, dass sie einer Veränderung moderner Moralvorstellungen folgt, einer veränderten Sicht von Privatheit (Rössler 2001): Eine gesellschaftliche Steuerung des Privaten durch die Öffentlichkeit ist nicht mehr möglich und begründbar, deshalb soll die Freiheit des privaten Lebens rechtlich respektiert werden, insofern andere nicht darunter leiden müssen. Das Recht hat sich dieser bereits von John Stuart Mill im 19. Jahrhundert formulierten Ansicht in den letzten Jahrzehnten angenähert, indem auf die moralisch begründete Verfolgung von „opferloser" Privatheit zunehmend verzichtet wird (Aufhebung des Kuppeleiparagraphen, Toleranz gegenüber Homosexualität, etc.). Dadurch werden Beziehungsformen, die Alternativen zur Ehe darstellen, wie nichteheliche Lebensgemeinschaften, weniger diskriminiert. Weiterhin entfallen Ausnahmen des Schutzes von „opferhaften" Formen der Privatheit in der Ehe (und Familie), da dem Familienvater (pater familias) unbedingte Privilegien nicht mehr zugebilligt werden (z.B. Bestrafung von Vergewaltigung in der Ehe). Diese im Kern an personalen (nicht kollektiven, auch nicht familialen) Rechten orientierte Moral treibt Änderungen des Scheidungsrechtes und der Gleichstellung der Geschlechter im Familienrecht voran.

Im populären Diskurs kommt der sexuellen Revolution und den Wertveränderungen der 1960er Jahre eine wichtige Rolle bei der Beschreibung und Erklärung von Veränderungen der Paarbildungsdynamik zu. Die Verbreitung der Pille steht hier symbolhaft für gestiegene Möglichkeiten. Im Folgenden möchte ich mich nicht auf veränderte Werte, sondern auf Veränderungen des Beziehungsverhaltens konzentrieren. Trotz der scheinbaren Vielfalt des sexuellen Wissens in den Medien verfügen wir nur selten über gute Daten zur Untersuchung sexuellen Verhaltens, da die Pionierstudien von Kinsey u.a. methodisch höchst unzuverlässig sind. Eine der wenigen Ausnahmen ist eine Untersuchung von Laumann u.a. in den Vereinigten Staaten zu Beginn der 1990er Jahre (Michael u.a. 1994; vgl. Lautmann 2002). Danach hat nach der sexuellen Revolution die Zahl der Personen deutlich abgenommen, die in ihrer Beziehungsbiografie nur einen Sexualpartner hatten (wobei diese „Liebe" in einer dauerhaften Ehe mündete). Nach der sexuellen Revolution hat die Verknüpfung zwischen Ehe und Sexualität an Bedeutung verloren, die Zahl der Eheschließungen nimmt ab, eine Zunahme der Sexualpartner ist zu verzeichnen. Es handelt sich dabei nicht um eine lineare Entwicklung, da in Zeiten von Aids (und christlicher Wiedererweckung in den Vereinigten Staaten) seit den 1980er Jahren auch traditionellere Motive an Boden gewinnen.

Der im Kontext der sexuellen Revolution seit den 1960er Jahren festzustellende Bedeutungsgewinn nichtehelicher Lebensgemeinschaften und der Bedeutungsverlust von Ehen haben unterschiedliche Interpretationen erfahren, die auch zu methodischen Kontroversen führten. In der deutschen sozialwissenschaftlichen Debatte haben Blossfeld/Jaenichen (1993) den Nachweis zu erbringen versucht, dass nur eine lebenszeitliche Verschiebung des Eheschließungszeitpunktes stattgefunden habe, die nicht zu weniger Ehen führe. Brüderl/Klein (1993) bestreiten diese Position und finden nicht nur Verzögerungen des Eheschließungsprozesses, sondern auch eine Vermehrung von dauerhaft Ehelosen. Die zunehmende Bedeutung von nichtehelichen Lebensgemeinschaften (NEL) und (sexuellen) Partnerschaften ohne gemeinsamen Haushalt (LAT = living apart together) sei hierfür verantwortlich. Unbestritten ist, dass die Zahl der Personen, die in nichtehelichen Lebensgemeinschaften leben, enorm angewachsen ist, insbesondere in Ostdeutschland und in anderen (ehemals) lutheranischen Gebieten (vgl. Müller 2006: 123ff.). Die inhaltliche Bedeutung von nichtehelichen Lebensgemeinschaften war Gegenstand eines methodischen Streits, der sich am Fakt des verblüffenden Befundes eines erhöhten Scheidungsrisikos nach einer „Probeehe" in Form einer nichtehelichen Lebensgemeinschaft festmachte (Brüderl/Diekmann/Engelhardt 1997; Klein 1999; Niephaus 1999). Eine Gruppe von Forschern geht davon aus, dass bei einer Hinzuziehung der Zeit vor einer Ehe, die man in einer nichtehelichen Lebensgemeinschaft verbracht hat, deutlich wird, dass es sich bei NELs um „eheähnliche Lebensgemeinschaften" handelt, die sehr ähnliche Trennungswahrscheinlichkeiten wie Ehen aufweisen. Eine konkurrierende Gruppe von Forschern zeigt mittels methodischer Unterstellungen, dass es sich bei den Personen, die eine nichteheliche Lebensgemeinschaft vor der Eheschließung eingehen, um Personen mit anderen Verhaltensorientierungen handelt als sie bei Personen anzutreffen sind, die direkt eine Ehe schließen. Letztere sind religiöser orientiert, stärker von der Untrennbarkeit der Ehe überzeugt, während die Personen, die nichteheliche Lebensgemeinschaften eingehen, „liberaler" sind, was auch eine höhere Trennungswahrscheinlichkeit zur Folge hat. Weiter unten werden diese konkurrierenden Annahmen in empirischen Analysen geprüft. Es zeigt sich, dass beide Formen vorzufinden sind.

Die sexuelle Revolution hat nicht nur befreiend auf Menschen gewirkt, sie hat auch die Risiken der Partnertrennung durch Scheidung erhöht. Besonders plastisch (und übertrieben drastisch) hat der französische Schriftsteller Michel Houellebecq in seinen Romanen ein weiteres Risiko der sexuellen Revolution dargestellt, z.B. in der Wahrscheinlichkeit von unfreiwilliger Partnerlosigkeit. In „Ausweitung der Kampfzone" schildert er z.b. männliche Verlierer des sexuellen Konkurrenzkampfes. Sozialwissenschaftlich zeigt sich, dass die Verheiratungschancen von ressourcenschwachen Männern geringer sind, was zu dauerhafter Ehelosigkeit führt. Partnerlosigkeit tritt häufiger bei jungen Männern im Vergleich zu jungen Frauen unter 30 Jahren auf, ältere Frauen über 50 Jahren sind sehr viel häufiger (sexual-)partnerlos als Männer vergleichbaren Alters (Michael u.a. 1994: 115).

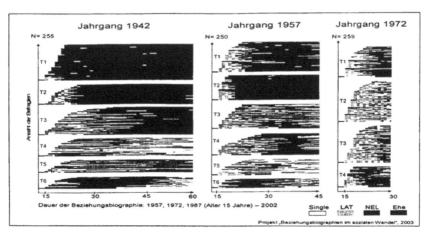

Abb. 22: Beziehungsbiografien von drei Geburtskohorten (Dekker/Matthiesen 2004: 18)

Die Relevanz dieser verschiedenen Annahmen für die Beschreibung von Veränderungen des sexuellen Verhaltens in Relation zur Paarbildung in den letzten Jahrzehnten soll im Folgenden mit Daten einer Untersuchung von Dekker/Matthiesen (2004) geprüft werden. Bei dieser Untersuchung wurden im Jahr 2002 776 zufällig ausgewählte Männer und Frauen in Leipzig und Hamburg zu ihrer Beziehungs- und Sexualbiografie befragt. Die Personen gehörten drei Geburtsjahrgängen an, die unterschiedliche Generationen repräsentieren sollen: Der Geburtsjahrgang 1942 steht für die vorliberale Generation, der Geburtsjahrgang 1957 für die Generation der sexuellen Revolution, der Jahrgang 1972 für die Generation der sexuellen Selbstbestimmung. Die Daten der Beziehungsbiografie wurden einer Sequenzmusteranalyse unterzogen, deren Ergebnisse anschließend in einer Clusteranalyse gruppiert worden sind. Abb. 21 zeigt den visualisierten Output dieser Analyse.

Die Autoren der Studie vermeiden einen direkten Vergleich der Daten, da die berichteten Beziehungsbiografien der jüngeren Kohorten deutlich kürzer sind als die der älteren Kohorten, was auch in der Darstellung sichtbar ist, da die Balken der Jahrgänge 1972 und 1957 kürzer sind als die des Jahrganges 1942. Die Autoren hätten sich auch auf die ersten 15 Beziehungsjahre beschränken können (allerdings mit Informationsverlusten). Ich möchte die Daten dennoch vergleichend kommentieren, bereits hier jedoch darauf hinweisen, dass es sich bei der Sequenzmusteranalyse um ein Verfahren zur Beschreibung von Daten handelt, eine Erklärung kann deshalb hier immer nur vorläufig sein (vgl. Kap. 4.4).

Wie liest man derartige Bilder von Sequenzmusteranalysen? Jede Linie steht für die Beziehungsbiografie einer Person, wobei die Zahlen unter den Jahrgangsangaben jeweils die Anzahl der befragten Personen pro Geburtskohorte angeben. Die Einfärbung der Balken, die rechts unten erläutert wird, unterscheidet vier Zustände: Single (weiß), LAT (= living apart together, helles grau), NEL (= nichteheliche Lebensgemeinschaft, dunkles grau) und Ehe (schwarz). Die Geburtsjahrgänge in den Spalten sind untergliedert nach den Untergruppen der Cluster (T1, T2 etc.), denen die Autoren charakteristische Namen gegeben haben. Darüber hinaus haben die Autoren deskriptive Statistiken zur Beschreibung von Besonderheiten der Cluster bezüglich weiterer Variablen berechnet, die nicht in der Abbildung sichtbar sind, aber im Aufsatz erläutert werden.

Diese Daten liefern eine Reihe interessanter Informationen zu den beschriebenen Deutungen der durch die sexuelle Revolution veränderten Beziehungsformen. A) Es gibt weniger Ehen. Die Zahl der Verheirateten im Alter 30 ist von 76% bei der Kohorte 1942 auf 24% bei der Kohorte 1972 zurückgegangen. B) Auch in Deutschland gab es ähnlich wie in den USA in der „vorliberalen Generation" eine Gruppe, deren Weg von der ersten Liebe direkt in die dauerhafte Ehe führte. Das ist das Cluster 1, das 29% der Kohorte 1942 umfasst. Das Cluster 2 der Kohorte 1957, bei dem nur kurze Beziehungen vor der frühen Ehe stattfinden, ist diesem Muster noch sehr ähnlich. Bei der jüngsten Gruppe ist dieses Beziehungsmuster quantitativ so unbedeutend geworden, dass es kein eigenständiges Cluster bildet. C) Die Bedeutung „konventioneller Beziehungsbiografien", so die Bezeichnung der Autoren, nimmt ab. Die ehedominierten Muster der Cluster 1 und 2, die bei den Kohorten 1942 und 1957 zu finden sind, treten bei der Kohorte 1972 nur mehr im Cluster 1 auf. Diskutierenswert ist allerdings, ob nicht das Cluster 4 der Kohorte 1972 ein konventionelles Muster in modernisierter Verpackung repräsentiert. Charakteristisch für Cluster 4 sind lang andauernde, früh eingegangene nichteheliche Lebensgemeinschaften, häufig mit dem ersten Sexualpartner. Die Form der nichtehelichen Lebensgemeinschaft, wie sie in Cluster 4 praktiziert wird, ist „eheähnlich", da auch die Trennungsraten gering sind. Diese Gruppe würde den Argumenten von Klein (1999) und Niephaus (1999) in der Debatte um den Charakter der nichtehelichen Lebensgemeinschaften entsprechen. D) Es gibt allerdings auch drei Cluster, die den Vorstellungen von Brüderl/Diekmann/Engelhardt (1997) entsprechen, da sich hier die nichtehelichen Lebensgemeinschaften mit weiteren personalen Eigenschaften verbinden, die sie eher zu den Antipoden einer konventionellen Beziehungsbiografie machen. Das sind die Cluster 5 der Kohorte 1942, Cluster 3 der Kohorte 1957 und das Cluster 3 der Kohorte 1972. Bei diesen von nichtehelichen Lebensgemeinschaften geprägten Beziehungsbiografien stellen Dekker und Matthiesen eine hohe Anzahl an Sexualpartnern fest im Vergleich zu den anderen Clustern dieser Jahrgänge. Eine höhere Trennungswahrscheinlichkeit – und indirekt erschlossen damit: eine höhere Scheidungswahrscheinlichkeit – leuchtet bei dieser Gruppe ein. E) Auch die von Blossfeld/Jaenichen (1993) postulierte Verschiebung des Eheeintrittsalters nach hinten, aufgrund von längeren Bildungsepisoden und entsprechender Berufsorientierung findet sich in den Daten. Dieses Muster wird von dem Cluster 3 der Kohorte 1942 und dem Cluster 4 des Jahrgangs 1957 repräsentiert. Da hier Heiraten erst in einem Alter von über 30 Jahren auftreten, kann dieses Muster noch nicht beim jüngsten Jahrgang gefunden werden, da dessen Daten mit dem 30. Lebensjahr enden. F) Einige Cluster zeigen das Beziehungsrisiko „lange Partnerlosigkeit" an, das mit dem Alter zu steigen scheint. In den Clustern 4 und 6 des Jahrgangs 1942 steigt nach Scheidungen, bei Cluster 6 häufig auch nach Verwitwungen, das Risiko von (Sexual-)Partnerlosigkeit an, die Farbe weiß wird dominant. Bei der Kohorte 1957 sind vergleichbare Cluster die Cluster 5 und 6. In einigen dieser Cluster sind Frauen und Ressourcenschwache überrepräsentiert. Das Cluster 2 des Jahrgangs 1972 zeigt an, dass auch junge Singles mit längeren Zeiten der Partnerlosigkeit konfrontiert sein können.

Zusammenfassend können die deskriptiven Befunde als Tendenzen zu weniger und späteren Ehen interpretiert werden, denen vor der Ehe und Partnerschaft mehrere Partner vorausgehen. Nichteheliche Lebensgemeinschaften weisen ein Doppelgesicht auf, da sie sowohl Äquivalente für eheliche Beziehungsmuster darstellen können, als auch Formen enthalten, bei denen Personen unverbindlichere Beziehungsformen anstreben. Risiken der Partnerlosigkeit nehmen mit dem Alter nach Scheidung oder Verwitwung zu, ob Partnerlosigkeit in der Kohortenfolge zugenommen hat, kann mit diesen Daten nicht entschieden werden.

In jüngster Zeit üben zunehmend die neuen Gelegenheitsstrukturen des Internet Einfluss auf Prozesse der Paarbildung aus. Allgemein gilt, dass soziale Netzwerke häufig in Zusammensetzung und Identitätsform realweltlichen Kontexten entsprechen (Kleinschnittger 2011; Döring 2010), also eher ergänzend verwendet werden. Eine sozialstrukturelle Prüfung der von den Individuen vorgenommenen Matching-Ergebnisse bei Partnerschafts-Onlinebörsen zeigt, dass diese Wahlprozesse vielfältige Parallelen zu Offline-Paarbildungen aufweisen: Partner gleichen Bildungsniveaus werden bevorzugt; insbesondere Frauen meiden eine Kontaktaufnahme zu Personen mit einem niedrigeren Bildungsabschluss; sowie Männer nehmen doppelt so häufig wie Frauen Kontakt auf (Skopek/Schulz/Blossfeld 2009). Für die in einer qualitativen Studie gefundene internetbewirkte Bedeutungsverschiebung von Partnerschaften in Richtung auf eine „Banalisierung des Sexuellen" (Kaufmann 2010: 101), sowie instabilere Beziehungen, gibt es derzeit noch keine eindeutigen Befunde.

8.2 Partnerschaftsauflösung

Partnerschaftsauflösungen sind in der Forschung primär in Form von Scheidungen untersucht worden. Die Zahl der Scheidungen nimmt in modernen Gesellschaften zu. Da es sich um ein amtlich registriertes Trennungsereignis handelt, verfügen wir über relativ lange Zeitreihen zur Scheidungszahl. Seit 1881 steigt in Deutschland die Zahl der Scheidungen pro 10.000 bestehenden Ehen im Trend relativ kontinuierlich an (Müller 2006: 102f). Es ist bekannt, dass in gegenwärtig bzw. ehemals protestantischen Ländern, zu denen im Übergewicht Deutschland gehört, die Scheidungsziffern höher sind als in katholischen Ländern. Kirchenrechtliche Differenzen spielen hier ebenso eine Rolle, wie die Möglichkeit, religiöse Formen in rechtliche Institutionen zu übersetzen. In einigen katholischen Ländern wie Irland und Italien war z.B. vor einigen Jahren bzw. Jahrzehnten eine Scheidung rechtlich noch nicht zulässig. Ein Teil der Zunahme von Scheidungen ist auf eine rechtliche Liberalisierung zurückzuführen. In der Bundesrepublik wurde 1977 das restriktive Schuldprinzip durch das flexiblere Zerrüttungsprinzip ersetzt, das Scheidungen erleichtert hat. Jüngste Schätzungen gehen davon aus, dass mehr als ein Drittel der derzeit bestehenden Ehen durch Scheidung aufgelöst werden (vgl. Prioux 2006).

Was wissen wir über die Ursachen dieser Entwicklung? Wagner/Weiß (2003) haben hierzu in einer „Meta-Analyse", einer quantitativen Kombination sehr vieler Untersuchungen, eine Bilanz der deutschen Scheidungsforschung der letzten Jahrzehnte versucht (kritisch hierzu: Brüderl 2004). Danach trägt eine nichteheliche Lebensgemeinschaft vor der Ehe nicht zu einer Erhöhung der Ehestabilität bei, wohl aber reduziert die Dauer der Partnerschaft vor der Eheschließung das Scheidungsrisiko. Während der Ehe vorgenommene „Investitionen" wie der Kauf eines Wohneigentums oder die Geburt eines Kindes senken ebenfalls das Scheidungsrisiko. (Die Geburt von mehr als einem Kind übt allerdings keinen Einfluss auf die Trennungswahrscheinlichkeit aus.) Auch in der Gegenwart ist die Scheidungswahrscheinlichkeit von Katholiken geringer, ebenso wie eine kirchliche Trauung das Scheidungsrisiko senkt; Konfessionslose weisen höhere Trennungsraten auf (Schnor 2012). „Frühehen", also Ehen, die in einem jüngeren Alter geschlossen werden, weisen dagegen ein erhöhtes Scheidungsrisiko auf. Erwerbstätige Frauen und Frauen, die mehr arbeiten als andere, wagen eher eine Scheidung als nicht-erwerbstätige Frauen (vgl. Poortmann 2005; Müller 2006). Steigende Scheidungszahlen fördern in der Generationenfolge eine Zunahme der Scheidungszahlen in der Zukunft, da die Scheidungsraten von Partnern, die in ihrer Kindheit und Jugend eine Scheidung bei ihren Eltern erlebt haben, deutlich höher sind als bei Personen, die nicht von einer Scheidung geprägt wurden („Scheidungstransmission") (vgl. Amato/Booth 2000). Insbesondere Kinder, die überraschend eine Scheidung ihrer Eltern erleben mussten, werden stärker verunsichert und geben dann später schneller Partnerschaften auf. Kinder, die dagegen lange Zeit vor der Scheidung streitende Eltern erlebt haben, reagieren weniger traumatisiert, z.T. erhöht sich ihr Wohlbefinden nach einer Scheidung sogar.

Wenn man diese heterogenen Einzelbefunde zu einem Gesamtbild der Erklärung zunehmender Scheidungszahlen zusammenfügen will, so sind neben den durch eine rechtliche Liberalisierung gestiegenen individuellen Freiheitschancen zwei treibende Kräfte auszumachen: Mit der gestiegenen Zahl kinderloser Ehen und steigenden Frauenerwerbszahlen sinkt die Notwendigkeit an unbefriedigenden Partnerschaften festzuhalten, während gleichzeitig reduzierte religiöse Bindungen den Grad der Selbstverpflichtung in Ehen verringern. Gegenläufig hierzu ist nur die abnehmende Zahl von Frühehen, die ehestabilisierend wirkt. Im Vergleich dazu wirkt sich die Scheidungstransmission bisher in Westdeutschland, Österreich und der Schweiz aufgrund der relativ geringen Scheidungsziffern in der vorherigen Generation noch nicht sehr stark aus, aber zukünftig wird die „Scheidungsvererbung" sehr wahrscheinlich dazu führen, dass sich die Scheidungsrate in der Generationenfolge eigendynamisch erhöhen wird.

Die Partnerschaftswelt wird sich dadurch ändern. Vor Jahrzehnten gab es in der Familiensoziologie die Vermutung, dass steigende Scheidungszahlen durch eine steigende Wiederverheiratungsrate korrigiert werden. So gibt es in den USA (und gab es in der DDR) hohe Scheidungsziffern und eine hohe Anzahl an Wiederverheiratungen, die indizieren, dass zwar die Bindung an einzelne Ehepartner durch steigende Scheidungszahlen geschwächt wird, nicht jedoch notwendigerweise die Bedeutung der Institution Ehe. Allerdings zeigen neuere Studien, dass ähnlich wie bei der intergenerationalen Scheidungstransmission die Erfahrung einer Scheidung nachwirkt: Die Scheidungsraten bei Wiederverheiratungen sind höher als bei Erstehen (Wagner/Weiß 2003). Auch dieser Befund deutet darauf hin, dass sich unsere Gesellschaft auf eine instabilere Welt der Partnerschaften hinbewegt. Man könnte, positiv formuliert, auch von einer dynamischeren Partnerschaftswelt sprechen.

In lebenslaufsoziologischer Sicht bedeutsam ist, dass eine Zunahme der Scheidungsziffern Auswirkungen auf andere Lebensbereiche hat. Es seien hier nur zwei unter vielen genannt: Obwohl, wie oben festgestellt wurde, das Vorhandensein eines Kindes die Scheidungswahrscheinlichkeit senkt, nimmt mit der allgemeinen Zunahme der Scheidungsrate auch die Anzahl der Scheidungen zu, die Kinder betreffen. Bei den meisten Alleinerziehenden in Deutschland handelt es sich um Geschiedene mit ihren Kindern. In der Öffentlichkeit mehr unter dem Stichwort „Kinderarmut" oder „Armut" diskutierte Phänomene, wie die absolute Zunahme von Sozialhilfefällen in Städten, die relationale Zunahme der Frauenarmut oder die relationale Zunahme der Kinderarmut, sind ursächlich auch auf gestiegene Scheidungszahlen zurückzuführen. Bereits in Kapitel 7 wurde anhand der Untersuchung von DiPrete/McManus (2000) gezeigt, dass Scheidungen auch langfristig zu deutlichen Einkommensverlusten führen, die mindestens so bedeutsam sind wie die im Armutskontext häufiger thematisierten Folgen einer (vorübergehenden) Erwerbslosigkeit.

Nach der Beschreibung von Prozessen der Paarbildung und Paartrennung soll in einem nächsten Schritt etwas genauer auf den Prozess der Geburtlichkeit eingegangen werden, also auf die Frage, ob Paare Kinder bekommen oder nicht, wie viele sie bekommen und wann ein Paar aufhört, weitere Kinder zu bekommen.

8.3 Veränderungen der Geburtlichkeit

Bevor lebenslaufsoziologische Prozesse der Geburtlichkeit behandelt werden, soll an dieser Stelle kurz auf den Begriff der „Familie" eingegangen werden, da sich hinter einem scheinbar sinnlosen Streit um Definitionen wichtige Differenzierungen verbergen. In einem tendenziell jüngeren Teil der Literatur wird der Begriff Familie auf den Prozess der Erzeugung von Nachwuchs und die Beziehung zwischen mindestens zwei Generationen beschränkt (vgl. z.B.

Lüscher 1988: 19). Wissenschaftlich spricht man hier von der Familie als einem „Filiationssystem", die Elternteile bekommen „Ableger". In diesem Sinn stellt die Geburt eines ersten Kindes eine Familiengründung dar, während eine Eheschließung nur den Beginn einer formalisierten Partnerschaft signalisieren würde. In einem tendenziell älteren Teil der Literatur (z.B. Gukenbiehl 1992: 83) wird dagegen davon ausgegangen, dass Familien aus Ehepaaren und Kindern bestehen, mithin der Eheschließung eine ebenfalls familienkonstitutive Wirkung zukommt. Bezüglich der Eheschließung spricht man in der Wissenschaft, insbesondere in der Ethnologie, auch von einem „Allianzsystem", bei dem zwei Verwandtschaftssysteme, des Mannes und der Frau, rituell miteinander verbunden werden. Wenn in jüngster Zeit terminologisch Familie als Filiationssystem betont wird (und nicht zugleich als Allianzsystem), so handelt es sich hierbei gleichermaßen um ein Resultat einer wissenschaftlichen, gesellschaftlichen und rechtlichen Auseinandersetzung. Schultheis (1995, 1998) konnte z.B. zeigen, dass inzwischen im französischen Sozialrecht Familien mit Kindern (auch ohne Ehe) rechtlich privilegiert und finanziell unterstützt werden, während im deutschen Sozialrecht mit dem Ehegattensplitting Ehepaare (auch ohne Kinder) rechtlich privilegiert und finanziell unterstützt werden. Da diese rechtlichen Familienkonstruktionen jeweils im Verfassungsrecht verankert sind, ist ihre Reform recht aufwändig. Gesellschaftlich sind ehezentrierte Familienkonstruktionen umstritten, da Alleinerziehende, nichteheliche Lebensgemeinschaften und gleichgeschlechtliche Paare einen Abbau ihrer Unterprivilegierung im Vergleich zu verheirateten Paaren fordern. Wissenschaftlich ist es nicht unbedingt opportun, in dieser gesellschaftlichen Kontroverse begrifflich Stellung zu beziehen. Allerdings macht es wissenschaftlich Sinn, im Interesse einer kategorialen und kausalen Genauigkeit, die Filiations- von der Allianzfunktion bei Familie und Ehe zu unterscheiden. Zum einen steigt die Anzahl der Alleinerziehenden und der nichtehelichen Lebensgemeinschaften mit Kindern, die eine Charakterisierung dieser Familientypen als „unvollständige" Familien unpassend normativ in Relation zur Realität erscheinen lässt. Weiterhin zeigt sich kausal in Deutschland, dass eine finanzielle und rechtliche Privilegierung von Ehen in der Familienpolitik zu nicht-intendierten Folgen in Form einer Zunahme kinderloser Ehepaare führen kann. Eine Analyse derartig paradoxer Effekte setzt eine Unterscheidung von Filiations- und Allianzsystem voraus. Im Folgenden sind die Geburten von Kindern, also die Gründung und Erweiterung von Familien im engeren Sinn Thema.

Zuerst soll eine grobe geschichtliche Einordnung der Geburtenentwicklung vorgenommen werden. Im Modernisierungsprozess entwickelter Gesellschaften, der im 19. Jahrhundert eine Reihe von Gesellschaften erfasst, nimmt die Bevölkerung zuerst zu, weil durch hygienische und medizinische Fortschritte die Sterblichkeit sinkt, die Geburtenzahlen pro Frau steigen nach der Aufhebung der Heiratsschranken nur leicht an. In Deutschland nimmt die Zahl der Kinder pro Frau dann seit 1902 ab. Nach einer Phase der Bevölkerungsexplosion, später deutlicher Bevölkerungsvermehrung, wird in den späten 1960er eine Situation erreicht, bei der sich natürliche Sterbeziffer und Geburtenziffer annähern. Dieser Prozess einer Abfolge von Phasen, der in fast allen Gesellschaften, allerdings mit unterschiedlicher Geschwindigkeit, beobachtet werden konnte, wird als „demographischer Übergang" bezeichnet (vgl. Birg 1996; Höpflinger 1997; Büttner 2000; Herter-Eschweiler 1998). Weltweit hat in fast allen Ländern ein deutlicher Geburtenrückgang (pro Frau) eingesetzt, aufgrund der noch schneller gesunkenen Sterblichkeit vermehrt sich die Weltbevölkerung allerdings z.Zt. noch immer deutlich. In einigen OECD-Ländern, besonders ausgeprägt auch in Deutschland, ist seit den 1970er Jahren die Geburtlichkeit inzwischen unter das „Bestandserhaltungsniveau" gesunken und liegt in Deutschland seit den 1980er Jahren relativ konstant bei einem Wert von etwa 1,4 Kindern pro Frau. Einige Autoren nennen das Fallen der Geburtenrate unter das Bestanderhaltungsniveau „Zweiter demographischer Übergang" (Surkyn/Lesthaeghe 2004).

Wie kann man diese Prozesse erklären? Von den vielen hier vertretenen Theorien seien nur drei dargestellt, die derzeit den Kern des sozialwissenschaftlichen Wissens zu diesem Prozess ausmachen: Im Value of Children-Ansatz (Nauck 2001) wird davon ausgegangen, dass sich im Modernisierungsprozess der Wert von Kindern für ihre Eltern verschoben hat. In vormodernen Zeiten besaßen Kinder einen ökonomischen Wert für die Eltern als Arbeitskräfte in der Haushaltsökonomie. Weiterhin repräsentierten sie einen Versicherungsnutzen für die Eltern, sie sichern die Altersversorgung der Eltern. In modernen Gesellschaften werden diese Werte unwichtiger, dadurch wird der auch schon in vormodernen Zeiten wichtige emotionale Nutzen von Kindern für die Eltern dominant und zentral: Kinder stellen eine emotionale Bereicherung des Lebens der Eltern dar. Es macht Spaß, mit Kindern zu spielen und in Interaktion mit einem neuen Selbst zu treten. Bei einem primär ökonomischen Nutzen von Kindern nimmt der Nutzen der Kinder für die Eltern mit ihrer Anzahl zu, bei einem emotionalen Nutzen der Kinder wird allerdings bereits mit wenigen Kindern das Nutzenmaximum erreicht, das danach nicht mehr steigt. In empirischen Untersuchungen, z.T. auch im Längsschnitt, konnte gezeigt werden, dass die behaupteten Nutzendifferenzen von Kindern für Erwachsene mit Hilfe von robusten Erhebungsinstrumenten recht valide Unterschiede zwischen Gesellschaften und Regionen, auch im Zeitvergleich, darstellbar machen.

Einen zweiten Erklärungsansatz liefert der Rational Choice-Ansatz von Becker (1981), der von einer Nutzenmaximierung des elterlichen Haushalts ausgeht und die Geburt von Kindern mit der Anschaffung von langlebigen Haushaltsgütern wie Autos vergleicht. Paradox scheint in dieser Perspektive, dass die Anzahl der Kinder in einem Haushalt mit steigendem Haushaltseinkommen (anders als bei Autos) nicht zunimmt. Becker erklärt dies damit, dass in vormodernen Gesellschaften der quantitative Wert der Kinder steigenden Nutzen für die Familie brachte (z.b. durch Arbeitsleistung in der Landwirtschaft). Im Modernisierungsprozess wird allerdings für die Eltern die Investition in den qualitativen Wert der Kinder wichtiger, indem z.b. in die Bildung der Kinder investiert wird. Da Kinder, in deren Bildung Eltern investieren, für diese teurer sind, und zudem die Konkurrenz der Haushalte um die Investition von Humankapital in Kinder intensiver wird, nimmt mit der Verschiebung von einer quantitativen zu einer qualitativen Werthaftigkeit von Kindern die Zahl der Kinder pro Haushalt ab. Darüber hinaus steigen die Erwerbsmöglichkeiten von Frauen, was für diese subjektiv die Kosten für Nicht-Erwerbstätigkeit aufgrund von Zeiten der Kindererziehung erhöht. Je mehr Frauen in ihrem Lebenslauf erwerbstätig sind, desto lohnender ist es für sie, in der Generationenfolge in Bildung zu investieren. Je höher die Bildung von Frauen, desto subjektiv teurer sind Zeiten der Nicht-Erwerbstätigkeit aufgrund von Kindererziehung (der Ökonom Becker spricht hier davon, dass der „Schattenpreis" entgangenen Erwerbseinkommens steigt). Eine Zunahme der Gelegenheiten zur Frauenerwerbstätigkeit und ein steigendes Bildungsniveau bei Frauen führen danach zu einem Rückgang der Geburtenzahlen.

Einen dritten Ansatz zur Erklärung stellt die Lebenslaufsoziologie dar (Huinink 2000). Hierbei ist zu betonen, dass die bisher erwähnten Theorien erklärungskräftiger werden, wenn man ihre Lebenslaufkomponenten betont. Attias-Donfut (2000) zeigt in einer Untersuchung zur Veränderung von Generationenbeziehungen auf Guadeloupe, dass sich mit der Einführung einer Rentenversicherung die Lebenslaufausrichtung der Akteure ändert: Vor Einführung der Rentenversicherung war ein zentrales Ziel der Familienökonomie die Sicherung des Rentenunterhalts der Alten. Kinder erfüllten hier in der Terminologie des Value of Children-Ansatzes einen Versicherungsnutzen. Nach Einführung einer Rentenversicherung konzentrierten sich die Aktivitäten der Familie auf Investitionen in die Bildung der Kinder. In der Terminologie von Becker würde man hier sagen, dass es sich um steigende Investitionen in die Qualität der Kinder handelt. Man kann also festhalten, dass die von Kohli beschriebene Institutionalisierung des Lebenslaufs einen wesentlichen Anteil an der Verschiebung des Wertes von Kindern für Erwachsene hat (vgl. hierzu Caldwell 1982). In einer biografischen Theorie der Fertilität argumentieren

Birg u.a. (Birg/Flöthmann/Reiter 1991), dass bei Geburtenentscheidungen die Zunahme möglicher Lebenswege und biografischer Optionen dazu führt, dass wichtige Entscheidungen, wie die Entscheidung für Kinder, verzögert werden, da es für das Individuum rationaler sei, mit dem Schließen von biografischen Möglichkeiten zu warten. Weitere Elemente eines lebenslaufsoziologischen Ansatzes liegen in einer Betrachtung von Geburten nach ihrer Reihenfolge (in der Demographie wird dies als „paritätenspezifische Betrachtung" bezeichnet, da erstes, zweites, drittes usw. Kind als Paritäten einer Folge betrachtet werden), in einer Würdigung der zeitlichen Dimension des Prozesses und im Zusammenspiel der Zeitlogik verschiedener Lebensbereiche.

Nach diesem kurzen Ausflug in die Theorie sollen im Folgenden einige wichtige lebenslaufsoziologische Befunde zur gegenwärtigen Geburtlichkeit in paritätenspezifischer Reihenfolge dargestellt werden. Die Familiengründung, also die Geburt eines ersten Kindes geschieht in Deutschland, aber auch in den meisten anderen OECD Gesellschaften, heute sehr viel später als noch vor einigen Jahrzehnten. Durchschnittlich erfolgt eine Erstgeburt bei jungen Frauen inzwischen in einem Alter von Ende 20. Ein wesentlicher Grund hierfür ist, dass die zunehmende Bildung von Frauen im Zusammenspiel mit sozialen Konventionen, die eine Erstgeburt während der Ausbildungszeit und der ersten Berufsjahre inopportun erscheinen lassen, zu dieser Verschiebung der Familiengründung im Lebenslauf führen (vgl. Blossfeld/Jaenichen 1993). Auch in den Gesellschaften, in denen während der kommunistischen Herrschaftsphase frühe Familiengründungen mit einem Alter von Anfang 20, auch während der Bildungsphase, charakteristisch waren (z.B. Tschechien, DDR), ist inzwischen eine schnelle Annäherung an das ehemals westliche Muster festzustellen (vgl. Dorbritz 2000). Neben einer lebenszeitlichen Verzögerung von Erstgeburten kann in Deutschland in den letzten Jahrzehnten auch eine Zunahme der dauerhaften Kinderlosigkeit von Frauen konstatiert werden, insbesondere bei Akademikerinnen (Krätschmer-Hahn 2012; Scharein/Unger 2005; Konietzka/Kreyenfeld 2007). Dieses Muster wäre durchaus mit den theoretischen Annahmen von Becker (1981) vereinbar, da er ebenfalls einen geburtenreduzierenden Effekt wahrnimmt, der von zunehmenden Frauenerwerbsmöglichkeiten und einem steigenden Bildungsniveau von Frauen ausgeht. Allerdings zeigen neuere empirische Untersuchungen, dass es auf makrosoziologischer Ebene in entwickelten Ländern einen positiven Zusammenhang zwischen dem Niveau der Frauenerwerbstätigkeit und der Geburtenzahl gibt (Brewster/Rindfuss 2000): Je höher die Frauenerwerbsrate, desto höher die Geburtenrate. In einigen Ländern, wie Schweden, zeigt sich zudem ein positiver Zusammenhang zwischen dem Bildungsniveau von Frauen und ihrer Kinderzahl. Die Erwerbsmöglichkeiten hochgebildeter

Frauen führen also nicht zwingend zu einer steigenden Rate der Kinderlosigkeit. Diese Befunde legen nahe, dass von Becker vernachlässigte intervenierende Faktoren, wie die institutionelle Strukturierung der Vereinbarkeit von Frauenerwerbstätigkeit und Kinderbetreuung, eine wesentliche Rolle bei der Anzahl von kinderlosen Frauen in einer Gesellschaft spielen. Insbesondere Gesellschaften mit einer traditionell starken ideellen und institutionellen Unterstützung von Hausfrauen-Familien, z.B. auch durch Halbtagsschulen, werden bei zunehmenden Frauenerwerbszahlen mit einer Zunahme der Kinderlosigkeit konfrontiert (Streeck 2011; Kahlert 2007). In einigen Fällen führt hier auch das Zusammenspiel zwischen der lebenszeitlichen Verzögerung einer angestrebten Erstgeburt und eine für erwerbsorientierte Frauen komplizierte Vereinbarkeit von Berufstätigkeit und Kindern zu Kinderlosigkeit (vgl. Nave-Herz 1988). Es bleibt abzuwarten, inwiefern institutionelle Reformen die Rate der Kinderlosigkeit in deutschsprachigen Ländern verringern.

Familienerweiterungsentscheidungen, also Entscheidungen für oder gegen ein zweites Kind, sind strukturell für die Individuen einfacher zu fällen als Familiengründungsentscheidungen, da die Folgen dieser Entscheidung überschaubarer sind als bei einer Erstkindentscheidung. In Deutschland gibt es nach wie vor ein Zwei-Kind-Ideal, das von den meisten als diffuse Norm geteilt wird (vgl. Marbach/Tölke 2007). Trotz dieser scheinbaren Selbstverständlichkeit gibt es einige Elemente, die Familienerweiterungsentscheidungen lebenslaufsoziologisch interessant (und bevölkerungssoziologisch bedeutsam) machen. Empirisch zeigt sich, dass es in Westdeutschland momentan eine „Polarisierung" der Familien gibt in kinderlose Paare auf der einen Seite und Zweikindfamilien auf der anderen Seite, mit wenigen Einkind- und Mehrkindfamilien jenseits dieser Pole. In Ostdeutschland sind dagegen kinderlose Paare seltener, Einkindfamilien zahlreicher und Mehrkindfamilien seltener (vgl. Huinink 1995, 2001). Warum? Ein wesentlicher Grund, ein zweites Kind zu bekommen, stellt das „Spielgefährtenmotiv" dar, ein „Kind für das Kind". Bei diesem Motiv wird unterstellt, dass ein zweites Kind die Sozialisationsmöglichkeiten eines Kindes fördert, weil es bereits in der Familie einen gleichwertigen und ähnlich alten Spielgefährten hat. Nur Kinder eines bestimmten Altersabstandes stellen adäquate Spielgefährten dar, Befragte nennen hier meist eine optimale Altersdifferenz von zwei bis sechs Jahren (Kunze/Sackmann 2008). Als weiteres Zeitmotiv (in der Lebenslaufsoziologie spricht man hier von Timing-Kalkülen) kommt das Ablaufmuster des Erziehungsurlaubes („Elternzeit") hinzu. In Ländern mit einem langen Erziehungsurlaub von drei Jahren, zu denen Westdeutschland und Schweden gehören, konnte man feststellen, dass nach der Einführung des Erziehungsurlaubs die Altersdifferenz zwischen dem ersten und zweiten Kind gesunken ist, da erwerbsorientierte Frauen ein Interesse daran haben, Phasen des Erziehungsurlaubes zu verbinden, um möglichst bruchlos nach dieser Kinderphase wieder eine (Teilzeit-)Beschäftigung anzustreben (vgl. Hoem/Hoem 1989; Dornseiff/Sackmann 2002). Beide Timing-Kalküle zusammen (Altersabstand der Kinder und Erziehungsurlaub) bedingen, dass die Entscheidung für ein zweites Kind häufig in einem sehr engen Zeitkorridor gefällt wird, ein bis drei Jahre nach der Geburt des ersten Kindes (vgl. Fthenakis/Kalicki/Peitz 2002). Ostdeutschland weicht (bisher) von diesem Muster ab, da der Umfang des gewählten Erziehungsurlaubes kürzer ist und häufiger nach dem Erziehungsurlaub eine Vollzeittätigkeit angestrebt wird (Falk/Schaeper 2001; Grunow/Müller 2012). Die für das Timing-Kalkül wichtigen Zeitmarken verstreichen dadurch häufiger, eine Verbindung zwischen den Erziehungsurlaubsphasen wird seltener intendiert. Dies hat weniger Zweitkinder (und mehr Einkindfamilien) zur Folge.

Ein wesentlicher Faktor für den Geburtenrückgang in den letzten Dekaden ist auch auf das seltenere Auftreten der Geburt dritter Kinder und von Kindern höherer Ordnung zurückzuführen. Wie ist dies zu erklären? Wenn Kinder heute primär einen psychischen Nutzen der Eltern befriedigen, wie es der Value of Children-Ansatz gezeigt hat, dann ist der positive Anreiz für Kinder höherer Ordnung recht gering, da ein emotionaler Nutzen bereits mit ein bis zwei Kindern abgedeckt werden kann. Religiöse Motive, größere Kinderzahlen zuzulassen, haben an Bedeutung verloren, insbesondere in den stark säkularisierten Teilen des deutschsprachigen Raumes. Weiterhin sind viele Kinder relativ teuer, gegeben die Bedingung, dass in die Qualität von Kindern investiert werden sollte. Es zeigt sich deshalb in den empirischen Untersuchungen zur Geburt dritter Kinder durchaus ein Einkommenseffekt derart, dass in reicheren Familien häufiger dritte Kinder anzutreffen sind (vgl. Merrigan/St.Pierre 1998; Heckman/Walker 1990). Darüber hinaus belegen amerikanische und schwedische Untersuchungen, dass Eltern Kinder unterschiedlichen Geschlechtes vorziehen („Geschlechtermixturmotiv"), bzw. dass sie mindestens ein Kind gleichen Geschlechtes unter den eigenen Kindern wünschen (vgl. Hoem 1993, theoretisch Lindenberg 1991; empirisch allerdings mit anderer Deutung der Autoren: Schoen u.a. 1997: 344). Aus diesem Grund findet sich ein gehäuftes Auftreten der Geburt eines dritten Kindes in Familien, deren erste zwei Kinder jeweils nur Jungen oder nur Mädchen waren (Yamaguchi/Ferguson 1995). Es ist unklar, ob und in welchem Umfang dieses Motiv im deutschsprachigen Raum ähnlich bedeutsam ist, da in Österreich z.B. nicht derartige Effekte nachgewiesen werden konnten (Hoem/Prskawetz/Neyer 1999). Zeitlich können bei Drittkindentscheidungen auch obere Limits des (biologisch und sozial) gebärfähigen Alters eine Rolle spielen. Bereits ab Mitte

30 sinkt biologisch die Zeugungswahrscheinlichkeit bei einem Beischlaf, darüber hinaus nehmen auch Komplikationen bei einer Schwangerschaft zu (Gustafsson 2001). Soziale Normen gegen späte Geburten werden inzwischen häufiger durchbrochen, „späte Geburten" werden normaler (Herlyn/Krüger 2003). Vielen Menschen dienen runde Zahlen, insbesondere das Alter 40, als grober Orientierungspunkt für Entscheidungen darüber, ob man in seinem Leben noch weitere Kinder bekommen will. Diesbezüglich fällen einige Paare eine „Stopping-Entscheidung", sie beschließen also, dass sie keine weiteren Kinder mehr bekommen wollen.

Die Gestalt von Familien hat sich in den letzten Jahrzehnten also durch Veränderungen der Geburtlichkeit stark verändert. Kinderlosigkeit stieg an, Drei- und Mehrkindfamilien nehmen deutlich ab. Veränderungen der Geburtlichkeit betreffen allerdings nicht nur deren Zahl, sondern auch deren Lage im Lebenslauf. Sie erfolgen lebenszeitlich später, häufig dichter gedrängt und erstrecken sich bei einer nicht zu vernachlässigenden Minderheit auf ein Lebensalter von über 35 Jahren.

8.4 Arbeitsteilung im Haushalt

In diesem Buch war häufig davon die Rede, dass es einen Wandlungsprozess in der Gesellschaft gegeben habe, dessen Dynamik durch einen lebenslaufsoziologischen oder biografiesoziologischen Ansatz besonders gut zu erfassen sei, da es sich hierbei um Theorien und Methoden handle, die eine Modellierung dynamischer Zeitdimensionen erleichtern. Wir kommen nun zu einem Bereich von Partnerschaft und Familie, der im historischen Zeitvergleich recht konstant geblieben ist, da starke Geschlechterungleichheiten geblieben sind. Man könnte auch von einer „anstößigen" Konstanz sprechen, die nicht dem Wertekanon der Moderne entspricht. Die Arbeitsteilung im Haushalt ist zwischen den Geschlechtern sehr ungleich geblieben: Frauen arbeiten sehr viel mehr im Haushalt als Männer. Die Aufgabengebiete sind klassisch geblieben: Frauen sind für Wäsche, Putzen und ähnliches zuständig, Männer für die Reparatur technischer Geräte und Arbeiten am Haus. Lediglich bei der Kinderbetreuung arbeiten Männer heute mehr mit als noch vor vierzig Jahren. Wie kommt es zu dieser Arbeitsteilung?

Theoretisch gibt es zwei sehr unterschiedliche Erklärungsansätze: Der oben bereits erwähnte Rational Choice-Ansatz von Becker (1981) erklärt das Vorhandensein von geschlechtsspezifischer Arbeitsteilung im Haushalt mit ökonomischen Vorteilen einer Arbeitsteilung, die sich im Haushalt wie in anderen Bereichen des Lebens finden: Wenn sich Partner spezialisieren, werden sie bessere Arbeitsleistungen erzielen. Wenn Partner sich auf eine Arbeitsteilung einigen, dann muss sich jeweils auch nur ein Partner die Kompetenz eines Gebietes durch Bildungsleistungen aneignen. Der diese Spezialisierung nicht lernende Teilhaber des Haushaltes kann diese Zeit anderweitig produktiv einsetzen. Welcher der beiden Partner sich auf die Hausarbeit spezialisiert, und welcher sich stärker auf die Erwerbsarbeit konzentriert, ist nach Becker nur abhängig von der Höhe des jeweiligen Erwerbseinkommens, das während der Hausarbeit erzielt werden könnte („Schattenpreis der Hausarbeit"). Da Männer ein höheres Erwerbseinkommen erzielen können (und Frauen während der Schwangerschaft bzw. direkt im Anschluss daran nicht erwerbstätig sein können), habe es sich eingebürgert, dass in der Regel Frauen die Hausarbeit übernehmen. Sollte aber die Frau ein höheres Erwerbseinkommen erhalten können (z.B. weil sie über eine höhere Bildung als ihr Partner verfügt oder weil sie über einen krisensichereren Arbeitsplatz verfügt), wäre es ökonomisch rationaler, wenn dann der Mann die Hausarbeit übernehmen würde. Alternativ zum ökonomischen Ansatz wird in feministischen Ansätzen der Machtaspekt von Arbeitsteilung im Haushalt betont (vgl. Knapp 1992; Gottschall 2000: 301). Geschlechterungleichheit und Frauendiskriminierung durchziehen alle Diskurse und institutionellen Ordnungen, sie seien normal. Das Festhalten an einer geschlechtsspezifischen Arbeitsteilung im Haushalt sei aufgrund der zunehmenden Erwerbstätigkeit von Frauen ökonomisch zunehmend irrationaler geworden, gerade deshalb sei sie symbolisch zur Reproduktion der Geschlechterhierarchie besonders bedeutsam. Kurz gefasst, könnte man sagen, dass dem feministischen Ansatz zufolge geschlechtliche Arbeitsteilung im Haushalt patriarchale Macht demonstriere.

Im Folgenden sollen diese theoretischen Annahmen mit Befunden aus einer quantitativ lebenslaufsoziologischen Untersuchung und einer qualitativ biografischen Untersuchung konfrontiert werden. In einer quantitativen Studie haben Schulz/Blossfeld (2006) über 14 Jahre die Entwicklung von 1528 anfangs kinderlosen Paaren verfolgt, die 1988 vor ihrer Eheschließung standen. In fünf Wellen wurden die Frauen dieser Paare befragt, wer in ihrem Haushalt die Aufgaben „Kochen", „Abspülen und Abtrocknen", „die Wohnung sauber machen und aufräumen", sowie „Wäsche und Kleidung reinigen und in Ordnung halten" übernehme. Die jeweils gesonderten Antworten (die von 1 „ausschließlich ich" bis zu 5 „Partner alleine" reichten) wurden zu einem Summenwert aufaddiert und dann gruppiert: Bei „stark traditional" übernimmt die Frau alle Aufgaben alleine; bei „traditional" engagiert sich der Mann, die Frau übernimmt aber das meiste der Arbeit; bei „partnerschaftlich" macht jeder der Partner in etwa die Hälfte; im „nicht traditionalen" Fall übernimmt der Mann die meiste Hausarbeit; im „stark nicht traditionalen" Fall übernimmt der Mann alles. Tab. 8 zeigt die Entwicklung der Arbeitsteilung über 14 Ehejahre.

Tab. 8: Verteilungsmuster von Hausarbeit nach Ehedauer (Schulz/Blossfeld 2006: 44)

	Ehedauer				
	Eheschließung	2 Jahre	4 Jahre	6 Jahre	14 Jahre
stark traditional	25,5%	38,7%	48,0%	55,0%	60,2%
traditional	29,0%	29,9%	28,2%	25,7%	24,9%
partnerschaftlich	42,6%	30,6%	22,9%	18,6%	13,7%
nicht traditional	1,7%	0,7%	1,0%	0,7%	0,8%
stark nicht traditional	0,2%	0,1%	0%	0,4%	0,4%
Paare gesamt	1.423	870	840	773	518

Man sieht hier gut, dass im Zeitverlauf der Anteil der Paare mit einer partnerschaftlichen Arbeitsteilung stark sinkt, während traditionale und stark traditionale Arrangements zur dominanten Struktur werden. Es zeigt sich in diesen Daten, dass inzwischen hinter der makrosozialen Konstanz relativ gleich bleibender Geschlechterungleichheit bei der Aufteilung von Hausarbeit eine paarspezifische Dynamik verborgen ist: Gegenwärtige Paare beginnen häufig ihre Ehe partnerschaftlich, nach einigen Jahren enden sie allerdings bei ähnlich traditionalen Arrangements wie ihre Eltern. Diese dynamische Art des Reproduktionsprozesses des „Patriarchats" scheint nicht mit den bruchloseren feministischen Erklärungen der Konstanz dieses Phänomens zu harmonieren. Schulz und Blossfeld haben darüber hinaus in Ereignisdatenanalysen versucht, die Annahmen der ökonomischen Theorie zu prüfen. Es zeigte sich, dass nur zwei Variablen eine Traditionalisierung erklären: Je länger die Ehedauer, desto traditionaler wird die Arbeitsteilung im Haushalt. Und die Geburt eines ersten Kindes beschleunigt die Traditionalisierung der Hausarbeitsteilung. Keinen signifikanten Beitrag zur Erklärung des Prozesses der Traditionalisierung der Arbeitsteilung im Haushalt können dagegen das Bildungsniveau der Partner liefern, ebenso wenig wie die Unterschiede des Bildungsniveaus zwischen den Partnern, ebenso wenig wie die Erwerbstätigkeit eines der beiden Partner, ebenso wenig wie die Differenz des Erwerbsstatus zwischen den Partnern oder auch die Relation zwischen den Einkommen der beiden Partner. Die nicht vorhandene Relevanz dieser Erklärungsfaktoren lässt die Autoren zu dem Schluss kommen, dass die ökonomische Theorie von Becker den Prozess der

Herausbildung der Arbeitsteilung zwischen den Ehepartnern nicht erklären kann (Schulz/Blossfeld 2006; vgl. Grunow/Schulz/Blossfeld 2012).

Zum Verständnis dieses Traditionalisierungsprozesses ist die Heranziehung einer qualitativen Studie hilfreich. Kaufmann (1992) hat in einer Längsschnittstudie bei jungen Paaren versucht, herauszufinden, wie die Zuständigkeiten bezüglich Wäsche geregelt werden. Das Buch heißt deshalb „Schmutzige Wäsche". Er stellt fest, dass vom Bewusstsein der Paare her eine gleichberechtigte Zuständigkeit auch für diesen Bereich gelten sollte. Es gibt nur mehr wenige Paare, die von einer traditionellen Rollenteilung ausgehen. Soweit die gute Nachricht. Nun wird der Mensch nicht vom Bewusstsein allein gesteuert, gerade Alltagshandeln wird von Routinen dominiert. In diesen Routinen steckt ein „Verhaltenskapital", wie Kaufmann das nennt. Nach dem Verhaltenskapital ist es so, dass Frauen durchschnittlich besser mit Wäsche umgehen können. Sie haben es besser gelernt und sie haben auch höhere Ansprüche an den Umgang mit Wäsche. Die höheren Ansprüche zeigen sich auch daran, dass Frauen in Single-Haushalten mehr Zeit in Wäsche investieren als Männer. Wenn nun Männer und Frauen in Paaren zusammenleben – und sie, wie heute üblich – bewusstseinsmäßig eine gleichberechtigte Aufteilung der Hausarbeit anstreben, dann wirken zwei Mechanismen, die Männer und Frauen zu einer traditionellen Arbeitsteilung bringen. Bei den Frauen wirkt der Nachteil des „kompetenteren Partners". Kaufmann nennt dies eine Falle, da Frauen gegen ihre Intentionen immer mehr Arbeit in die Wäsche investieren, weil sie mit den Leistungen der Männer in diesem Bereich nicht einverstanden sind. Bei den Männern wirkt der Mechanismus des „schlechten Schülers", wie Kaufmann das nennt. Bei schlechten Schülern ist es so, dass sie für ihre Lernleistungen schlechte Rückmeldungen bekommen, weswegen sie immer geringere Motivation aufbringen, sich besser anzustrengen. Nach einiger Zeit sind Schüler und Lehrer davon überzeugt, dass es sich um hoffnungslose Fälle handelt. Kaufmann meint, dass der gleiche Mechanismus auch bei Männern und Wäsche abläuft. Da sie inkompetenter in diesem Bereich sind, und was Kaufmann besonders betont, über eine geringere Motivation verfügen, machen sie immer wieder etwas falsch, vergessen das Ganze und werden dadurch negativ bestärkt. Von den guten Vorsätzen der partnerschaftlichen Arbeitsteilung bleibt am Ende dann bei den Männern nur ein diffuses Schuldgefühl und bei den Frauen die Übernahme der Arbeit. Wichtig für das Verständnis dieses Prozesses ist auch, dass die Ehepartner normalerweise über so nebensächliche Dinge wie die Wäsche nicht miteinander reden und nur selten Konflikte austragen.

Praktischer Teil: Änderung von Geschlechterungleichheit

Studierende befinden sich meist in einer Lebensphase, in der sie sich alleine um Hausarbeit kümmern. Wenn sie bereits in einer Partnerschaft oder in einer Wohngemeinschaft wohnen, ist die Wahrscheinlichkeit groß, dass eine eher partnerschaftliche Aufteilung der Hausarbeit vorherrscht. Da im späteren Lebenslauf sehr viel Lebenszeit mit Hausarbeit verbracht wird, die bei einer traditionalen Arbeitsteilung geschlechtsungleich verteilt ist, richtet sich die folgende Aufgabe an junge Frauen (bzw. an Personen, die jungen Frauen helfen wollen, spätere Lebenszeit für sich zu gewinnen).

Institutsaufgabe für Kleingruppen: Der feministische Dachverband „Frauenpower jetzt" hat dem Institut für angewandte Biografie- und Lebenslaufsoziologie folgende zwei Aufträge erteilt: A) Erstellen Sie für junge Ehefrauen eine Handreichung für ein konkretes Verhalten in der Partnerschaft, das eine Traditionalisierung der Aufgabenteilung von Hausarbeit verhindern soll. B) Erstellen Sie einen Musterbogen für eine geschlechtergerechte Aufteilung von Hausarbeit, die dennoch die Vorteile der Spezialisierung nutzt.

8.5 Familie als Solidarverband

Im letzten Teil soll auf Familien als Solidarverbände im Lebenslauf eingegangen werden. Zu den strukturellen Veränderungen von Familien gehört, dass sie sich in „Beanpole families" (Bohnenstangenfamilien) verwandelt haben. Während früher aufgrund einer höheren Geburtlichkeit viele Geschwister, Onkel und Tanten vorhanden waren, die Familien sich also in der zeitlichen Horizontale erstreckten, ist es heute üblicher, dass Beziehungen zu Eltern, Großeltern, Kindern und Enkeln intensiver und zeitlich umfangreicher geworden sind. Aufgrund einer gestiegenen Lebenserwartung ist die Anzahl der Lebensjahre, die Familienmitglieder der direkten Linie (Großeltern, Eltern, Kinder, Enkel) miteinander teilen, umfangreicher geworden. Dies ermöglicht intensivere Beziehungen. Die Betreuung von Enkelkindern kommt deshalb beispielsweise in großem Umfang vor (Perrig-Chiello/Höpflinger 2008). Auch Linienbeziehungen, die nach dem Auszug der Kinder bestehen, bleiben für beide Seiten wichtig.

Der Forschungsfokus hat sich deshalb intensiver der „multilokalen Mehrgenerationenfamilie" (Bertram 2000) zugewandt, also den Beziehungen zwischen Generationen nach der Gründung eines neuen Haushaltes. Mehr als die Hälfte der Personen aus der ältesten Generation haben Kinder im gleichen Ort.

Seit Mitte der 1980er Jahre bezeichnen Eltern und Kinder überwiegend ihre Beziehung zueinander als recht gut, häufig bestehen auch enge persönliche Bindungen zwischen den Generationen im Erwachsenenalter fort. Untersuchungen in Deutschland, Frankreich und den USA zeigen, dass eine bessere Ausstattung der älteren Generation mit finanziellen Mitteln, sowie eine leichtere Zugänglichkeit zu professioneller Hilfe nicht zu einer Verdrängung der familialen Hilfsdienste geführt hat (vgl. Attias-Donfut 2000). Es erfolgen umfangreiche finanzielle und instrumentelle Transfers zwischen den Generationen.

Es kommt zu einem häufigen Austausch zwischen den erwachsenen Generationen. 64% der Linienverwandten pflegen einen regen Austausch, 80% der Eltern haben ein Kind, das weniger als eine Fahrstunde von ihnen entfernt wohnt (Lüscher/Liegle 2003: 136). Wenn man die Gründe für den Umfang der finanziellen Transfers von Eltern an ihre erwachsenen Kinder betrachtet, so sind die Bedarfslage der Kinder und der Umfang der wirtschaftlichen Ressourcen der Eltern hierfür entscheidend (Künemund/Motel 2000). Daneben sind aber auch die Reziprozität des Tausches zwischen den Generationen signifikant wichtig, die emotional empfundene Nähe der Generationen und die Überzeugtheit der Eltern, einer normativen Verpflichtung zur Hilfe nachzukommen. Instrumentelle Hilfen zwischen den Generationen hängen dagegen sehr viel mehr von der Nähe des Zusammenwohnens und der Erfahrung eigener empfangener Hilfsleistungen ab.

In der Regel gehen mehr Transfers von Eltern zu erwachsenen Kindern als umgekehrt. Dieses empirische Muster übergreift die verschiedenen europäischen Wohlfahrtsregime, die weiterhin einen Nord-Süd-Unterschied aufweisen: Der Austausch von Geld und Zeit zwischen den Generationen in Dänemark und Schweden ist am häufigsten, weist aber geringere durchschnittliche Volumenwerte auf als in Italien und Spanien, Länder in denen weniger Personen Generationentransfers betreiben, aber höhere Volumenwerte aufweisen. In den südlichen EU-Ländern leben mehr als viermal so viele über 50jährige mit erwachsenen Kindern zusammen als in Dänemark und Schweden (Albertini/Kohli/Vogel 2007).

Die meisten familialen Beziehungen beruhen auf dem Prinzip der Solidarität, einem Zusammengehörigkeitsgefühl, das nicht von Vorleistungen oder Merkmalen Einzelner bestimmt wird. In den Eltern-Kind-Beziehungen wird Verlässlichkeit, Dauerhaftigkeit und Reziprozität erfahren. Damit wird eine wichtige Grundlage für autonome Handlungsfähigkeit und Gemeinschaftsfähigkeit gelegt (vgl. Lüscher/Liegle 2003: 189ff.). Solidarität, obwohl stark dominant, ist aber nur ein mögliches Resultat von Generationsbeziehungen. Ambivalenzen emotionaler Art sind ebenfalls nicht selten Teil von Generationenbeziehungen. Lüscher/Liegle unterscheiden deshalb vier Typen von Generationenbeziehungen: „Solidarität", „Emanzipation" (mit offenen Ambivalenzen), „Atomisierung" (mit negierten Ambivalenzen und einem Laisser faire als dominantem Prinzip der Beziehungsgestaltung) und „Kaptivation" (mit intensiven Ambivalenzen, die aber nicht angesprochen werden).

Zusammenfassend kann man sagen, dass familiale Beziehungen sich über die gesamte Lebensspanne erstrecken. Austauschbeziehungen zwischen verschiedenen Altersgruppen kommt dabei eine wichtige Rolle zu.

9. Gesundheit und Vermögen

Wenn Menschen danach gefragt werden, was ihnen in ihrem Leben wichtig ist, dann nimmt Gesundheit einen der höchsten Werte innerhalb der eigenen Vorstellungen eines „guten Lebens" ein (Easterlin 2010: 18; Rokeach 1973). Diese hohe Wertschätzung von Gesundheit findet sich auch in der gesellschaftlichen Institutionalisierung dieses Lebensbereiches: Im Gesundheitsbereich gilt mehr als in allen anderen Bereichen das Bedarfsprinzip, demzufolge (kranke) Hilfsbedürftige (fast) alle Leistungen erhalten, die sie benötigen. Umfangreiche finanzielle Umverteilungen von Gesunden zu Kranken finden hier nach quasi „urkommunistischen" Prinzipien statt, ohne auf großen Protest zu stoßen. Demgegenüber ist das Vermögen in den meisten Ländern der Erde stark ungleich verteilt. Stärker als bei Einkommensverteilungen oder bei Bildungsverteilungen besitzt nur eine kleine Minderheit der Bevölkerung umfangreiches Vermögen, während weite Teile der Bevölkerung nur Schulden, nichts oder wenig besitzen. Die untere Hälfte der deutschen Haushalte besaß 2007/2008 insgesamt nur 1,2% des Nettogesamtvermögens (BMAS 2013: 465). Nicht unwesentlich für den Grad der Konzentration der Vermögensverteilung einer Gesellschaft, das Gefälle der Ungleichheit, ist der Immobilienbesitz, da dessen Verbreitung sich in Gesellschaften z.T. bis in die Unterschicht erstreckt. Man kann also mit Fug und Recht behaupten, dass verteilungstheoretisch die Bereiche Gesundheit und Vermögen kontrastierende Extreme darstellen.

In lebenslaufsoziologischer Sicht werden die Bereiche Gesundheit und Vermögen seltener bearbeitet als die in den vorherigen Kapiteln diskutierten Themen. Sie weisen darüber hinaus eine Gemeinsamkeit auf, die es reizvoll macht, sie lebenslaufsoziologisch zu vergleichen. In der neueren Lebenslauftheorie wird versucht, den Lebenslauf als eine Folge von Handlungen und Entscheidungen zu rekonstruieren, ihm eine mikrosoziologische Fundierung zu geben (vgl. Elder 1998). Einige Ereignisse des Lebenslaufs folgen aber nicht dieser Logik, sie „stoßen uns zu", sie ereignen sich ohne unser Zutun, wir sind ihnen schicksalhaft ausgeliefert. Krankheitsereignisse sind ein Beispiel für Ereignisse, die uns ereilen, ohne dass wir uns für sie entschieden hätten. Jeder Mensch ist schicksalhaft diesen kleinen Vorboten unserer Sterblichkeit ausgesetzt. Dennoch, und das begründet ein auch lebenslaufsoziologisch interessantes Spannungsverhältnis, beeinflussen wir durch unsere Handlungen, die Wahrscheinlichkeit von Erkrankung und Sterben. Ein gewisses Zutun ist auch beim Vermögenserwerb erforderlich. Ein Wirtschaftsliberaler würde darauf beharren, dass jedes Vermögen verdient erworben wurde. Wenn heute Männer wie Bill Gates oder die Gebrüder Albrecht an der Spitze der Vermögenspyramide stehen, so ist durchaus nicht abzustreiten, dass es diese Fälle gibt, bei denen sich Einzelne über neue Ideen und den Aufbau einer Unternehmung ein enormes Vermögen erwerben können. Daneben gibt es jedoch viele vermögende Personen, die ihr Vermögen geerbt haben, für die der Reichtum weitergegeben wurde, ohne dass sie als Einzelne einen Beitrag leisten mussten. So war Prince Charles bereits als junger Mann durch Erbrechte einer der reichsten Männer Englands. Man könnte also auch bezüglich des Vermögens sagen, dass es ein Spannungsverhältnis zwischen Schicksal und eigenem Bestreben gibt. In den folgenden zwei Unterkapiteln soll dieses Zusammenspiel von Handeln und Schicksal in den Feldern Gesundheit und Vermögen genauer untersucht werden.

9.1 Gesundheit, Krankheit und Mortalität

Historisch wird der erste demographische Übergang, der im 19. Jahrhundert einsetzt, ausgelöst durch ein Sinken der Sterbewahrscheinlichkeit, die zu einer starken Bevölkerungszunahme führt. Erst sehr viel später setzt eine Reduktion der Geburtlichkeit ein, die gegenläufig zu diesem Prozess ist. Ursächlich für eine gesündere Bevölkerung sind neben medizinischen Verbesserungen veränderte soziale Bedingungen: Die Ernährungslage wird zufriedenstellender und eine bessere staatliche Organisation zur Bewältigung kollektiver Aufgaben setzt sich durch, die z.B. den Aufbau von Nutzwasser- und Abwassersystemen ermöglicht. Es erfolgt auch eine stärkere Selbstdisziplinierung der Menschen mit einem Leitbild einer vermehrt an hygienischen Gesichtspunkten orientierten Lebensführung (vgl. Höpflinger 1997: 154; Gleichmann 1982). Selbst der Einsatz von Statistiken fördert im 19. Jahrhundert gesündere Lebensbedingungen, da die Public Health-Bewegung in Großbritannien ganz gezielt regionale Sterbestatistiken produziert, die Argumente für regionale Reformen bereit stellen (vgl. Desroisières 2005: 189). U.a. werden die Todesursachenstatistiken so gruppiert, dass zuerst diejenigen Todesursachen in den Statistiken aufgelistet werden, von denen man damals annahm, dass sie durch gesellschaftliche Handlungen reduzierbar seien. Diese aufmerksamkeitserhöhenden Maßnahmen waren wirksam: In den letzten zwei Jahrhunderten nahmen die Todesfälle nach Infektionskrankheiten ab, von denen man damals annahm, dass sie gesellschaftlich beeinflussbar seien. Heute stellen Infektionskrankheiten weltweit zwar immer noch die häufigsten Todesursachen dar, aber nicht mehr in den OECD Ländern.

Aufgrund gesellschaftlicher Verbesserungen weisen sie in Deutschland und anderen entwickelten Gesellschaften nur mehr nachrangige Bedeutung auf (vgl. Luy 2004: 19). In Deutschland sterben die meisten Menschen inzwischen an Krankheiten des Kreislaufsystems (41% der Männer und 52% der Frauen) und an Krebskrankheiten (29% der Männer und 23% der Frauen). Insgesamt hat die Lebensdauer deutlich zugenommen, die Haupttodesursachen haben sich verändert.

Wir wollen uns nun Fragen der gegenwärtigen Lebenslaufsoziologie der Gesundheit zuwenden (vgl. Mayer 2009). Die medizinsoziologische, auch die lebenslaufsoziologische Beschäftigung mit Gesundheits- und Sterbeverläufen hat sich primär mit der Erklärung von zwei generellen Befunden beschäftigt: Je höher die Schicht eines Menschen verortet ist, desto länger ist seine Lebenserwartung. Sowie: Frauen leben länger als Männer. Beide Befunde sind robust und finden sich in allen OECD Gesellschaften. Wenn das gemeinsame Erklärungsmoment dieser zwei Befunde die Machtposition dieser Gruppen in der Gesellschaft wäre, dann wären die Befunde widersprüchlich: Die längere Lebensdauer machtüberlegenerer Schichten wäre erwartungskonform. Das längere Leben von machtunterlegeneren Frauen würde nicht mit dieser These übereinstimmen (vgl. Gerhardt 1991: 224). Welche Faktoren sind in den beiden Fällen für Differenzen der Lebenserwartung dieser Personengruppen verantwortlich?

Zuerst sollen die schichtbezogenen Faktoren etwas genauer analysiert werden (Richter/Hurrelmann 2009). Im Falle der schichtbezogenen Differenzen des Gesundheitszustandes werden fünf Erklärungsfaktoren unterschieden: a) materielle Unterschiede der Lebensbedingungen (z.B. Nahrungsmittelzugang); b) gesundheitsrelevante Formen des Verhaltens (z.B. Rauchen, Alkohol, Sport, Essverhalten); c) Arbeitsbedingungen (z.B. körperlich belastende Hebearbeiten); d) Zugangsbedingungen der ärztlichen Versorgung; sowie e) ein Selektionseffekt, der bewirkt, dass kranke Menschen eine höhere Chance aufweisen, in eine niedrigere Schicht abzusteigen, bzw. in ihr zu verbleiben (vgl. Klein/Schneider/Löwel 2001). Materielle Unterschiede (Faktor a) spielen in OECD Gesellschaften bei der Erklärung von Krankheitswahrscheinlichkeiten („Morbiditätsraten") eine geringe Rolle. Auch die medizinische Infrastruktur ist in modernen Gesellschaften so breit vorhanden, dass ihre Zugänglichkeit (Faktor d) nicht zentral bei der Erklärung schichtdifferenter Mortalität ist. Dabei ist zu beachten, dass auch hier eine Verhaltenskomponente wirksam ist, da die Angehörigen höherer Schichten in der Regel häufiger und schneller einen Arzt aufsuchen (vgl. Höpflinger 1997: 165). Befunde, wonach eine allgemeine Krankenversicherung, die in Großbritannien und Deutschland vorherrscht, den krankheitsförderlichen Einfluss von geringem Einkommen bei vorhandenen Gesundheitsbeschwerden reduziert (im Vergleich zu privaten Krankenversicherungen, die in den USA dominieren), sind noch vorläufig (Klein/Unger 2001). Die meisten Untersuchungen belegen weiterhin einen deutlich stärkeren kausalen Effekt von der Schichtzugehörigkeit auf das Krankheitsrisiko im Vergleich zu einem umgekehrten Selektionseffekt (Faktor e), bei dem der Gesundheitszustand Folgen für die Schichtzugehörigkeit hat (Schnittker/McLeod 2005: 78).

Den Verhaltensformen (Faktor b) kommt ein besonderes Gewicht bei der Erklärung von schichtbezogenen Gesundheitsunterschieden zu, da hiermit ein Teil der Mechanismen benannt wird, wodurch eine schlechtere Schichtlage zu einem ungünstigeren Gesundheitszustand führt. Klein/Schneider/Löwel (2001) haben hierzu eine interessante Analyse durchgeführt, bei der sie anhand von 8802 beteiligten Personen einer Herzinfarktstudie im bayrischen Schwaben der Frage nachgingen, ob die festgestellten schichtspezifischen Unterschiede des Sterblichkeitsrisikos in einem Zeitraum von 12-14 Jahren kausal auf Verhaltensunterschiede zurückzuführen sind. Die Schichtzugehörigkeit wurde hierbei mit dem Bildungsniveau der Untersuchten operationalisiert. Tab. 9 zeigt die Ergebnisse.

Man sieht hier, wenn man nur die erste und die letzte Datenspalte berücksichtigt, dass der hochsignifikante Zusammenhang zwischen Bildung und Mortalitätsrisiko bei Männern insignifikant wird, wenn man nach verschiedenen gesundheitsrelevanten Verhaltensweisen kontrolliert. Verhaltensunterschiede bewirken also Schichtdifferenzen beim Mortalitätsrisiko. Der Einfluss des Alkoholtrinkens ist hierbei relativ gering, zumal es sich um einen nichtlinearen Zusammenhang handelt (lediglich Personen, die mehr als 79 Gramm Alkohol pro Tag trinken, sterben schneller als Nichttrinker). Der Effekt des Rauchens, selbst des ehemaligen Rauchens, ist stark krankheitsfördernd. Die Ausübung von mehr als einer Stunde Sport in der Woche reduziert das Sterblichkeitsrisiko. Über- bzw. Untergewicht (hier operationalisiert über den Body-Mass-Index (= BMI)) beeinflussen ebenfalls das Sterblichkeitsrisiko. Zuviel bzw. zuwenig Schlaf pro Tag entfaltet auch eine schädliche Wirkung. Da man aus anderen Untersuchungen weiß, dass in der Arbeiterschicht ungesündere Lebensstile vorherrschen (mehr Rauchen, mehr Übergewicht, weniger Sport), kann man schlussfolgern, dass ein Teil der geringeren Lebenserwartung in der Arbeiterschicht auf gesundheitlich riskante Verhaltensweisen zurückzuführen ist.

Tab. 9: Bildungs- und Lebensstileinflüsse auf das Mortalitätsrisiko von Männern (%-Effekte aus Cox-Proportional-Hazard-Regressionsmodellen) (Klein/ Schneider/ Löwel 2001: 393)

Determinante	Bildungseinflüsse	Lebensstileinflüsse					Gesamtmodell
		Alkoholkonsum	Tabakkonsum	Sport	Übergewicht	Schlaf	
Bildungsjahre	-7,6***	-7,6***	-7,0**	-5,7*	-7,5***	-7,0**	-4,6
1-19 g Alkohol/Tag[1,2]		-19,1					-16,9
20-39 g Alkohol/Tag[1,2]		-27,0*					-21,7
40-59 g Alkohol/Tag[1,2]		-15,4					-10,9
60-79 g Alkohol/Tag[1,2]		+0,1					-2,8
Über 79 g Alkohol/Tag[1,2]		+58,1*					+29,7
Vielraucher[1,3]			+200,5***				+174,4***
Gelegenheitsraucher[1,3]			+34,7				+32,1
Exraucher[1,3]			+46,9**				+47,2**
Unter 1h/ Woche Sport [1,4]				-33,1*			-25,0
1-2h/Woche Sport[1,4]				-35,0**			-30,8*
Über 2h/Woche Sport[1,4]				-44,6***			-37,1***
BMI					-29,9***		-24,0**
BMI**2					+0,6***		+0,5**
Schlaf in h/Tag						-33,3**	-31,2**
Schlaf in h/Tag**2						+3,1***	+2,8***
N	4.233	4.233	4.233	4.233	4.233	4.233	4.233
Todesfälle	439	439	439	439	439	439	439
Log likelihood	5.754[5]	5.733	5.681	5.731	5.742	5.734	5.628
Chi square	12,79***	33,35***	86,28***	35,84***	25,16***	32,92***	139,54***

*** p<0,001
** p<0,01
* p<0,05

1) Dummyvariable, die bei der genannten Ausprägung den Wert 1, ansonsten den Wert 0 annimmt
2) Referenzkategorie: Nichttrinker
3) Referenzkategorie: Nichtraucher
4) Referenzkategorie: Nichtsportler
5) Log likelihood ohne Kovariaten: 5.767
Quelle: MONICA-follow-up-Studie 1984-98.

Ein weiterer Teil der schichtspezifischen Unterschiede resultiert aus verschiedenen sozialpsychologischen Mechanismen, die auch ein häufigeres Auftreten von

Risikoverhalten in der Arbeiterschicht miterklären (vgl. den Überblick bei Schnittker/McLeod 2005): Bei größeren Einkommensungleichheiten werden Arbeiterschichtsangehörige kränker aufgrund von Vergleichen, die sie anstellen. Auch die subjektive Wahrnehmung, zu einer niedrigeren Schicht zu gehören, erhöht die Wahrscheinlichkeit von Übergewicht, Depression und Atembeschwerden. Unabhängig vom realen Niveau einer erfolgenden rassischen oder ethnischen Diskriminierung beeinträchtigt eine erhöhte Angst davor die physische und psychische Gesundheit. Internalisierter Rassismus, also die Übernahme negativer Selbstbilder durch die rassisch benachteiligte Gruppe, trägt zu Übergewicht, Alkoholkonsum, Depression und geringem Selbstwertgefühl bei. Bei realer Diskriminierung führen aktive Bewältigungsstrategien, wie z.B. ein gemeinsames Reden oder Handeln, zu einer besseren Gesundheit.

Alles in allem kann man also festhalten, dass eine Arbeiterschichtszugehörigkeit nur teilweise „schicksalhaft" die Gesundheit beeinträchtigt. Ungünstigeren Arbeitsbedingungen (vgl. hierzu Siegrist/Dragano 2006; Klein/Unger 2006) und materiellen Benachteiligungen entkommt man schwerer als dem eigenen Zutun durch Risikoverhalten. Auch wenn einige Elemente der Schichtzugehörigkeit oder Diskriminierungsangst gesundheitsbeeinträchtigend schwer auf den Individuen lasten, und damit den Weg zur Selbstschädigung in Form von Risikoverhalten verständlich machen, zwingen sie dem Individuum dieses Verhalten nicht auf. Aktive Bewältigungsformen auch bezüglich der Schichtposition und in Relation zu Diskriminierung helfen dabei den schicksalhaften Benachteiligungen zu entkommen und Wege zu wählen, die nicht eine gesundheitsschädigende Selbstbeeinträchtigung beinhalten.

Hilft eine differenzierte Betrachtung auch bei der Erklärung der längeren Lebenserwartung von Frauen im Vergleich zu Männern? Auffällig ist zunächst, dass Schichteffekte der Gesundheitsbeeinträchtigung bei Frauen weniger ausgeprägt auftreten. Bezüglich der Geschlechterdifferenzen unterscheidet man biologische von verhaltensbedingten Erklärungen. Das Vorhandensein eines zweiten X-Chromosoms und endogene weibliche Hormone schützen biologisch v.a. vor ischämischen Herzkrankheiten, z.B. Arteriosklerose. Dass diese biologischen Geschlechtsunterschiede unabhängig vom Verhalten der Menschen vorhanden sind, erkennt man an ihrem Auftreten in allen modernen Gesellschaften, ja selbst bei Tieren (vgl. Luy 2004: 27). Neben diesen biologischen Unterschieden gibt es aber auch verhaltensbedingte Unterschiede. So rauchen nach wie vor mehr Männer als Frauen, auch das Stressniveau ist bei Männern höher als bei Frauen. Neuere Untersuchungen gehen davon aus, dass 1-2 Jahre Differenz der Lebenserwartung zugunsten von Frauen im Vergleich zu Männern auf biologische Faktoren zurückzuführen sind. In Deutschland beträgt die geschlechtsspezifische Differenz der Lebenserwartung 2011 aber 4,7 Jahre, was anzeigt, dass biologische Unterschiede nur den geringeren Teil der Gesundheitsunterschiede zwischen den Geschlechtern erklären können. Es ist allerdings auch zu berücksichtigen, dass die Spätfolgen des Zweiten Weltkrieges in Deutschland lange eine stärkere Übersterblichkeit von Männern bewirkten, insbesondere auch der Geburtskohorten 1925-1950, die es in dieser Art in vergleichbarer Form in anderen Ländern nicht gibt (vgl. Luy 2004: 28; Haudidier 1996). Direkte Kampfhandlungen, Schockerfahrungen, abwesende Familienangehörige und Ernährungsmangel tragen zu diesen Spätfolgen des Krieges bei.

In den Kapiteln 6 und 7 wurde darauf hingewiesen, dass es Angleichungstendenzen zwischen den Bildungs- und Berufsverläufen der Geschlechter gibt. Finden sich ähnliche Entwicklungen im Bereich Gesundheit und Mortalität? Die objektiven Daten sprechen hier eher dagegen: Betrug der Unterschied in der Lebenserwartung zwischen Männern und Frauen 1871/78 noch 2,87 Jahre, so erreichte er sein Maximum 1995 mit 6,5 Jahren, bis 2001 ist die Differenz auf 5,75 Jahre zurückgegangen (vgl. Luy 2004). 2011 ist die Geschlechterdifferenz auf 4,7 Jahre reduziert worden. Insgesamt gibt es in Europa Gesellschaften mit deutlich höheren Geschlechterdifferenzen in der Lebenserwartung, beispielsweise lebten in Polen 1990 Frauen noch um 9 Jahre länger als Männer, dieser Wert ist bis 2011 auf 8,1 Jahre zurückgegangen.

Ein plausibler Erklärungsansatz für mögliche Angleichungstendenzen liegt in der Zunahme der Frauenerwerbsquote. Die Wirkung einer zunehmenden Erwerbsrate auf die Gesundheit von Frauen ist momentan noch schwer abschätzbar. Cramm/Blossfeld/Drobnič (1998) fanden heraus, dass erwerbstätige Frauen eher seltener als nicht erwerbstätige Frauen krank werden, außer wenn sie als Arbeiterinnen tätig sind. Eine Doppelbelastung in Form eines Kindes unter 6 Jahren bei gleichzeitiger Erwerbstätigkeit erhöht allerdings das Erkrankungsrisiko. Diese Daten sind allerdings mit großer Vorsicht zu behandeln, da hier nur Informationen über retrospektiv (z.T. nach mehr als 20 Jahren) erinnerte Krankheitsperioden von mehr als 14 Krankheitstagen in die Datenanalyse eingegangen sind. Aus verlässlicheren skandinavischen Untersuchungen ist bekannt, dass die Krankheitstage von erwerbstätigen Frauen bei höherer Kinderzahl zurückgehen. Eine Kontrolle nach Selektivitätseffekten zeigt allerdings, dass krankheitsanfälligere Frauen bei mehreren Kindern eher ihre Erwerbstätigkeit aufgeben, sodass die kausale Richtung der Beziehung der beiden Variablen in Frage gestellt werden kann (Bratberg/Dahl/Risa 2002). Zusammengenommen ist nach bisherigem Forschungsstand eine Zunahme der Frauenerwerbstätigkeit nicht mit einer Krankheitszunahme verbunden, sodass von dieser Seite keine Angleichung der Lebenserwartung der Geschlechter zu erwarten ist, wohl auch weil die bisherigen Muster der beruflichen Segregation eher Männern gesundheitsgefährdende Berufe zumuten.

Angleichungstendenzen gehen eher von Entwicklungen bei den Risikohandlungen aus: Die Differenz des Raucheranteils zwischen den Geschlechtern verringert sich, bei insgesamt fallenden Raucherzahlen rauchen inzwischen bei den Jugendlichen mehr Mädchen als Jungen (Klocke 2006: 207; vgl. Jungbauer-Gans 2006: 95). Potentiale für Angleichungen sind auch beim Alkoholkonsum oder auch bei riskanten Arten des Autofahrens vorhanden. Immerhin könnten z.b. ostdeutsche Männer im Vergleich zu westdeutschen Männern um ein ganzes Lebensjahr aufschließen, wenn die Fälle von Leberzirrhose und die Zahl der Verkehrsunfallopfer sich angleichen würden; die Differenzen zwischen den Geschlechtern sind bei diesen Todesursachen ebenfalls groß (vgl. Luy 2004: 41ff.).

Insgesamt kann man bezüglich der Geschlechterdifferenz bei der Lebenserwartung von einer Mischung aus Schicksal und Handlungen ausgehen. Die Biologie „schenkt" schicksalhaft Frauen ein bis zwei Lebensjahre im Vergleich zu Männern. Derzeit verkürzen von Menschengesellschaften gemachte „Schicksalsschläge" wie Kriege ebenfalls das Leben von Männern (wobei in Deutschland lange der Zweite Weltkrieg nachwirkte). Derzeit zwei bis drei Jahre zusätzlichen Lebens von Frauen im Vergleich zu Männern liegen in ihrer Hand, sie werden u.a. durch unterschiedliches Risikoverhalten verursacht. Der Trend einer stärkeren Auseinanderentwicklung der Lebenserwartung der Geschlechter ist erst vor wenigen Jahren gebrochen worden.

9.2 Vermögen

Die Besonderheit des biografischen Elementes Gesundheit liegt in seiner Vermengung von schicksalhafter Biologie mit den selbstgesteuerten Elementen des gesundheitsrelevanten Handelns. Auch im Bereich des Vermögens verbindet sich eine vom Individuum unbeeinflusste Komponente, das Geborenwerden in eine bestimmte Familie, mit einem selbstgesteuerten Element des Handelns. Im Folgenden sollen diese beiden Seiten des Vermögens in einer lebenslaufsoziologischen Sicht anhand des Erbens eines Vermögens und des Besitzes von Wohneigentum etwas genauer analysiert werden. Mit Vermögen verbindet sich dabei auch eine longue durée des eigenen Lebens, da mit dem Vermögensaufbau „bleibende Werte" geschaffen werden. In einigen Familien werden diese über ein Erbe weitergereicht. Vererben kann dabei durchaus auch als Akt der Sinnsetzung eigenen Lebens gesehen werden: So empfahl Luther etwa das Pflanzen eines Apfelbaumes, um eine Transzendenz des eigenen Lebens im Vermögenstransfer zu erreichen.

9.2.1 Erben und Mentalitäten

Verschiedene Elemente der biografischen und lebenslaufsoziologischen Bedeutung von Erben werden im Folgenden in drei Schritten behandelt. Zuerst wird es in einem historischen Rückgriff um die Bedeutung von Erbrechtskonstruktionen in Deutschland gehen. Nach dieser Diskussion der gesellschaftlichen Rahmung des Erbens wird auf aktuelle Untersuchungen zu Umfang und Struktur des Vererbungsprozesses und ihrer gesellschaftlichen Deutung in unterschiedlichen Ländern eingegangen. In einem dritten Teil werden Formen des Immobilienerwerbs im internationalen Vergleich erörtert.

Einige Sozialwissenschaftler geben der historischen Dimension des Erbrechtes eine große Bedeutung für die Formung der Mentalität einer Bevölkerung (Hildenbrand/Bohler/Jahn 1992; Bohler/Funcke/Hildenbrand 2007). Danach begünstigt ein Erbrecht, das nur einen Erben anerkennt („Anerbenrecht"), eine landwirtschaftliche Besitzverteilung in vormodernen Gesellschaften, bei der wenige Großgrundbesitzer einer großen Masse von besitzlosen Landarbeitern gegenüber stehen. Besonders ausgeprägt sei eine derartige Verteilung, wenn der Landbesitz vom Erben nicht geteilt werden darf („Majorat") und die Landarbeiter unfrei sind. Diese Konstellation begünstige eine Ideologie des Kollektivismus, Passivität der Vielen herrsche ebenso vor wie eine Neigung zur Delegation von Aufgaben an anonyme Instanzen. Autoritarismus sei nicht selten. Historisch werden die ostelbischen Gebiete Preußens, Russland und Sizilien genannt als Beispiele für derartige Strukturen. Weil u.a. durch das Erbrecht derartige Mentalitäten und Besitzverhältnisse fortgeführt werden, entstehen in derartigen Gebieten im Modernisierungsprozess eher großindustrielle Strukturen und staatszentrierte Gesellschaften.

Ganz anders seien die historischen Mentalitäten in Gebieten, die durch eine lange Tradition der Aufteilung des Erbes unter allen Kindern gekennzeichnet seien („Realteilung"). In diesen Gebieten setzt sich in vormodernen Zeiten ein (freies) Kleinbauerntum durch. Da die Zerstückelung des Landeigentums wenig tragfähige Landwirtschaftseinheiten produziert, etablieren sich hier bereits zu Beginn der Neuzeit gewerbliche Strukturen auf dem Land, indem über Verlagswesen u.ä. Strukturen (vorindustrieller) Nebenerwerb normal wird. Diese Struktur begünstigt eine Ideologie des Individualismus, Aktivität der Vielen gehe einher mit einer Neigung zur dezentralen Selbstorganisation gesellschaftlicher Aktivitäten. Historisch werden Baden-Württemberg, Thüringen und Mittelitalien als Beispiel für derartig strukturierte Gebiete genannt. Unter modernen Bedingungen können sich hier dann mittelständisch dominierte Gewerbestrukturen mit hohen Facharbeiteranteilen durchsetzen, bürgergesellschaftliche Elemente zähmen hierbei den Staat.

9.2.2 Erben heute

Nach diesem kurzen Ausflug in historische Dimensionen des Erbens ist an dieser Stelle eine Rückkehr zur gegenwärtigen Bedeutung des Vermögenstransfers durch Vererbung angebracht. Dabei wird nur auf individuelle Vererbungen eingegangen (zu einer Abschätzung kollektiven Erbes, wie z.b. Umwelt, Staatsverschuldung, Infrastruktur, Becker/Hauser 2009: 241ff.). Zuerst einige Zahlen: Es wurde bereits erwähnt, dass Vermögensverteilungen in der Regel ungleicher sind als Einkommensverteilungen. Dies lässt sich relativ präzise am Gini-Index ablesen, der zwischen 0 (völlige Gleichheit) und 1 (hohe Ungleichheit) variiert. In Deutschland beträgt der Gini-Index beim Netto-Vermögen (also dem Vermögen abzüglich der Schulden) 0,799 im Jahr 2007 (Frick/Grabka 2009: 583). Der Gini-Index beim Haushaltsnettoeinkommen beträgt dagegen nur 0,3 im gleichen Jahr. Im Vergleich zu den USA (Gini-Index-Wert von 0,84 1998) und Frankreich (Gini-Index-Wert von 0,71 1986) gibt es in Deutschland eine zwischen Frankreich und den USA liegende Vermögensungleichheit. Die Beziehung zwischen der Höhe der Einkommen und dem Vermögensbestand ist zwar stark, aber nicht perfekt. Amerikanische Untersuchungen in den 1980er Jahren haben einen Korrelationskoeffizienten zwischen den beiden Größen von 0,5 berechnet, wenn man allerdings die Vermögenseinkünfte bei der Berechnung der Einkommen vernachlässigt, beträgt der Zusammenhang zwischen Einkommenshöhe und Vermögenshöhe nur 0,26 (Keister/Moller 2000: 65).

Wie viel wird durchschnittlich vererbt? Aufgrund der ungleichen Verteilung der Vermögen sollte man hier darauf achten, eine aussagekräftige Maßzahl zu wählen. Da es sich bei der Vermögensverteilung um eine rechtsschiefe Verteilung handelt (die meisten Haushalte verfügen nur über geringes Vermögen, während einige Haushalte über sehr hohe Vermögen verfügen), besitzt das geläufigere arithmetische Mittel nur einen geringen Aussagewert, da wenige hohe Vermögen diesen Durchschnitt stark nach oben verschieben können. Interessanter ist der Medianwert, also der Zentralwert, der erreicht wird, wenn man alle Haushalte nach ihrer Vermögenshöhe anordnet und nach 50% einen Schnitt macht. 2003 betrug der Medianwert des Nettovermögens von Haushalten in Deutschland 49.800 Euro (das arithmetische Mittel lag bei 133.400 Euro). Aufgrund der ungleichen Verteilung von Vermögen erben nicht alle Mitglieder der Gesellschaft. In Deutschland haben ca. 55% der über 40jährigen in Westdeutschland bereits mindestens einmal in ihrem Leben geerbt (Szydlik 1999). Nach amerikanischen Untersuchungen hinterlassen ca. 60% der Verstorbenen ein Erbe (Beckert 2004: 28). Beide Zahlen sind nicht zufrieden stellend, da das Alter 40 keine magische Grenze darstellt, nach der man nicht mehr erben wird. Die Daten zur Vererbung Verstorbener sind ebenfalls unvollständig, da viele

Vermögensübertragungen bereits „unter Lebenden" (inter vivos) getätigt werden. Übertragungen inter vivos umfassen amerikanischen Untersuchungen zufolge 90% der intergenerationalen Vermögenstransfers (Keister/Moller 2000: 75). In der Regel wirken Vererbungen ungleichheitsverstärkend (Szydlik 2012), sowohl innerhalb als auch zwischen Gesellschaften. In Ostdeutschland haben beispielsweise 2006 nur 9% der über 40jährigen ein Erbe von mehr als 5000 Euro angetreten, in Schweden waren es 29% (Szydlik 2011: 555).

Einleitend zu diesem Kapitel wurde eher anekdotisch anhand der Self-made men Gates und Albrecht die Frage angesprochen, wie wichtig beim Aufbau eines Lebensvermögens der Anteil des Erbes sei. Auch diese Frage lässt sich mit, allerdings nur approximativen, Daten präziser beantworten. In Deutschland beträgt der hochgerechnete Anteil der Erbsumme am Nettogesamtvermögen des Jahres 2002 27% (BMAS 2005: 44), in den USA liegen die Schätzungen zwischen 20% und 50% (Keister/Moller 2000: 72). Vererbung stellt also ein wichtiges Element des Vermögensaufbaus im Lebenslauf dar, durchschnittlich ist aber der Erwerbsprozess innerhalb des eigenen Lebenslaufs wichtiger.

Nach diesen vielen Zahlen zum Geschehen des Erbens soll etwas genauer auf die Deutung des Phänomens „Erben" eingegangen werden. Hier interessiert nun insbesondere die gesellschaftliche Deutung, da Beckert (2004) zeigen konnte, dass in verschiedenen modernen Gesellschaften (er untersuchte Deutschland, Amerika, Frankreich) sich politisch rechtlich unterschiedliche Erbdiskurse entfalten, die zu sehr eigenen Rechtskonstruktionen führen. Ausgangspunkt für die unterschiedliche Rechtsentwicklung ist die gesellschaftliche Deutung, wem Vermögen gehört.

Es lassen sich vier Positionen unterscheiden, die zu verschiedenen institutionellen Regelungen des Erbrechtes führen. Diese vier Positionen sind insofern auch interessant, als sie Möglichkeiten aufzeigen, wie historische Kontinuität und Diskontinuität in der Generationenfolge gedacht werden kann. In der ersten Deutung wird davon ausgegangen, dass das Vermögen einem Individuum gehört. Oberstes Gebot im Erbrecht ist bei dieser Deutung die Sicherung der Testierfreiheit, also der Möglichkeit als Vererbender frei in einem Testament zu bestimmen, wem das Vermögen übertragen wird. Das amerikanische Erbrecht ist diesbezüglich „großzügig", als es aufgrund einer Betonung der Testierfreiheit eine vollständige Enterbung von Kindern zulässt. In einer zweiten Deutung wird das Vermögen als Besitz einer Familie gedeutet. Das Individuum ist eingebettet in eine Familie und übernimmt damit Rechte und Pflichten. In den Vorarbeiten des Erbrechtes im Bürgerlichen Gesetzbuch (BGB) vor 1900 wurde in Deutschland auch der Testierfreiheit ein hoher Rang gewährt, sie findet allerdings ihre Schranken in „Pflichtteilen" also Mindestanteilen, die an Ehepartner und Kinder gehen müssen. Die Deutung von Vermögen als Familienbesitz findet sich auch in den deutschen Steuerregeln, die innerhalb der Familie hohe Summen steuerfrei stellen (zwischen Ehegatten z.b. ist eine Summe bis zu 307.000 Euro steuerfrei) (vgl. Beckert 2004: 279). Ähnliche Regeln zu Pflichtteilen finden sich auch im französischen Erbrecht.

In einer dritten Deutung wird das *Vermögen* selbst als Kontinuitätsgarant gesehen, die individuellen Besitzer sind nur Träger dieses Besitzes. Diese objektivistische Deutung des Vererbungsvorgangs erscheint vielleicht im ersten Moment fremd, weil sie der Sache Vorrang vor den Personen gibt. Man könnte sie aber auch als historische Bescheidenheit des Menschen gegenüber objektiven Aufgaben interpretieren. Am stärksten kommt diese Deutung von Erbe in der Institution des Fideikommiss zum Tragen, der den freien Verkauf von landwirtschaftlichen Gütern selbst bei ihren Eigentümern einschränkte. Der Fideikommiss wurde in den USA bereits 1776 abgeschafft, in Deutschland dagegen erst 1919. In einer kleinen Studie hat Bourdieu (1993) gezeigt, dass die Grundidee des Fideikommiss, dass der Besitz Vorrang vor den Individuen hat, durchaus auch in Frankreich bis ins 20. Jahrhundert wirksam sein konnte, obwohl dort 1789 das in seiner Wirkung konträr intendierte Erbrecht der Realteilung eingeführt wurde. Im Béarn orientieren sich die Familien in ihren Praktiken daran, dass (meist) der älteste Sohn sich die Perspektive des Hofes aneignet: „Die Einsetzung des Erben ... wird nur durch Einverleibung voll wirksam: dass die Erde, wie Marx sagt, von ihrem Besitzer Besitz ergreift, der Boden also den erbt, der ihn erbt, liegt daran, dass der Erbe, der Älteste, zum vermenschlichten Boden (oder Unternehmen) wird, zur Verkörperung einer Struktur, die Praktiken erzeugt, die mit dem grundlegenden Imperativ der unversehrten Erhaltung des Familienerbes konform sind" (ebd.: 272). Diese „Einverleibung" kommt auch darin zum Tragen, dass der Erbe z.B. Verheiratungen vornehmen soll, die für den „Hof" wichtig sind.

In einer vierten Deutung wird Vermögen als Leihgabe der *Gesellschaft* gesehen. Ein wesentliches Prinzip der modernen Gesellschaft sei das Leistungsprinzip, wonach Individuen den Lohn für ihre Anstrengungen erhalten sollen. Ein Erbe konterkariere dieses meritokratische Prinzip, da es unverdientes Vermögen darstelle. Gerechter sei es deshalb, das Vermögen, zumindest hohes Vermögen, nach dem Ableben des verdienstvollen Individuums an die Gesellschaft zurückzugeben. Das amerikanische Erbrecht im 20. Jahrhundert orientierte sich, ursprünglich unter dem Einfluss der Progressisten, an diesen Maximen, indem 1916 eine hohe progressive Nachlasssteuer erlassen wurde. Seit den 1960er Jahren gibt es allerdings zunehmend Einwände hierzu, das entsprechende Gesetz läuft im Jahr 2010 aus. Argumentativ stand dem Konzept „unverdienten Vermögens" ein individualistischer Privateigentumsbegriff entgegen, pragmatisch war ein häufiges Umgehen des Gesetzes durch Vermögensübertragungen inter vivos zu konstatieren.

Es gibt also vier Deutungen von Vermögen, die rechtlich in unterschiedlichen Formen und Praktiken des Erbrechts zum Ausdruck kommen. Gegenwärtig nimmt in modernen Gesellschaften der Stellenwert individualistischer und familialer Deutungen zu in Relation zu versachlichten oder gesellschaftsakzentuierten Deutungen des Vermögens.

9.2.3 Immobilien im Lebenslauf

Vieles von dem, was bisher über Vermögen berichtet wurde, lässt sich anhand von Immobilien konkretisieren. Rein quantitativ besteht ein großer Teil des Haushaltsvermögens aus Immobilienbesitz (Skopek u.a. 2012). In Deutschland nimmt das Immobilienvermögen drei Viertel des Gesamtvermögens ein (BMAS 2005: 33). Beim Immobilienbesitz spielt auch Vererben eine nicht unwesentliche Rolle: 22% der 1993 im Privatbesitz befindlichen Wohngebäude wurden geerbt (gegenüber 44% der Wohngebäude, die selbst gebaut wurden, und 30,3%, die gekauft wurden) (Wagner/Mulder 2000: 46). In einer dynamischen Sicht des Immobilienbesitzes sind zwei Aspekte besonders wichtig, die im Folgenden eingehender behandelt werden: Zum einen die Frage, welche Gelegenheiten und Zwänge vorhanden sind, um Wohneigentum zu erwerben. Die Eigentümerquote variiert zwischen verschiedenen Ländern erheblich, sie bestimmt mit, ob der Erwerb von Immobilienbesitz Teil eines „normalen" Lebenslaufes ist, oder eher ungewöhnlich ist. Zum zweiten wird die Frage erörtert, wie der Erwerb von Wohneigentum in den Lebenslauf eingebettet ist.

Der Wohnungsmarkt gehört, ähnlich wie der Arbeitsmarkt, auch in modernen Marktvergesellschaftungen zu den Bereichen der Wirtschaft, die hoch reguliert und durch Subventionen politisch beeinflusst werden. Über die Zeit haben sich dadurch zwischen sonst ähnlichen Gesellschaften sehr unterschiedliche Gelegenheitsstrukturen für den Erwerb von Immobilien ergeben. Kemeny (1981) hat versucht diese Varianz als Dichotomie zwischen Individualismus (= Wohneigentum) und Kollektivismus (= Miete) darzustellen. Dies erscheint sehr verkürzt, da es sich bei Wohneigentum meist um Familienbesitz handelt, der sich zudem entweder in großen Apartmenthäusern oder in verstreuten Einzelhäusern realisieren kann, was nur schwer auf den einen Begriff „Individualismus" reduzierbar ist; ähnlich wie Mietverhältnisse nach der Art der Eigentümer (privat, öffentlich, genossenschaftlich) und der Größe der Wohnkomplexe sehr unterschiedlich relational gestaltet sind und mit „Kollektivismus" nur unzureichend kategorisiert sind. Im Folgenden sollen Eigentumsverhältnisse des Immobilienbesitzes in drei Ländern knapp dargestellt werden. Generalisierend kann man sagen, dass Deutschland einen öffentlichen Weg der Formenvielfalt repräsentiert, Irland einen besitzindividualistischen und Spanien einen kollabierten Autoritarismus.

In Deutschland liegt die Eigentümerquote (= Anteil der selbstgenutzten Eigentümerhaushalte an den Wohnungsinhaberhaushalten) mit 45,1% in Westdeutschland und 34,7% in Ostdeutschland 2002 auf einem relativ niedrigen Rangplatz im internationalen Vergleich. (Dabei ist allerdings die Eigentümerquote in Ostdeutschland in nur 9 Jahren um 8,6% gestiegen.) Woran liegt diese niedrige Eigentümerquote? Ein Hauptgrund findet sich in einem attraktiven Mietwohnungsangebot durch private und öffentliche Anbieter, die qualitätvolle und günstige Wohnungen feilbieten (Kurz 2004). U.a. der Wohnungsmangel nach dem 2. Weltkrieg führte in Westdeutschland dazu, dass sich der öffentliche Wohnungsbau – im Unterschied zu angelsächsischen Ländern – nie nur auf Arme konzentrierte. Der in der Nachkriegszeit umfangreiche „soziale Wohnungsbau" ist allerdings in den 1980er Jahren eingestellt worden und später nur reduziert fortgesetzt worden. Neben dem Mietwohnbau und Mietbeihilfen werden auch Eigenheimbauten staatlich subventioniert. In einigen Gegenden ist es üblich, dass sich die Nachbarschaft und/oder die Verwandtschaft beim Eigenheimbau wechselseitig unterstützen, der Hausbau wird damit zu einem wichtigen biografischen Ereignis. Verblüffender weise sind auch deshalb bis zum Ende der 1970er Jahre die Wohneigentumsquoten in der Arbeiterklasse ähnlich hoch gewesen wie in der Mittelklasse. Ein Grund hierfür ist auch, dass die Mittelklasse stärker in den Städten konzentriert wohnt, in denen ein Eigenheimbau schwerer zu realisieren ist. Die geringere Eigentumsquote in Ostdeutschland ist ein Resultat der ideologisch motivierten Präferenz für staatliche Großwohnungssiedlungen („Plattenbauten") in der DDR.

In Irland findet man im Vergleich zu Deutschland mit einer Eigentümerquote von 77% 2002 eine sehr viel höhere Quote als in Deutschland; nur 8% leben als Mieter in öffentlichen Wohnungen und 9% als Mieter in Privatwohnungen. Wie kam in dem im Vergleich zu Deutschland ärmeren Irland eine höhere Eigentumsquote zustande? Pfadsetzend war hierfür eine soziale Bewegung in den 1920er Jahren (Fahey/Maître 2004). Nach dem Vorbild einer noch unter britischer Besatzung durchgeführten Landreform strebte diese Bewegung einen vom Staat subventionierten Kauf der öffentlichen Wohnungen durch Mieter an. Das daraus resultierende Gesetz von 1936, das in den 1950er Jahren noch akzentuiert wurde, ermöglichte einen Mietkauf der Wohnungen mit Preisen unter den vorherigen Mieten. Weiterhin ermöglichten zinsgünstige kommunale Hypotheken und in den 1970er und 1980er Jahren hohe Inflationsraten günstige Refinanzierungen. Im Resultat reduziert nach Daten des irischen Panels die Hausvermögensverteilung die Einkommensungleichheit in der irischen Gesellschaft, da selbst im untersten Einkommensquintil noch eine Hauseigentümerquote von 70% anzutreffen ist. Einen ähnlichen Weg des staatssubventionierten Verkaufes von öffentlichen Wohnungen an ihre Mieter zu Preisen unterhalb des Marktwertes schlug in den 1980er Jahren die britische Regierung ein, was dazu führte, dass 1991 eine Eigentümerquote von 67% erreicht wurde (24% leben in öffentlichen Mietwohnungen) (Ermisch/Halpin 2004).

Während man in Irland von relativ konsistenten kollektiven Präferenzen ausgehen kann, deren Resultat eine vom Staat subventionierte Hauseigentümergesellschaft ist, hat sich eine im Resultat ähnliche Struktur in Spanien eher nicht-intendiert ergeben. Nach dem Bürgerkrieg in den 1930er Jahren wurden die Mietpreise eingefroren und Zwangsräumungen wurden erschwert (Cabré Pla/Módenes Cabrerizo 2004). Der Mietwohnungsbau kam dadurch zum Erliegen, Vermieter konnten sich Renovierungen nur mehr selten leisten. Ende der 1950er Jahre erlaubte dann die Regierung den Verkauf von Wohnungen und Häusern an Mieter zu niedrigen Preisen. Dadurch wurde eine Initialzündung gesetzt für den Bau von Apartmenthäusern, die Eigentümerquote stieg kontinuierlich, während ein freier Mietwohnungsmarkt fast vollständig kollabierte (die rigiden Mietrechte garantieren Langzeitmietern niedrige Mieten, während Neuvermietungen kaum anzutreffen sind). Im Jahr 2000 betrug die Eigentümerquote 85% der Haushalte.

Allein diese wenigen makrosozialen Daten zeigen an, dass die Wahrscheinlichkeit, dass Immobilienbesitz ein lebenslaufrelevantes Ereignis ist, in Gesellschaften ähnlichen Wohlstandsniveaus sehr ungleich verteilt sein kann aufgrund unterschiedlich institutionalisierter Gelegenheitsstrukturen: Weil in Deutschland ein preisgünstiger und funktionierender Mietwohnungsmarkt vorhanden ist, wird weniger als die Hälfte der Erwachsenen in einen Immobilieneigentümerstatus überwechseln. Hier ist das Übergangsereignis „Kauf oder Bau eines Hauses, einer Wohnung" ein freiwilliges Unternehmen. In Irland ist es dagegen seit mehr als einer Generation üblich, dass fast alle Erwachsenen, selbst untere Schichten, eine Wohnung, meist ein Haus bauen oder erwerben. Es wird normativ erwartet. Noch stärker ist der Druck zum Erwerb einer Immobilie in Spanien, da hier aufgrund des durch gesetzliche Regelungen strangulierten freien Mietmarktes sogar die Gelegenheit zu Mietwohnungen stark eingeschränkt ist: Mangels alternativer Gelegenheiten ist man tendenziell dazu gezwungen, die eigene Haushaltsgründung mit dem Erwerb von Immobilienbesitz zu verbinden. Was bewirken diese unterschiedlichen Gelegenheitsstrukturen für die biografische Positionierung von Immobilienbesitz?

Gewisse Elemente der Verknüpfung von Lebenslauf und dem Erwerb von Immobilienbesitz finden sich in vielen Ländern. So findet man auch in Deutschland eine Erhöhung der Rate des Erwerbs von Wohneigentum in und um den Heiratstermin, auch nach der Geburt eines zweiten Kindes; wodurch der Gipfel der Altersverteilung beim Immobilienerwerb in einem Alter von Anfang 30 Jahren liegt, allerdings mit einer großen Streuung (Wagner/Mulder 2000: 53ff). Auch in Großbritannien nimmt bei der Eheschließung der Erstbesitz von Immobilien zu (Ermisch/Halpin 2004: 271). Verblüffend ist, dass dieser Effekt auch bei Kohabitationen, also bei der Gründung nichtehelicher Lebensgemeinschaften, auftritt. Aus Spanien wird ebenfalls eine Zunahme des Wohneigentums kurz vor oder nach der Heirat berichtet, häufig vor der Geburt eines Kindes (Cabré Pla/Módenes Cabrerizo 2004: 245). In diesen drei Ländern findet also bei vielen Personen eine Verknüpfung der Ereignisse Eheschließung und Erwerb einer Immobilie statt, ein „Nest" wird gebaut bzw. erworben. Wenn wir also, wie in Kapitel 8 beschrieben, eine lebenszeitliche Verzögerung der Eheschließung in marktwirtschaftlichen, OECD Gesellschaften registrieren, dann liegt dies auch daran, dass dieser Schritt mit anderen Investitionen (z.B. in Immobilien) verbunden wird, die eine vorherige Akkumulation von Ressourcen erfordern. (Konträr von der Wirkung war die Vergabepraxis von Wohnraum in der DDR: Hier wurde knapper (Miet-)Wohnraum bevorzugt an Verheiratete vergeben, was für das Ziel einer eigenen Haushaltsgründung eine frühzeitige Eheschließung nahe legte (vgl. Sackmann 2000b).)

Der Erwerb von Immobilienbesitz ist nicht nur ein Teil des Lebenslaufes, den man als Wohnbiografie bezeichnen kann, er ist auch selbst ein kausales Element, das den Lebenslauf beeinflusst. Immobilienbesitzer sind nicht nur wörtlich, sondern real „immobiler", d.h. ihre räumliche Mobilität nimmt ab (Wagner/Mulder 2000). Bei Mietern in Großbritannien ist die Wohnmobilität fünfmal so hoch wie bei Eigentümern (Ermisch/Halpin 2004: 256). Ein Grund hierfür sind die höheren Transaktionskosten beim beabsichtigten Wohnungskauf, bzw. –verkauf im Vergleich zum Wechsel einer Mietwohnung. Dieser Effekt kann gesteigert werden, wenn, wie in Irland, nicht unerhebliche Steuern beim Verkauf von Häusern erhoben werden, die 4-5% des Wertes des Hauses einnehmen (Fahey/Maître 2004: 286). Noch stärker ist der Effekt der Wohnbiografie auf die gesamte Lebenslaufplanung, wenn, wie in Spanien, der Mietwohnungsmarkt selbst defizitär ist. Der späte Auszug von Jugendlichen aus dem Elternhaus wird in Spanien auch damit begründet, dass aufgrund des geringen Angebotes an Mietwohnungen die erste Wohnung häufig bereits der Besitz von Wohneigentum sein muss (Kurz/Blossfeld 2004: 369).

Das Beispiel des Immobilienerwerbs zeigt also, dass der Prozess der Vermögensbildung auch eine biografische und lebenslaufbezogene Komponente aufweist. Mit steigendem Alter nimmt das Vermögen durchschnittlich zu. Darüber hinaus gibt es Schwellenwerte, wie z.B. den Erwerb von Immobilien, die bereits im frühen Erwachsenenalter überschritten werden können. Wenn sie überschritten werden, dann werden über zunehmende (Wohn-)Immobilität und Hypothekenverschuldung Spielräume der eigenen Lebensgestaltung eingeschränkt, die zugleich aber auch mit Bindungen (an Ehepartner, Regionen, Einkommensleistungen) verbunden sind.

10. Ausblick

Im letzten Kapitel sollen anhand einiger Leitsätze der Lebenslaufanalyse und der Biografieforschung die Grundzüge des Ansatzes wiederholt, aber auch zugleich offene Enden für eine Weiterentwicklung des Wissens aufgezeigt werden. Dabei wird davon ausgegangen, dass es sich bei diesem Ansatz um den Versuch handelt a) soziale Gebilde dynamisch in der Zeit zu analysieren; b) die Verbindungen zwischen mikro- und makrosoziologischen Komponenten zu veranschaulichen; c) in Methodenpluralität qualitative und quantitative Forschungsverfahren zu verknüpfen; und d) interpretativ Sinngehalte des Lebenslaufs zu rekonstruieren.

Zu den eingelösten Versprechungen von Lebenslaufanalyse und Biografieforschung gehört die Behauptung, dass mit diesem Ansatz, die dynamische Natur von sozialen Prozessen genauer untersucht werden kann. Es ist eine Unzahl an Untersuchungen und Konzepten entstanden und weiterentwickelt worden, die dies bewerkstelligen. Aus der langen Liste, der auf das Individuum bezogenen Konzepte, häufig unterstützt durch methodische Instrumente, sei hier nur aufgeführt: Das Bestreben, Lebensläufe als Abfolge von kausal verknüpften Prozessen zu analysieren, wie es die Verlaufsdatenanalyse vollzieht; die Entschlüsselung der Erfahrungsaufschichtung und Wissensbasierung von Handlungen in biografischen Analysen; das Studium von Kontextbedingungen, Antezedien und Folgen von einzelnen Übergängen und Ereignissen in einer Reihe von Verlaufsdimensionen (z.B. Vermögen, Gesundheit, Arbeit etc.); die Typenbildung von Sequenzen der Abfolge von Zuständen in der Sequenzmusteranalyse. All diese Konzepte können auf die Untersuchung von sozialen Prozessen unterschiedlicher Dauer bezogen werden, die einzelne Tage, Wochen, Monate, Jahre und Leben betreffen. Obwohl bisher in der Lebenslaufsoziologie die Analysen mittlerer Zeitdauer (Monate, Jahre) dominieren, sind in der Zukunft durchaus genauere Analysen in kleineren Zeiteinheiten vorstellbar, wenn z.B. Interaktionsdynamiken untersucht werden sollten.

Auch in Relation zur Gesellschaftszeit haben Lebenslaufanalyse und Biografieforschung einen wertvollen Beitrag geleistet. Sozialer Wandel und die intendierte und nicht-intendierte Änderung makrosozialer Strukturen werden inzwischen als normale Phänomene analysiert. Der Ansatz von Lebenslaufanalyse und Biografieforschung konnte hier stärker auf bereits etablierten Konzepten aufbauen: Theorien zu revolutionären Umbrüchen und Transformationen waren ebenso etabliert wie evolutionäre Wandlungstheorien. Bezogen auf Akteursgruppen gehörten Generations- und Kohortentheorien zum Grundstock von Lebenslaufanalysen und Biografieforschung. Allgemein kann man hier davon ausgehen, dass die vorhandenen, z.T. spekulativen Theorien mit den neuen Verfahren und der stärkeren Berücksichtigung der Akteursdimension von Wandlungsprozessen empirisch angereichert wurden und mit vielen Detailkenntnissen verknüpft werden konnten. Überlegungen zur Natur sozialen Wandels und seiner Folgen können deshalb heute sehr viel schneller als vor einigen Jahrzehnten in empirische Forschungsprogramme übersetzt werden.

Eine offene Frage bezüglich der Dynamisierung sozialer Gebilde betrifft die „wahre" Natur gesellschaftlicher Prozesse. Noch immer herrscht der moderne Glaube vor, dass eine Beschleunigung gesellschaftlicher Prozesse zu verzeichnen sei (vgl. Rosa 2005). Viele Elemente der kommunizierten Beschleunigung beruhen auf den Strukturen neuzeitlicher Subsysteme, die wie Medien, Wissenschaft, Kunst und Wirtschaft Innovationen prämieren und damit deklarierten Wandel präferieren. Offen bleibt dabei die Messung des Prozesses selbst, der manchmal aufgrund der qualitativen Natur von Neuheitsbestimmungen, schwer zu bewerkstelligen ist. Für die Lebenslaufanalyse und Biografieforschung gehört es zu den spannenden zukünftigen Feldern dies zu tun. So wichtig und so empirisch zutreffend die Behauptung ist, dass Gesellschaften, die dynamischen Wandlungsprozessen ausgesetzt sind, nur mit den dynamischen Instrumenten der Lebenslaufanalyse und Biografieforschung adäquat zu erforschen sind, so findet sie doch ihre Grenze in Erstarrungsprozessen. Auch Erstarrung bis hin zur Petrifizierung sozialer Verhältnisse sind wichtige Gegenstände von Lebenslaufsoziologie und Biografieforschung. Nicht zufällig lieferte sie mit Befunden zur Konstanz sozialer Ungleichheit oder zur Konservativität des Alltagslebens auch empirische Korrektive zur blinden Gläubigkeit an die Wandlungsgeschwindigkeit, die sich manchmal in den Arbeiten von Feuilletonjournalisten findet. Auch dies wird eine wichtige zukünftige Aufgabe bleiben.

Eine zweite Versprechung von Lebenslaufanalyse und Biografieforschung bestand in der Behauptung mikro- und makrosoziale Sachverhalte miteinander zu verknüpfen. Der Ansatz partizipierte hier an der allgemeinen Bedeutungsaufwertung mikrosoziologischer Ansätze in der Soziologie. Die Rezeption von Entscheidungstheorien, die anfangs noch skeptisch beobachtet wurde, gehört inzwischen zum Kanon in einigen Feldern der Lebenslaufsoziologie. Die Modellierung von Fertilitätsprozessen, die (auch) als rationale Entscheidungsprozesse untersucht werden können, gehört zum Kern des Wissens in diesem Feld (z.B. Value of Children oder auch New Home Economics). Ähnliche Bedeutung hat die Reformulierung von Bildungsungleichheit über Konzeptionen der Bildungsformentscheidung, etwa von Goldthorpe und Breen, erlangt. Eine Modellierung von Prozessen „als ob" sie rational erfolgt wären, also ein Vorgehen, das bereits Max Weber propagiert hat, stellt sich auch heute noch als sehr einfach erlernbares und nützliches Analyseinstrument dar, das auch für die Entwicklung von Vorstellungen zu gesellschaftlichen Veränderungspotentialen hilfreich ist. Trotz dieses Bedeutungszuwachses von Entscheidungstheorien sind die meisten Ansätze breiter handlungstheoretisch geblieben, insofern die genaue Beschreibung und Analyse empirischer Abläufe und Motive unverzichtbar ist. Das empirische Erstellen komplexer Beschreibungen und Analysen der sozialen Welt stellt das zentrale Anliegen für Lebenslaufsoziologie und Biografieforschung dar, modellplatonistische Ansätze sind hierbei nur ein Hilfsmittel. Offen geblieben ist die Frage, inwiefern holistische Vorstellungen zu Sinnvorstellungen und Sinnsetzungen in gängige Modelle zu Lebenslaufübergängen integriert werden können, bzw. wie sie miteinander verknüpft werden können. In diesem Feld, das zugleich eine der Schnittstellen zwischen Lebenslaufanalyse und Biografieforschung bezeichnet, fehlt es nach wie vor an robusten Analysemodellen und einfach verwendbaren Erhebungsinstrumenten und -daten.

Die deutschsprachige Lebenslaufanalyse und auch die Biografieforschung sind schon seit Jahrzehnten sehr viel mehr als ihre anglo-amerikanischen Pendants auch makrosoziologisch fundiert. Deshalb findet man hier in den letzten Jahrzehnten eine Präzisierung makrosoziologischer Modelle und Befunde (vgl. Kap. 2.1). Neu hinzugekommen ist eine genauere Untersuchung von Organisationen als vermittelndem Glied. In der Mobilitätsforschung, um nur ein Beispiel zu nennen, sind traditionelle Fragen nach der Statusreproduktion in Familie und Bildungssystem inzwischen ergänzt worden durch organisationsdemografische und organisationsökologische Untersuchungen. Die Arbeiten von Windzio zeigen, wie präzise man durch derartige Konkretisierungen selbst so scheinbar vollkommen makrostrukturelle Veränderungen wie den Umbau nach der Wende in seinen Folgen für Berufsverläufe in organisationalen Geflechten rekonstruieren kann. Die Konjunktur des Themas „Weltgesellschaft" in den 1990er Jahren hat zudem darauf verwiesen, dass Einheiten, die größer sind als Nationalstaaten, zunehmend den Lebenslauf beeinflussen. In der Forschungsarbeit wurde zuerst im internationalen Vergleich nachgewiesen, wie vielfältig „Lebenslaufpolitik" Lebensläufe beeinflusst. In diesem Buch wurde mit vielen Beispielen darauf hingewiesen. Zu beachten ist dabei, dass es sich meist um die nicht-intendierten Folgen anders motivierter Politiken handelt. Modische Betrachtungen des Weltvergesellschaftungsprozesses in der Perspektive der Ökonomie (z.B. Standortwettbewerb) oder in der Perspektive der Sicherheit (z.B. Terror) vernachlässigen, dass zentrale Prozesse des Wandels der Weltgesellschaft derzeit Veränderungen der Lebenslaufstruktur sind, wie etwa die weltweite Explosion von Zeiten, die im Bildungssystem verbracht werden. Zu wenig Beachtung fand bisher auch, dass zentrale Risiken der gegenwärtigen Weltvergesellschaftung auf Fragen der Lebenslaufpolitik beruhen: demographische Alterung; der Renditehunger von privaten Pensionsfonds (vgl. Windolf 2005) oder das ungelöste Problem der chinesischen Altersversorgung seien hier nur als Beispiel dafür genannt, dass die internationalen Auswirkungen national verfehlter Lebenslaufpolitik weltweit spürbar sind. Präzise Analysen zu den Mechanismen der Problemverknüpfungen aber auch zu nationalen und internationalen Lösungen in diesem Feld sind ein wichtiges Forschungsdesiderat.

Ein drittes kennzeichnendes Element des Ansatzes von Lebenslaufanalyse und Biografieforschung besteht in der Verbindung von qualitativen und quantitativen Forschungsmethoden. Weltweit hat in den letzten 40 Jahren die Bedeutung qualitativer Sozialforschung zugenommen, wie ein Blick in Verlagsverzeichnisse ebenso wie in wissenschaftliche Zeitschriften zeigt. Dieser Aufstiegsprozess zu einer starken Minderheit im Methodenbereich ist mit heftigen Konflikten verbunden gewesen, der z.B. in der deutschen Soziologie zur Gründung von zwei Methodensektionen führte, die sich wechselseitig mit Argumenten bekämpfen. In diesem Kontext ist es höchst bemerkenswert, dass es im Feld von Lebenslaufanalyse und Biografieforschung gelungen ist, die wechselseitigen Erträge anzuerkennen. Qualitative Sozialforschung konzentriert sich dabei auf Sinnsetzungsprozesse, wie sie z.B. in der Biografieforschung rekonstruierbar sind; während sich die Lebenslaufanalyse stärker auf die zeitliche Struktur von Handlungsakten bezieht. Die Biografieforschung konnte dabei die Blüte der deutschen qualitativen Sozialforschung, die mit Namen wie Schütze, Oevermann, Bohnsack verbunden ist, nutzen und für ihre Zwecke weiterentwickeln. Ähnlich an vorderster methodischer Front befand sich die quantitative Lebenslaufforschung. In diesem innovativen Kontext war es möglich, auch schwierige Aufgaben in Angriff zu nehmen, wie die Weiterentwicklung und Standardisierung qualitativer Forschungsmethoden in einem Austausch mit quantitativen Methodologen, wovon u.a. die Arbeiten von Kelle oder Kluge im Rahmen des Sonderforschungsbereiches 186 zeugen. Dies gilt auch in umgekehrter Richtung, wenn z.B. Blossfeld/Huinink (2001) als quantitative Forscher in der Zeitschrift BIOS nach Wegen der stärkeren Sinnerfassung bei quantitativen Erhebungen suchen. Schnittstellen zwischen qualitativer und quantitativer Sozialforschung in diesem Feld zu suchen, wird mit hoher Wahrscheinlichkeit in den nächsten Jahrzehnten weitere Erträge in diesem Forschungsfeld erbringen. Daneben gibt es neue methodische Herausforderungen. Ansätze der Diskursanalyse, die stärker makrosoziologisch ausgerichtet sind, weisen bisher noch wenig Bezüge zu gängigen Biografieforschungen oder zu Lebenslaufanalyse auf, obwohl sie ein interessantes Potential zur präzisen Modellierung von Kulturverschiebungen bereit halten, die bisher immer recht pauschal dem (undifferenzierten) „Wertewandel" anvertraut wurden. Auch die Netzwerkforschung hat in den letzten Jahrzehnten eine eindrucksvolle Entwicklung vollzogen, die ihren methodischen Einbezug in das Standardrepertoire von Biografieforschung und Lebenslaufanalyse ratsam erscheinen lassen (vgl. Lüdicke/Diewald 2007).

Als letztes kennzeichnendes Element von Lebenslaufanalyse und Biografieforschung sei die interpretative Rekonstruktion der Sinndeutung von Lebensprozessen genannt. Die „Meistererzählung", das große Narrativ, von Kohli im Bereich der Lebenslaufforschung, die den Aufstieg und Fall des standardisierten Normallebenslaufes beschreibt, hat inzwischen weite Verbreitung in der Gesellschaft gefunden. Ein stärker entstrukturierter, mehr individualisierter Lebenslauf sei an seine Stelle getreten. In diesem Buch sind viele empirische Ergebnisse vorgestellt worden, die diesen Befund stützen, die aber gleichzeitig seine Grenzen aufzeigen: In den letzten Jahrzehnten kommt, entstandardisierend, nicht nur in Deutschland individuellen Bildungsbestrebungen eine größere Bedeutung zu, die Wahlmöglichkeiten im Bereich Beziehung/Familie sind gestiegen, Arbeitslosigkeit ist zu einer möglichen Erfahrung breiter Schichten geworden. Zugleich kommt es aber auch zu neuen Institutionalisierungen wie etwa der „Normalisierung" vorschulischer Bildung oder der Möglichkeit gleichgeschlechtliche Partnerschaften registrieren zu lassen. Und selbstverständlich sind soziale Ressourcen, wie Einkommen, Vermögen, Bildung, Beruf etc., bedeutsame Strukturgeber von sozial differenten Lebensläufen geblieben.

Bereits in Kapitel 2 wurde in diesem Buch darauf hingewiesen, dass der Ansatz von Riley/Riley das Potential hat, zu einer neuen „Meistererzählung" zu werden, um noch einmal den Begriff von Lyotard (1986) aufzugreifen. Danach befinden wir uns im Übergang zu einer altersbefreiten und altersintegrierten Gesellschaft. Die verstärkte Gesetzgebung gegen Altersdiskriminierung in vielen Ländern, auch in Deutschland, zeigt, dass diese Leitidee inzwischen in Institutionalisierungen übersetzt wird. Eine wichtige Aufgabe von Lebenslaufanalyse und Biografieforschung in den nächsten Jahrzehnten wird es sein, empirisch und theoretisch Chancen und Grenzen dieser neuen Leitidee zu prüfen. Nicht selten weisen im Wertesystem positiv konnotierte Leitideen in ihrer Umsetzung Abweichungen und Nebenfolgen auf, die bei ihrer weiteren Ausgestaltung zu bedenken sind.

Ein drittes Leitbild eines modernen Lebenslaufes könnte ein verantwortlicher, eingebetteter, kreativer Lebenslauf sein. Weltweit nehmen die Bildungsressourcen von Individuen zu, die einen kreativen Umgang bei der Lösung individueller und sozialer Probleme ermöglichen könnten. Dieses Potential kann nur dann produktiv eingesetzt werden, wenn soziale Strukturen geschaffen werden, die Verantwortung von Individuen und Gruppen stärken. Das Spüren der Ergebnisse von Handlungen, die Konfrontation mit Rückwirkungen dieser Handlungen und ihre kontinuierliche Verbesserung sind Teil eines Zuweisungsprozesses von sozialen Rechten, der Autonomie, Freiheit und starke Gesellschaftsmitglieder produziert. Agency kann deshalb zu einem Leitbegriff künftiger Lebenslaufsoziologie werden. In diesem Buch wurde an vielen Stellen darauf hingewiesen, dass Lebensläufe sich eingebettet vollziehen, in Gruppen, in Gemeinschaften, Gesellschaften und v.a. Organisationen. Für diese Einbettung bleiben Werte wie Solidarität wichtig, aber auch symbolische Verortungen und formale Strukturen.

Literatur

Abbott, Andrew (1997): On the concept of turning point. In: Comparative Social Research 16. 85-105
Abbott, Andrew/Hrycak, Alexandra (1990): Measuring resemblance in sequence data: an optimal matching analysis of musicians' careers. In: American Journal of Sociology 96. 144-185
Achtenhagen, Frank/Lempert, Wolfgang (Hrsg.) (2000): Lebenslanges Lernen im Beruf – seine Grundlegung im Kindes- und Jugendalter. Opladen: Leske + Budrich
Aisenbrey, Silke (2000): Optimal Matching Analyse. Opladen: Leske + Budrich
Aisenbrey, Silke/Fasang, Anette E. (2010): New life for old ideas: The „second wave" of sequence analysis bringing the „course" back into the life course. In: Sociological Methods & Research 38. 420-462
Albertini, Marco/Kohli, Martin/Vogel, Claudia (2007): Intergenerational transfers of time and money in European families: common patterns – different regimes? In: Journal of European Social Policy 17. 319-334
Alexander, Karl/Bozick, Robert/Entwisle, Doris (2008): Warming up, cooling out, or holding steady? Persistence and change in educational expectations after high school. In: Sociology of Education 81. 371-396
Allmendinger, Jutta (2010): Verschenkte Potenziale? Lebensverläufe nicht erwerbstätiger Frauen. Frankfurt/M.: Campus
Allmendinger, Jutta/Hinz, Thomas (1997): Mobilität und Lebensverlauf: Deutschland, Großbritannien und Schweden im Vergleich. In: Hradil/Immerfall: 247-287
Alt, Christian (2003): Wandel familialer Lebensverhältnisse minderjähriger Kinder. In: Bien/Marbach: 219-244
Amato, Paul R./Booth, Alan (2000): A generation at risk: growing up in an era of family upheaval. 3. Aufl. Cambridge: Harvard University Press
Amrhein, Ludwig (2004): Der entstrukturierte Lebenslauf? Zur Vision einer „altersintegrierten" Gesellschaft. In: Zeitschrift für Sozialreform 50. 147-169
Antidiskriminierungsstelle des Bundes (Hrsg.) (2009): Diskriminierung im Alltag. Wahrnehmung von Diskriminierung und Antidiskriminierungspolitik in unserer Gesellschaft. Baden-Baden: Nomos.
Anyadike-Danes, Michael/McVicar, Duncan (2010): My brilliant career: Characterizing the early labor market trajectories of British women from generation x. In: Sociological Methods & Research 38: 482-512
Apitzsch, Birgit (2010): Flexible Beschäftigung, neue Abhängigkeiten. Projektarbeitsmärkte und ihre Auswirkungen auf Lebensverläufe. Frankfurt/M.: Campus
Appelbaum, Eileen (2007): Transformationsprozesse von Arbeit und Beschäftigung in den USA: Herausforderungen, Chancen und Lernerfahrungen. In: Hildebrandt u.a.: 165-186
Arbeitsgruppe Bielefelder Soziologen (1973): Alltagswissen, Interaktion und gesellschaftliche Wirklichkeit. Zwei Bände. Reinbek: Rowohlt
Ariès, Philippe (1978): Geschichte der Kindheit. München: dtv

Attias-Donfut, Claudine (2000): Familialer Austausch und soziale Sicherung. In: Kohli/Szydlik: 222-237
Auer, Peter, u.a. (Hrsg.) (1990): Beschäftigungspolitik und Arbeitsmarktforschung im deutsch-französischen Dialog. Nürnberg
Aulenbacher, Brigitte (2010): Arbeit und Geschlecht – Perspektiven der Geschlechterforschung. In: Aulenbacher/Meuser/Riegraf:.141-155
Aulenbacher, Brigitte/Meuser, Michael/Riegraf, Birgit (Hrsg.) (2010): Soziologische Geschlechterforschung. Wiesbaden: VS
Bacher, Johann (2001): In welchen Lebensbereichen lernen Jugendliche Ausländerfeindlichkeit? In: Kölner Zeitschrift für Soziologie und Sozialpsychologie 53. 334-349
Ball, Stephen J. (2003): Class strategies and the education market. London: Routledge Falmer
Barkholdt, Corinna (Hrsg.) (2001): Prekärer Übergang in den Ruhestand. Opladen: Westdeutscher Verlag
Bartl, Walter (2012): Entdifferenzierung der regionalen Schulstruktur in Deutschland durch demografischen Wandel. Halle: Hallescher Graureiher 2012-3
Barton, Allen H./Lazarsfeld, Paul F. (1984): Einige Funktionen von qualitativer Analyse in der Sozialforschung. In: Hopf/Weingarten: 41-89
Barz, Heiner (Hrsg.) (2010): Handbuch Bildungsfinanzierung. Wiesbaden: VS Verlag
Baumert, Jürgen/Bos, Wilfried/Lehmann, Rainer (Hrsg.) (2000): TIMSS/III Dritte Internationale mathematik- und Naturwissenschaftenstudie. Mathematische und naturwissenschaftliche Bildung am Ende der Schullaufbahn. Bd. 2: Mathematische und physikalische Kompetenzen am Ende der gymnasialen Oberstufe. Opladen: Leske + Budrich
Baumert, Jürgen/Maaz, Kai/Trautwein, Ulrich (Hrsg.) (2009): Bildungsentscheidungen. Sonderheft 12 der Zeitschrift für Erziehungswissenschaft
Baumert, Jürgen/Schümer, Gundel (2001a): Familiäre Lebensverhältnisse, Bildungsbeteiligung und Kompetenzerwerb. In: Deutsches PISA-Konsortium (2001): 323-407
Baumert, Jürgen/Schümer, Gundel (2001b): Schulformen als selektionsbedingte Lernmilieus. In: Deutsches PISA-Konsortium: 454-467
Bayer, Hiltrud/Bauereiss, Renate (2003): Haushalt und Familie in der amtlichen Statistik. In: Bien/Marbach: 277-305
Beblo, Miriam/Lauer, Charlotte/Wrohlich, Katharina (2005), Ganztagsschulen und Erwerbsbeteiligung von Müttern - eine Mikrosimulationsstudie für Deutschland. In: Zeitschrift für Arbeitsmarktforschung 38. 357-372
Beck, Ulrich (1986): Risikogesellschaft. Frankfurt/M.: Suhrkamp
Becker, Gary S. (1975): Human Capital. 2. Auflage. New York: Columbia University Press
Becker, Gary S. (1981): A Treatise on the Family. Cambridge: Harvard University Press
Becker, Irene/Hauser, Richard (2009): Soziale Gerechtigkeit – ein magisches Viereck. Berlin: edition sigma
Becker, Rolf (2000): Klassenlage und Bildungsentscheidungen. In: Kölner Zeitschrift für Soziologie und Sozialpsychologie 52. 450-474
Becker, Rolf (2002): Wahlbeteiligung im Lebensverlauf. In: Kölner Zeitschrift für Soziologie und Sozialpsychologie 54. 246-263
Becker, Rolf (Hrsg.) (2009): Lehrbuch der Bildungssoziologie. Wiesbaden: VS Verlag
Becker, Rolf/Hecken, Anna E. (2009): Berufliche Weiterbildung – theoretische Perspektiven und empirische Befunde. In: Becker: 357-394
Becker, Rolf/Lauterbach, Wolfgang (2004a): Vom Nutzen vorschulischer Kinderbetreuung. In: Dies.: 127-160
Becker, Rolf/Lauterbach, Wolfgang (2004b): Dauerhafte Bildungsungleichheiten – Ursachen, Mechanismen, Prozesse und Wirkungen. In: Dies.: 9-40
Becker, Rolf/Lauterbach, Wolfgang (Hrsg.) (2004): Bildung als Privileg? Wiesbaden: VS Verlag

Becker, Rolf/Solga, Heike (Hrsg.) (2012): Soziologische Bildungsforschung. Sonderheft 52 der Kölner Zeitschrift für Soziologie und Sozialpsychologie
Beckert, Jens (2004): Unverdientes Vermögen. Frankfurt/M.: Campus
Behrend, Christoph (2000): Routine oder soziale Kompetenz – zum Wandel des Erfahrungsbegriffs als Kategorie der Wertschätzung älterer Arbeitnehmer. In: George/Struck: 113-122
Behrens, Johann/Voges, Wolfgang (Hrsg.) (1996): Kritische Übergänge. Frankfurt/M.: Campus
Beinke, Lothar (2000): Elterneinfluss auf die Berufswahl. Bad Honnef: Verlag K.H. Bock
Bellenberg, Gabriele (2012): Schulformwechsel in Deutschland. Gütersloh: Bertelsmann Stiftung
Berger, Johannes (Hrsg.) (1986): Die Moderne – Kontinuitäten und Zäsuren. Göttingen: Schwartz
Berger, Peter A./Hank, Karsten/Tölke, Angelika (Hrsg.) (2011): Reproduktion von Ungleichheit durch Arbeit und Familie. Wiesbaden: VS Verlag
Berger, Peter A./Sopp, Peter (Hrsg.) (1995): Sozialstruktur und Lebenslauf. Opladen: Leske + Budrich
Bernstein, Basil (1970): Soziale Struktur, Sozialisation und Sprachverhalten. Amsterdam: Contact Press
Bernstein, Basil (2003): Applied studies towards a sociology of language. London: Routledge
Bertaux, Daniel (Hrsg.) (1981): Biography and society. Beverly Hills: Sage
Bertram, Hans (2000): Die verborgenen familiären Beziehungen in Deutschland: Die multilokale Mehrgenerationenfamilie. In: Kohli/Szydlik: 97-121
Betz, Hans Dieter/Browning, Don S./Janowski, Bernd/Jüngel, Eberhard (Hrsg.) (1998): Religion in Geschichte und Gegenwart, 4. Auflage. Bd. 1: A-B. Tübingen: Mohr Siebeck
Bidwell, Charles E./Friedkin, Noah E. (1988): The Sociology of Education. In: Smelser (1988): 449-471
Bien, Walter/Marbach, Jan H. (Hrsg.) (2003): Partnerschaft und Familiengründung. Opladen: Leske + Budrich
Birg, Herwig (1996): Die Weltbevölkerung. München: Beck
Birg, Herwig/Flöthmann, E.-Jürgen/Reiter, Iris (1991): Biographische Theorie der demographischen Reproduktion. Frankfurt/M.: Campus
Blau, Peter M./Duncan, Otis (1967): The American occupational structure. New York: Wiley
Blossfeld, Hans-Peter (1989): Kohortendifferenzierung und Karriereprozess. Frankfurt/M.: Campus
Blossfeld, Hans-Peter (1990): Berufsverläufe und Arbeitsmarktprozesse. In: Karl Ulrich Mayer (Hrsg.): Lebensverläufe und sozialer Wandel. Sonderheft 31 der Kölner Zeitschrift für Soziologie und Sozialpsychologie. 118-145
Blossfeld, Hans-Peter (1993): Die berufliche Erstausbildung Jugendlicher im internationalen Vergleich. In: Zeitschrift für Berufs- und Wirtschaftspädagogik. Beiheft 11. 23-40
Blossfeld, Hans-Peter/Buchholz, Sandra/Bukodi, Erzsébet/Kurz, Karin (Hrsg.) (2008): Young workers, globalization and the labour market. Cheltenham: Edward Elgar
Blossfeld, Hans-Peter/Golsch, Katrin/Rohwer, Götz (2007): Event history analysis with Stata. Mahwah: Lawrence Erlbaum Associates
Blossfeld, Hans-Peter/Hakim, Catherine (Hrsg.) (1997): Between equalization and marginalization. Oxford: Oxford University Press
Blossfeld, Hans-Peter/Huinink, Johannes (2001): Lebensverlaufsforschung als sozialwissenschaftliche Forschungsperspektive. In: BIOS 14. 5-31
Blossfeld, Hans-Peter/Jaenichen, Ursula (1993): Bildungsexpansion und Familienbildung. In: Diekmann/Weick: 165-193
Blossfeld, Hans-Peter/Klijzing, Erik/Mills, Melinda/Kurz, Karin (Hrsg.) (2005): Globalization, uncertainty and youth in society. London: Routledge
Blossfeld, Hans-Peter/Prein, Gerald (Hrsg.) (1998): Rational choice theory and large-scale data analysis. Boulder: Westview

Blossfeld, Hans-Peter/Rohwer, Götz (2002): Techniques of event history modeling. 2. Auflage. Mahwah: Lawrence Erlbaum
BMAS, Bundesministerium für Arbeits- und Sozialordnung (Hrsg.) (2005): Lebenslagen in Deutschland. Der 2. Armuts- und Reichtumsbericht der Bundesregierung. Bonn. http://www.bmas.de/DE/Service/Publikationen/forschungsprojekt-a332-zweiter-armuts-und-reichtumsbericht.html (letzter Zugriff 23.4.2013)
BMAS, Bundesministerium für Arbeits- und Soziales (Hrsg.) (2013): Lebenslagen in Deutschland. Der vierte Armuts- und Reichtumsbericht der Bundesregierung. Bonn: BMAS. http://www.bmas.de/SharedDocs/Downloads/DE/PDF-Publikationen-DinA4/a334-4-armuts-reichtumsbericht-2013.pdf?__blob=publicationFile (letzter Zugriff 23.4.2013)
Böhm-Kasper, Oliver/Schuchart, Claudia/Schulzeck, Ursula (Hrsg.)(2007): Kontexte von Bildung. Münster: Waxmann
Böttger, Andreas (2001): "Da haben wir richtig Mist gemacht." In: Sackmann/Wingens: 51-75
Bogai, Dieter (2001): Arbeitsmarktpolitik für ältere Erwerbspersonen in den neunziger Jahren. In: Barkholdt: 39-71
Bohler, Karl Friedrich/Funcke, Dorett/Hildenbrand, Bruno (2007): Regionen, Akteure, Ereignisse: Die Entwicklung der Erziehungshilfen nach der Einführung des Kinder- und Jugendhilfegesetzes 1990/91. Jena: SFB 580
Bolder, Axel/Heinz, Walter R./Kutscha, Günter (Hrsg.) (2001): Jahrbuch Bildung und Arbeit 99/00. Deregulierung der Arbeit – Pluralisierung der Bildung? Opladen: Leske + Budrich
Boltanski, Luc/Chiapello, Ève (2006): Der neue Geist des Kapitalismus. Konstanz: UVK
Born, Claudia (2003): Changes in family roles and arrangements between generations. In: Heinz/Marshall: 279-298
Born, Claudia/Krüger, Helga (Hrsg.) (2001): Individualisierung und Verflechtung. München: Juventa
Borscheid, Peter (1989): Geschichte des Alters. München: dtv
Bos, Wilfried/Lankes, Eva-Maria/Prenzel, Manfred/Schwippert, Knut/Valtin, Renate/Walther, Gerd (2003): Erste Ergebnisse aus IGLU: Schülerleistungen am Ende der vierten Jahrgangsstufe im internationalen Vergleich. Münster: Waxmann
Bos, Wilfried/Hornberg, Sabine/Arnold, Karl-Heinz/Faust, Gabriele/Fried, Lilian/Lankes, Eva-Maria/Schwippert, Knut/Valtin, Renate (Hrsg.) (2007): IGLU 2006: Lesekompetenzen von Grundschulkindern in Deutschland im internationalen Vergleich. Münster: Waxmann
Bos, Wilfried/Bonsen, Martin/Baumert, Jürgen/Prenzel, Manfred/Selter, Christoph/Walther, Gerd (Hrsg.) (2008): TIMSS 2007: Mathematische und naturwissenschaftliche Kompetenzen von Grundschulkindern in Deutschland im internationalen Vergleich. Münster: Waxmann
Bos, Wilfried/Tarelli, Irmela/Bremerich-Vos, Albrecht/Schwippert, Knut (Hrsg.) (2012): IGLU 2011. Lesekompetenzen von Grundschulkindern in Deutschland im internationalen Vergleich. Münster: Waxmann
Bosch, Gerhard/Krone; Sirikit/Langer, Dirk (Hrsg.) (2010): Das Berufsbildungssystem in Deutschland. Wiesbaden: VS Verlag
Boudon, Raymond (1974): Education, opportunity, and social inequality. New York: Wiley
Boudon, Raymond (1980): Die Logik des gesellschaftlichen Handelns. Neuwied: Luchterhand
Bourdieu, Pierre (1993): Boden und Heiratsstrategien. In: Ders.: 264-287
Bourdieu, Pierre (1993): Sozialer Sinn. Frankfurt/M.: Suhrkamp
Bourdieu, Pierre/Passeron, Jean-Claude (1971): Die Illusion der Chancengleichheit. Suttgart: Klett
Bourdieu, Pierre et al. (1998): Das Elend der Welt. Konstanz: Universitätsverlag
Box-Steffensmeier, Janet M./Jones, Bradford S. (2004): Event history modeling. Cambridge: Cambridge University Press
Brandstädter, Jochen (2010): Life management in developmental settings of modernity: Challenges to the adaptive self. In: Silbereisen/Chen: 50-72

Brandstädter, Jochen/Greve, Werner (1994): The aging self: Stabilizing and protective processes. In: Developmental Review 14: 52-80
Brandstädter, Jochen/Rothermund, Klaus (2002): The life-course dynamics of goal pursuit and goal adjustment: A two-process framework. In: Developmental Review 22: 117-150
Bratberg, Espen/Dahl, Svenn-Åge/Risa, Alf Erling (2002): ‚The double burden'. Do combinations of career and family obligations increase sickness absence among women? In: European Sociological Review 18. 233-249
Brauer, Kai/Clemens, Wolfgang (Hrsg.) (2010): Zu alt? „Ageism" und Altersdiskriminierung auf Arbeitsmärkten. Wiesbaden: VS Verlag
Breen, Richard (Hrsg.) (2005): Social mobility in Europe. Oxford: Oxford University Press
Breen, Richard/Goldthorpe, John H. (1997): Explaining educational differentials. In: Rationality and Society 9. 275-305.
Breen, Richard/Jonsson, Jan O. (2005): Inequality of opportunity in comparative perspective: Recent research on educational attainment and social mobility. In: Annual Review of Sociology 31. 223-243
Breen, Richard/Luijkx, Ruud (2005): Social mobility in Europe between 1970 and 2000. In: Breen: 37-75
Breen, Richard/Luijkx, Ruud/Müller, Walter/Pollak, Reinhard (2012): Bildungsdisparitäten nach sozialer Herkunft und Geschlecht im Wandel. In: Becker/Solga: 346-373
Brewster, Karin L./Rindfuss, Ronald R. (2000): Fertility and women's employment in industrialized nations. In: Annual Review of Sociology 26. 271-296
Brim, Orville Gilbert/Ryff, Carol D./Kessler, Ronald C. (Hrsg.) (2004): How healty are we? A national study of well-being at midlife. Chicago: University of Chicago Press
Bröckling, Ulrich (2007): Das unternehmerische Selbst. Soziologie einer Subjektivierungsform. Frankfurt/M.: Suhrkamp
Brose, Hanns-Georg/Hildenbrand, Bruno (Hrsg.) (1988): Vom Ende des Individuums zur Individualität ohne Ende. Opladen: Leske + Budrich
Brückner, Hannah/Mayer, Karl Ulrich (2006): De-standardization of the life course: What it might mean? And if it means anything, whether it actually took place? In: MacMillan: 27-53
Brüderl, Josef (2004): Meta-Analyse in der Soziologie: Bilanz der deutschen Scheidungsforschung oder „statistischer Fruchtsalat"? In: Zeitschrift für Soziologie 33. 84-86
Brüderl, Josef (2010): Kausalanalyse mit Paneldaten. In: Wolf/Best: 963-994
Brüderl, Josef/Diekmann, Andreas/Engelhardt, Henriette (1997): Erhöht eine Probeehe das Scheidungsrisiko? In: Kölner Zeitschrift für Soziologie und Sozialpsychologie 49. 205-222
Brüderl, Josef/Klein, Thomas (1993): Bildung und Familiengründungsprozeß deutscher Frauen. In: Diekmann/Weick: 194-215
Brüderl, Josef/Scherer, Stefani (2005): Methoden zur Analyse von Sequenzdaten: http://www.sowi.uni-mannheim.de/lehrstuehle/lessm/papers/Sequenzen.pdf (Letzter Zugriff 6.2.2006)
Brynin, Malcolm (2002): Graduate density, gender, and employment. In: British Journal of Sociology 53. 363-381
Buchholz, Sandra/Imdorf, Christian/Hupka-Brunner, Sandra/Blossfeld, Hans-Peter (2012): Sind leistungsschwache Jugendliche tatsächlich nicht ausbildungsfähig? Eine Längsschnittanalyse zur beruflichen Qualifizierung von Jugendlichen mit geringen kognitiven Kompetenzen im Nachbarland Schweiz. In: Kölner Zeitschrift für Soziologie und Sozialpsychologie 64. 701-728
Buchmann, Marlis/Sacchi, Stefan (1995a): Mehrdimensionale Klassifikation beruflicher Verlaufsdaten. In: Kölner Zeitschrift für Soziologie und Sozialpsychologie 47. 413-442
Buchmann, Marlis/Sacchi, Stefan (1995b): Zur Differenzierung von Berufsverläufen. In: Berger/Sopp: 49-64

Büchtemann, Christoph/Schupp, Jürgen/Soloff, Dana. (1993): Übergänge von der Schule in den Beruf - Deutschland und USA im Vergleich. In: Mitteilungen aus der Arbeitsmarkt- und Berufsforschung 26. 507-520

Bühler-Niederberger, Doris (2005): Kindheit und die Ordnung der Verhältnisse. Weinheim: Juventa

Bühlmann, Felix/Schmid Botkine, Céline (Hrsg.) (2012): Sozialbericht 2012: Fokus Generationen. Zürich: Seismo

Büttner, Thomas (2000): Überblick über moderne Bevölkerungsgeschichte nach Weltregionen. In: Mueller/Nauck/Diekmann: 1172-1249

Bukodi, Erzsébet/Ebralidze, Ellen/Schmelzer, Paul/Blossfeld, Hans-Peter (2008): Struggling to become an insider: does increasing flexibility at labour market entry affect early careers? A theoretical framework. In: Blossfeld u.a.: 3-27

Bundesministerium für Familie, Senioren, Frauen und Jugend (2002) (Hrsg.): Vierter Bericht zur Lage der älteren Generation. Berlin

Burger, Kaspar (2010): How does early childhood care and education affect cognitive development? An international review of the effects of early interventions for children from different social backgrounds. In: Early Childhood Research Quarterly 25. 140-165

Burzan, Nicole/Berger, Peter A. (Hrsg.) (2010): Dynamiken (in) der gesellschaftlichen Mitte. Wiesbaden: VS Verlag

Busch, Michael/Jeskow, Jan/Stutz, Rüdiger (Hrsg.) (2010): Zwischen Prekarisierung und Protest. Bieleefeld: transcript Verlag

Busemeyer, Marius R. (2009): Wandel trotz Reformstau. Die Politik der beruflichen Bildung seit 1970. Frankfurt/M.: Campus

Bygren, Magnus/Duvander, Ann-Zofie/Hultin, Mia (2005): Transitions to adulthood in Sweden. In: Blossfeld/Klijzing/Mills/Kurz: 135-158

Bynner, John/Parsons, Samantha (2002): Social Exclusion and the Transition from School to Work: The Case of Young People Not in Education, Employment, or Training (NEET). In: Journal of Vocational Behavior 60. 289-309

Bytheway, Bill (2005): Ageism. In: Johnson: 338-345

Cabré Pla, Anna /Módenes Cabrerizo, Juan Antonio (2004): Home ownership and social inequality in Spain. In: Kurz/Blossfeld: 233-254

Cain, Leonard D. Jr. (1964): Life Course and Social Structure. In: Faris: 272-309

Caldwell, John C. (1982): Theory of fertility decline. London: Academic Press

Clason, Christine (1995): Die Familie in Bedrängnis zwischen Politik und Ökonomie. In: Nauck/Onnen-Isemann: 47-58

Clausen, John A. (1995): Gender, Contexts, and Turning Points in Adults' Lives. In: Moen/Elder/Lüscher: 365-389

Clausen, John A. (1998): Life Reviews and Life Stories. In: Giele/Elder: 189-212

Coleman, James S./Campbell, Ernest Q./Hobson, Carol J./McPartland, James/Mood, Alexander M./Weinfeld, Frederic D./York, Robert L. (1966): Equality of educational opportunity. Washington: U.S. Government printing office

Coppola, Michela/Reil-Held, Anette (2011): Jenseits staatlicher Alterssicherung: Die neue regulierte private Vorsorge in Deutschland und ihre Verbreitung. In: Leisering: 215-243

Corsten, Michael (1994): Beschriebenes und wirkliches Leben. In: BIOS 7. 185-205

Corsten, Michael (1999): Institutionelle und biographische Konstruktion beruflicher Wirklichkeit. In: Grundmann: 267-289

Corsten, Michael/Lempert, Wolfgang (1997): Beruf und Moral. Exemplarische Analysen beruflicher Werdegänge, betrieblicher Kontexte und sozialer Orientierungen erwerbstätiger Lehrabsolventen. Weinheim: Deutscher Studien Verlag

Corsten, Michael/Kauppert, Michael/Rosa, Hartmut (2008): Quellen Bürgerschaftlichen Engagements. Die biographische Entwicklung von Wir-Sinn und fokussierten Motiven. Wiesbaden: VS Verlag
Corsten, Michael/Krug, Melanie/Moritz, Christian (Hrsg.) (2010): Videographie praktizieren: Herangehensweisen, Möglichkeiten und Grenzen. Wiesbaden: VS Verlag
Coulmas, Florian/Lützeler, Ralph (Hrsg.) (2011): Imploding Populations in Japan and Germany. Leiden: Brill
Cramm, Cathleen/Blossfeld, Hans-Peter/Drobnič, Sonja (1998): Die Auswirkungen der Doppelbelastung durch Familie und Beruf auf das Krankheitsrisiko von Frauen. In: Zeitschrift für Soziologie 27. 341-357
Cumming, Elaine/Henry, William E. (1979): Growing Old. Reprint der Ausgabe von 1961. New York: Arno Press
Degele, Nina (2004): Sich schön machen: Zur Soziologie von Geschlecht und Schönheitshandeln. Wiesbaden: VS Verlag
Dekker, Arne/Matthiesen, Silja (2004): Beziehungsbiographien im Längsschnitt – drei Generationenportraits. In: BIOS 17. 11-34
Deming, David (2009): Early childhood intervention and life-cycle skill development: Evidence from Head Start. In: American Economic Journal: Applied Economics 1. 111-134
Derichs-Kunstmann, Karin/Faulstich, Peter/Schiersmann, Christiane/Tippelt, Rudolf (Hrsg.) (1997): Weiterbildung zwischen Grundrecht und Markt. Opladen: Leske + Budrich
Desrosières, Alain (2005): Die Politik der großen Zahlen. Berlin: Springer
Deutsches PISA-Konsortium (Hrsg.) (2001): PISA 2000. Opladen: Leske + Budrich
Deutsche Rentenversicherung Bund (2005): Rentenversicherung in Zeitreihen. Berlin: Deutsche Rentenversicherung Bund
Deutsche Rentenversicherung Bund (2009): Rentenversicherung in Zeitreihen. Berlin: Deutsche Rentenversicherung Bund
Deutsche Rentenversicherung Bund (2012): Rentenversicherung in Zeitreihen. Berlin: Deutsche Rentenversicherung Bund
Deutsche Shell (Hrsg.) (2002): Jugend 2002: Zwischen pragmatischem Idealismus und robustem Materialismus. Frankfurt/M.: Fischer
Deutsche Shell (Hrsg.) (2000): Jugend 2000. Frankfurt/M.: Fischer
Diekmann, Andreas (1995): Empirische Sozialforschung. Reinbek: Rowohlt
Diekmann, Andreas/Weick, Stefan (Hrsg.) (1993): Der Familienzyklus als sozialer Prozeß. Berlin: Duncker & Humblot
Diewald, Martin/Huinink, Johannes/Heckhausen, Jutta (1996): Lebensverläufe und Persönlichkeitsentwicklung im gesellschaftlichen Umbruch. In: Kölner Zeitschrift für Soziologie und Sozialpsychologie 48. 219-248
Dingeldey, Irene (2011): Der aktivierende Wohlfahrtsstaat: Governance der Arbeitsmarktpolitik in Dänemark, Großbritannien und Deutschland. Frankfurt/M.: Campus
Dinkel, Reiner Hans/Höhn, Charlotte/Scholz, Rembrandt D. (Hrsg.) (1996): Sterblichkeitsentwicklung – unter besonderer Berücksichtigung des Kohortenansatzes. München: Harald Boldt Verlag
Dippelhofer-Stiem, Barbara/Dippelhofer, Sebastian (Hrsg.) (2012): Enzyklopädie Erziehungswissenschaft Online (EEO), Fachgebiet Erziehungs- und Bildungssoziologie. Weinheim: Beltz Juventa. (www.erzwissonline.de)
DiPrete, Thomas A. (2002): Life course risks, mobility regeimes, and mobility consequences: A comparison of Sweden, Germany, and the United States. In: American Journal of Sociology 108. 267-309
DiPrete, Thomas/Eirich, Gregory M. (2006): Cumulative Advantage as a Mechanism for Inequality: A Review of Theoretical and Empirical Developments. In: Annual Review of Sociology 32. 271-297

DiPrete, Thomas A./McManus, Patricia A. (2000): Family Change, Employment Transitions, and the Welfare State: Household Income Dynamics in the United States and Germany. In: American Sociological Review 65. 343-370
Ditton, Hartmut (1992): Ungleichheit und Mobilität durch Bildung. Weinheim
Ditton, Hartmut (2004): Der Beitrag von Schule und Lehrern zur Reproduktion von Bildungsungleichheit. In: Becker/Lauterbach: 251-279
Ditton, Hartmut (2007): Schulwahlentscheidungen unter sozial-regionalen Bedingungen. In: Böhm-Kasper/Schuchart/Schulzeck: 21-38
Ditton, Hartmut/Krüsken, Jan (2009): Bildungslaufbahenen im differenzierten Schulsystem - Entwicklungsverläufe von Laufbahnempfehlungen und Bildungsaspirationen in der Grundschulzeit. In: Baumert/Maaz/Trautwein: 74-102
Dobbin, Frank (2009): Inventing equal opportunity. Princeton: Princeton University Press
Dobischat, Rolf (2010): Schulische Berufsbildung im Gesamtsystem der beruflichen Bildung. In: Bosch/Krone/Langer: 101-131
Döring, Nicole (2010): Sozialkontakte online: Identitäten, Beziehungen, Gemeinschaften. In: Schweiger/Beck: 159-183
Dorbritz, Jürgen (2000): Europäische Fertilitätsmuster. In: Zeitschrift für Bevölkerungswissenschaft 25. 235-266
Dorbritz, Jürgen/Gärtner, Karla (19989. Bericht 1998 über die demographische Lage in Deutschland mit dem Teil B „Ehescheidungen – Trends in Deutschland und im internationalen Vergleich". In: Zeitschrift für Bevlkerungswissenschaft 23. 373-458
Dornseiff, Jann-Michael/Sackmann, Reinhold (2002): Zwischen Modernisierung und Re-Traditionalisierung. Die Transformation von Familienbildungsmustern im Lebenslauf ostdeutscher Frauen am Beispiel der Geburt des zweiten Kindes. In: Zeitschrift für Bevölkerungswissenschaft 27. 87-114
Drasch, Katrin (2011): Zwischen familiärer Prägung und institutioneller Steuerung: Familienbedingte Erwerbsunterbrechungen von Frauen in Ost- und Westdeutschland und der DDR. In: Berger/Hank/Tölke: 171-200
Dugger, William M. (1999): Old age is an institution. In: Review of social economy 57. 84-99
Dülmen, Richard von (1990): Fischer Lexikon Geschichte. Frankfurt/M.: Fischer
Duncan, Simon/Pfau-Effinger, Birgit (Hrsg.) (2000): Gender, economy and culture in the European Union. London: Routledge
Easterlin, Richard A. (2010): Happiness, growth, and the life cycle. Oxford: Oxford University Press
Ecarius, Jutta (2008): Generation, Erziehung und Bildung. Eine Einführung. Stuttgart: Kohlhammer
Ehalt, Hubert Christian (Hrsg.) (2002): Formen familialer Identität. Wien: WUV-Universitätsverlag
Ehmer, Josef (2002): Die Lebenstreppe, Altersbilder, Generationenbeziehungen und Produktionsweisen in der europäischen Neuzeit. In: Ehalt: 53-82
Ehmke, Timo/Drechsel, Barbara/Carstensen, Claus H. (2008): Klassenwiederholen in PISA-I-Plus: Was lernen Sitzenbleiber in Mathematik dazu? In: Zeitschrift für Erziehungswissenschaft 11. 368-387
Ehrhardt, Jens (2011): Ehrenamt. Formen, Dauer und kulturelle Grundlagen des Engagements. Frankfurt/M.: Campus
Eisenstadt, Shmuel N. (EA 1956) (1966): Von Generation zu Generation. München: Juventa
Elder, Glen H. Jr. (1974): Children of the Great Depression. Chicago: University of Chicago Press
Elder, Glen H. Jr. (1985): Perspectives on the Life Course. In: Ders.: 23-49
Elder, Glen H. Jr. (Hrsg.) (1985): Life Course Dynamics. Trajectories and Transitions, 1968-1980. Ithaca - London: Cornell University Press
Elder, Glen H. (1995): The life course paradigm: Social change and individual development. In: Moen/Elder/Lüscher: 101-139
Elder, Glen H. Jr. (1998): The Life Course and Human Development. In: Lerner: 939-991

Elder, Glen H. Jr./Caspi, Avsholm (1990): Persönliche Entwicklung und sozialer Wandel. In: Karl U. Mayer (Hrsg.): Lebensverläufe und sozialer Wandel. Sonderheft 31 der Kölner Zeitschrift für Soziologie und Sozialpsychologie. Opladen. 22-56
Ellwood, David T. (1982): Teenage Unemployment: Permanent Scars or Temporary Blemishes? In: Freeman/Wise: 349-385
Ellwood, David (1998): Dynamic policy making: an insider's account of reforming US welfare. In: Leisering/Walker: 49-59
Elschenbroich, Donata (2001): Weltwissen der Siebenjährigen. München: Kunstmann
Elwert, Georg/Kohli, Martin/Müller, Harald K. (Hrsg.) (1990): Im Lauf der Zeit. Saarbrücken: Verlag breitenbach publishers
Enoch, Clinton (2011): Dimensionen der Wissensvermittlung in Beratungsprozessen: Gesprächsanalysen der beruflichen Beratung. Wiesbaden: VS Verlag
Erikson, Robert/Goldthorpe, John H. (1993): The constant flux. Oxford: Clarendon Press
Erlinghagen, Marcel/Hank, Karsten (2006): The participation of older Europeans in volunteer work. In: Ageing & Society 26. 567-584
Erlinghagen, Marcel/Knuth, Matthias (2004): Beschäftigungsstabilität in der Wissensgesellschaft. In: Struck/Köhler: 23-38
Ermisch, John/Halpin, Brendan (2004): Home ownership and social inequality in Britain. In: Kurz/Blossfeld: 255-280
Erzberger, Christian/Prein, Gerald (1997): Optimal Matching Technik. In: ZUMA-Nachrichten 21. 52-81
Eulenberger, Jörg (2013): Migrationsbezogene Disparitäten an der ersten Schwelle. Junge Aussiedler im Übergang von der Hauptschule in die berufliche Bildung. Wiesbaden: Springer VS
Fahey, Tony/Maître, Bertrand (2004): Home ownership and social inequality in Ireland. In: Kurz/Blossfeld: 281-303
Falk, Susanne (2005): Geschlechtsspezifische Ungleichheit im Erwerbsverlauf. Wiesbaden: VS
Falk, Susanne/Sackmann, Reinhold/Struck, Olaf/Weymann, Ansgar/Windzio, Michael/Wingens, Matthias (2000): Gemeinsame Startbedingungen in Ost und West? Arbeitspapier Nr. 65. Sonderforschungsbereich 186. Bremen
Falk, Susanne/Schaeper, Hildegard (2001): Erwerbsverläufe von ost- und westdeutschen Müttern im Vergleich. In: Born/Krüger: 181-210
Faris, Robert E.L. (Hrsg.) (1964): Handbook of modern sociology. Chicago: Rand Mc Nally & Company
Feldhaus, Michael/Huinink, Johannes (Hrsg.) (2008): Neuere Entwicklungen in der Beziehungs- und Familienforschung. Würzburg: Ergon
Fend, Helmut (1991): Schule und Persönlichkeit: Eine Bilanz der Konstanzer Forschungen zur „Sozialisation in Bildungsinstitutionen". In: Pekrun/Fend: 9-32
Fialla, Robert/Lanford, Audri Gordon (1987): Educational Ideology and the World Educational Revolution, 1950-1970. In: Comparative Education Review 31: 315-332.
Fielding, Helen (1999): Bridget Jones – Schokolade zum Frühstück. München: Goldmann
Fielding, Helen (2002): Bridget Jones – Am Rande des Wahnsinns. München: Goldmann
Filipp, Sigrun-Heide/Mayer, Anne-Katrin (1999): Bilder des Alters. Stuttgart: Kohlhammer
Fischer-Rosenthal, Wolfram/Rosenthal, Gabriele (1997): Narrationsanalyse biographischer Selbstrepräsentation. In: Hitzler/Honer: 133-164
Fredman, Sandra/Spencer, Sarah (Hrsg.) (2003): Age as an equality issue. Oxford: Hart Publishing
Freeman, Richard B./Wise, Daniel A. (Hrsg.) (1982): The Youth Labor Market Problem: Its Nature, Causes, and Consequences. Chicago: University Press
Frick, Joachim R./Grabka, Markus M. (2009): Zur Entwicklung der Vermögensungleichheit in Deutschland. In: Berliner Journal für Soziologie 19. 577-600

Friedman, Lawrence M. (2003): Age Discrimination Law: Some Remarks on the American Experience. In: Fredman/Spencer: 175-194
Fthenakis, Wassilios E./Kalicki, Bernhard/Peitz, Gabriele (2002): Paare werden Eltern. Opladen: Leske + Budrich
Fuchs, Werner (1998): Grundfragen der Soziologie des Lebenslaufs. Kurseinheit 3. Studienbrief der Fernuniversität Hagen
Fuchs-Heinritz, Werner (2005): Biographische Forschung. 3. überarb. Auflage. Wiesbaden: VS
Gabriel, Oscar W./Trüdinger, Eva-Maria/Völkl, Kerstin (2004): Bürgerengagement in Form von ehrenamtlicher Tätigkeit und sozialen Hilfsleistungen. In: Statistisches Bundesamt: 337-356
Gangl, Markus (2004): Welfare states and the scar effects of unemployment: A comparative analysis of the United States and West Germany. In: American Journal of Sociology 109. 1319-1364
Garfinkel, Harold (1967): Studies in ethnomethodology. Englewood Cliffs: Prentice-Hall
Gellert, Uwe/Sertl, Michael (Hrsg.) (2012): Zur Soziologie des Unterrichts: Arbeiten mit Basil Bernsteins Theorie des pädagogischen Diskurses. Weinheim: Beltz
Gensicke, Thomas/Geiss, Sabine (2010): Hauptbericht des Freiwilligensurveys 2009. Berlin: Bundesministerium für Familie, Senioren, Frauen und Jugend
Gensicke, Thomas/Olk, Thomas/Reim, Daphne/Schmithals, Jenny/Dienel, Hans-Liudger (2009): Entwicklung der Zivilgesellschaft in Ostdeutschland. Wiesbaden: VS
George, Rainer/Struck, Olaf (Hrsg.) (2000): Generationenaustausch im Unternehmen. München: Rainer Hampp Verlag
Gerhardt, Uta (1984): Typenkonstruktion bei Patientenkarrieren. In: Kohli/Robert: 53-77
Gerhardt, Uta (1991): Soziologische Erklärung gesundheitlicher Ungleichheit. In: Dies.: 203-228
Gerhardt, Uta (1991): Gesellschaft und Gesundheit. Frankfurt/M.: Suhrkamp
Giddens, Anthony (1988): Die Konstitution der Gesellschaft. Frankfurt/M.: Campus
Giele, Janet Z./Elder, Glen H. (Hrsg.) (1998): Methods of Life Course Research. London: Sage
Giesselmann, Marco/Windzio, Michael (2012): Regressionsmodelle zur Analyse von Paneldaten. Wiesbaden: Springer VS
Gleichmann, Peter Reinhart (1982): Die Verhäuslichung körperlicher Verrichtungen. In: Gleichmann/Goudsblom/Korte: 254-279
Gleichmann, Peter/Goudsblom, Johan/Korte, Hermann (Hrsg.) (1982): Materialien zu Norbert Elias' Zivilisationstheorie. Frankfurt/M.: Suhrkamp
Göckenjan, Gerd/Hansen, Eckhard (1993): Der lange Weg zum Ruhestand. In: Zeitschrift für Sozialreform 39. 725-755
Goethe, Johann Wolfgang von (1870): Wilhelm Meister's Wanderjahre. Berlin: Hempel
Goethe, Johann Wolfgang von (1957): Wilhelm Meisters theatralische Sendung. Berlin: Akademie Verlag
Goffman, Erving (EA 1959) (1997): Wir alle spielen Theater. München
Gorzka, Gabriele/Heipcke, Klaus/Teichler, Ulrich (Hrsg.) (1988): Hochschule - Beruf - Gesellschaft. Frankfurt/M.
Gottschall, Karin (2000): Soziale Ungleichheit und Geschlecht. Opladen: Leske + Budrich
Greuling, Oliver (1996): Berufsvorbereitung und Berufswahl von britischen und deutschen Jugendlichen. Frankfurt/M.: Lang
Groh-Samberg, Olaf/Jossin, Ariane/Keller, Carsten/Tucci, Ingrid (2012): Biografische Drift und zweite Chance. Bildungs- und Berufsverläufe von Migrantennachkommen in Deutschland und Frankreich. In: Becker/Solga: 186-210
Grundmann, Matthias (Hrsg.) (1999): Konstruktivistische Sozialisationsforschung. Frankfurt/M.: Suhrkamp
Grunow, Daniela/Müller, Dana (2012): Kulturelle und strukturelle Faktoren bei der Rückkehr in den Beruf: Ostdeutsche, westdeutsche und ost-west-mobile Mütter im Vergleich. In: Huinink/Kreyenfeld/Trappe: 55-77

Grunow, Daniela/Schulz, Florian/Blossfeld, Hans-Peter (2012): What determines change in the division of housework over the course of marriage. In: International Sociology 27. 289-307
Guillemard, Anne-Marie/Rein, Martin (1993): Comparative Patterns of Retirement: Recent Trends in Developed Societies. In: Annual Review of Sociology 19. 469-503
Gukenbiehl, Hermann L. (1992): Familie. In: Schäfers: 83-86
Gustafsson, Siv (2001): Optimal age at motherhood. Theoretical and empirical considerations on postponement of maternity in Europe. In: Journal of Population Economics 14. 225-247
Häring, Armando/Stoye, Kristian/Klein, Thomas/Stauder, Johannes (2012): 20 Jahre nach der Wende. Der Partnerschaftsmarkt junger Erwachsener in Ost- und Westdeutschland. In: Huinink/Kreyenfeld/Trappe: 257-274
Hagestad, Gunhild O. (1997): Trends and dilemmas in life-course research: An international perspective. In: Heinz: 21-48
Hahn, Alois (2000): Konstruktionen des Selbst, der Welt und der Geschichte. Aufsätze zur Kultursoziologie. Frankfurt/M.: Suhrkamp
Hakim, Catherine (2011): Erotisches Kapital: Das Geheimnis erfolgreicher Menschen. Frankfurt/M.: Campus
Hall, Peter A./Soskice, David (Hrsg.) (2004): Varieties of capitalism: the institutional foundations of comparative advantages. Cambridge: Cambridge University Press
Haller, Max/Hoffman-Nowotny, Hans-Joachim/Zapf, Wolfgang (Hrsg.) (1989): Kultur und Gesellschaft. Verhandlungen des 24. Deutschen Soziologentags, des 11. Österreichischen Soziologentags und des 8. Kongresses der Schweizerischen Gesellschaft für Soziologie in Zürich 1988. Frankfurt/M.: Campus
Hallinan, Maureen T. (Hrsg.) (2000): The Handbook of the Sociology of Education. New York: Kluwer
Halpin, Brendan (2010): Optimal matching analysis and life-course data: The importance of duration. In: Sociological Methods & Research 38. 365-388
Han, Shin-Kap/Moen, Phyllis (1999): Clocking out: Temporal patterning of retirement. In: American Journal of Sociology 105. 191-236
Hardy, Melissa A. (2002): The transformation of retirement in twentieth-century America: From discontent to satisfaction. In: Generations 26. Heft 11. 9-17
Hareven, Tamara K. (1991): The History of the Family and the Complexity of Social Change. In: The American Historical Review 96. 95-124
Hasan, Abrar (1999): Lifelong learning: implications for education policy. In: Tuijnman/Schuller: 51-62
Haudidier, Benoît (1996): Vergleich der Sterblichkeitsentwicklung in der Bundesrepublik Deutschland und in Frankreich 1950 bis 1989. In: Dinkel/Höhn/Scholz: 139-152
Hauschild, Christine (2002a): Die empirische Typisierung von Versichertenbiografien. In: Deutsche Rentenversicherung 57. 539-589
Hauschild, Christine (2002b): ‚Linked Lives' im Spiegel der Rentenversicherung. Diplomarbeit. Universität Bremen
Heckhausen, Jutta/Tomasik, Martin J. (2002): Get an Apprenticeship before School is Out: How German Adolescents Adjust Vocational Aspirations When Getting Close to a Developmental Deadline. In: Journal of Vocational Behavior 60. 199-219
Heckman, James J. (2006): Skill formation and the economics of investing in disadvantaged children. In: Science 312. 1900-1902
Heckman, James J. (2007): The economics, technology and neuroscience of human capability. In: Proceedings of the National Academy of Sciences 104. 132250-132255
Heckman, James J./Walker, James R. (1990): The relationship between wages and income and the timing and spacing of births: Evidence from Swedish longitudinal data. In: Econometrica 58. 1411-1441

Hedström, Peter/Bearman, Peter (Hrsg.) (2009): The Oxford handbook of analytical sociology. Oxford: Oxford University Press
Heinz, Walter R. (Hrsg.) (1992): Institutions and gatekeeping in the life course. Weinheim: Deutscher Studien Verlag
Heinz, Walter R. (Hrsg.) (1997): Theoretical advances in life course research. Weinheim: Deutscher Studien Verlag. 2. Auflage
Heinz, Walter R. (2000): Selbstsozialisation im Lebenslauf. Umrisse einer Theorie biographischen Handelns. In: Hoerning: 165-186
Heinz, Walter R./Huinink, Johannes/Weymann, Ansgar (Hrsg.) (2009): The life course reader. Frankfurt/M.: Campus
Heinz, Walter R./Krüger, Helga/Rettke, Ursula/Wachtveitl, Erich/Witzel, Andreas (1987): „Hauptsache eine Lehrstelle". Weinheim: Deutscher Studien Verlag
Heinz, Walter R./Marshall, Victor W. (Hrsg.) (2003): Social dynamics of the life course. New York: Aldine de Gruyter
Helfferich, Cornelia (2010): Die Qualität qualitativer Daten. Manual für die Durchführung qualitativer Interviews. 4. Auflage. Wiesbaden: VS Verlag
Helsper, Werner/Böhme, Jeanette (Hrsg.) (2008): Handbuch der Schulforschung. Wiesbaden: VS Verlag
Helsper, Werner/Kramer, Rolf-Torsten/Hummrich, Merle/Busse, Susann (2009): Jugend zwischen Familie und Schule. Eine Studie zu pädagogischen Generationsbeziehungen. Wiesbaden: VS Verlag für Sozialwissenschaften
Henseke, Golo/Tivig, Thusnelda (2009): Demographic change and industry-specific innovation patterns in Germany. In: Kuhn/Ochsen: 122-136
Hepple, Bob (2003): Age Discrimination in Employment: Implementing the Framework Directive 2000/78/EC. In: Fredman/Spencer: 71-96
Herlyn, Gerrit (2007): Deutungsmuster und Erzählstrategien bei der Bewältigung beruflicher Krisenerfahrungen. In: Seifert/Götz/Huber: 167-182
Herlyn, Ingrid/Krüger, Dorothea (Hrsg.) (2003): Späte Mütter. Opladen: Leske + Budrich
Hermanns, Harry (1988): Die Entdeckung "biografischer Kompetenz". In: Gorzka/Heipcke/Teichler: 53-82
Herrlitz, Hans-Georg (Hrsg.) (2003): Die Gesamtschule. Geschichte, internationale Vergleiche, pädagogische Konzepte und politische Perspektiven. Weinheim: Beltz
Herter-Eschweiler, Robert (1998): Die langfristige Geburtenentwicklung in Deutschland. Opladen: Leske + Budrich
Herzog, Walter/Neuenschwander, Markus P./Wannack, Evelyne (2004): Berufswahlprozess bei Jugendlichen. Schlussbericht zuhanden des Schweizerischen Nationalfonds Projekt-Nr. 4043-058310. Bern: Institut für Pädagogik
Hesse, Jürgen/Schrader, Hans Christian (2009): Das große Hesse-Schrader-Bewerbungshandbuch. Frankfurt/M.: Eichborn-Verlag
Hildebrandt, Eckart (Hrsg.)(2007): Lebenslaufpolitik im Betrieb. Berlin: Edition sigma
Hildebrandt, Eckart/Jürgens, Ulrich/Oppen, Maria/Teipen, Christina (Hrsg.) (2007): Arbeitspolitik im Wandel. Berlin: Edition sigma
Hildenbrand, Bruno/Bohler, Karl Friedrich/Jahn, Walther (1992): Bauernfamilien im Modernisierungsprozess. Frankfurt/M.: Campus
Hillmert, Steffen (2011): Occupational mobility and developments of inequality along the life course. In: European Societies 13. 401-423
Hillmert, Stefan/Kurz, Karin/Grunow, Daniela (2004): Beschäftigungsmobilität in der ersten Hälfte des Erwerbslebens. In: Struck/Köhler: 63-86
Hitzler, Ronald/Honer, Anne (Hrsg.) (1997): Sozialwissenschaftliche Hermeneutik. Opladen: UTB

Höckner, Marianne (1995): Der Staat hat viele Väter – wo bleiben die Mütter? In: Nauck/Bertram: 333-356
Hoem, Britta (1993): The compatibility of employment and childbearing in contemporary Sweden. In: Acta Sociologica 36. 101-120
Hoem, Britta/Hoem, Jan M. (1989): The impact of women's employment on second and third births in modern Sweden. In: Population Studies 43. 47-67
Hoem, Jan M./Prskawetz, Alexia/Neyer, Gerda (1999): Third births in Austria: The effect of public policies, educational attainment and labour-force attachment. Discussion Paper No. 2162. Centre for economic policy research. London
Höpflinger, François (1997): Bevölkerungssoziologie. Weinheim: Juventa
Höpflinger, François (1999): Generationenfrage. Lausanne: éditions réalités sociales
Hoerning, Erika M. (Hrsg.) (2000): Biographische Sozialisation. Stuttgart: Lucius & Lucius
Holdsworth, Clare (2000): Leaving home in Britain and Spain. In: European Sociological Review 16. 201-222
Holtappels, Hans-Günter/Klemm, Klaus/Pfeiffer, Hermann/Rolff, Hans-Günther/Schulz-Zander, Renate (Hrsg.) (2004): Jahrbuch der Schulentwicklung Band 13. Daten, Beispiele und Perspektiven. Weinheim: Juventa
Honig, Sebastian (1999): Entwurf einer Theorie der Kindheit. Frankfurt/M.: Suhrkamp
Hopf, Christel (2005): Frühe Bindungen und Sozialisation. Weinheim: Juventa
Hopf, Christel/Weingarten, Elmar (Hrsg.) (1994): Qualitative Sozialforschung. Stuttgart: Klett-Cotta
Hopf, Wulf (1992): Ausbildung und Statuserwerb. Frankfurt/M.: Campus
Hradil, Stefan/Immerfall, Stefan (Hrsg.) (1997): Die westeuropäischen Gesellschaften im Vergleich. Opladen: Leske+Budrich
Huinink, Johannes (1995): Warum noch Familie? Frankfurt/M.: Campus
Huinink, Johannes (2000): Soziologische Ansätze zur Bevölkerungsentwicklung. In: Mueller/Nauck/Diekmann (2000b): 339-386
Huinink, Johannes (2001): Entscheidungs- und Vereinbarkeitsprobleme bei der Wahl familialer Lebensformen. In: Huinink/Strohmeier/Wagner: 145-165
Huinink, Johannes/Konietzka, Dirk (2007): Familiensoziologie. Frankfurt/M.: Campus
Huinink, Johannes/Kreyenfeld, Michaela/Trappe, Heike (Hrsg.) (2012): Familie und Partnerschaft in Ost- und Westdeutschland. Sonderheft 9 der Zeitschrift für Familienforschung. Opladen: Barbara Budrich
Huinink, Johannes/Strohmeier, Klaus Peter/Wagner, Michael (Hrsg.) (2001): Solidarität in Partnerschaft und Familie. Würzburg: Ergon
Hunt, Stephen (2005): The life course. Houndmills: Palgrave
Inglehart, Ronald (1989): Kultureller Umbruch. Frankfurt/M.: Campus
Infeld, Donna L. (Hrsg.) (2002): Disciplinary approaches to aging. Bd. 3: Sociology of aging. New York: Routledge
Ingen, Erik van/Dekker, Paul (2011): Changes in the determinants of volunteering: Participation and time investment between 1975 and 2005 in the Netherlands. In: Nonprofit and Voluntary Sector Quarterly 40. 682-702
Jessor, Richard (Hrsg.) (1998): New perspectives on adolescent risk behaviours. Cambridge: Cambridge University Press
Joas, Hans/Wiegandt, Klaus (Hrsg.) (2005): Die kulturellen Werte Europas. Frankfurt/M.: Fischer Taschenbuchverlag
Joerissen, Peter/Will, Cornelia (Hrsg.) (1984): Die Lebenstreppe: Bilder der menschlichen Lebensalter. Ausstellungskatalog. Köln: Verlag Rheinland
Johnson, Malcolm L. (Hrsg.)(2005): The Cambridge Handbook of Age and Ageing. Cambridge: Cambridge University Press

Jungbauer-Gans, Monika (2006): Soziale und kulturelle Einflüsse auf Krankheit und Gesundheit. In: Wendt, Claus/Wolf, Christof (Hrsg.): Soziologie der Gesundheit. Sonderheft 46 der Kölner Zeitschrift für Soziologie und Sozialpsychologie. 86-108
Kahlert, Heike (2007): Die Kinderfrage und der halbierte Wandel in den Geschlechterverhältnissen. In: Konietzka/Kreyenfeld: 337-364
Kaina, Viktoria/Römmele, Andrea (Hrsg.) (2009): Politische Soziologie. Wiesbaden: VS Verlag
Kalter, Frank/Granato, Nadia (2002): Demographic change, educational expansion, and structural assimilation of immigrants. In: European Sociological Review 18. 199-216
Kanders, Michael (2004): IFS-Umfrage: Die Schule im Spiegel der öffentlichen Meinung - Ergebnisse der 13. IFS-Repräsentativbefragung der bundesdeutschen Bevölkerung. In: Holtappels u.a.: 13-50
Kaufmann, Jean-Claude (1992): Schmutzige Wäsche. Konstanz: Universitätsverlag Konstanz
Kaufmann, Jean-Claude (2010): Sex@mour. Wie das Internet unser Liebesleben verändert. Konstanz: UVK
Kazdin, Alan E. (Hrsg.) (2000): Encyclopedia of psychology. Bd. 2. Oxford: Oxford University Press
Keister, Lisa A./Moller, Stephanie (2000): Wealth inequality in the United States. In: Annual Review of Sociology 26. 63-81
Kelle, Udo (2007): Die Integration qualitativer und quantitativer Methoden in der empirischen Sozialforschung. Theoretische Grundlagen und methodologische Konzepte. Wiesbaden: VS Verlag
Kelle, Udo/Erzberger, Christian (2001): Die Integration qualitativer und quantitativer Forschungsergebnisse. In: Kluge/Kelle: 89-133
Kelle, Udo/Kluge, Susann (2001): Einleitung. In: Kluge/Kelle: 11-33
Keller, Gottfried (1914): Der grüne Heinrich. Berlin: Cotta
Kemeny, Jim (1981): The myth of home ownership: Private versus public choice in housing tenure. London: Routledge and Kegan Paul
Kerckhoff, Alan C. (2000): Transition from School to Work in Comparative Perspective. In: Hallinan: 453-474
Kerschensteiner, Georg (1966): Berufsbildung und Berufsschule. Ausgewählte pädagogische Schriften. Band. 1. Paderborn: Schöningh
Klammer, Ute (2010): Flexibilität und Sicherheiit im individuellen (Erwerbs-)Lebensverlauf – Zentrale Ergebnisse und politische Empfehlungen aus der Lebenslaufforschung der European Foundation. In: Naegele: 675-710
Klein, Markus (2003): Gibt es die Generation Golf? Eine empirische Inspektion. In: Kölner Zeitschrift für Soziologie und Sozialpsychologie 55. 99-115
Klein, Thomas (1995): Geschwisterlosigkeit in Ost- und Westdeutschland. In: Nauck/Bertram: 121-136
Klein, Thomas (1999): Der Einfluss vorehelichen Zusammenlebens auf die spätere Ehestabilität. In: Ders./Kopp: 309-324
Klein, Thomas (2005): Sozialstrukturanalyse. Reinbek: Rowohlt
Klein, Thomas/Kopp, Johannes (Hrsg.) (1999): Scheidungsursachen aus soziologischer Sicht. Würzburg: Ergon
Klein, Thomas/Schneider, Sven/Löwel, Hannelore (2001): Bildung und Mortalität. Die Bedeutung gesundheitsrelevanter Aspekte des Lebensstils. In: Zeitschrift für Soziologie 30. 384-400
Klein, Thomas/Stauder, Johannes (2008): Partnermärkte in Deutschland im Spiegel eines neuen Erhebungsinstruments. In: Feldhaus/Huinink: 77-114
Klein, Thomas/Unger, Rainer (2001): Einkommen, Gesundheit und Mortalität in Deutschland, Großbritannien und den USA. In: Kölner Zeitschrift für Soziologie und Sozialpsychologie 53. 96-110

Klein, Thomas/Unger, Rainer (2006): Einkommen und Mortalität im Lebensverlauf. In: Wendt, Claus/Wolf, Christof (Hrsg.): Soziologie der Gesundheit. Sonderheft 46 der Kölner Zeitschrift für Soziologie und Sozialpsychologie. 144-157

Kleine, Lydia/Paulus, Wiebke/Blossfeld, Hans-Peter (2009): Die Formation elterlicher Bildungsentscheidungen beim Übergang von der Grundschule in die Sekundarstufe I. In: Baumert/Maaz/Trautwein: 103-125

Kleinschnittger, Vanessa (2011): Online-Dating 2.0: Zum generationsgetragenen Konkurrenzverhältnis von Partnerbörsen und Freundschaftsportalen. In: Neumann-Braun/Autenrieth: 177-193

Klocke, Andreas (2006): Gesundheitsrelevante Verhaltensweisen im Jugendalter. In: Wendt, Claus/Wolf, Christof (Hrsg.): Soziologie der Gesundheit. Sonderheft 46 der Kölner Zeitschrift für Soziologie und Sozialpsychologie. 198-223

Kluge, Susann (2001): Strategien zur Integration qualitativer und quantitativer Erhebungs- und Auswertungsverfahren. In: Kluge/Kelle: 37-88

Kluge, Susann/Kelle, Udo (Hrsg.) (2001): Methodeninnovation in der Lebenslaufforschung. München: Juventa

Knapp, Gudrun-Axeli (1992): Macht und Geschlecht. In: Dies./Wetterer: 287-325

Knapp, Gudrun/Wetterer, Angelika (Hrsg.) (1992): TraditionenBrüche. Freiburg: Kore

Köcher, R./Schild, Joachim (Hrsg.) (1998): Wertewandel in Deutschland und Frankreich. Opladen

Kocka, Jürgen/Offe, Claus (Hrsg.) (2000): Geschichte und Zukunft der Arbeit. Frankfurt/M.: Campus

Köhler, Christoph/Struck, Olaf/Grotheer, Michael/Krause, Alexandra/Krause, Ina/Schröder, Tim (2008): Offene und geschlossene Beschäftigungssysteme. Wiesbaden: VS Verlag

Köller, Olaf (2000): Soziale Vergleichsprozesse im Kurssystem der gymnasialen Oberstufe. In: Baumert/Bos/Lehmann: 215-228

Köller, Olaf (2008): Gesamtschule – Erweiterung statt Alternative. In: Mayer/Trommer: 437-465

Köller, Olaf/Klieme, Eckhard (2000): Geschlechtsdifferenzen in den mathematisch-naturwissenschaftlichen Leistungen. In: Baumert/Bos/Lehmann: 373-404

Kohler, Ulrich/Ehlert, Martin/Grell, Britta/Heisig, Jan Paul/Radenacker, Anke/Wörz, Markus (2012): Verarmungsrisiken nach kritischen Lebensereignissen in Deutschland und den USA. In: Kölner Zeitschrift für Soziologie und Sozialpsychologie 64. 223-245

Kohli, Martin (Hrsg.) (1978): Soziologie des Lebenslaufs. Neuwied: Luchterhand

Kohli, Martin (1985): Die Institutionalisierung des Lebenslaufs. In: Kölner Zeitschrift für Soziologie und Sozialpsychologie 37. 1-29

Kohli, Martin (1986): Gesellschaftszeit und Lebenszeit. In: Berger: 83-208

Kohli, Martin (1987): Retirement and the moral economy. In: Journal of Aging Studies 1. 125-144

Kohli, Martin (1988): Normalbiographie und Individualität. In: Brose/Hildenbrand: 33-53

Kohli, Martin (1989): Moralökonomie und „Generationenvertrag". In: Haller/Hoffman-Nowotny/Zapf: 532-555

Kohli, Martin (2000): Arbeit im Lebenslauf: Alte und neue Paradoxien. In: Kocka/Offe: 362-382

Kohli, Martin/Meyer, John W. (1986): Social Structure and Social Construction of Life Stages. In: Human Development 29. 145-180

Kohli, Martin/Robert, Günther (Hrsg.) (1984): Biographie und soziale Wirklichkeit. Stuttgart: Metzler

Kohli, Martin/Szydlik, Marc (Hrsg.) (2000): Generationen in Familie und Gesellschaft. Opladen: Leske + Budrich

Koller, Hans-Christoph (1993): Biographie als rhetorisches Konstrukt. In: BIOS 6. 33-45

Kondratowitz, Hans-Joachim von (2000): Konjunkturen des Alters. Regensburg

Konietzka, Dirk (2004): Berufliche Ausbildung und der Übergang in den Arbeitsmarkt. In: Becker/Lauterbach: 281-309

Konietzka, Dirk (2010): Zeiten des Übergangs. Sozialer Wandel des Übergangs in das Erwachsenenalter. Wiesbaden: VS Verlag

Konietzka, Dirk/Kreyenfeld, Michaela (Hrsg.) (2007): Ein Leben ohne Kinder. Kinderlosigkeit in Deutschland. Wiesbaden: VS Verlag

Konietzka, Dirk/Tatjes, André (2012): Werden junge Menschen immer später erwachsen? Der Auszug aus dem Elternhaus, die erste Paarbeziehung und die erste Lebensgemeinschaft in Ost- und Westdeutschland. In: Huinink/Kreyenfeld/Trappe: 173-200

Kopp, Johannes (2009): Bildungssoziologie. Eine Einführung anhand empirischer Studien. Wiesbaden: VS Verlag

Kopycka, Katarzyna/Sackmann, Reinhold (2010): Ambivalente Generationsverhältnisse hinter der Génération Précaire. Am Beispiel eines deutsch-polnischen Vergleichs. In: Busch/Jeskow/Stutz: 131-154

Kotthoff, Hermann/Wagner, Alexandra (2008): Die Leistungsträger. Führungskräfte im Wandel der Firmenkultur – eine Follow-up-Studie. Berlin: Edition sigma

Krätschmer-Hahn, Rabea (2012): Kinderlosigkeit in Deutschland. Wiesbaden: VS Verlag

Kraft, Susanne (2002): Selbstgesteuertes Lernen – kritische Anmerkungen zu einem scheinbar unstrittigen Konzept. In: Wingens/Sackmann: 195-211

Kreyenfeld, Michaela (2000): Changes in the timing of first birth in East Germany after reunification. In: Schmollers Jahrbuch 120: 169-186

Kreyenfeld, Michaela (2004): Soziale Ungleichheit und Kinderbetreuung. In: Becker/Lauterbach: 99-125

Kreysing, Matthias (2002): Duale Berufsausbildung in den USA – Das Scheitern einer Institution und seine Folgen. In: Wingens/Sackmann: 83-99

Krüger, Heinz-Hermann/Helsper, Werner/Sackmann, Reinhold /Breidenstein, Georg/Bröckling, Ulrich/Kreckel, Reinhard/Mierendorff, Johanna/Stock, Manfred (2012): Mechanismen der Elitebildung im deutschen Bildungssystem – Ausgangslage, Forschungsstand und –perspektiven. In: Zeitschrift für Erziehungswissenschaft 15. 327-343

Krüger, Heinz-Hermann/Pfaff, Nicole (2008): Triangulation quantitativer und qualitativer Zugänge in der Schulforschung. In: Helsper/Böhme: 157-180

Krüger, Helga (2003): The life-course regime: Ambiguities between interrelatedness and individualization. In: Heinz/Marshall: 33-56

Krüger, Helga/Born, Claudia (1991): Unterbrochene Erwerbskarrieren und Berufsspezifik. In: Mayer et al.: 142-161

Krüger, Helga/Levy, René (2000): Masterstatus, Familie und Geschlecht. In: Berliner Journal für Soziologie 10. 379-401

Krugman, Paul (1995): Growing world trade: Causes and consequences. In: Brookings Papers on Economic Acitivity 26. 327-362

Künemund, Harald/Motel, Andreas (2000): Verbreitung, Motivation und Entwicklungsperspektiven privater intergenerationeller Hilfeleistungen und Transfers. In: Kohli/Szydlik: 122-137

Künemund, Harald (2001): Gesellschaftliche Partizipation und Engagement in der zweiten Lebenshälfte. Berlin: Weißensee

Küsters, Ivonne (2006): Narrative Interviews. Grundlagen und Anwendungen. Wiesbaden: VS Verlag

Kuhn, Michael/Ochsen, Carsten (Hrsg.) (2009): Labour markets and demographic change. Wiesbaden: VS Verlag

Kunze, Sabine/Sackmann, Reinhold (2008): Die Zeitperspektiven von Planung und Realisierung im Fertilitätsprozess. In: Feldhaus/Huinink: 351-378

Kurz, Karin (2004): Home ownership and social inequality in West Germany. In: Kurz/Blossfeld: 21-60

Kurz, Karin/Blossfeld, Hans-Peter (2004): Summary and conclusions. In: Kurz/Blossfeld: 365-378

Kurz, Karin/Blossfeld, Hans-Peter (Hrsg.) (2004): Home ownership and social inequality in comparative perspective. Stanford: Stanford University Press
Kyyrä, Tomi/Wilke, Ralf A. (2004): Reduction in the long-term unemployment of the elderly: A success story from Finland. Discussion Paper No. 04-63. Zentrum für Europäische Wirtschaftsforschung: Mannheim
Lange, Elmar (1975): Berufswahl als Entscheidungsprozeß. In: Lange/Büschges: 101-127
Lange, Elmar/Büschges, Günter (Hrsg.) (1975): Aspekte der Berufswahl in der modernen Gesellschaft. Frankfurt/M.: Aspekte
Laslett, Peter (1995): Das dritte Alter: historische Soziologie des Alterns. Weinheim: Juventa
Lauterbach, Wolfgang/Sacher, Matthias (2001): Erwerbseinstieg und erste Erwerbsjahre. In: Kölner Zeitschrift für Soziologie und Sozialpsychologie 53. 258-282
Lautmann, Rüdiger (2002): Soziologie der Sexualität. München: Juventa
Lazear, Edward P. (1981): Agency, Earning Profiles, Productivity, and Hours Restrictions. In: American Economic Review 71. 606-620
Leibfried, Stephan/Leisering, Lutz (Hrsg.) (1995): Zeit der Armut. Frankfurt/M.: Suhrkamp
Leisering, Lutz (Hrsg.) (2011): Die Alten der Welt. Neue Wege der Alterssicherung im globalen Norden und Süden. Frankfurt/M.: Campus
Leisering. Lutz/Walker, Robert (Hrsg.) (1998): The dynamics of modern society. Bristol: Policy Press
Lengfeld, Holger (2007): Organisierte Ungleichheit. Wie Organisationen Lebenschancen beeinflussen. Wiesbaden: VS Verlag
Lenzen, Dieter (Hrsg.) (1989): Pädagogische Grundbegriffe. Band 1: Aggression - Interdisziplinarität. Reinbek: Rowohlt
Lepsius, M. Rainer (1990): Interessen, Ideen und Institutionen. Opladen: Westdeutscher Verlag
Lerner, Richard M. (Hrsg.) (1998): Handbook of child psychology. Vol. 1: Theoretical Models of Human development. New York: Wiley & Sons
Leuze, Kathrin (2010): Smooth path or long and winding road? How institutions shape the transition from higher education to work. Opladen: Budrich UniPress Ltd.
Levy, René (1996): Toward a theory of life course institutionalization. In: Weymann/Heinz: 83-108
Lewis, Theodore/Stone, James III/Shipley, Wayne/Madzar, Svjetlana (1998): The transition from school to work. In: Youth and society 29. 259-292
Lindenberg, Siegwart (1991): Social Approval, Fertility and Female Labour Market. In: Siegers/de Jong-Gierveld/van Imhoff: 32-58
Linton, Ralph (1936): The Study of Man. New York
Loer, Thomas (1996): Halbbildung und Autonomie. Über Struktureigenschaften der Rezeption Bildender Kunst. Opladen: Westdeutscher Verlag
Lucius-Hoene, Gabriele/Deppermann, Arnulf (2004): Rekonstruktion narrativer Identität. Wiesbaden: VS
Ludwig-Mayerhofer, Wolfgang (1994a): Statistische Modellierung von Verlaufsdaten in der Analyse sozialer Probleme, Teil I: Grundlagen. In: Soziale Probleme 5. 115-139
Ludwig-Mayerhofer, Wolfgang (1994b): Statistische Modellierung von Verlaufsdaten in der Analyse sozialer Probleme, Teil II: Datenauswertung. In: Soziale Probleme 5. 228-263
Lüdicke, Jörg/Diewald, Martin (2007): Soziale Netzwerke und soziale Ungleichheit. Zur Rolle von Sozialkapital in modernen Gesellschaften. Wiesbaden: VS Verlag
Lüscher, Kurt (1988): Familie und Familienpolitik im Übergang zur Postmoderne. In: Ders./Schultheis/Wehrspaun: 15-36
Lüscher, Kurt/Liegle, Ludwig (2003): Generationenbeziehungen in Familie und Gesellschaft. Konstanz: Universitätsverlag Konstanz
Lüscher, Kurt/Schultheis, Franz/Wehrspaun, Michael (Hrsg.) (1988): Die „postmoderne" Familie. Konstanz: Universitätsverlag Konstanz

Luhmann, Niklas (1987): Sozialisation und Erziehung. In: Ders.: Soziologische Aufklärung 4. Opladen: Westdeutscher: 173-181

Luhmann, Niklas (1996): Das Erziehungssystem und die Systeme seiner Umwelt. In: Ders./Schorr (Hrsg.) (1996): 14-52

Luhmann, Niklas/Schorr, Karl Eberhard (Hrsg.) (1996): Zwischen System und Umwelt. Frankfurt/M.: Suhrkamp

Luy, Marc (2004): Verschiedene Aspekte der Sterblichkeit in Deutschland von 1950 bis 2000. In: Zeitschrift für Bevölkerungswissenschaft 29. 3-62

Lynott, Robert J./Lynott, Patricia Passuth (1996): Tracing the course of theoretical development in the sociology of aging. In: The gerontologist 36. 749-760

Lyotard, Jean-François (1986): Das postmoderne Wissen. Ein Bericht. Wien: Böhlau

Maaz, Kai/Baumert, Jürgen/Trautwein, Ulrich (2009): Genese sozialer Ungleichheit im institutionellen Kontext der Schule: Wo entsteht und vergrößert sich soziale Ungleichheit? In: Baumert/Maaz/Trautwein: 11-46

McFarland, Daniel A. (2006): Curricular flows: Trajectories, turning points, and assignment criteria in high school math careers. In: Sociology of Education 79. 177-205

Macfarlane, Alan (1986): Marriage and Love in England 1300-1840. Oxford: Blackwell

Macnicol, John (2006): Age discrimination. An Historical and Contemporary Analysis. Cambridge: Cambridge University Press

Macmillan, Ross (2001): Violence and the life course. In: Annual Review of Sociology 27. 1-22

Macmillan, Ross (Hrsg.) (2006): The structure of the life course: Standardized? Individualized? Differentiated? New York: Elsevier

Malthus, Thomas Robert (1974): Das Bevölkerungsgesetz. Übersetzung der ersten Auflage. München: Beck

Mandel, Hadas/Semyonov, Moshe (2005): Family policies, wage structures, and gender gaps: Sources of earnings inequality in 20 countries. In: American Sociological Review 70. 949-967

Mannheim, Karl (1929): Ideologie und Utopie. Bonn: Cohen

Mannheim, Karl (1964): Das Problem der Generationen. In: Wissenssoziologie. Berlin: Luchterhand: 509-565

Marbach, Jan H./Tölke, Angelika (2007): Frauen, Männer und Familie: Lebensorientierung, Kinderwunsch und Vaterrolle. In: Konietzka/Kreyenfeld: 245-274

Marini, Margaret Mooney (1984): Age and sequencing norms in the transition to adulthood. In: Social Forces 63. 229-244

Marsh, Herbert W. (1987): The Big-Fish-Little-Pond Effect on Academic Self-Concept. In: Journal of educational psychology 79. 280-295

Marsh, Herbert W. (1991): Failure of High-Ability High Schools to Deliver Academic Benefits Commensurate With Their Students' Ability Levels. In: American Educational Research Journal 28. 445-480

Marsh, Herbert W./Chessor, Danuta/Craven, Rhonda/Roche, Lawrence (1995): The Effects of Gifted and Talented Programs on Academic Self-Concept: The Big Fish Strikes Again. In: American Educational Research Journal 32. 285-319

Marsh, Herbert W./Köller, Olaf/Baumert, Jürgen (2001): Reunification of East and West German School Systems: Longitudinal Multilevel Modeling Study of the Big-Fish-Little-Pond Effect on Academic Self-Concept. In: American Educational Research Journal 38. 321-350

Marshall, Victor W./McMullin, Julie Ann (2010): The life course perspective and public policy formation: Observations on the Canadian case. In: Naegele: 732-747

Marshall, Victor W./Mueller, Margaret M. (2003): Theoretical roots of the life-course perspective. In: Heinz/Marshall: 3-32

Matthes, Joachim/Pfeifenberger, Arno/Stosberg, Manfred (Hrsg.) (1981): Biographie in handlungswissenschaftlicher Perspektive. Nürnberg: Verlag der Nürnberger Forschungsvereinigung

Mayer, Karl Ulrich (1996): Lebensverläufe und gesellschaftlicher Wandel. In: Behrens/Voges: 43-72
Mayer, Karl Ulrich (2009): New directions in life course research. In: Annual Review of Sociology 35. 413-433
Mayer, Karl Ulrich/Baltes, Paul B. (Hrsg.) (1996): Die Berliner Altersstudie. Berlin: Akademie Verlag
Mayer, Karl Ulrich/Diewald, Martin/Solga, Heike (1999): Transitions to post-communism in East Germany: Worklife mobility of women and men between 1989 and 1993. In: Acta Sociologica 42. 35-55
Mayer, Karl Ulrich/Müller, Walter (1989): Lebensverläufe im Wohlfahrtsstaat. In: Weymann: 41-60
Mayer, Karl Ulrich/Schoepflin, Urs (1989): The state and the life course. In: Annual review of sociology 15. 187-209
Mayer, Karl Ulrich/Schulze, Eva (2009): Die Wendegeneration. Frankfurt/M.: Campus
Mayer, Karl Ulrich/Trommer, Luitgard (Hrsg.) (2008): Das Bildungswesen in der Bundesrepublik Deutschland. Reinbek: Rowohlt
Mayer, Karl U. et al. (Hrsg.) (1991): Vom Regen in die Traufe. Frankfurt/M.: Campus
Meijers, Frans (1996): Choice or fate? Possibilities and limits of study and career guidance in education. In: Zeitschrift für Soziologie der Erziehung und Sozialisation 16. 68-83
Merrigan, Philip/St.-Pierre, Yvan (1998): An econometric and neoclassical analysis of the timing and spacing of births in Canada from 1950 to 1990. In: Journal of Population Economics 11. 29-51
Merton, Robert K. (1985): Entwicklung und Wandel von Forschungsinteressen. Frankfurt/M.: Suhrkamp
Meuser, Michael/Sackmann, Reinhold (Hrsg.) (1992): Analyse sozialer Deutungsmuster. Pfaffenweiler: Centaurus
Meyer, John W. (1992): The life course as a professionalized cultural construction. In: Heinz: 83-95
Meyer, John W. (2005): Weltkultur. Frankfurt/M.: Suhrkamp
Meyer, John W. (2010): World society, institutional theories, and the actor. In: Annual Review of Sociology 36. 1-20
Meyer, John W./Kamens, David H./Benavot, Aaron (Hrsg.) (1992): School knowledge for the masses: World models and national primary curricular categories in the twentieth century. Washington: The Falmer Press
Michael, Robert T./Gagnon, John H./Laumann, Edward O./Kolata, Gina (1994): Sexwende. Liebe in den 90ern. München: Knaur
Miller, Robert L. (1998): Unemployment as a Mobility Status. In: Work, Employment & Society 12. 695-711
Mills, Melinda/Blossfeld, Hans-Peter/Klijzing, Erik (2005): Becoming an adult in uncertain times. In: Blossfeld/Klijzing/Mills/Kurz: 423-441
Mitterauer, Michael (1986): Sozialgeschichte der Jugend. Frankfurt/M.: Suhrkamp
Mitterauer, Michael (1990): Familie. In: Dülmen: 161-176
Mitterauer, Michael (1997): „Das moderne Kind hat zwei Kinderzimmer und acht Großeltern" – Die Entwicklung in Europa. In: Ders./Ortmayr: 13-52
Mitterauer, Michael/Ortmayr, Norbert (Hrsg.) (1997): Familie im 20. Jahrhundert. Frankfurt/M: Brandes & Apsel
Moen, Phyllis/Elder, Glen H./Lüscher, Kurt (Hrsg.) (1995): Examining Lives in Context. Washington: APA
Moritz, Karl Philipp (1987): Anton Reiser: ein psychologischer Roman. München: Beck
Mortimer, Jeylan T./Johnson, Monica K. (1998): How do prior experiences in the workplace set the stage for the transition to adulthood? In: Jessor: 425-496

Moura Castro, Claudio de (1999): Adult education in the Americas: failed plans, fulfilled dreams. In: Tuijnman/Schuller: 83-95
Mueller, Ulrich/Nauck, Bernhard/Diekmann, Andreas (Hrsg.) (2000b): Handbuch der Demographie. Bd. 1. Berlin: Springer
Mueller, Ulrich/Nauck, Bernhard/Diekmann, Andreas (Hrsg.) (2000a): Handbuch der Demographie. Bd. 2. Berlin: Springer
Müller-Doohm, Stefan (Hrsg.) (1991): Jenseits der Utopie. Frankfurt/M.: Suhrkamp
Müller, Rolf (2006): Wandel der Rolle der Frau und Auflösung der Institution Ehe. Bremen: RMint Verlag
Müller, Walter (1994): Bildung und soziale Plazierung in Deutschland, England und Frankreich. In: Peisert/Zapf: 115-134.
Müller, Walter (1998): Erwartete und unerwartete Folgen der Bildungsexpansion. In: Friedrichs, Jürgen/M. Rainer Lepsius/Mayer, Karl Ulrich (Hrsg.): Die Diagnosefähigkeit der Soziologie. Sonderheft 38 der Kölner Zeitschrift für Soziologie und Sozialpsychologie. 81-112
Müller, Walter/Haun, Dieter (1994): Bildungsungleichheit im sozialen Wandel. In: Kölner Zeitschrift für Soziologie und Sozialpsychologie 46. 1-42
Müller, Walter/Shavit, Yossi (1998): Bildung und Beruf im institutionellen Kontext. In: Zeitschrift für Erziehungswissenschaft 1. 501-533
Naegele, Gerhard (Hrsg.) (2010): Soziale Lebenslaufpolitik. Wiesbaden: VS Verlag für Sozialwissenschaften
Nassehi, Armin/Weber, Georg (1990): Zu einer Theorie biographischer Identität. In: BIOS 3. 153-187
Nath, Axel (2000): Bildungswachstum und soziale Differenzen. In: Die Deutsche Schule. 6. Beiheft. 63-86
Nauck, Bernhard (1995a): Kinder als Gegenstand der Sozialberichterstattung. In: Ders./Bertram (1995): 11-87
Nauck, Bernhard (1995b): Lebensbedingungen von Kindern in Einkind-, Mehrkind- und Vielkindfamilien. In: Ders./Bertram (1995): 137-170
Nauck, Bernhard (2001): Der Wert von Kindern für ihre Eltern. In: Kölner Zeitschrift für Soziologie und Sozialpsychologie 53. 407-435
Nauck, Bernhard/Bertram, Hans (Hrsg.) (1995): Kinder in Deutschland. Opladen: Leske + Budrich
Nauck, Bernhard/Onnen-Isemann, Corinna (Hrsg.) (1995): Familie im Brennpunkt von Wissenschaft und Forschung. Neuwied: Luchterhand
Nave-Herz, Rosemarie (1988): Kinderlose Ehen: eine empirische Studie über die Lebenssituation kinderloser Ehepaare und die Gründe für ihre Kinderlosigkeit. Weinheim: Juventa
Neugarten, Bernice/Moore, Joan W./Lowe, John C. (1978): Altersnormen, Alterszwänge und Erwachsenensozialisation. In: Kohli: 122-133
Neumann-Braun, Klaus/Autenrieth, Ulla (Hrsg.) (2011): Freundschaft und Gemeinschaft im Social Web. Baden-Baden: Nomos
Niehuis, Edith/Hasselhorn, Martin (Hrsg.) (1986): Orientierungskurs für Frauen in der Lebensmitte. Frankfurt/M.: Deutscher Volkshochschulverband
Niephaus, Yasemin (1999): Der Einfluss vorehelichen Zusammenlebens auf die Ehestabilität als methodisches Artefakt? In: Kölner Zeitschrift für Soziologie und Sozialpsychologie 51. 124-139
Noll, Heinz-Herbert/Weick, Stefan (2011): Wiederkehr der Altersarmut in Deutschland? Empirische Analysen zu Einkommen und Lebensstandard im Rentenalter. In: Leisering: 45-76
Ochsenfeld, Fabian (2012): Gläserne Decke oder goldener Käfig: Scheitert der Aufstieg von Frauen in erste Managementpositionen an betrieblicher Diskriminierung oder an familiären Pflichten. In: Kölner Zeitschrift für Soziologie und Sozialpsychologie 64. 507-534
OECD (2001): Knowledge and skills for life. Paris: OECD
Oesterreich, Detlef/ Schulze, Eva (2011): Frauen und Männer im Alter. Berlin: edition sigma

Oevermann, Ulrich (1991): Genetischer Strukturalismus und das sozialwissenschaftliche Problem der Erklärung der Entstehung des Neuen. In: Müller-Doohm: 267-336
Oevermann, Ulrich/Allert, Tilman/Konau, Elisabeth/Krambeck, Jürgen (1979): Die Methodologie einer „objektiven Hermeneutik" und ihre allgemeine forschungslogische Bedeutung in den Sozialwissenschaften. In: Soeffner: 352-434
Offe, Claus/Fuchs, Susanne (2001): Schwund des Sozialkapitals? Der Fall Deutschland. In: Putnam: 417-514
Olk, Thomas (2010): Bürgerschaftliches Engagement im Lebenslauf. In: Naegele: 637-672
Osterland, Martin (1990): "Normalbiographie" und "Normalarbeitsverhältnis". In: Peter A. Berger/Stefan Hradil (Hrsg.): Lebenslagen, Lebensläufe, Lebensstile. Sonderband 7 der Sozialen Welt. 351-362
Parsons, Talcott (1942): Age and Sex in the Social Structure of the United States. In: American Sociological Review 7. 604-616
Parsons, Talcott (1955): The American family. In: Ders./Bales: 3-33
Parsons, Talcott/Bales, Robert F. (Hrsg.) (1955): Family, socialisation and interaction process. New York: Free Press
Pasupathi, Monisha/Staudinger, Ursula M./Baltes, Paul B. (2001): Seeds of wisdom: Adolescents' knowledge and judgement about difficult life problems. In: Developmental Psychology 37. 351-361
Pekrun, Reinhard/Fend, Helmut (Hrsg.) (1991): Schule und Persönlichkeitsentwicklung. Stuttgart: Enke
Peisert, Hansgert/Zapf, Wolfgang (Hrsg.) (1994): Gesellschaft, Demokratie und Lebenschancen. Stuttgart: Deutsche Verlags-Anstalt
Perrig-Chiello, Pasqualina/Höpflinger, François (2008): Mittleres Lebensalter: Älterwerden der eigenen Kinder und der eigenen Eltern. In: Perrig-Chiello/Höpflinger/Suter: 165-187
Perrig-Chiello, Pasqualina/Höpflinger, François/Suter, Christian (Hrsg.) (2008): Generationen – Strukturen und Beziehungen. Zürich: Seismo
Petersen, Trond (2009): Opportunities. In: Hedström/Bearman: 115-139
Phillipson, Chris (2002): Critical perspectives: The development of critical gerontology. In: Infeld: 13-28
Pongratz, Hans J./Voß, Gerd Günter (2003): Arbeitskraftunternehmer: Erwerbsorientierungen in entgrenzten Arbeitsformen. Berlin: edition sigma
Pongratz, Hans J./Voß, Gerd Günter (Hrsg.) (2004): Typisch Arbeitskraftunternehmer? Befunde der empirischen Arbeitsforschung. Berlin: edition sigma
Poortmann, Anne-Rigt (2005): Women's work and divorce: A matter of anticipation? A research note. In: European Sociological Review 21. 301-309
Powell, Justin J.W. (2011): Barriers to inclusion: special education in the United States and Germany. Boulder: Paradigm
Prenzel, Manfred/Allolio-Näcke, Lars (Hrsg.) (2006): Untersuchungen zur Bildungsqualität von Schule. Abschlussbericht des DFG-Schwerpunktprogramms. Münster: Waxmann
Prioux, France (2006): Vivre en couple, se marier, se séparer: contrastes européens. In: Population & Sociétés 422. 1-4
Putnam, Robert D. (Hrsg.) (2001): Gesellschaft und Gemeinsinn. Gütersloh: Bertelsmann Stiftung
Rehberg, Walter/Moser, Benjamin (2012): Altersdiskriminierung in Europa und der Schweiz: Die Sicht der Betroffenen. In: Bühlmann/Schmid Botkine: 156-176
Rehn, Gösta (1974): Die Verbindung von Arbeit, Bildung und Freizeit: ein Modellvorschlag. In: Gewerkschaftliche Monatshefte 25. 424-432
Renn, Heinz (1987): Lebenslauf - Lebenszeit - Kohortenanalyse. Möglichkeiten und Grenzen eines Forschungsansatzes. In: Voges: 261-298

Richter, Matthias/Hurrelmann, Klaus (Hrsg.) (2009): Gesundheitliche Ungleichheit: Grundlagen, Probleme, Perspektiven. Wiesbaden: VS Verlag
Riedmüller, Barbara/Willert, Michala (2011): Soziale Ungleichheit im Alter in Europa. Wirkungen neuer öffentlich-privater Arrangements der Alterssicherung. In: Leisering: 113-143
Riley, Matilda White/Kahn, Robert L./Foner, Anne (Hrsg.) (1994): Age and Structural Lag. New York: John Wiley & Sons
Riley, Matilda White/Riley, John W., Jr. (1994): Structural Lag: Past and Future. In: Riley/Kahn/Foner: 15-36
Rössler, Beate (2001): Der Wert des Privaten. Frankfurt/M.: Suhrkamp
Rohwer, Götz/Potter, Ulrich (2005): TDA User's Manual. Bochum: Ruhr-Universität Bochum
Rokeach, Milton (1973): The nature of human values. New York: Free Press
Rosa, Hartmut (2005): Beschleunigung: Die Veränderung der Zeitstrukturen in der Moderne. Frankfurt/M.: Suhrkamp
Rosenbaum, James E. (2011): The complexities of college for all: Beyond fairy-tale dreams. In: Sociology of Education 84. 113-117
Rosenbaum, James E./Kariya, Takehiko/Setterstein, Rick/Maier, Tony (1990): Market and Network Theories of the Transition from High School to Work. In: Annual Review of Sociology 16. 263-299
Rosenow, Joachim (2000): Karriere- und Lebenslaufpolitik in deutschen Unternehmen – gesellschaftliche Rahmenbedingungen und politische Regulierungen. In: George/Struck: 141-156
Rosenow, Joachim/Naschold, Frieder (1994): Die Regulierung von Altersgrenzen. Strategien von Unternehmen und die Politik des Staates. Berlin
Rosenthal, Gabriele (1995): Erlebte und erzählte Lebensgeschichte. Gestalt und Struktur biographischer Selbstbeschreibungen. Frankfurt/M.: Campus
Rotolo, Thomas (2000): A time to join, a time to quit: The influence of life cycle transitions on voluntary association membership. In: Social Forces 78. 1133-1161
Ruiter, Stijn/De Graaf, Nan Dirk (2006): National Context, Religiosity, and Volunteering: Results from 53 Countries. In: American Sociological Review 71. 191-210
Ryder, Norman B. (1965): The Cohort as a Concept in the Study of Social Change. In: American Sociological Review 30. 843-861
Sackmann, Reinhold (1998): Konkurrierende Generationen auf dem Arbeitsmarkt. Opladen: Westdeutscher Verlag
Sackmann, Reinhold (2000a): Fertilität im Transformationsprozess. In: Sackmann/Weymann/Wingens: 231-253
Sackmann, Reinhold (2000b): Geburtenentscheidungen und Lebenslaufpolitik. Am Beispiel des ostdeutschen Transformationsprozesses. In: Walter R. Heinz (Hrsg.): Übergänge – Individualisierung, Flexibilisierung und Institutionalisierung des Lebensverlaufs. 3. Beiheft der Zeitschrift für Soziologie der Erziehung und Sozialisation. 146-163
Sackmann, Reinhold (2001a): Regulierung, Deregulierung oder regulierte Flexibilisierung der Arbeitsmärkte? Folgen alternativer Optionen der Lösung von Exklusionsproblemen. In: Bolder/Heinz/Kutscha: 54-72
Sackmann, Reinhold (2001b): Age and Labour Market Chances in International Comparison. In: European Sociological Review 17. 373-389
Sackmann, Reinhold (2004): Institutionalistische Generationsanalyse sozialer Ungleichheit, In: Szydlik: 25-48
Sackmann, Reinhold (2008): Chancen und Risiken der Festlegung von Altersgrenzen des Ruhestands. In: Zeitschrift für Gerontologie + Geriatrie 41. 345-351
Sackmann, Reinhold (2010): Schrumpfende untere Mittelschicht. Der Beitrag der beruflichen Bildung. In: Burzan/Berger: 271-289

Sackmann, Reinhold/Ketzmerick, Thomas (2010): Differenzierungsdynamik und Ungleichheit in der Mitte der Gesellschaft. In: Schweizerische Zeitschrift für Soziologie 36. 109-129
Sackmann, Reinhold/Kopycka, Katarzyna (2010): International anti-ageist policy versus national context? Halle: Institut für Soziologie (Der Hallesche Graureiher 2010-2)
Sackmann, Reinhold/Weymann, Ansgar (1994): Die Technisierung des Alltags. Generationen und technische Innovationen. Frankfurt/M.: Campus
Sackmann, Reinhold/Weymann, Ansgar/Wingens, Matthias (Hrsg.) (2000): Die Generation der Wende. Opladen: Westdeutscher Verlag
Sackmann, Reinhold/Wiekert, Ingo (2012): Berufliche Bildung und soziale Ungleichheit. In: Dippelhofer-Stiem/Dippelhofer: (www.erzwissonline.de: DOI 10.3262/EEO20120221)
Sackmann, Reinhold/Windzio, Michael/Wingens, Matthias (2001): Unemployment and social mobility in East Germany. In: International Journal of Sociology and Social Policy 21, Nr. 4/5/6. 92-117
Sackmann, Reinhold/Wingens, Matthias (2001): Theoretische Konzepte des Lebenslaufs: Übergang, Sequenz, Verlauf. In: Dies. (2001): 17-48
Sackmann, Reinhold/Wingens, Matthias (Hrsg.) (2001): Strukturen des Lebenslaufs. Weinheim: Juventa
Sackmann, Reinhold/Wingens, Matthias (2003): From Transitions to Trajectories: Sequence Types. In: Heinz/Marshall: 93-112
Sackmann, Reinhold/Winkler, Oliver (2013): Technology generations revisited: The internet generation. In: Gerontechnology 11. 493-503
Sackmann, Rosemarie (2000): Living through the myth – gender, values, attitudes and practices. In: Duncan/Pfau-Effinger: 233-261
Sampson, Robert J./Laub, John H. (1997): A life-course theory of cumulative disadvantage and the stability of delinquency. In: Thornberry: 133-161
Schäfers, Bernhard (Hrsg.) (1992): Grundbegriffe der Soziologie. Opladen: Leske + Budrich
Scharein, Manfred/Unger, Rainer (2005): Kinderlosigkeit bei Akademikerinnen? In: BiB-Mitteilungen 02/2005. 6-13
Scherer, Stefanie (2001): Early career patterns: A comparison of Great Britain and West Germany. In: European Sociological Review 17. 119-144
Scherer, Stefanie/Brüderl, Josef (2010): Sequenzdatenanalyse. In: Wolf/Best: 1017-1053
Schiek, Daniela (2012): Über das gute Leben. Zur Erosion der Normalbiographie am Beispiel der Prekarität. In: BIOS 25. 50-68
Schimpl-Neimanns, Bernhard (2000): Soziale Herkunft und Bildungsbeteiligung. In: Kölner Zeitschrift für Soziologie und Sozialpsychologie 52. 636-669
Schmeiser, Martin (2004): Vom „statistischen Kleingemälde" zur „Lebensgeschichte": Die Entwicklung von Biografie- und Lebenslaufsforschung in der frühen deutschen Soziologie. In: BIOS 17. 69-94
Schmeiser, Martin (2006): Von der „äußeren" zur „inneren" Institutionalisierung des Lebenslaufs. In: BIOS 19. 1-42
Schnittker, Jason/McLeod, Jane D. (2005): The social psychology of health disparities. In: Annual Review of Sociology 31. 75-103
Schnor, Christine (2012): Trennungsrisiko von Paaren mit Kindern: Der Einfluss der Religion in West- und Ostdeutschland. In: Huinink/Kreyenfeld/Trappe: 229-256
Schömann, Klaus/Leschke, Janine (2004): Lebenslanges Lernen und soziale Inklusion. In: Becker/Lauterbach: 353-391
Schömann, Klaus/Baron, Stefan (2009): Zustandsbeschreibung der Weiterbildung in Deutschland im internationalen Vergleich. In: Staudinger/Heidemeier: 31-41
Schoen, Robert/Kim, Young J./Nathanson, Constance A./Fields, Jason/Astone, Nan Marie (1997): Why do Americans want children? In: Population and development review 23. 333-358

Schrader, Peter/Schubert, Jens M. (2009): Das AGG in der Beratungspraxis. Baden-Baden: Nomos
Schriewer, Jürgen/Harney, Klaus (2000): Beruflichkeit versus culture technique: Zu einer Soziogenese arbeitsbezogener Semantik. In: Wagner/Didry/Zimmermann: 128-168
Schürmann, Klaus/Mullins, Suzanne (2001): Die perfekte Bewerbungsmappe auf Englisch. Frankfurt/M.: Eichborn
Schütze, Fritz (1977): Die Technik des narrativen Interviews in Interaktionsfeldstudien – dargestellt an einem Projekt zur Erforschung von kommunalen Machtstrukturen. Arbeitsberichte und Forschungsmaterialien der Fakultät für Soziologie Nr. 1. Bielefeld
Schütze, Fritz (1981): Prozeßstrukturen des Lebenslaufs. In: Matthes/Pfeifenberger/Stosberg: 67-156
Schütze, Fritz (1983): Biographieforschung und narratives Interview. In: Neue Praxis 13. 283-293
Schütze, Yvonne (1992): Das Deutungsmuster "Mutterliebe" im historischen Wandel. In: Meuser/Sackmann: 39-48
Schultheis, Franz (1995): Die Familie: Eine Kategorie des Sozialrechts? In: Zeitschrift für Sozialreform 41. 764-779
Schultheis, Franz (1998): Familiale Lebensformen, Geschlechterbeziehungen und Familienwerte im deutsch-französischen Gesellschaftsvergleich. In: Köcher/Schild: 207-226
Schulz, Florian/Blossfeld, Hans-Peter (2006): Wie verändert sich die häusliche Arbeitsteilung im Eheverlauf. In: Kölner Zeitschrift für Soziologie und Sozialpsychologie 58. 23-49
Schweiger, Wolfgang/Beck, Klaus (Hrsg.) (2010): Handbuch Online-Kommunikation. Wiesbaden: VS Verlag
Schwenk, Bernhard (1989): Bildung. In: Lenzen: 208-221
Segalen, Martine (1990): Die Familie. Frankfurt/M.: Campus
Seifert, Manfred/Götz, Irene/Huber, Birgit (Hrsg.) (2007): Flexible Biografien? Horizonte und Brüche im Arbeitsleben der Gegenwart. Frankfurt/M.: Campus
Settersten, Richard A. (1998): Time, age, and the transition to retirement: New evidence on life-course flexibility. In: International Journal of Aging and Human Development 47. 177-203
Settersten, Richard A. (1999): Lives in time and place. Amytville: Baywood
Settersten, Richard A. Jr./Mayer, Karl Ulrich (1997): The Measurement of Age, Age Structuring, and the Life Course. In: Annual Review of Sociology 23. 233-261
Shanahan, Michael J. (2000): Pathways to adulthood in changing societies. In: Annual Review of Sociology 26. 667-692
Shavit, Yossi/Blossfeld, Hans-Peter (Hrsg.) (1993): Persistent Inequality. Boulder: Westview
Shavit, Yossi/Müller, Walter (Hrsg.) (1998): From School to Work. Oxford: Clarendon Press
Shavit, Yossi/Müller, Walter (2000): Vocational Secondary Education, Tracking, and Social Stratification. In: Hallinan: 437-452
Sheehy, Gail (1979): In der Mitte des Lebens: Die Bewältigung vorhersehbarer Krisen. Frankfurt/M.: Fischer
Sheehy, Gail (1996): Die neuen Lebensphasen. München: List
Shell Deutschland Holding (Hrsg.) (2010): Jugend 2010: eine pragmatische Generation behauptet sich. Frankfurt/M.: Fischer Taschenbuchverlag
Siegers, Jacques J./de Jong-Gierveld, Jenny/van Imhoff, Evert (Hrsg.) (1991): Female Labour Market Behaviour and Fertility. A Rational-Choice Approach. Berlin: Springer
Siegrist, Johannes/Dragano, Nico (2006): Berufliche Belastungen und Gesundheit. In: Wendt, Claus/Wolf, Christof (Hrsg.): Soziologie der Gesundheit. Sonderheft 46 der Kölner Zeitschrift für Soziologie und Sozialpsychologie. 109-124
Silbereisen, Rainer K./Chen, Xinyin (Hrsg.) (2010): Social change and human development. London: Sage
Simonson, Julia (2013): Erwerbsverläufe im Wandel – Konsequenzen und Risiken für die Alterssicherung der Babyboomer. In: Vogel/Motel-Klingebiel: 274-290

Skopek, Jan/Schulz, Florian/Blossfeld, Hans-Peter (2009): Partnersuche im Internet. Bildungsspezifische Mechanismen bei der Wahl von Kontaktpartnern. In: Kölner Zeitschrift für Soziologie und Sozialpsychologie 61. 183-210
Skopek, Nora/Kolb, Kathrin/Buchholz, Sandra/Blossfeld, Hans-Peter (2012): Einkommensreich – vermögensarm? Die Zusammensetzung von Vermögen und die Bedeutung einzelner Vermögenskomponenten im europäischen Vergleich. In: Berliner Journal für Soziologie 22. 163-188
Smelser, Neil J. (Hrsg.) (1988): Handbook of Sociology. Newbury Park: Sage
Smith, Herbert L. (2008): Advances in Age-Period-Cohort Analysis. In: Sociological Methods & Research 36. 287-296
Soeffner, Hans-Georg (Hrsg.) (1979): Interpretative Verfahren in den Sozial- und Textwissenschaften. Stuttgart: Metzler
Sørensen, Aage B. (1983): Processes of Allocation to Open and Closed Position in Social Structure. In: Zeitschrift für Soziologie 12. 103-224
Solga, Heike/Wagner, Sandra (2004): Die Zurückgelassenen – die soziale Verarmung der Lernumwelt von Hauptschülerinnen und Hauptschülern. In: Becker/Lauterbach: 195-224
Spokane, Arnold R. (2000): Career choice. In: Kazdin: 22-24
Sporket, Mirko (2011): Organisationen im demographischen Wandel. Wiesbaden: VS Verlag
Stacey, Nevzer/To, Duc-Le (1996): Market Concepts in provision. In: Tuijnman: 245-255
Stamm, Margrit (2012): Schulabbrecher in unserem Bildungssystem. Wiesbaden: VS Verlag
Stanat, Petra/Kunter, Mareike (2001): Geschlechterunterschiede in Basiskompetenzen. In: Deutsches PISA-Konsortium: 249-269
Statistisches Bundesamt (Destatis)/Wissenschaftszentrum Berlin (2011): Datenreport 2011. Bonn: Bundeszentrale für politische Bildung
Statistisches Bundesamt (Hrsg.) (2004): Alltag in Deutschland. Analysen zur Zeitverwendung. Wiesbaden
Statistisches Bundesamt Deutschland (2005): Leben und Arbeiten in Deutschland. Ergebnisse des Mikrozensus 2004. Tabellenanhang zur Pressebroschüre. Wiesbaden
Staudinger, Ursula M. (2000): Eine Expertise zum Thema "lebenslanges Lernen" aus der Sicht der Lebensspannen-Psychologie. In: Achtenhagen/Lempert: 90-110
Staudinger, Ursula M./Heidemeier, Heike (Hrsg.) (2009): Altern, Bildung und lebenslanges Lernen. Stuttgart: Wissenschaftliche Verlagsgesellschaft
Steelman, Lala Carr/Powell, Brian/Werum, Regina/Carter, Scott (2002): Reconsidering the effect of sibling configuration: Recent advances and challenges. In: Annual Review of Sociology 28. 243-269
Steiber, Nadia/Haas, Barbara (2010): Begrenzte Wahl – Gelegenheitsstrukturen und Erwerbsmuster in Paarhaushalten im europäischen Vergleich. In: Kölner Zeitschrift für Soziologie und Sozialpsychologie 62. 247-276
Stier, Haya/Lewin-Epstein, Noah/Braun, Michael (2001): Welfare regimes, family-supportive policies, and women's employment along the life-course. In: American Journal of Sociology 106. 1731-1760
Stöckl, Markus/Spevacek, Gert/Straka, Gerald A. (2001): Altersgerechte Didaktik. In: Schemme, Dorothea (Hrsg.): Qualifizierung, Personal- und Organisationsentwicklung mit älteren Mitarbeiterinnen und Mitarbeiter. Berichte zur beruflichen Bildung, Heft 247. Bonn: Bundesinstitut für Berufsbildung.
Strauß, Susanne/Hillmert, Steffen (2011): Einkommenseinbußen durch Arbeitslosigkeit. In: Kölner Zeitschrift für Soziologie und Sozialpsychologie 63. 567-594
Streeck, Wolfgang (2011): Flexible employment, flexible families, and the socialization of reproduction. In: Coulmas/Lützeler: 63-96
Struck, Olaf (2006): Flexibilität und Sicherheit. Wiesbaden: VS Verlag

Struck, Olaf/Köhler, Christoph (Hrsg.) (2004): Beschäftigungsstabilität im Wandel? Empirische Befunde und theoretische Erklärungen für West- und Ostdeutschland. München: Rainer Hempp Verlag
Surkyn, Johan/Lesthaeghe, Ron (2004): Wertorientierungen und die ‚second demographic transition' in Nord-, West- und Südeuropa: Eine aktuelle Bestandsaufnahme. In: Zeitschrift für Bevölkerungswissenschaft 29. 63-98
Swan, Abram de (1993): Der sorgende Staat. Wohlfahrt, Gesundheit und Bildung in Europa und den USA der Neuzeit. Frankfurt/M.: Campus
Szydlik, Marc (1999): Erben in der Bundesrepublik Deutschland. In: Kölner Zeitschrift für Soziologie und Sozialpsychologie 51. 80-104
Szydlik, Marc (Hrsg.) (2004): Generation und Ungleichheit. Wiesbaden: VS
Szydlik, Marc (2011): Erben in Europa. In: Kölner Zeitschrift für Soziologie und Sozialpsychologie 63. 543-565
Szydlik, Marc (2012): Von der Wiege bis zur Bahre: Generationentransfers und Ungleichheit. In: Bühlmann/Schmidt Botkine: 58-71
Teichler, Ulrich (1997): Politikprozesse, öffentliche Verantwortung und soziale Netzwerke. In: Derichs-Kunstmann et al.: 67-76
Teichler, Ulrich (1999): Lifelong learning as challenge for higher education: the state of knowledge and future research tasks. In: Higher education Management 11. 37-53
Thomas, William I./Znaniecki, Florian (1918-1920): The Polish Peasant in Europe and America. Monograph of an Immigrant Group. Boston: Gorham Press. (Bd. 1 1918, Bd. 2 1918, Bd. 3 1919, Bd. 4 1920, Bd. 5 1920)
Thome, Helmut (2005): Wertewandel in Europa aus der Sicht der empirischen Sozialforschung. In: Joas/Wiegandt: 386-443
Thompson, Ross A./Amato, Paul R. (Hrsg.) (1999): The postdivorce family. Thousand Oaks: Sage
Thornberry, Terence P. (Hrsg.) (1997): Developmental theories of crime and delinquency. New Brunswick: Transaction Publishers
Tilly, Chris/Tilly, Charles (1998): Work under capitalism. Boulder: Westview Press.
Tippelt, Rudolf/Schmidt, Bernhard/Schnurr, Simone/Sinner, Simone/Theisen, Catharina (Hrsg.) (2009): Bildung Älterer. Chancen im demografischen Wandel. Bielefeld: Bertelsmann
Trautwein, Ulrich/Nagy, Gabriel/Maaz, Kai (2011): Soziale Disparitäten und die Öffnung des Sekundarschulsystems. In: Zeitschrift für Erziehungswissenschaft 14. 445-463
Tuijnman, Albert C. (1992): Paradigm shifts in adult education. In: Ders./van der Kamp (1992): 205-222
Tuijnman, Albert C. (1996): Economics of adult education and training. In: Ders. (1996): 124-131
Tuijnman, Albert C. (Hrsg.) (1996): International Encyclopedia of adult education and training. 2. Auflage. Oxford: Pergamon Press
Tuijnman, Albert C./Schuller, Tom (Hrsg.) (1999): Lifelong learning policy and research. London: Portland Press
Tuijnman, Albert C./van der Kamp, M. (Hrsg.) (1992): Learning across the lifespan. Theories, Research, Policies. Oxford: Pergamon Press
Turner, Ralph H. (1960): Sponsored and contest mobility and the school system. In: American Sociological Review 25. 855-867
Uggen, Christopher (2000): Work as a turning point in the life course of criminals: A duration model of age, employment, and recidivism. In: American Sociological Review 65. 529-546
Van Gennep, Arnold (EA 1909): Les Rites de Passage. Paris: Noury. Reprint 1969. New York: Johnson Reprint Corporation
Vincens, Jean (1990): Arbeitsmarkt- und Beschäftigungspolitiken und „Rationierung" der Arbeit. In: Auer et al.: 239-249

Vogel, Claudia/Motel-Klingebiel, Andreas (Hrsg.) (2013): Altern im sozialen Wandel: Die Rückkehr der Altersarmut? Wiesbaden: Springer VS
Voges, Wolfgang (Hrsg.) (1987): Methoden der Biographie- und Lebenslaufforschung. Opladen: Leske + Budrich
Voß, Gerd Günter/Pongratz, Hans J. (1998): Der Arbeitskraftunternehmer: eine neue Form der Ware Arbeitskraft? In: Kölner Zeitschrift für Soziologie und Sozialpsychologie 50. 131-158
Wagner, Michael/Mulder, Clara H. (2000): Wohneigentum im Lebenslauf. In: Zeitschrift für Soziologie 29. 44-59
Wagner, Michael/Weiß, Bernd (2003): Bilanz der deutschen Scheidungsforschung. Versuch einer Meta-Analyse. In: Zeitschrift für Soziologie 32. 29-49
Wagner, Peter/Didry, Claude/Zimmermann, Bénédicte (Hrsg.) (2000): Arbeit und Nationalstaat. Frankfurt/M.: Campus
Walters, Pamela Barnhouse (2000): The limits of growth. In: Hallinan: 241-261
Warburton, Jeni/Jeppsson Grassmann, Eva (2009): Variations in older people's social and productive ageing activities across different social welfare regimes. In: International Journal of Social Welfare 20. 180-191
Warren, John Robert/Sheridan, Jennifer T./Hauser, Robert M. (2002): Occupational stratification across the life course: Evidence from the Wisconsin longitudinal study. In: American Sociological Review 67. 432-455
Weil, Mareike/Lauterbach, Wolfgang (2009): Von der Schule in den Beruf. In: Becker: 321-356
Welzel, Christian (2009): Werte- und Wertwandelforschung. In Kaina/Römmele: 109-139
Wendeling-Schröder, Ulrike/ Stein, Axel (2008): Allgemeines Gleichbehandlungsgesetz. Kommentar. München: C.H. Beck
Wernet, Andreas (2000): Einführung in die Interpretationstechnik der Objektiven Hermeneutik. Opladen: Leske + Budrich
Wethington, Elaine/Kessler, Ronald C./Pixley, Joy E. (2004): Turning points in adulthood. In: Brim et al.: 586-613
Weymann, Ansgar (Hrsg.) (1989): Handlungsspielräume. Stuttgart: Enke
Weymann, Ansgar (1995): Modernisierung, Generationsverhältnisse und die Ökonomie der Lebenszeit: Gesellschaftsformen und Generationen im „Polish Peasant". In: Soziale Welt 46. 369-384
Weymann, Ansgar (2009): The life course, institutions, and life course policy. In: Heinz/Huinink/Weymann: 139-158
Weymann, Ansgar/Heinz, Walter R. (Hrsg.) (1996): Society and biography. Weinheim: Deutscher Studien Verlag
Windolf, Paul (Hrsg.) (2005): Finanzmarkt-Kapitalismus. Sonderheft 45 der Kölner Zeitschrift für Soziologie und Sozialpsychologie
Windzio, Michael (2000): Ungleichheiten im Erwerbsverlauf. Pfaffenweiler: Centaurus
Windzio, Michael (2003): Organisation, Strukturwandel und Arbeitsmarktmobilität. Opladen: Westdeutscher Verlag
Wingens, Matthias (2000): Der "gelernte DDR-Bürger": planwirtschaftliche Semantik, Gesellschaftsstruktur und Biographie. In: Sackmann/Weymann/Wingens: 171-195
Wingens, Matthias/Sackmann, Reinhold (Hrsg.) (2002): Bildung und Beruf. Weinheim: Juventa
Winship, Christopher/Harding, David J. (2008): A mechanism-based approach to the identification of age-period-cohort models. In: Sociological Methods & Research 36. 362-401
Wößmann, Ludger (2010): Bildungsfinanzierung in Deutschland im Licht der Lebenszyklusperspektive: Gerechtigkeit im Widerstreit mit Effizienz? In: Barz: 73-86
Wohlrab-Sahr, Monika (1999): Konversion zum Islam in Deutschland und den USA. Frankfurt/M.: Campus
Wohlrab-Sahr, Monika/Karstein, Uta/Schmidt-Lux, Thomas (2009): Forcierte Säkularität. Religiöser Wandel und Generationendynamik im Osten Deutschlands. Frankfurt/M.: Campus

Wohlrab-Sahr, Monika (2002): Prozessstrukturen, Lebenskonstruktionen, biographische Diskurse. In: BIOS 15. 3-23

Wolf, Christof/Best, Henning (Hrsg.) (2010): Handbuch der sozialwissenschaftlichen Datenanalyse. Wiesbaden: VS Verlag

Wotschack, Philip (2007): Lebenslaufpolitik in den Niederlanden. Gesetzliche Regelungen zum Ansparen längerer Freistellungen. In: Hildebrandt: 241-258

Yamaguchi, Kazuo (1999): Event history analysis. 5. Auflage. Newbury Park: Sage

Yamaguchi, Kazuo/Ferguson, Linda R. (1995): The stopping and spacing of childbirths and their birth-history predictors: Rational-choice theory and event-history analysis. In: American Sociological Review 60. 272-298

Zdarzil, Herbert/Olechowski, Richard (1976): Anthropologie und Psychologie des Erwachsenen. Stuttgart: Kohlhammer

Zenkert, Georg (1998): Bildung. In: Betz/Browning/Janowski/Jüngel: 1578-1582

Zentrum für Forschung und Innovation im Bildungswesen (2001): Bildungspolitische Analyse. Paris: OECD

Zimmermann, Bénédicte (2006): Arbeitslosigkeit in Deutschland. Zur Entstehung einer sozialen Kategorie. Frankfurt/M.: Campus,

Zhou, Xueguang/Hou, Liren (1999): Children of the cultural revolution: The state and the life course in the People's Republic of China. In: American Sociological Review 64. 12-36

Zymek, Bernd/Richter, Julia (2007): International-vergleichende Analyse regionaler Schulentwicklung: Yorkshire und Westfalen. In: Zeitschrift für Pädagogik 53. 326-350

Personenregister

Abbott, Andrew	63; 83
Aisenbrey, Silke	83
Albertini, Marco	193
Alexander, Karl	119
Allmendinger, Jutta	149; 155; 156; 157
Amato, Paul R.	93; 180
Amrhein, Ludwig	26
Anyadike-Danes, Michael	84
Apitzsch, Birgit	57
Appelbaum, Eileen	147
Aulenbacher, Brigitte	158
Ariès, Philippe	90
Attias-Donfut, Claudine	184; 193
Bacher, Johann	95
Ball, Stephen J.	122
Barkholdt, Corinna	28
Bartl, Walter	120
Barton, Allen H.	88
Baumert, Jürgen	111; 118; 120
Bayer, Hiltrud	93
Beblo, Miriam	157
Beck, Ulrich	54; 147
Becker, Gary S.	27; 125; 184; 185; 186
Becker, Rolf	116; 118; 119; 133
Beckert, Jens	204; 205; 206
Behrend, Christoph	132
Beinke, Lothar	139
Bellenberg, Gabriele	120
Bertaux, Daniel	53
Bertram, Hans	192
Bidwell, Charles E.	119
Birg, Herwig	173; 183; 185
Blau, Peter M.	126
Blossfeld, Hans-Peter	67; 77; 78; 82; 97; 129; 142; 143; 146; 147; 149; 152; 156; 175; 173; 175; 179; 185; 189; 190; 201; 210; 216

Bogai, Dieter	102
Bohler, Karl Friedrich	203
Born, Claudia	154; 155
Borscheid, Peter	101
Bos, Wilfried	114; 117
Böttger, Andreas	96
Boudon, Raymond	118
Bourdieu, Pierre	111; 122; 206
Box-Steffensmeier, Janet M.	77
Brandstädter, Jochen	100
Bratberg, Espen	201
Breen, Richard	111; 118; 120
Brewster, Karin L.	185
Bröckling, Ulrich	56; 114
Brüderl, Josef	86; 175; 178; 180
Brynin, Malcolm	158
Buchmann, Marlis	155
Büchtemann, Christoph	143; 144
Bühler-Niederberger, Doris	90; 91
Bukodi, Erzébet	147
Burger, Kasper	116
Büttner, Thomas	183
Bygren, Magnus	78; 82
Bynner, John	140
Bytheway, Bill	40
Cabré Pla, Anna	209; 210
Cain, Leonard D. Jr.	33
Caldwell, John C.	184
Clason, Christine	171
Clausen, John A.	62
Coleman, James S.	111; 113
Coppola, Michael	162
Corsten, Michael	58; 69
Cramm, Cathleen	201
Cumming, Elaine	28; 101
Degele, Nina	98
Dekker, Arne	176; 178

Deming, David	116
Desrosières, Alain	196
Diekmann, Andreas	175; 178
Diewald, Martin	100; 153
Dingeldey, Irene	56
DiPrete, Thomas A.	149; 150; 181
Ditton, Hartmut	118; 119
Dobbin, Frank	41
Döring, Nicole	179
Dorbritz, Jürgen	48; 49; 185
Dornseiff, Jann-Michael	187
Drasch, Katrin	91
Dugger, William M.	99
Duncan, Simon	126
Easterlin, Richard A.	195
Ecarius, Jutta	45
Ehmer, Josef	16
Eisenstadt, Shmuel N.	33
Ehmke, Timo	119
Ehrhardt, Jens	104; 105
Elder, Glen H. Jr.	
34; 58; 59; 60; 61; 62; 63; 64; 195; 196	
Ellwood, David T.	12; 151
Elschenbroich, Donata	91; 115
Erikson, Robert	149
Erlinghagen, Marcel	147
Ermisch, John	209; 210
Erzberger, Christian	84; 88
Eulenberger, Jörg	86; 87
Fahey, Tony	208; 210
Falk, Susanne	84; 86; 151; 155
Fend, Helmut	121; 112
Fialla, Robert	24
Fielding, Helen	57
Filipp, Sigrun-Heide	132
Fischer-Rosenthal, Wolfram	69
Fredman, Sandra	40
Frick, Joachim R.	204
Friedman, Lawrence M.	44
Fthenakis, Wassilios E.	187
Fuchs, Werner	37
Gabriel, Oscar W.	104
Gangl, Markus	151
Garfinkel, Harold	53; 68
Gensicke, Thomas	104; 105
Gerhardt, Uta	197
Giddens, Anthony	54

Gleichmann, Peter Reinhart	196
Göckenjan, Gerd	101
Goffman, Erving	56
Gottschall, Karin	189
Greuling, Oliver	139
Groh-Samberg, Olaf	140
Grunow, Daniela	147; 187; 191
Guillemard, Anne-Marie	164
Gukenbiehl, Hermann L.	182
Gustafsson, Siv	188
Häring, Armando	98
Hagestad, Gunhild O.	23
Hall, Peter A.	30
Hahn, Alois	53
Hakim, Catherine	156
Halpin, Brendan	83
Han, Shin-Kap	160; 163
Hardy, Melissa A.	101
Hareven, Tamara K.	172
Hasan, Abrar	132
Haudidier, Benoît	201
Hauschild, Christine	160; 161; 163
Heckhausen, Jutta	100; 138
Heckman, James J.	187
Heinz, Walter R.	138; 139; 141
Herlyn, Ingrid	188
Hermanns, Harry	54
Herter-Eschweiler, Robert	183
Herzog, Walter	139
Hillmert, Stefan	147; 149; 151
Hitzler, Ronald	72
Höckner, Marianne	92
Hoem, Britta	187
Hoem, Jan M.	187
Höpflinger, François	
45; 183; 192; 196; 197	
Holdsworth, Clare	95
Honig, Sebastian	92; 115
Hopf, Christel	93; 96
Hopf, Wulf	111; 119
Huinink, Johannes	67; 100; 184; 186
Hunt, Stephen	89; 94; 95; 98; 99; 103
Inglehart, Ronald	46; 47
Ingen, Erik van	104
Joerissen, Peter	16
Johnson, Malcom L.	94
Jungbauer-Gans, Monika	202

Kahlert, Heike	186
Kalter, Frank	110
Kanders, Frank	118
Kaufmann, Jean-Claude	179; 191
Keister, Lisa A.	204; 205
Kelle, Udo	87; 88; 216
Kemeny, Jim	207
Kerckhoff, Alan C.	127
Kerschensteiner, Georg	125; 142
Klammer, Ute	31
Klein, Markus	47
Klein, Thomas	51; 175; 178; 197; 198; 199; 200
Kleinschnittger	179
Klocke, Andreas	202
Kluge, Susann	87; 88; 216
Knapp, Gudrun-Axeli	189
Köller, Olaf	110; 120; 123
Kohli, Martin	19; 20; 21; 22; 23; 24; 28; 34; 53; 58; 67; 101; 137; 154; 184; 193; 217
Koller, Hans-Christoph	69
Kondratowitz, Hans-Joachim	101
Konietzka, Dirk	127; 128
Kopycka, Katarzyna	41; 148; 161
Kotthoff, Hermann	99
Krätschmer-Hahn, Rabea	185
Kraft, Susanne	132
Kreyenfeld, Michaela	116
Krüger, Helga	154; 155
Krugman, Paul	147
Künemund, Harald	103; 193
Küsters, Ivonne	69
Kurz, Karin	147; 208; 210
Kyyrä, Tomi	169
Lange, Elmar	139
Laslett, Peter	102
Lauterbach, Wolfgang	116; 118; 145
Lautmann, Rüdiger	174
Lazear, Edward P.	29
Leibfried, Stephan	11
Leisering, Lutz	11
Lengfeld, Holger	152
Leuze, Kathrin	128
Levy, René	21
Lewis, Theodore	145
Lindenberg, Siegwart	187
Linton, Ralph	35
Lucius-Hoene, Gabriele	68

Ludwig-Mayerhofer, Wolfgang	77
Lüscher, Kurt	182; 193; 194
Luhmann, Niklas	107
Luy, Marc	197; 200; 201; 202
Lynott, Robert J.	101
Lyotard, Robert L.	217
Maaz, Kai	118; 120; 121
Macfarlane, Alan	172
Macniol, John	40
Macmillan, Ross	96
Malthus, Thomas	173
Mandel, Hadas	157
Mannheim, Karl	30; 45; 46
Marbach, Jan H.	186
Marini, Margaret Mooney	36
Marsh, Herbert W.	123
Marshall, Victor W.	23; 31; 61
Mayer, Karl Ulrich	21; 23; 56; 65; 103; 153
Meijers, Frans	138
Merrigan, Philip	187
Merton, Robert K.	61; 62
Meyer, John W.	23; 24; 25
Michael, Robert T.	99; 174; 176
Miller, Robert L.	151
Mills, Melinda	97
Mitterauer, Michael	172
Moen, Phyllis	160; 163
Mortimer, Jeylan T.	94
Moritz, Karl Philipp	107
Moura Castro, Claudio de	131
Mueller, Ulrich	23
Müller, Rolf	173; 175; 179; 180
Müller, Walter	23; 111; 126; 128
Nassehi, Armin	69
Nath, Axel	111
Nauck, Bernhard	92; 93; 183
Nave-Herz, Rosemarie	186
Neugarten, Bernice	35
Niehuis, Edith	16
Niephaus, Yasemin	175; 178
Noll, Heinz-Herbert	162
Ochsenfeld, Fabian	157
Oevermann, Ulrich	53; 54; 67; 72; 216
Offe, Claus	104
Olk, Thomas	105
Osterland, Martin	22

Parsons, Talcott	33; 140; 171
Pasupathi, Monisha	95
Perrig-Chiello, Pasqualina	192
Petersen, Trond	55
Phillipson, Chris	28
Pongratz, Hans J.	56
Poortmann, Anne-Rigt	180
Powell, Justin J.W.	117
Prioux, France	180
Rehberg, Walter	41
Rehn, Gösta	31
Renn, Heinz	51
Richter, Matthias	197
Riedmüller, Barbara	162
Riley, Matilda White	19; 24; 25; 26; 28; 28; 30; 217
Rosa, Hartmut	214
Rössler, Beate	174
Rohwer, Götz	77; 78; 80; 81; 84
Rosenbaum, James E.	119, 126; 142
Rosenow, Joachim	166
Rosenthal, Gabriele	69
Rotolo, Thomas	104
Ryder, Norman B.	33; 45; 46; 47; 51
Sampson, Robert J.	96
Scharein, Manfred	185
Scherer, Stefanie	83; 86; 127
Schimpl-Neimanns, Bernhard	111
Schmeiser, Martin	9; 34; 53
Schnittker, Jason	198; 200
Schnor, Christine	180
Schömann, Klaus	133; 134
Schoen, Robert	187
Schrader, Peter	10; 44
Schriewer, Jürgen	126
Schürmann, Klaus	15
Schütze, Fritz	67; 68;69
Schütze, Yvonne	90
Schultheis, Franz	182
Schulz, Florian	179; 189; 190; 191
Schwenk, Bernhard	107
Segalen, Martine	172
Settersten, Richard A.	36
Shanahan, Michael J.	94
Shavit, Yossi	111; 120; 126; 128
Sheehy, Gail	98; 101
Siegrist, Johannes	200

Simonson, Julia	162
Skopek, Jan	179; 207
Smith, Herbert L.	51
Solga, Heike	122
Spokane, Arnold R.	138
Sporket, Mirko	29
Stacey, Nevzer	133
Stamm, Margrit	120
Stanat, Petra	110
Staudinger, Ursula M.	95; 129; 132
Steelman, Lala Carr	94
Steiber, Nadia	157
Stier, Haya	156
Stöckl, Markus	133
Struck, Olaf	147
Surkyn, Johan	183
Swan, Abram de	20
Szydlik, Marc	45; 47; 204; 205
Teichler, Ulrich	131; 132
Thomas, William I.	9; 53
Thompson, Ross A.	93
Tilly, Chris	20
Tippelt, Rudolf	131
Trautwein, Ulrich	118; 120; 121
Tuijnman, Albert C.	131; 133
Uggen, Christopher	96
Van Gennep, Arnold	33
Vincens, Jean	167
Vogel, Claudia	161; 193
Voß, Gerd Günter	56; 58
Wagner, Michael	179; 181; 207; 210
Walters, Pamela Barnhouse	118
Warren, John Robert	147
Welzel, Christian	47
Wernet, Andreas	72
Wethington, Elaine	62
Weymann, Ansgar	30; 153; 163
Windolf, Paul	216
Windzio, Michael	61; 77; 99; 153; 215
Wingens, Matthias	54; 61; 64; 83; 127; 153
Wößmann, Ludger	117
Wohlrab-Sahr, Monika	69; 76
Wotschack, Philipp	31
Yamaguchi, Kazuo	77; 78; 187

Personenregister

Zdarzil, Herbert 17
Zenkert, Georg 107
Zhou, Xueguang 152
Zimmermann, Bénédicte 20
Zymek, Bernd 117

Sachregister

Account	68
Allokation	125; 141; 149
Alter	34ff.
- Drittes Alter	102f.
- Führerscheinentzug	39f.
- Hohes Alter	103
- Soziales Alter	35
- Weiterbildung	132f.
Altersdifferenzierung	26ff.
Altersdiskriminierung	40ff.; 217
Altersintegration	26f.
Altersnorm	35ff.; 65
Arbeitskraftunternehmer	56
Arbeitslosigkeit	58f.; 149ff.; 158; 163
Armutsforschung	11; 181
Aspiration	118; 138
Aufstiegschancen	99f; 132f.; 149; 155f.
Berufseintritt	141ff.
Berufswahl	138ff.
Beschäftigungsdauer	146ff.
Beschäftigungsfähigkeit	56
Bildung	107; 124f.
- Geschichte	124f.
- Geschlechtsunterschiede	110; 155
- Migranten	110f.
- Referenzgruppeneffekte	123f.
- Schichtunterschiede	110ff.
- Sozialisationsmilieus	122
- Standardisierung	126
- Stratifizierung	126
Bildungsentscheidung	62; 112f.; 117ff.
Bildungsexpansion	110; 122; 128; 134
Biografie	9; 21; 53ff.; 66; 68f.
- Beziehungsbiografie	176
- Biografische Kompetenz	33ff.; 38; 53ff.; 55ff.; 120f.

Duale Ausbildung	125ff.; 134f.; 143ff.
Entscheidung	117ff.; 195; 214
- Big Decision	138ff.
- Elternentscheidung	119f.
- Frühe Selektion	119f.
- Kinderentscheidung	183
- Rentenentscheidung	159
Erben	202ff.
- Anerbenrecht	203
- Inter vivos	205f.; 207
- Majorat	203
- Realteilung	203; 206
- Testierfreiheit	205
Ereignisdatenanalyse	76ff.
Erwerbsunsicherheit	96f.; 128
Erziehung	107f.
Erziehungsurlaub	186f.
Familiengründung	78ff.; 82f.; 96f.
Familienmodell	96; 156f.; 181f.; 192ff.
Frauenerwerb	156; 184ff. ; 201
Geburt von Kindern	181ff.
- Drittes Kind	187f.
- Familiengründung	185; 191
- Zweites Kind	186
Gelegenheiten	63; 98; 152; 184; 207; 209
Generation	44ff.; 51; 66
- Generation in Familien	192
- Scheidungsgenerationen	48ff.
Geschlecht	154ff.
- Arbeitslosigkeit	157f.
- Arbeitsteilung Haushalt	188ff.
- Einkommensdifferenzen	156f.
- als Fertilitätsmotiv	187
Geschwisterzahl	93
Globalisierung	78ff.; 96

Sachregister

Habitus	111f.; 131; 134
Hausfrau	90; 92f.; 145; 160f.; 185f.
Heirat	149ff.; 172; 177f.; 209f.
Homologie	69
Individualisierung	54; 57f.; 207
Institut für angewandte Biografie- und Lebenslaufforschung 13; 41;52;57;64;72; 76; 83; 104; 114; 124; 141; 162; 192	
Jugend	37; 45f.; 94ff.; 142; 209f.
Kausalität	77
Kindergarten	115
Kinderlosigkeit	185
Kindheit	89ff.
- Vorschulische Erziehung	115ff.
Kohorte	46
Kohortenanalyse	51
Kontrollstrategie	100; 132f.
Kriminalität	96
Längsschnittdaten	11; 76; 95f.
Lebenslanges Lernen	115; 129ff.; 134
Lebenslauf	10
- Dreiteilung	20; 27ff.
- Enstandardisierung	22; 144f.
- Institutionalisierung	19ff.; 91f.; 100f.; 185
- Investition	27f.
- Kulturelles Konstrukt	24; 90
- Lebenslaufpolitik	31; 163; 172; 215
- Metapher	14ff.; 98
Matthäus-Effekt	61f.
Methodenkombination	86ff.
Midlife Crisis	97ff.
Mobilität	149ff.; 210
Narbe	151; 152
Narratives Interview	67ff.
Nicheheliche Lebensgemeinschaft 52; 173 175; 177ff.; 180	
Objektive Hermeneutik	72ff.
Optimal Matching	83ff.

Partnerschaft	98f.
- Partnerlosigkeit	99; 178; 179f.
- Sexualpartnerschaft	174ff.
Post-Adoleszenz	94
Prekäre Beschäftigung	96; 147ff.
Privatheit	174
Produktivität	29
Rente	30
Ruhestand	100ff.; 159ff.; 184
Scheidung	48ff.; 92f.; 150; 174; 179ff.
Selbstsozialisation	35; 138f.
Segregation	84ff.; 155f.
Sequenzmusteranalyse	83ff.; 160f.; 176f.
Sinndeutung	72f.; 216
Sozialhilfereform	11f.
Sterblichkeit	195
- Geschlechtsunterschiede	200f.
- Schichtunterschiede	197ff.
Streber	121
Studienverlauf	70ff.; 74ff.
Triangulation	88
Übergang	77
- Bildungs-Beruf-Übergang	124ff.
Übergangsstruktur	63; 127; 134
Verhaltenskapital	191
Verlauf	61
- Berufsverlauf	146ff.
Verlaufskurve	69
Vorruhestand	100; 159f.; 164ff.
Weisheit	95
Weiterbildungsteilnahme	130ff.
Wertwandel	46f.
Wiederverheiratung	180
Wirtschaftskrise	59ff.
Wendepunkt	60; 62f.
Wohnung	94; 207ff.
Zeitarbeit	69
Zustandsraum	77

Das Grundlagenwerk für alle Soziologie-Interessierten

> in überarbeiteter Neuauflage

Das *Lexikon zur Soziologie* ist das umfassendste Nachschlagewerk für die sozialwissenschaftliche Fachsprache. Für die 5. Auflage wurde das Werk neu bearbeitet und durch Aufnahme neuer Stichwortartikel erweitert.

Das *Lexikon zur Soziologie* bietet aktuelle, zuverlässige Erklärungen von Begriffen aus der Soziologie sowie aus Sozialphilosophie, Politikwissenschaft und Politischer Ökonomie, Sozialpsychologie, Psychoanalyse und allgemeiner Psychologie, Anthropologie und Verhaltensforschung, Wissenschaftstheorie und Statistik.

„[...] das schnelle Nachschlagen prägnanter Fachbegriffe hilft dem erfahrenen Sozialwissenschaftler ebenso weiter wie dem Neuling, der hier eine Kurzbeschreibung eines Begriffs findet, für den er sich sonst mühsam in Primär- und Sekundärliteratur einlesen müsste."
www.radioq.de, 13.12.2007

Werner Fuchs-Heinritz /
Daniela Klimke /
Rüdiger Lautmann /
Otthein Rammstedt /
Urs Stäheli / Christoph Weischer /
Hanns Wienold (Hrsg.)
Lexikon zur Soziologie
5., grundl. überarb. Aufl. 2010.
776 S. Geb. EUR 49,95
ISBN 978-3-531-16602-5

Erhältlich im Buchhandel oder beim Verlag.
Änderungen vorbehalten. Stand: Januar 2012.

Einfach bestellen:
SpringerDE-service@springer.com
tel +49(0)6221/345–4301
springer-vs.de